Heide Rohse

Verborgenes Leid und Empathie

Psychoanalyse in Literatur, Theologie und therapeutischer Praxis

GESAMMELTE STUDIEN

Herausgegeben von Eberhard Rohse

Vandenhoeck & Ruprecht

*Unseren Töchtern Andrea und Bettina
und den Enkelkindern
Felix, Pauline, Moritz, David und Lilly*

Mit 5 Abbildungen

Bibliografische Information der Deutschen Nationalbibliothek:
Die Deutsche Nationalbibliothek verzeichnet diese Publikation in der
Deutschen Nationalbibliografie; detaillierte bibliografische Daten sind
im Internet über https://dnb.de abrufbar.

© 2023 Vandenhoeck & Ruprecht, Robert-Bosch-Breite 10, D-37079 Göttingen,
ein Imprint der Brill-Gruppe
(Koninklijke Brill NV, Leiden, Niederlande; Brill USA Inc., Boston MA, USA;
Brill Asia Pte Ltd, Singapore; Brill Deutschland GmbH, Paderborn, Deutschland; Brill Österreich GmbH, Wien, Österreich)
Koninklijke Brill NV umfasst die Imprints Brill, Brill Nijhoff, Brill Hotei,
Brill Schöningh, Brill Fink, Brill mentis, Vandenhoeck & Ruprecht, Böhlau,
V&R unipress und Wageningen Academic.

Alle Rechte vorbehalten. Das Werk und seine Teile sind urheberrechtlich
geschützt. Jede Verwertung in anderen als den gesetzlich zugelassenen Fällen
bedarf der vorherigen schriftlichen Einwilligung des Verlages.

Umschlagabbildung: Bettina Rohse, Amrum-Landschaft (2004, Privatbesitz)

Satz: SchwabScantechnik, Göttingen
Druck und Bindung: ⊕ Hubert & Co, Göttingen
Printed in the EU

Vandenhoeck & Ruprecht Verlage | www.vandenhoeck-ruprecht-verlage.com

ISBN 978-3-525-40815-5

Inhalt

Zur Einführung
Eberhard Rohse 7

Erster Teil – Problemfelder und Beispiele psychotherapeutischer Praxis

Ich-Stärke und Entscheidungsfähigkeit. Überlegungen
zu Erziehungszielen und Erziehungsstilen aus
psychoanalytischer Sicht 33

Probleme der modernen Familie im Spiegel therapeutischer
Praxis. Ein Erfahrungsbericht 55

Zwangsneurose und Adoleszenz. Der therapeutische Prozess
bei einer jugendlichen Patientin mit Zwangsneurose 67

»Zerbrochener Spiegel« – Sexueller Missbrauch 93

Zweiter Teil – Psychoanalyse und Literatur

Literaturpsychologie – methodische Aspekte psychoanalytischer Literaturinterpretation 107

»Arme Effi«. Widersprüche geschlechtlicher Identität in
Fontanes »Effi Briest« 115

Die unsichtbaren Tränen. Psychoanalytische Gedanken zu
Iwan A. Gontscharows »Oblomow« 137

Abgespaltene Trauer. Die Perspektive des leidenden Kindes
und »strategische Adoleszenz« in K. Ph. Moritz' Roman
»Anton Reiser« 185

»Sieh, ich bin mal so«. Die Schriftstellerin Lou Andreas-
Salomé zwischen Literatur und Psychoanalyse 209

Dritter Teil – Im Dialog mit biblisch-theologischer Tradition

Erinnern – Erzählen – Trauern. Marie Luise Kaschnitz' Geschichte »Adam und Eva« und die biblische Erzählung von Paradies und Vertreibung 237

Zur Bedeutung religiöser Themen in der Psychotherapie [Fragment, ca. 2000] 259

Die Kreuzigung – ein Trauma? Psychoanalytische Überlegungen zu Passions- und Auferstehungstexten 267

»Aus tiefer Not schrei ich zu dir«. Luthers Botschaft – auch für heute? 291

Quellenverzeichnis (chronologisch) 297

Personenregister 300

Zur Einführung
Eberhard Rohse

Psychoanalytisch engagiert und fachübergreifend schlagen die posthum hier versammelten Studien der Göttinger Kinder- und Jugendlichenpsychotherapeutin Heide Rohse (1939–2021) aus einem Entstehungszeitraum von rund 40 Jahren einen thematisch weiten Bogen. Fragt die erste der Studien (1975) gleich eingangs, im Interesse wirklichen Kindeswohls, sozialisations- und erziehungskritisch: »Was geschieht in der Erziehung dem Kind zugute?«, so formuliert deren letzte (2017) als theologisch-kritisches Diskursfazit und alltagspraktisches Postulat (zum Thema »Luthers Botschaft – auch für heute?«) zugespitzt existenzorientiert: »[…] angesichts unserer Ängste und Hoffnungslosigkeit […] müssen wir nicht an sich wandelnde Gottesbilder glauben, sondern an Gott allein. Das genügt.«

Thematisch verortet in überraschend kontrastivem Spannungsfeld dieses Rahmens untersuchen die insgesamt 13 Beiträge des Sammelbandes ein brisant vielfältiges Themen- und Problemspektrum psychisch störungsanfälliger Lebens-, Identitäts- und Leidensszenarien – exemplarisch vorgestellt im Blickwinkel nicht nur langjährig-therapeutischer Praxiserfahrung, sondern darüber hinaus auch psychoanalytisch perspektivierter literarischer wie biblischer Textinterpretation. Anders gesagt: Verborgenes Leid, Schreien aus tiefster Not, ohnmächtiges Verstummen, Traumatisierung, aber auch Helfen und Heilen, Befreiung aus inneren Qualen und Zwängen, therapeutische Empathie, Ich-Stärke und integriertes Selbst, Ausblicke in »freundliche« Weiten … Dem allen (und mehr) gilt das Interesse sowohl der Fallstudien und Reflexionen aus therapeutischer Praxis als auch der Textinterpretationen signifikanter Szenarien aus Literatur und Bibel: von Romanen Fontanes (»Effi Briest«), Gontscharows (»Oblomow«), Moritz' (»Anton Reiser«) über Erzählungen von Kaschnitz (»Adam und Eva«) und Andreas-Salomé, der ersten Göttinger Psychoanalytikerin, bis hin zu biblischen Passions- und Auferstehungstexten (»Kreuzigung – ein Trauma?«) und Luther (»Aus tiefer Not ...«).

So kommt es zum Buchtitel: »Verborgenes Leid und Empathie. Psychoanalyse in Literatur, Theologie und psychotherapeutischer Praxis«.

Nachhaltig vor- und mitgeprägt ist die hier sich spiegelnde Verbindung von therapeutischer Professionalität und fachübergreifendem Weitblick, problemreflexiver Sensibilität und lebenspraktischem Engagement aus vielseitig gefächerter Erfahrung Heide Rohses in schulischer Lehrtätigkeit (1963–1974) wie auch als Lehrbeauftragte für Evangelische Theologie und Religionspädagogik an der Universität Göttingen (1974–1984). Prägend vor allem aber und diskursiv-erkenntnisleitend bleiben psychoanalytische Arbeitserfahrung und Grundorientierung als Analytische Kinder- und Jugendlichenpsychotherapeutin (seit 1975) und Mitarbeiterin am Therapiezentrum der Stadt Göttingen (in freier psychotherapeutischer Praxis), dazu als Dozentin, Supervisorin und Kontrollanalytikerin am Lou-Andreas-Salomé-Institut für Psychoanalyse und Psychotherapie Göttingen (Kontrollanalysen bis 2019).

Was ist wo publiziert? – Publikationsprämissen und Kontexte

Nicht nur ihr beruflicher Werdegang, sondern auch die entstehungsgeschichtlich-publizistische Verortung und Adressierung ihrer Veröffentlichungen bezeugen die von Anfang an entschieden interdisziplinäre Offenheit und Kommunikation der Verfasserin. Vorab zu nennen ist hier eine schon frühe – in vorliegender Aufsatzsammlung nicht aufgenommene – Buchpublikation der Autorin, die den Übergang von der Lehrtätigkeit als Religionslehrerin an Grundschulen zur theologisch-religionspädagogischen Universitäts-Lehrbeauftragten im Fachbereich Erziehungswissenschaft thematisch signifikant dokumentiert – das aus eigener Unterrichtspraxis erwachsene Lehrbuch zum Religionsunterricht an Grundschulen: »Palästina. Vom Leben der Menschen zur Zeit Jesu. Ein Arbeitsbuch für das 3./4. Schuljahr« (Vandenhoeck & Ruprecht/Benzinger, Göttingen 1978, 2. Aufl. 1981). Das »für die Hand des Schülers und des Lehrers« gedachte Arbeitsbuch (so der Klappentext) »zeigt in Bildern und kurzen Erzählungen, wie die Menschen damals miteinander lebten, wie sie wohnten, glaubten, feierten. An exemplarischen biblischen Texten werden die Reden Jesu und zugleich sein Verhalten in Anknüpfung und Widerspruch zu den Lebenszusammenhängen seiner Zeit dargestellt«. Womit nicht nur ein »erstes Bekanntwerden mit der menschlich-geschichtlichen Gestalt Jesu« erschlossen, sondern insbesondere auch – zugleich historisch-kritische Forschung zum Neuen Testament aktualisierend – in historischem Kontext »sozialer und religiöser Zwänge das Verhalten Jesu als befreiend« vergegenwärtigt wird. Hermeneutisch-didaktisch folgt die Auswahl der biblischen Textbeispiele ausschließlich (so die »Hinweise zur Benutzung des Buches«) den Kriterien »Verständlichkeit für das Grundschulkind und theologischer Relevanz« – bei zugleich psychologisch sensiblem »Verzicht auf theologisch schwierige (z. B. Jesu Rede vom ›Reich Gottes‹, Auferstehungstexte) und theologisch unspezifische Jesusüberlieferung (Wundergeschichten) sowie die konsequente Beschränkung auf solche Texte, die Jesu Reden und Verhalten vorwiegend als Herausforderung an den Status quo geltender religiöser Traditionen verdeutlichen (z. B. Sabbatfrage).«

Schon 1975, drei Jahre *vor* diesem Arbeitsbuch, im Jahr des Beginns ihrer Ausbildung als Analytische Kinder- und Jugendlichenpsychotherapeutin, publiziert Heide Rohse, seit kurzem erst Wissenschaftliche Assistentin für Evangelische Theologie und Religionspädagogik im Erziehungswissenschaftlichen Fachbereich der Universität Göttingen, den ersten ihrer Aufsätze – mit bereits professionell fachübergreifendem Titel: »Ich-Stärke und Entscheidungsfähigkeit. Überlegungen zu Erziehungszielen und Erziehungsstilen aus psychoanalytischer Sicht« – in sogar zwei religionspädagogischen Fachzeitschriften gleichzeitig: sowohl (als Teilabdruck mit leicht verändertem Titel) in »Der Evangelische Religionslehrer an beruflichen Schulen« wie auch in »Theologia Practica. Zeitschrift für Praktische Theologie und Religionspädagogik«. Während 1992 dann, im Erfahrungshorizont der längst als Kinder- und Jugendlichentherapeutin Tätigen (seit 1982), die dokumentarisch breit gefächerte Studie »Probleme der modernen Familie im Spiegel therapeutischer Praxis. Ein Erfahrungsbericht« – nach wie vor religionspädagogisch adressiert –

im »Jahrbuch der Religionspädagogik (JRP)« erscheint, gelangen zwei spezifisch exemplarische Fallstudien – nahezu gleichzeitig – in psychoanalytisch namhaften Fachorganen zur Publikation: 1989 die Studie »Zwangsneurose und Adoleszenz. Der therapeutische Prozess bei einer jugendlichen Patientin mit Zwangsneurose« in »Praxis der Kinderpsychologie und Kinderpsychiatrie« (hrsg. von R. Adam, A. Dührssen, E. Jorswieck, M. Müller-Küppers, F. Specht) sowie 1998 als Buchbeitrag: »›Zerbrochener Spiegel‹ – Sexueller Mißbrauch« in »Störungen bei Kindern und Jugendlichen. Ein psychodynamisches Fallbuch« (hrsg. von M. Schulte-Markwort, B. Diepold, F. Resch. Georg Thieme Verlag Stuttgart/New York).

Fachübergreifend erstmals als Begegnung von Literatur und Psychoanalyse – in nach wie vor psychoanalytischem Publikationskontext – kommt 1997 die Textinterpretation »Die unsichtbaren Tränen – Psychoanalytische Gedanken zu Iwan A. Gontscharows Roman ›Oblomow‹« in der »Zeitschrift für psychoanalytische Psychotherapie« (in noch vorläufiger Kurzfassung) zum Abdruck. Und 2004 erscheint – unter dem Titel »›Sieh ich bin mal so‹. Die Schriftstellerin Lou Andreas-Salomé zwischen Literatur und Psychoanalyse« – die zugleich literarische und psychoanalytische Würdigung der Namenspatronin des Göttinger Lou-Andreas-Salomé-Instituts zu dessen 50-jährigem Bestehen im Vortrags- und Jubiläumsband »Innere Welt und Beziehungsgestaltung. Göttinger Beiträge zu Anwendungen der Psychoanalyse« (hrsg. von H. Staats, R. Kreische, G. Reich. Vandenhoeck & Ruprecht, Göttingen).

Einen eigenen Kommunikations- und Publikationsschwerpunkt 1997–2003 bilden die psychoanalytischen Literaturinterpretationen der Verfasserin in den »literaturpsychologischen« Forschungs- und Tagungsbänden »Freiburger literaturpsychologische Gespräche. Jahrbuch für Literatur und Psychoanalyse« (hrsg. von J. Cremerius, G. Fischer, O. Gutjahr, W. Mauser, C. Pietzker. Königshausen & Neumann, Würzburg). So die Romaninterpretationen »Abgespaltene Trauer. Die Perspektive des leidenden Kindes und ›strategische Adoleszenz‹ in K. Ph. Moritz' Roman ›Anton Reiser‹« (Bd. 16: Adoleszenz, 1997), »›Arme Effi‹ – Widersprüche geschlechtlicher Identität in Fontanes ›Effi Briest‹« (Bd. 17: Widersprüche weiblicher Identität, 1998) und, textvergleichend (bei zugleich biblisch-theologische

Problematik): »Erinnern – Erzählen – Trauern. Marie Luise Kaschnitz' Geschichte ›Adam und Eva‹ und die biblische Erzählung von Paradies und Vertreibung« (Bd. 22: Trauer, 2003).

Hinzu kommt, hier anknüpfend und weiterführend, die bereits 2000 erschienene eigene Sammelpublikation der Autorin, ihr Buch: »Unsichtbare Tränen. Effi Briest – Oblomow – Anton Reiser – Passion Christi. Psychoanalytische Literaturinterpretationen zu Theodor Fontane, Iwan A. Gontscharow, Karl Philipp Moritz und Neuem Testament« (Königshausen & Neumann, Würzburg). Diese literarisch- bzw. auch biblisch-textinterpretative *literaturpsychologische* Buchpublikation vereint nicht nur die bisherigen »Effi Briest«- und »Anton Reiser«-Studien mit der (seit der Erstveröffentlichung 1997 erheblich erweiterten) Interpretation des Gontscharow-Romans »Oblomow«, sondern bietet, theologisch ebenso brisant wie forschungsgeschichtlich innovativ, zugleich den Versuch einer psychoanalytischen Interpretation neutestamentlicher Textüberlieferung: »Die Kreuzigung – Ein Trauma? Psychoanalytische Überlegungen zu Passions- und Auferstehungstexten«.

Befragt zur Bedeutung Luthers heute, anlässlich des Jubiläumsjahrs *500 Jahre Reformation,* erscheint 2017 ihre letzte Publikation »›Aus tiefer Not schrei ich zu dir‹. Luthers Botschaft – auch für heute?« als Beitrag im Gemeindebrief der Kirchengemeinden Roringen und Herberhausen »Kartoffelstein« (Nr. 127) in psychoanalytisch wie theologisch unverändert kritischer Optik und Empathie.

Die Wiedergabe der fachübergreifend vielseitig oszillierenden, hier nun vereinigten Beiträge und Studien erfolgt, in jeweils thematischer Fokussierung und chronologisch geordnet, insgesamt dreiteilig: Problemfelder und Beispiele psychotherapeutischer Praxis (I), Psychoanalyse und Literatur (II), Im Dialog mit biblisch-christlicher Tradition (III). Einführend, von diesem Blick aufs Ganze her, sei nachfolgend hier näher beleuchtet und hervorgehoben, was das konzeptionell Herausragende, sachlich und methodisch Innovative, thematisch jeweils Besondere und lesenswert Interessante dieser Studien eigentlich ausmacht. So galt es, bereits einleitend Inhaltlich-Wichtigem, kontextuell aufschlussreichen Detailbezügen und der Stimme der Verfasserin selbst, in Wortlaut (und Tonfall) jeweils zentraler Textzitate, informativ und blickschärfend immer wieder auch Raum zu geben. Lohnend schon hier zu erkennen, in lediglich vorläufigem Vorausblick auf das reiche Themen- und Problemspektrum der Schriften Heide Rohses: ihr geistiges Profil und genuin facettenreiches Erkenntnisinteresse im Interpretationshorizont konventionell eher ungewohnter, oft überraschend investigativer Beobachtungen und Einsichten.

(I) Problemfelder und Beispiele psychotherapeutischen Praxis

Lesen lässt sich die erste – noch religionspädagogische – Aufsatzpublikation »Ich-Stärke und Entscheidungsfähigkeit« (1975) als bereits psychoanalytische Beantwortung der seit Ellen Key (1902) pädagogisch entscheidenden Grundfrage »Was geschieht in der Erziehung dem Kind zugute?«. In kritischer Analyse zeittypisch gängiger Erziehungsziele und -stile demonstriert sie vergleichend, dass die *alternativen* Sozialisationsmodelle *Erziehung zum Gehorsam* (meist christlich-moralisch, normativ-autoritär, bis hin zu NS-»Gehorsam« à la Eichmann) einerseits und *Erziehung zum Ungehorsam* (»Antiautoritäre Erziehung«, Berliner Kinderläden, autoritäre Durchsetzung antiautoritärer Normen) andererseits, in, obgleich *inhaltlich* konträrer, *strukturell* durchgängiger neurotisierender »Zwanghaftigkeit« kindgerechter Entwicklung gleichermaßen zuwiderlaufend, lediglich »Variationen *eines* Grundkonfliktes« (stets nur »Machtkampf um Durchsetzung des eigenen oder eines fremden Willens«) und somit eine »falsche Alternative« darstellen. In diesem Sinne alternativ »auf psychoanalytischer Grundlage« erläutert sie ein die »psychischen Gesetzmäßigkeiten« kindlicher Entwicklung adäquat und konsequent berücksichtigendes Sozialisationskonzept: Erziehung zu *Ich-Stärke* und *Entscheidungsfähigkeit*. Wobei es »nicht primär um die Erziehung des Kindes«, sondern die »Erziehung des Erziehers« geht – primär also, im Blick zumal auf »jene Erlebniskatastrophen, die wir Neurose nennen«, um erzieherisch verstehendes, empathisches wie zugleich psychoanalytisch sensibilisiertes »wohlwollendes, anteilnehmendes Interesse«. Unabdingbar zudem, objektivierend »verdinglichten« Normen und Werten gegenüber, bleiben zwei Grunderfordernisse von Entscheidungsfähigkeit

Zur Einführung

und Ich-Identität: die »Rückorientierung aller Entscheidungen« an der individuellen »inneren Realität« (»Introspektionsfähigkeit«) wie ebenso, dem Spannungsfeld Individuum/Gesellschaft geschuldet, dass die »Wahrheit der Werte« (weder normativ »objektivierbar« noch begründbar als »Explikation der Triebansprüche« oder »Vorgabe gesellschaftlicher Anforderungen«) sich wesentlich im »Kontext kommunikativer Lebenspraxis« als ihre »Lebendigkeit und ihr Beziehungsreichtum« ereigne: »Diese Auffassung trifft sich mit der christlichen Überzeugung, dass die Wahrheit von Werten immer etwas mit Liebe zu tun hat.« Bemerkenswert außerdem: Religionspädagogisch kontextualisiert, argumentiert die Verfasserin schon hier kinder- und jugendlichenpsychotherapeutisch in fachübergreifend einschlägigem Rückgriff auf psychoanalytisch maßgebliche Fachliteratur (z. B. Dührssen, Schultz-Hencke, Mitscherlich, Freud) sowie kritisch-sozialpsychologische (Israel, Adorno, Horkheimer, Lorenzer) und kritisch-theologische Reflexion (Dorothee Sölle).

Psychoanalytisch konkreter noch anhand vielfältiger Fallbeispiele unbewältigter Konflikte, Krisen, Traumatisierungen verfahren die Studien aus späterer Praxiserfahrung mit Jugendlichen und jungen Erwachsenen jeweils in Einzeltherapie. Als Behandlungsfazit dazu (»meine therapeutische Perspektive«): »Mir begegnen eher die an den Risiken moderner Lebensformen Leidenden, die Verlierer, nicht die Gewinner. Dass sie ihr Scheitern und das daraus entstehende Leid aber erkennen und nach Hilfe suchen, macht sie beinahe schon wieder zu Gewinnern.« So die Verfasserin in ihrer Studie »Probleme der modernen Familie« (1989), einem kasuistisch informationsreichen »Erfahrungsbericht« über inneres Leid, Verzweiflung, Verlustängste, Selbstopfer, emotionale Desintegration junger Patientinnen aus zeittypisch-aktuellen Familienverhältnissen mit »Problemkreisen« wie Trennung der Eltern/Scheidungsfamilien, Wohngemeinschaften, Berufstätigkeit der Mutter in frühem Lebensalter, Väterabwesenheit, Kleinfamilien mit emotional erdrückenden Ansprüchen der Eltern, Loyalitätskonflikte bei Elternstreit und -entfremdung, Überbehütung/innere Verwahrlosung, ideologisch-antiautoritäre Erziehungsstile, Wertewandel in der Familie (»Recht« des Einzelnen auf Bedürfnisbefriedigung, Selbstverwirklichung), fehlende Verlässlichkeit und Geborgenheit. Diese Bestandsaufname erbringt die doppelte Einsicht: dass vorwiegend eher »Trennungen« (statt sog. »intakte Familien«) die »Probleme der modernen Gesellschaft« spiegeln (und Trennung zur Chance »mögliche Konfliktlösung« wird) sowie außerdem, dass gerade für Kinder, angesichts traumatisierender Verlusterlebnisse und innerer Aussichtslosigkeit bei Trennung der Eltern, mehr als nur professionelle Hilfe konkret gebraucht wird (»nicht therapeutisch, aber im Sinne des Verstehens und Da-Seins«) und somit »alle gefordert« sind – ob »eine Großmutter, ein Großvater, eine verständnisvolle Tante oder Lehrerin, ein Lehrer oder sonst ein Freund aus dem sozialen Verkehrskreis der Familie«.

Besondere Aufmerksamkeit verdient der für das Verhältnis Therapeutin/Patientin therapeutisch konstitutive Aspekt der *Gegenübertragung*, wie er in den zwei Fallstudien »Zwangsneurose und Adoleszenz« (1989) und »Zerbrochener Spiegel – Sexueller Missbrauch« (1998) – individuell extrem unterschiedlich – eindringlich erkenntnisreich veranschaulicht wird. So geht es im ersten der Beiträge, untertitelt »Der therapeutische Prozess bei einer jugendlichen Patientin mit Zwangsneurose«, im Behandlungskontext einer »Übertragungsbeziehung« (einer »Über-Ich-Übertragung«) darum, über die emotionale Psychodynamik von *Übertragung* (unbewusster Gefühle der Patientin auf die Therapeutin) und *Gegenübertragung* (innere Resonanz der Therapeutin) den – sprachlich unmöglichen – inneren Kontakt der Zwangspatientin zu den isolierten, verdrängten »schlimmen« Gefühlen des einstigen Kindes wiederherzustellen und »erlebbar« zu machen (»das eigentliche Leid und die Schmerzen der Kindheit erneut zu fühlen«), ebenso zugleich um die »zentrale Angst«, mit eben diesen Gefühlen – flagrant aktualisierten aggressiven und sexuellen Wünschen – verurteilt zu werden, aber auch um die »zentrale Hoffnung«, damit doch noch angenommen und geliebt zu werden – letztlich basierend auf der »Erfahrung«, dass die Therapeutin in verlässlicher und gleichbleibend freundlicher, wohlwollendend-schützender Zugewandtheit durch Aggressionen und »böse« Wünsche »nicht zu zerstören, nicht zu gefährden oder zu zwingen ist«. Mit sukzessiver Auflösung der in begleitender »Gegenübertragung« resonanzreich erspürten »Über-Ich-Übertragung«, die die emotionale Integration der isolierten und verdrängten Triebrepräsentanten ermöglichen konnte, beginnt die Auflösung der

Zwangssymptomatik und eröffnen sich Entwicklungsmöglichkeiten zu »integriertem Selbst«.

Zum Thema der *Gegenübertragung,* in wiederum therapeutischer »Übertragungsbeziehung«, eindringlicher erhellend noch (und bewegend) ist der Buchbeitrag »›Zerbrochener Spiegel‹ – Sexueller Missbrauch«, worin es – in einer von »Entsetzen« und »Unsagbarem« extrem belasteten Traumatherapie – um »traumatisierte Gegenübertragung« geht. Erst in der Gegenübertragung und deren emotionaler Resonanz wird für die Therapeutin das *sprachlich* nicht mitteilbare Dilemma der Patientin (sowohl »die im Trauma erstarrte Fähigkeit zu fühlen« als auch »der unsagbare Schmerz über das Geschehene«) erkenn- und spürbar gespiegelt: »[…] spürte ich lange Zeit das Entsetzen in mir, fühlte das Grauen an Stelle der Patientin, bis sie sich ihre Fühlfähigkeit zurückerrungen hatte«. Überaus wichtig für die Patientin wird hier ihre künstlerische Begabung und Kreativität, die ihr hilft, die »verbalem Ausdruck nicht zugänglichen« Angst-, Wut- und Ohnmachtsgefühle in *Bildern,* die sie begleitend malt, *symbolisch* gestaltend zum Ausdruck zu bringen und im Dialog darüber zu therapeutischem Gelingen beizutragen. Wozu die Therapeutin resümierend vermerkt, dass »sowohl meine traumatisierte Gegenübertragung als auch die Bilder der Patientin orientierende Führer waren«. Insbesondere achtsam und dokumentarisch sensibel verfährt sie als Verfasserin in der Darstellungsweise des Therapieverlaufs auch insofern, als sie die Patientin dafür gewinnt und ermutigt, »als *Subjekt* ihrer Geschichte [statt als therapeutisches ›Objekt‹ der Therapeutin] ihre Therapie selbst auf(zu)schr(ei)ben« und, unter Wahrung absoluter *Anonymisierung,* als Mitautorin (»Bericht der Patientin«) für die vorliegende Studie beizusteuern, die somit – neben dem Abdruck zugleich einiger *Bilder* der Patientin als *symbolischer* Spiegelung psychisch-existenzieller Traumadynamik – besondere Eindringlichkeit und Authentizität gewinnt.

(II) Psychoanalyse und Literatur

Die diesem Themenkomplex einleitend vorgeordnete Problemskizze »Literaturpsychologie – methodische Aspekte psychoanalytischer Literaturinterpretation« erörtert zwei texthermeneutisch zentrale Verfahrens- und Erkenntnisprämissen. Erstens: Einem vielfach begegnenden *interpretatorischen Reduktionismus* psychoanalytischer Textinterpretation – sei es von *Psychoanalytikern* (in fachspezifisch meist eindimensionaler, methodisch fast naiver »Reduktion« von Literatur zu einseitig »realen«, meist nur »pathologischen« Fallbeispielen) oder auch *Literaturwissenschaftlern* (Textdeutung mit den Mitteln bloß »intellektuellen« psychoanalytischen Wissens, bar jeder therapeutischen Eigenerfahrung) – setzt die Verfasserin ein *integrativ fachübergreifendes* Interpretationskonzept entgegen, das professionell-praktische eigene *Erfahrung in therapeutischen Prozessen* ebenso voraussetzt (und ausdrücklich einbezieht) wie sachadäquate Berücksichtigung *literaturwissenschaftlicher* Grundkenntnisse, Kategorien und Einsichten – jeweils unter Beachtung *literarischer* Spezifik und Eigenbedeutsamkeit dichterischer Werke als poetisch-fiktionaler Texte und sprachlicher Kunstwerke, ihrer geistigen Profilierung, Ästhetik und kontextuellen (autorspezifischen, werkgenetischen, historisch-zeittypischen) Realitätsbezüge. Und zweitens: Methodisch unverzichtbare Voraussetzung literaturpsychologischer Textinterpretation sei ebenso auch die in therapeutischer Praxiserfahrung bewährte »spezifische Handhabung von *Übertragung und Gegenübertragung*« als psychoanalytisch-emotionaler »Erkenntnisquelle«. So lasse das »Zusammenspiel zwischen Text und Leser« sich erfassen »als Übertragungs-/Gegenübertragungsgeschehen«, wobei praxistherapeutisch wie literaturhermeneutisch gilt: »Wir gehen in der Psychoanalyse auf Grund der unbewussten systemischen Vernetzung in Beziehungen davon aus, dass emotionale Antworten auf einen Text keine zufällig subjektivistischen Erscheinungen sind, sondern […] latent mit dem Text korrespondieren und ihn – wenn diese Verbindung bewusst wird – in einer Bedeutungsschicht auslegen, die anders schwer wahrnehmbar wäre.«

Spürbar erkenntnisleitend ist dies für die nachfolgenden *Romaninterpretationen*. Textinterpretatorische Genauigkeit, Empathie und

Würdigung des Menschlichen – im Umgang zumal mit verborgenem Leid, innerem Elend, beschädigtem Leben in erzählkünstlerisch vielseitig konfigurierten Lebenswelten der Beispieltexte (als Spiegel nicht selten auch persönlicher Autorproblematik) – bezeugen die psychoanalytisch wie literaturwissenschaftlich gleichermaßen wohlfundierte Qualität und sprachkulturelle Signatur jeder dieser Romaninterpretationen, wobei die methodische Verbindung von Gegenübertragungsanalyse, literarischer Strukturanalyse und sachlichem Problemdiskurs fachübergreifend ergebnisreiche Interpretations- und Erkenntnisperspektiven erschließt.

Literaturpsychologisch bemerkenswert in der Untersuchung »›Arme Effi‹ – Widersprüche geschlechtlicher Identität in Fontanes ›Effi Briest‹« (1998) ist das interpretatorisch doppelte Augenmerk: sowohl auf die Romanheldin selbst (und ihren »Schmerz darüber, aus einer unbarmherzigen Gesellschaft ausgestoßen zu sein«) als auch den Romanautor Fontane, dessen »depressive Lebenskrise« während der Arbeit am Roman zu einer »Kette von Abschieden« in existenziell anrührender wie literarisch außerordentlicher Spätwerkproduktion führt – zum Abschied von »Jugend« und »Bild der idealen Geliebten« (in »Effi Briest«), zum Abschied von »Kindheit und Elternbildern« (autobiographisch in »Meine Kinderjahre«), zum Abschied schließlich »von sich selbst« (im letzten Roman »Der Stechlin«). Interpretatorisch vielschichtig weiterhin: der Blick auf die »Textfigur Effi« im Wechsel zweier Verständnisebenen – zum einen der *Ebene des Zeit- und Gesellschaftsromans* als Gestaltung historisch-zeittypischer »Widersprüche von heiler Natürlichkeit der Frau und gesellschaftlicher Unterdrückung der Natur« (Effi als »›Naturkind‹ […] glücksfähig und beglückend«; Zerstörung ihrer Existenz und Krankheit nicht Folge »innerer Konflikte«, sondern »moralischer Verurteilung« und »sozialer Ächtung«), zum anderen der *Ebene imaginativer Projektion,* auf der sich der »Widerspruch geschlechtlicher Identität« darin erweist, dass Effi – unter dem Erwartungsdruck »projektiver« Sehnsüchte, »ideal« weiblich sein zu müssen – »im idealen Bild gefangen« bleibt und so zugleich zum »Opfer der Glückssuche von Autor, Leser und Romanfiguren« wird, wohingegen »Autonomie und Eigenleben« in dieser »poetischen Konstruktion« nicht vorgesehen sind, letztendlich aber das »zum Opfer bestimmte Objekt« von allen »Widersprüchen menschlicher Bilder« gleichwohl »erlöst« wird: durch Regression in die unendlich »freundliche Weite« der Natur – eine auch für Autor und Leser mögliche »Freiheit«, die erlaubt, eigene »Projektionen zurückzunehmen«, weil sie »keine Bedeutung mehr« haben.

Im Beitrag »Die unsichtbaren Tränen – Psychoanalytische Gedanken zu Iwan A. Gontscharows ›Oblomow‹« (2000) unternimmt die Verfasserin – unter bereits interpretatorisch fokussierender Titelgebung »Die unsichtbaren Tränen« (als romanintern zugleich leitmotivisch bedeutsamem Literaturzitat aus N. Gogols Roman »Die toten Seelen«) – eine intensiv gründliche Interpretation des realistischpsychologisch wie erzählstrukturell als *Figurenroman* angelegten Romans »Oblomow« (1859), dessen gleichnamige Zentralfigur als »Urbild des passiven Träumers« und »Bruchstück-Mensch« (mit scheiterndem »Lebensideal« angesichts »reizloser« Lebenswirklichkeit, ungeachtet auch hilfreicher Freundschafts- und Liebesbeziehungen) seiner psychischen »Lebenslähmung«, seinem Lebensthema – dem »Verlöschen des Lebens von Anfang an« – unentrinnbar und todbringend ausgesetzt bleibt. Die Untersuchung der »psychischen Problematik« des Romanhelden im Spiegel epischer Gestaltungskunst Gontscharows zeigt und erörtert szenisch ereignisreich die »Psychodynamik von Depression« als menschliche (innere) Grundbefindlichkeit und als »Krankheit« Oblomows, wie sie sich in seinen Beziehungen erst zu Olga (der Geliebten), dann zu Agafja (der Haus- und Ehefrau) als »narzisstische bzw. orale Kollusion« konstelliert und wie vollends, entgegen »bewusstem« Wollen, die »Wiederkehr des Verdrängten« seine Versuche einer »Heilung durch Liebe« irreversibel verhindert. Hinter der »Fassade« von Passivität, Bequemlichkeit, Faulheit geht es, wie gezeigt wird, um »verborgenes Leid« – um (leitmotivisch gesprochen) »unsichtbare Tränen«. Wobei sich als »Wirkung der Romangestalt auf den Leser« – gerade auch im Interpretationshorizont der Gegenübertragungsanalyse der Studie – ein »nicht verurteilender, sondern verstehender Zugang« zum »Bruchstück-Menschen« Oblomow erschließt und darin zugleich, über das erzählerisch dokumentierte »Krankheitsbild« hinaus, die in Gontscharows Romangestalt eindringlich »verkörperte Bruchstückhaftigkeit des Lebens überhaupt«.

Um *traumaspezifische Gegenübertragung* als »Erkenntnisquelle« von nicht sprachfähigem (traumatischem) Erleben in psychoanalytischer Interpretation eines »autobiographischen« *Entwicklungs- bzw. Bildungsromans* des 18. Jahrhunderts (4 Bde. 1785–1790, mit Untertitel: »Ein psychologischer Roman«) geht es im Beitrag: »Abgespaltene Trauer. Die Perspektive des leidenden Kindes und ›strategische‹ Adoleszenz in K. Ph. Moritz' ›Anton Reiser‹« (1997). Texthermeneutisch wie zugleich beziehungs- und psychodynamisch kaum treffender als mit den Worten der Verfasserin lässt sich die kompliziert-komplexe Gesamtproblematik auf den Punkt bringen: »Hier führt die traumaspezifische Gegenübertragung sowohl zum Verständnis der Textperson Anton als auch des Autors Karl Philipp Moritz sowie der Beziehung zwischen beiden. In der Gegenübertragung des Lesers werden jene Gefühle belebt, die Anton nicht fühlen darf und die deshalb keine Sprache haben. Sprachlos sprechend kann der Autor Moritz nur intellektualisierend beobachten. An seiner Statt bestimmt er den Leser, Ohnmacht und Schrecken Antons zu fühlen. Das *Unsagbare* wird zwischen Text und Leser inszeniert.« Analysiert (und empathisch nachvollzogen) wird Antons Entwicklung als körperlich wie psychisch extreme Traumatisierung von frühester Kindheit an: Abspaltung von »Gefühlen« (Trauer, Schmerz) und Verlust eines »integrierten Selbst« (um seelisch zu überleben«), »narzisstische Selbstregulation« in zirkulär sich wiederholenden »Größenphantasien und Entwertungen«, »strategische« Nutzung aller Objektbeziehungen in Außenwelt (Lehrer, Geistliche, Theatertruppen) und Lesephantasien (Identifikation mit poetischen, religiösen, philosophischen Idealfiguren und -autoren) zu stets illusionär neuer vergeblicher »Reparation« des »brüchigen Selbst«, sodass »eine eigentliche Entwicklung vom Kind zum Jugendlichen« gerade *nicht* stattfindet und so »der erste ›psychologische‹ Bildungs- und Entwicklungsroman in deutscher Sprache« einen Menschen darstellt, der »ohne Entwicklung, gefesselt im Wiederholungszwang, ruhelos in sich selber kreist.« Forschungsgeschichtlich hervorhebenswert – gegenüber 1998 bereits zahlreichen, insbesondere psychologischen bzw. auch psychoanalytischen Moritz-/»Reiser«-Publikationen – nicht zuletzt auch zwei innovative Untersuchungsaspekte: zum einen (methodisch) erstmals die Verknüpfung von traumaspezifischer *Gegenübertragungsanalyse* und literarisch textgerechter Analyse der Erzählstruktur; zum anderen (inhaltlich) erstmals, traumaanalytisch folgerichtig und evident, die Erkenntnis der *präödipalen Frühstörungsproblematik* der Textfigur bzw. ihres Autors – statt bislang primärursächlich fehldiagnostizierter *ödipaler* Konfliktproblematik.

Die Schriftstellerin und erste Göttinger Psychoanalytikerin Lou Andreas-Salomé (1861–1937), die in ihrem Haus am Hainberg ihre therapeutische Praxis führte (seit 1913), würdigt – als letzter Beitrag zum Themenkomplex »Literatur und Psychoanalyse« – der Göttinger Jubiläumsvortrag »Sieh, ich bin mal so«. Die Schriftstellerin Lou Andreas-Salomé zwischen Literatur und Psychoanalyse« (2004). Entgegen dem gängigem »Klischee der Muse« bedeutender Männer (Nietzsche, Rilke, Freud) geht es, auf dem Hintergrund biographisch provokanter »Erlebnis«- und Denk-Stationen als nonkonformistisch autonome (auch feministisch nicht vereinnahmbare) »mutige Frau«, vielmehr um die geistige Spannweite ihres Schriftstellertums – von philosophischer Analyse (»Friedrich Nietzsche in seinen Werken«) über Romane, Erzählungen, Novellenzyklen (insbes. »Menschenkinder«, »Im Zwischenland«, »Die Stunde ohne Gott«, »Zurück ans All«) sowie psychoanalytisch-theoretische Schriften (»Narzißmus als Doppelrichtung«, »Die Erotik« usw.) bis hin zu autobiographischen Rückblicken (»In der Schule bei Freud«, »Lebensrückblick«). Das dem Beitrag vorangestellten Zitat »Sieh, ich bin mal so« (aus der Novelle »Zurück ans All«) wird begriffen als »existenzieller Kern« und zugleich »Lebenspathos« ihrer Autorschaft: *narzisstisch* bewusste »Selbstthematisierung«, sowohl als *Zumutung* »vorbehaltloser Selbstakzeptanz« wie ebenso, ihre Person und ihre »literarisch-psychologischen Vervielfältigungen« auszuhalten. Hinzu kommen als Grundthemen ihres Denkens und Schreibens weiterhin: das Erleben frühen Gottesverlustes (»Gottesentschwund«) und Allverbundenheit (»Grundempfindung unermeßlicher Schicksalsgenossenschaft mit allem, was ist«), die psychoanalytisch zentrale Doppelbegegnung mit *Spinoza* (»der Philosoph der Psychoanalyse«) und *Freud* (»[…] als ob mein Leben der Psychoanalyse entgegengewartet hätte«) sowie, über Freud hinaus, ihre eigene Theorie des *Narzissmus* als »Ursprung und Vollendung des Lebens« und »Kraftpotenzial« auch religiöser und künstlerischer Kreativität. Dem allen entspricht der interpretatorische Grundansatz dieser Studie: von der Philosophie Spinozas her Lou Andreas-Salomés nachhaltig denk-

und lebensprägende Begegnung mit ihm als dem »Philosophen der Psychoanalyse« interpretatorisch so zu verdeutlichen, wie sie es in ihrem »Dank an Freud« selbst formuliert: »Man begegnet ihm (Spinoza), wie er wartend und bereit immer am Wege steht.« Wobei ihr Bekenntnis zu individueller Allverbundenheit sich trifft mit Spinozas berühmtem Satz *deus sive natura* (»Gott oder die Natur«).

(III) Im Dialog mit biblisch-theologischer Tradition

Der diesen Themenkomplex eröffnende Beitrag »Erinnern – Erzählen – Trauern. Marie Luise Kaschnitz' Geschichte ›Adam und Eva‹ und die biblische Erzählung von Paradies und Vertreibung« (2003) lässt sich lesen nicht nur als Dialog der Verfasserin mit biblisch-theologischer Tradition aus psychoanalytischer Sicht, sondern als intertextueller Dialog auch zwischen Kaschnitz-Text in Form einer Kurzgeschichte (1952) und biblischem Ursprungstext (Gen 2,4–3,24). Als »weltliche Kontrafaktur« zum Genesistext (mit Schlange, Verführung, Gebotsübertretung, Vertreibung, Strafe Gottes) erzählt die Kurzgeschichte eher tröstlich-heiter von Leben, Altwerden und erinnerungsreich imaginierter (letztlich gemeinsamer) Paradieses-Zukunft der einst Vertriebenen. Unter dem Aspekt »Erinnern – Erzählen – Trauern« aber, über die Ebene *inhaltlicher* Vergleichbarkeit hinaus, gerät zugleich die *Erzähl*-Ebene beider Texte in Blick. Während im Kaschnitz-Text die kontrapunktisch zum trauernden Adam aufgebaute weibliche Textfigur Eva es übernimmt, den depressiv Verstörten (in Selbstverlust und Erkenntnisschock: »wir müssen sterben«) kraft *erinnernd* symbolisierter Paradiesespräsenz in den »*Gaben der Engel*« – ihr zugeworfen aus dem Garten Eden (Reben, Feuerlilie, funkelnder Stein) – aus *traumatischer Eindimensionalität* zu befreien, ist es im Genesistext das *Erzählen selbst* (des »jahwistischen« Textredaktors, Theologen und Erzählers), das »Trost und Hoffnung« des vom Lande Juda und vom Tempel in Jerusalem getrennten (6. Jh. v. Chr.) Volkes Israel, inmitten traumatisierender *Verlusterfahrung* und *Trauer* während des babylonischen Exils (»An den Wassern Babylons saßen wir und weinten ...«, Ps 137,1), *erinnernd* lebendig hält. Resümierend dazu, in einem (im vorliegenden Buch nicht abgedruckten) »Abstract«, erläutert die Verfasserin:

»Beide Texte könnten auf der Inhaltsebene unterschiedlicher nicht sein. Im Kaschnitz-Text geht es um das Zurückfinden in die primäre Geborgenheit des Paradieses angesichts des Bewusstseins, sterben zu müssen, im Genesistext dagegen um die Übertretung eines Gebotes – nicht also um narzisstische, sondern ödipale Konflikte. Entsprechend erleben die Textfiguren Scham, Angst und Schuld; ihr Sterbenmüssen steht im Zusammenhang mit ihrer Urschuld und ist seine Folge. Doch auch dieser Text spendet Trost und Hoffnung, weil er im Erzählen den Ursprung der Geschichte mit Gott vergegenwärtigt. Für beide Texte, der Kaschnitz-Erzählung wie der biblischen, kommt dem Erinnern im Trauerprozess erlösende und befreiende Kraft zu. Einzig darin sind beide vergleichbar.«

Erkenntnisstiftend vor allem kommen in dieser Studie erinnerungs- und traumabezogene psychoanalytische Grundkategorien (*Übergangsobjekt, »gutes« Objekt, Objektkonstanz, intermediärer Raum, symbolische Repräsentanz* im Sinne Winnicotts) als Interpretationskategorien zur Anwendung. So ergibt sich: Was Kaschnitz' Eva-Figur für den depressiv trauernden Adam leistet – enttraumatisierende Erinnerungsarbeit dank der »Gaben« der Engel als *Übergangsobjekten* in symbolischer Repräsentanz des verlorenen »guten symbiotisches Objektes« Paradies (unter Bewahrung symbolischer »Objektkonstanz« bei realem Getrenntsein in »intermediärem Raum«) –, eben das leistet in traumatisch erlittener historischer Verlustsituation der biblische *Jahwist als Erzähler* für das trauernde Israel: Erinnerungsarbeit als »Trauerarbeit mittels Erzählen« von der Geschichte des Volkes Israel mit Jahwe selbst (dem »absolut guten Objekt« als »Grund von Welt und Geschichte«) und darin gründender religiöser Identität und Zukunftshoffnung – leistet das »Erzählen selbst« in der »Funktion des Übergangsobjekts« in »intermediärem Raum«: Objektkonstanz im Symbolisierungsprozess des Erzählens als »Verwandlung des verlorenen Objekts in symbolische Repräsentanz«.

Exkursartig dem »Dialog mit biblisch-theologischer Tradition« als Allgemeinreflexion zuzuordnen ist ein unveröffentlicht gebliebenes Aufsatzprojekt der Verfasserin zur »Bedeutung religiöser Themen in der Psychotherapie« (fragmentarisch, ca. 2004) – ein aus persönlich wie fachübergreifend längjähriger Motivation und Berufserfahrung heraus erwachsenes Untersuchungsprojekt (»immer wieder, wenn es in Therapien um religiöse Fragen ging«) mit dem Impuls und »Wunsch [...], nach einer Pause von zwanzig Jahren an mein Studium der Religionspädagogik und Theologie und mein späteres Unterrichtsfach an Schule und Hochschule, wieder anzuknüpfen.« Wobei sich allerdings, in durch therapeutische Arbeit verändertem Blickwinkel, das Dilemma *Religion in heutiger Zeit* – zwischen kirchlichem Traditionalismus, säkularer Negation und doch auch latenter Omnipräsenz – ergibt und damit die Frage, was eigentlich »religiöse Themen« seien: Fragen nach dem »Sinn des Lebens«? Vorstellungsinhalte aus christlicher Sozialisation? »ozeanische« Gefühle? Paradiesessehnsüchte? allgemeines religiöses Bewusstsein? – bis hin zum einzig konsensfähigen »religiösen« Thema in psychotherapeutisch-kollegialer Diskussion (bei desgleichen meist eher unklarem Religionsverständnis, trotz durchweg christlicher Sozialisation): psychotherapeutisch, außer als »Religionskritik, Religion als illusionäre Wunscherfüllung«, spiele das Thema »Religion« keine Rolle. Von dieser Ausgangssituation her – vehement widersprechend (»Davon kann jedoch keine Rede sein«) und »ein heißes Eisen anfassen(d)« – wagt die Verfasserin die »Hypothese«: Die mit Religion assoziierten Inhalte seien auf Grund ihres »Symbolcharakters« einer »ähnlichen Entfremdung ausgesetzt, wie es der Traum ist, wenn man ihn auf eine faktische Ebene zerren würde, auf der dann Träume Schäume sind.« Und erläutert: »Religiöse Symbole« leben wie andere Symbole auch von der »Bedeutung, die sie in einem lebendigen geschichtlichen Kontext haben, in dem sie verstanden und auf den sie bezogen werden.« Zentrale christliche Symbole wie »Kreuz und Auferstehung, Paradies, Sünde, Erlösung, Rechtfertigung« würden in den Kirchen und im Religionsunterricht, einer »religiösen Sonderwelt« zugehörig, ohne Übersetzung in eine der Lebenserfahrung der Menschen adäquate Sprache »vom wirklichen Leben abgekoppelt« und »ihres Symbolcharakters beraubt« – wobei es diesen *Symbolen* nicht anders als dem *Traum* ergeht: »Er ist erst dann verstanden, wenn er in den Lebenshorizont des Träumers, aus dem er kommt, integriert werden [...] kann. Als nur intellektuelle Aneignung seines manifesten Inhaltes bleibt er unverständlich [...] niemand kann erkennen, was er mit seinem tatsächlichen Leben zu tun hat und ihm mitteilen kann. Da ist es nicht verwunderlich, wenn bei den meisten Analytikern keine wirkliche Vorstellung von Religion vorhanden ist.« Mit dem verblüffenden wie logischen Fazit: »Unter Psychoanalytikern würde es niemandem einfallen, so mit einem Traum umzugehen. Mit religiösen Symbolen tun wir das aber sehr wohl.«

Blickschärfend von hier aus zu bedenken seien zwei Aspekte *religiöser* bzw. *symbolischer* Therapieproblematik: Einerseits, angesichts weithin lebensfeindlicher, den Menschen »verdächtigender« Einstellung *kirchlicher* Religion (und weithin üblichem »Unverständnis der Symbole«), das Krankheitsbild »ekklesiogener Neurose« – des ohne »Lebensfreude« aussichtslos »sich selbst Bekämpfenden«, dem natürliche Wünsche nur »Egoismen« sind, dem unter Verleugnung von »Sexualität, Lust und Liebe« und aggressiv vermittelter »Durchsetzungs- und Geltungsabsichten« nur bleibt, sich zum *Opfer* der »bösen Welt« zu machen, auf die nun Egoismus und Aggressivität verschoben sind – wobei gerade diese therapeutisch häufige »fatale« Wirkungsgeschichte christlicher Religion das Gegenteil dessen bezeichnet, was eigentlich in den christlichen Symbolen gemeint sei, die doch allesamt von »Befreiung, Freude und Bejahung des Lebens« handeln. Andererseits, zum *Religionsverständnis* selbst, sei es kategorial sinnvoll, sich »auf den kleinsten gemeinsamen Nenner *aller* Religionen« zu beziehen, wie ihn »der Rückbezug des Menschen auf ein nicht einfach in der Welt der Erscheinungen sichtbares Göttliches darstellt, das die Lebensrätsel *warum bin ich hier, was ist der Sinn, weshalb muss ich sterben?* beantworten soll«; so dass zu sagen möglich ist: »das Bedürfnis des Menschen, diese Fragen aus einer anderen als einer ›weltlichen‹ Perspektive zu beantworten, hebt sie damit auf eine neue Ebene – die symbolische.« Dies zu tun, sei ein *religiöses* Bedürfnis. In dieser Hinsicht bedenkenswert sind auch die dem Aufsatzfragment vorangestellten Verse Johann Gottfried Herders über Raum, Zeit und Ewigkeit.

Zurück nochmals zur schon früheren »Arbeitsbuch«-Publikation vom »Leben der Menschen zur Zeit Jesu« (1978) über biblische Jesusüberlieferung im Kontext zeitgeschichtlich-sozialer Alltags- und Lebenswelt: Ging es dort darum, Rede und Verhalten Jesu als Botschaft einer »Freiheit« begreiflich zu machen, die (befreiend von religiös-lebensfeindlichen Wert- und Normvorstellungen) für ihm Vertrauende zu existenziell entscheidendem »situations- und menschenbezogenem Denken und Handeln« führt, so wird nunmehr –

die Frage der Bedeutung der »menschlich-geschichtlichen Gestalt Jesu« für die ihm Nahestehenden final weiterbedenkend – mit der Studie »Die Kreuzigung – ein Trauma? Psychoanalytische Überlegungen zu Passions- und Auferstehungstexten« (2000) textinterpretatorisch erstmalig eine mit der Kreuzigung Jesu historisch und psychologisch offensichtliche Erfahrung schwerwiegender *Trauma*tisierung untersucht. Gemeint ist ein »zweifaches Trauma«: sowohl die Kreuzigung Jesu – als »wirklich erlebtes« ein »Realtrauma« (da er »das Trauma nicht überlebt hat, wissen wir nicht, wie er es verarbeitet hätte«), als auch die traumatisierende Erfahrung derer, die als »Jesusanhänger« (Frauen, Jünger, sonst Nahestehende) die traumatischen Szenen grausam-aggressiver Gewalt qualvoll ohnmächtig miterlebt und zu verarbeiten haben, dabei überdies annehmen müssen, dass mit Jesu Tod ihre Hoffnung auf das Reich Gottes zunichte wird: »Mit Jesus (so die Verfasserin) stirbt nicht nur ein Mensch eines grausamen Todes, sondern mit ihm droht seine Botschaft vom nahen Reich Gottes zu sterben. Analytisch müsste man sagen: Gott als das umfassende ›gute Objekt‹ erscheint bedroht.« Unter Beachtung der in psychoanalytischer Traumaforschung bekannten Folgen einer »Vernichtung des guten *menschlichen* Objekts«, speziell die Wirkung *traumaspezifischer Abwehrstrukturen*, welche »seelisches Überleben« retten, wenn »das Ich mit Angst überflutet« wird (z. B. wenn Eltern sich in Gewalttäter verwandeln, denen zu entrinnen unmöglich ist) und die Ich-Funktionen eine »Verarbeitung des Erlittenen« nicht leisten können, sei die »Kenntnis traumaspezifischer Abwehrstrukturen« ähnlich sachklärend anwendbar auch auf biblische Passions- und Auferstehungsüberlieferung – im Hinblick nämlich auf die »Frage, *wie* die Jesusanhänger die Zerstörung ihrer Hoffnung auf das Reich Gottes, letztlich auf die Macht des guten Gottes-Objekts, verarbeitet haben«. Schon die Beobachtung, dass beim Lesen oder Hören »grausamer« Passionserzählungen »wir keine traumaspezifische Gegenübertragung (empfinden)«, z. B. Entsetzen, Erschütterung, Schmerz, sondern im Gegenteil der »Anblick des Kreuzes« vor allem »Freude«, das »Gefühl von Befreiung und Rettung« auslösen sollen, lasse *Affektverkehrung ins Gegenteil* als Grundmuster traumaspezifischer Abwehr erkennen, wobei in der »emotionalen Kommunikation zwischen Text und Leser« der Leser zwar zum »Zeugen des Traumas«

gemacht, doch »von der traumatischen Erfahrung ausgeschlossen wird«. Ausgehend vom »unlösbare(n) Dilemma«, dass das »Trauma des Todes Jesu nicht wirklich sein darf und zugleich wirklich bleiben muss« und somit traumaspezifische Abwehr- und Bewältigungsprozesse geradezu »erzwingt«, wird nachfolgend, mit jeweils biblischen Textbezug und Zitaten aus Kirchenliedern Luthers und Paul Gerhardts, ein Repertoire biblisch-narrativer Traumaverarbeitung und -bewältigung facettenreich expliziert. So zunächst, strukturbildend als *Abwehr- und Überlebensstrategien* (bis hinein noch in die spätere Geschichte des sich entwickelnden Glaubens) eher *desintegrierend* und *destruktiv* sich auswirkenden Formen: *Derealisation* als Schock-Abwehr realer Todeswirklichkeit (Auferstehung als »Beweis«, apokalyptische Weltuntergangsangst); *Verkehrung ins Gegenteil* als Verarbeitung von Erniedrigung, mit Ausbruch latenten Aggressionspotenzials in späterer Kirchengeschichte (Erniedrigte als Herrschende, Verfolgte als Verfolger, Eroberer, Vernichter); weiterhin *Spaltungsabwehr* als Versuch, Gutes von Bösem abzuspalten (z. B. »böse Welt«; Engel/Teufel, Gläubige/Sünder, Christen/Juden, Heilige/Hexen); ferner *Personifizierung* als Möglichkeit, »Böses« zu kontrollieren und, in späterer Täter/Opfer-Umkehrung, zu bekämpfen (Hexen, Dämonen, Juden, Ungläubige) und *Doubting* als Versuch, unbegreifbares Geschehen als real zu begreifen. Demgegenüber *integrierende* Formen der Traumaverarbeitung (zur »Erhaltung des guten Objekts, um sich seines Schutzes zu vergewissern«) in den Evanglientexten durch *Symbolisierung*: Gegenüber den »spaltenden« Abwehren vermag der im »Erzählen« durch »Übergang von nicht-metaphorischer zu metaphorischer Rede« gewonnene Symbolisierungsprozess – in »intermediärer« narrativer Verschränkung von Historisch-Realem und Symboltranszendenz – zu »integrieren und in eine heilende Dimension zu führen« (Gott als »gutes Objekt«, selbst im Trauma des Todes – die *eine* Wirklichkeit, die Leben und Tod umfasst).

Der letzte Beitrag des Buches zur Frage »Luthers Botschaft – auch heute?« (2017), unter dem Lutherzitat-Obertitel »Aus tiefer Not schrei ich zu dir« als Gemeindebrief-Beitrag publiziert im Umfeld fast inflationärer Luther-Diskussion zum Jubiläumsjahr *1517–2017: 500 Jahre Reformation*, erfrischt durch thematisch unpathetische, theologisch-sachkritische, psychoanalytisch klärende Prägnanz und Empathie. Der Blick der in lesernaher »Heute«-Perspektive und »wir«-Stil verfassten Überlegungen gilt zunächst dem durch »Teufel, Engel, Dämonen, Himmel und Hölle« seit jeher angsterregend geprägten (derart »auch Gott« einschließenden) *religiösen Weltbild* der Zeit Luthers, das auch das seine ist – wobei es sich, wie aus heutigem Wissen begreiflich, um Spiegelungen »innerer Ängste und auch Wünsche in Bildern« handelt, die, der »seelischen Welt der Menschen« entstammend und bei gleichbleibender »menschlicher Natur«, als »archaische Kräfte im zeitlosen Unbewussten« sich in zeitabhängig veränderter *sozialer* Ausdrucksform auch in heutiger Welt als »Zerstörungswut, Habsucht, Rücksichtslosigkeit, Egozentrik, sexuelle und orale Gier« manifestieren. Auch Luther, noch mittelalterlich geprägt, misstraue der als »sündhaft« erlebten eigenen *Natur,* den »bei Höllenstrafe« verbotenen »Trieben« (Aggressivität, Sexualität), die »Körper und Seele nach dem Tod« in Verdammnis und ewige Qualen zu stürzen drohen – vermeidbar nur durch seinen »Eintritt ins Kloster«, um mit extremer Frömmigkeit und »guten Taten« das »ewige Leben«, den »Himmel« zu verdienen. Von hier aus ergibt sich der Blick auf die *existenzielle Dimension* eines »inneren Dramas« zwischen »innerer Auswegslosigkeit« und »Freiheit eines Christenmenschen« als *Grunderfahrung Luthers* seit dem Kloster-Eintritt – mit Todes- und »Gewissensangst«, Sündenqual und Vergeblichkeit allen Tuns, im Gericht Gottes (im Sinne eines kirchlich wie elterlich-strengen »Gottesbildes«) bestehen zu können – bis hin endlich zur »befreienden« Begegnung mit der biblischen Botschaft, »daß der Mensch gerecht werde ohne des Gesetzes Werke, allein durch den Glauben« (Röm 3,28) als Rettung in eine andere Dimension: die »Dimension des Glaubens«, die ihn aus der »Verstrickung in sein religiös-soziales Gruppengewissen« löst, ihm die »Weite eines anderen, nicht mehr von den Eltern bestimmten Gottesbildes« öffnet. Eine Erfahrung geschenkten Lebens (»allein durch Glauben«, »allein durch Gnade«) und existenzieller Freiheit, weil »Leben *vor* aller Leistung von Gott angenommen und bejaht« sei und – ganz im Geist seiner »Aus tiefer Not«-Verse (»Bei dir gilt nichts, denn Gnad und Gunst,/ die Sünde zu vergeben ...«) – auf neuer Verstehens-Ebene »Angst vor Gott durch Vertrauen auf ihn« überwunden werde.

Wichtig also sei »heute«, in Zeiten gesellschaftlich zunehmender »Ängste« (z. B. vor sozialem Abstieg, Umweltzerstörung, atomarer Bedrohung, Sinnlosigkeit des Lebens) und weithin ohne »christliches Gottesbild«, dass »wir Luthers Botschaft übersetzen«, als *existenzielle* Botschaft, die die »Grundfragen des Lebens überhaupt« betrifft, sprachlich neu fassen und verstehen – gipfelnd in Formulierungen der Verfasserin wie »Nicht wir sind Hersteller unseres Lebens, sondern Leben ist geschenkt. Es rechtfertigt sich nicht durch Leistungen, sondern ist von Anfang an schon bejaht durch den, der es gibt und nimmt.« Oder auch; »Nennen wir Gott – in Anlehnung an Joh 14,6: ›ich bin der Weg, die Wahrheit und das Leben‹ – mit seinem schönsten Namen *Leben* …«, wobei »Sünde«, schon für Luther absolut tödlich, als »Beschädigung und Missachtung des Lebens« begreifbar werde: »Gott loben heißt, das Leben loben; Sündigen heißt, das Leben, wie es uns gegeben ist, verurteilen, ablehnen, zerstören.« In der Auseinandersetzung mit Luther wäre (selbst ohne religiöse »Gewissensangst«) erkennbar, dass wir »sehr wohl in ungeheurem Ausmaß vor dem Leben schuldig werden, weil wir es nicht schützen, achten und bewahren, sondern im Gegenteil in unserer Zerstörungswut und Bemächtigungslust dieses Leben vernichten, das gerettet werden müsste.« Da könne Luthers befreiende Botschaft damals auch für uns befreiend sein. Keineswegs »Herren über Leben und Tod«, könnten (und sollten) »wir als Bewahrer und Gestalter« des Lebens auch dessen »Liebhaber« sein. Dafür, so das lapidare wie adhortativ luzide Schlussfazit, »müssen wir […] angesichts unserer Ängste und Hoffnungslosigkeit […] nicht an sich wandelnde Gottesbilder glauben, sondern an Gott allein. Das genügt.«

Redaktionelles – Erinnerung – Dank

Abschließend einige Hinweise noch zur redaktionellen Konzeption und drucktechnischen Einrichtung der vorliegenden Textedition. Der Wiederabdruck sämtlicher Beiträge erfolgt, von drucktechnisch wie verlagsseitig notwendigen (formalen) Umstrukturierungen abgesehen, unter editorisch strikter Wahrung der ursprünglichen *originalen* Textstruktur, der zugleich *historischen Dokumentarqualität* der Texte aus gut vier Jahrzehnten Entstehungszeit von 1975 bis 2017.

Zu verändern war lediglich deren Zitierweise, so dass (statt bibliographisch vollständiger Zitatbelege bisher in Fußnotenform) eingeklammerte Quellenkurznennungen nunmehr im laufenden Text selbst auf ein bibliographisch exaktes Literaturverzeichnis jeweils am Ende des Beitrags verweisen. Wissenschaftsgeschichtlich – verschiedentlich auch wissensinnovativ – spiegeln die Studien den fachspezifisch jeweils repräsentativen *Forschungsstand* ihrer Entstehungszeit; um dies zu dokumentieren, wurde in der Regel (von punktuellen Ausnahmen abgesehen) auf ergänzende Information zu entsprechend neuerer Forschungsentwicklung verzichtet. Bibliographisch aktualisiert und präzisiert hingegen wurden (soweit nicht bereits vorhanden) die den einzelnen Beiträgen folgenden *Literaturverzeichnisse*. Sofern im Anmerkungsbereich überdies, zur Erläuterung klärungsbedürftiger Sachverhalte, *Herausgeberanmerkungen* ergänzend notwendig waren, wurden diese eckig eingeklammert [Anm. d. Herausgebers:] markiert. Zur *Rechtschreibung* und *Schreibweise*: Korrigiert wurden offensichtliche Verschreibungen und inhaltliche Fehler. Die Schreibweise sämtlicher Beiträge und Studien wurde der neuen deutschen Rechtschreibung vorsichtig angepasst. Sprachlich nicht modernisiert hingegen wurden sämtliche (literarische, biblische, fachwissenschaftliche etc.) *Textzitate* als Originaltexte prinzipiell zu respektierender zeittypisch gültiger Rechtschreibung. Auch erübrigt sich sprachlich aktualisierter Umgang mit *Gender*, da die Aufsatztexte in Schreibart und Stil ihrer Entstehungszeit selber als bereits historische Textzeugnisse qualifiziert sind (z. B. heißt es: Leser, Jesusanhänger; statt: Leser*innen, Jesusanhänger*innen); im Sinne gendersensibler Sprache mögen sich bitte alle hier mitgemeint fühlen. Um die Vielfalt geistiger Bezüge und Vernetzungen des Buches, wie sie dem Inhaltsverzeichnis nur ansatzweise entnehmbar sind, informativ übersichtlicher erschließen zu helfen, ist abschließend ein *Personenregister* beigefügt.

Der Abschluss dieser Arbeit ist noch einmal ein Abschied. Heide Rohse ist am 22. Mai 2021 im Alter von 81 Jahren verstorben. Sie litt an einer zu spät diagnostizierten, nicht mehr zu heilenden Krebserkrankung. Meine erneute und intensive, sehr bewegende Lektüre ihrer Schriften bedeutet mir – als nahe Verbundenem seit gemeinsamen Göttinger Studienzeiten, nun auch als Herausgeber und

Witwer – zugleich Trauerarbeit, Erinnerung, großen Dank: als Liebe zur Sache – eine Sache der Liebe.

Diesen Prozess sachlicher wie zugleich emotionaler Arbeit – in gewissen Sinne auch hier als Verarbeitung eines Traumas – umfangen zu wissen in familiärer Einbettung und liebevoller Geborgenheit durch unsere Töchter Dr. Andrea Meuser und Bettina Rohse und ihre Familien, bedeutet für mich einen wichtigen Halt.

Sehr dankbar bin ich unserer Tochter Bettina für inspirative Begleitung bei Entstehung und Konzeption der Buchpublikation für nicht nur gesprächsweise vielseitig anregenden Ideenreichtum, sondern für wesentliche Mitgestaltung auch des Buchcovers mit ihrem Gemälde einer (als »Seelenlandschaft« von Heide Rohse sehr geliebten) Amrum-Landschaft (entstanden 2004, Öl auf Leinwand, 60 × 80 cm). Mein herzlicher Dank gilt zugleich Gisela Baethge, langjähriger Kollegin, Freundin und Gesprächspartnerin der Verstorbenen, für anteilnehmend ebenso hilfreich-ermutigende wie konstruktiv-kritische Gespräche zum aktuellen Buchprojekt und Möglichkeiten seiner Publikation im Verlag Vandenhoeck & Ruprecht. Nicht zuletzt hier also herzlichen Dank auch an den Verlag selbst, von Anfang an mit Rat und Tat kooperativ und ideenreich vertreten durch Günter Presting (Programmleitung Psychologie, Schule, Pädagogik, Soziale Arbeit, Gemeinde) und insbesondere Ulrike Rastin (Projektmanagement Lektorat Psychologie), die Gesamtkonzeption, Layout, Arbeitsproblematik und Fortgang des nun vorliegenden Buches thematisch sachkundig, gestalterisch prägend und überaus geduldig begleitet hat.

Göttingen, im Februar 2022

Erster Teil

Problemfelder und Beispiele
psychotherapeutischer Praxis

Ich-Stärke und Entscheidungsfähigkeit
Überlegungen zu Erziehungszielen und
Erziehungsstilen aus psychoanalytischer Sicht

Was geschieht in der Erziehung dem Kind zugute? Diese Frage deutet etwa seit Ellen Keys »Das Jahrhundert des Kindes« (Key, 1902), bis hin zur Theorie und Praxis antiautoritärer Erziehung, das erkenntnisleitende Interesse pädagogischer Reflexion an. Diese Frage ist für pädagogisches Fragen konstitutiv. Ihre unmittelbare Evidenz macht sie zu einem Kriterium, das geeignet ist, die pädagogische Qualität pädagogischer Theorien auszuweisen.

Es zeigt sich jedoch bei näherer Betrachtung, dass die Beantwortung dieser pädagogischen Grundfrage von komplexen anthropologischen Vorentscheidungen einerseits und von gesellschaftstheoretischen Prämissen andererseits abhängig ist. Das bedeutet, dass die jeweils zu Grunde liegende inhaltliche Bestimmung des Verhältnisses Individuum-Gesellschaft die pädagogische Antwort auf ihre eigene Grundfrage determiniert. Wird der Mensch als von Natur aus gut angesehen, geht es nur darum, seine Kräfte zu entfalten und zu pflegen, dann hat die Gesellschaft sich nach seinen Bedürfnissen auszurichten. Wird dagegen durch Erziehung eine Veränderung gesellschaftlicher Verhältnisse erstrebt, dann ist dieser Zielbestimmung die individuelle Entwicklung untergeordnet.

An einem für die Pädagogik zentralen Thema, dem Thema der Erziehung zum Gehorsam –Erziehung zum Ungehorsam, soll dieser Sachverhalt konkret entfaltet werden.

1. Die traditionelle Alternative: Erziehung zum Gehorsam – Erziehung zum Ungehorsam

Die Fragwürdigkeit einer Erziehung zum Gehorsam wurde öffentlich ins Bewusstsein gehoben im Zuge der Diskussion um die antiautoritären Kinderläden. Der Beginn der sog. antiautoritären Erziehung

(Neill, 1969), die unter dem Slogan »Erziehung zum Ungehorsam« (Bott, 1969; Bott, 1970) Eingang in die Massenmedien fand, steht im Zusammenhang mit den politischen Zielen der Studentenbewegung. Im Rahmen des von ihr vertretenen Gesellschaftskonzepts hat die Erziehung zum Ungehorsam die Funktion, die Nicht-Anpassung an eine kapitalistische Gesellschaft einzuüben mit dem Ziel, diese im Sinne der sozialistischen Gesellschaftsordnung zu verändern (Autorenkollektiv Berliner Kinderläden, 1971). Wie bestimmt nun das Konzept der Erziehung zum Ungehorsam das Verhältnis von Individuum und kapitalistischer Gesellschaft? Diese Gesellschaft erscheint als extrem veränderungsbedürftig. Ihre profit- und leistungsorientierte Wirtschaftsordnung entfremdet das Individuum von sich selbst, seinen Mitmenschen und den Produkten seiner Arbeit. Selbstverwirklichung und soziale Gerechtigkeit sind in ihr nicht möglich, deshalb muss eine neue sozialistische Gesellschaftsordnung geschaffen werden, in der mehr Humanität verwirklicht werden kann. J. Israel nennt diese Theorie »individual-orientiert« (Israel, 1972, S. 26), weil die Zielrichtung nicht auf Anpassung des Individuums an die bestehende Gesellschaft gerichtet ist, sondern die Gesellschaft organisiert werden soll nach den Bedürfnissen aller in ihr lebenden Individuen. Diese knappe Skizze muss strittige Fragen offen lassen. Zu nennen sind hier nur: Wie werden die Bedürfnisse der Individuen ermittelt? Wer bestimmt die wahren und falschen Bedürfnisse? Welche Aspekte von Selbstverwirklichung sind angesprochen? Wer zeigt den eigentlichen Zustand des Menschseins an, dem der Mensch entfremdet ist?

Hierzu ist zu bedenken, dass gerade wünschenswerte gesellschaftliche und politische Ziele im Prozess ihrer Verwirklichung in ihr Gegenteil umschlagen können. Gerade mit dem Engagement für eine Gesellschaft mit mehr Menschlichkeit lässt sich vortrefflich hassen; und mit dem Programm der sozialen Gerechtigkeit für alle lässt sich massive Unterdrückung betreiben, die nun von den richtigen Zielen her legitimiert erscheint. Antiautoritäre Ziele können autoritär verfolgt werden und werden es auch. Im Rahmen dieser Überlegungen muss gefragt werden, wie das Konzept einer Erziehung zum Ungehorsam die pädagogische Grundfrage: »was geschieht in der Erziehung dem Kind zugute« beantwortet? Die Überzeugung ist, so könnte zusammenfassend gesagt werden, es geschieht dem Kind für sein späteres Leben als Glied einer Gesellschaft zugute, dass es lernt, sich aggressiv gegen bestehende gesellschaftliche Ordnungen, Autoritäten und Wertsysteme zur Wehr zu setzen und diese, wo nötig, zu destruieren, jedenfalls aber zu verändern im Sinn der oben angegebenen Ziele.

Es ist eindeutig, dass das, was dem Kind zugute geschehen soll, von einer konkreten Gesellschaftsutopie her bestimmt wird, die zunächst als Diskrepanztheorie (Israel, 1972, S. 26) auftritt, d. h. sie bestimmt das, was jeweils sein soll von dem her, was ist, aber nicht sein soll. Das Kind wird sozialisiert im Widerspruch zur bestehenden gesellschaftlichen Realität, die es erlebt. Einen zentralen Stellenwert für seine Sozialisation bekommt deshalb die Verheißung einer besseren Gesellschaft und die Hoffnung auf Veränderung der Realität.

Nicht gefragt wird in dieser Erziehungskonzeption nach dem Kind und den Determinanten seiner psychischen Struktur sowie den psychosomatischen Entwicklungsbedingungen. Die unglaublich naive und tendenziöse Rezeption psychoanalytischer Theorien (Autorenkollektiv Berliner Kinderläden, 1970) belegt den Notstand in der Kenntnis psychischer Gesetzmäßigkeiten in der kindlichen Entwicklung. Davon soll später genauer gehandelt werden. Soviel ist jedenfalls deutlich, dass ein Kind von der erzieherischen Intention her im Widerstand fixieren (und sei er auch politisch »richtig«) bedeutet, ihm die Programmierung der Anti-Haltung vermitteln. Gerade dieses psychische Programm stärkt nun aber nicht die produktive Kraft für sinnvolle Veränderungen, sondern erschöpft sich in der Reaktivität des Widerspruchs. Das bedeutet in psychoanalytischen Kategorien gesprochen, es werden mit dem Erziehungsziel Erziehung zum Ungehorsam, entgegen der erklärten politischen Absicht, Menschen erzogen, mit zwangsstrukturiertem Charakter in einer und wieder für eine zwangsstrukturierte Gesellschaft.

Muss nun die Konsequenz aus diesen Überlegungen ein Plädoyer für eine Erziehung zum Gehorsam sein? Tatsächlich ist die Praxis der Erziehung in Familie und Schule bis heute eine Gehorsamserziehung gewesen. Die theoretische Rechtfertigung dieser pädagogischen Praxis leitet sich historisch u. a. aus der Wertschätzung des Gehorsams als Tugend her, wie sie vor allem in der christlichen Ethik gepriesen wird. »Für Kinder gibt es keine andere Sittlichkeit als den Gehorsam« heißt es bei Schleiermacher (Schleiermacher, 1843; zit. nach Schumann, 1958, S. 1264); und noch in der 3. Aufl. der RGG 1958[1] hat – zum Stichwort »Gehorsam« – sich an dieser Einschätzung des Gehorsams nichts geändert: »In der Tat hat ja im Bereich des christl. Glaubens der Gedanke des Gehorsams schlechthin Mittelpunktsbedeutung« (Schumann, 1958, S. 1265). Das mit solcher Einschätzung des Gehorsams verfolgte Erziehungsziel wird paradoxerweise »Freiheit« genannt. »Gehorsam ist ein unentbehrliches Mittel für die Erziehung zur Freiheit« (Schumann, 1958, S. 1265). Damit wird eine weitverbreitete, nichtsdestoweniger falsche und gefährliche Auffassung vertreten, die glauben machen will, dass aus Zwang und Unterdrückung des kindlichen Eigenwillens das Gegenteil entstehen soll, nämlich Freiheit und Selbstbeherrschung, während, wie in der Wirkungsgeschichte dieser Gehorsamserziehung ablesbar, nichts als wieder Zwang, Unfreiheit und Gehemmtheit den eigenen Willensimpulsen gegenüber entsteht.

D. Sölle (1968) hat in ihren »Überlegungen zu einer künftigen christlichen Ethik«, so der Untertitel ihrer Schrift »Phantasie und Gehorsam«, die individuellen und politischen Konsequenzen dieser Gehorsamserziehung deutlich gemacht. »In keinem Bereich haben die Verhärtungen der Tradition so schwere Folgen gehabt wie im Bereich der Bildung des Gewissens. Unter der Diktatur festlegender Normen und Verhaltensschemata geht die Sensibilität des Gewissens ein wie eine Pflanze ohne Wasser; selbst die bedürfnislosesten Kakteen können eine Behandlung dieser Art nicht jahrhundertelang überstehen. Der Punkt, der die Versteinerung ermöglichte […] ist der Gehorsam gewesen« (Sölle, 1968, S. 9).

In der Folgegeschichte der Versteinerung des Gewissens wurde politisch die massenhafte Ermordung von Menschen möglich, deren Mörder sich – wie z. B. Adolf Eichmann – mit ihrer Erziehung zu unbedingtem Gehorsam rechtfertigten (Sölle, 1968, S. 11). Die gelungene Gehorsamsdressur hat aber auch für den politischen All-

---

1 Galling, K. (Hrsg.) (1958). Die Religion in Geschichte und Gegenwart [RGG]. Handbuch für Theologie und Religionswissenschaft (3., völlig neu bearb. Aufl.). 2. Bd. Tübingen: J. C. B. Mohr (Paul Siebeck).

tag katastrophale Folgen. Durch die Übersozialisierung gerät der Mensch in den ausweglosen Zwang zur Anpassung an bestehende politische und soziale Forderungen und Verhältnisse. Die lebendige Kraft zu menschgengerechter Veränderung individueller wie gesellschaftlicher Realität ist abgetötet durch die Schaffung des mechanischen Reaktionsmusters »Gehorsam«, das das Ergebnis eines ungleichen Machtkampfes ist. Es ist deutlich, dass das Verhältnis Individuum und Gesellschaft bei der Erziehung zum Gehorsam genau umgekehrt proportional zu dem der Erziehung zum Ungehorsam bestimmt wird. Die Gesellschaft, ihre Werte und Ordnungen erscheinen als quasi naturgegeben und relativ unveränderbar, während das Individuum als fast unbegrenzt plastisch, veränderbar und veränderungsbedürftig gesehen wird. Die Sozialisation des Kindes vollzieht sich auf der Grundlage von Gehorsam und Anpassung und wird deshalb beschrieben als ein Hineinwachsen in die Gesellschaft. Joachim Israel nennt die zu Grunde liegende Gesellschaftstheorie »gesellschaftsorientiert« (Israel 1972, S. 26). Die Erziehung des Individuums und sein Leben richten sich aus nach den Normen, Werten und der sekundären Bedürfnisstruktur der jeweiligen bestehenden Gesellschaft.

Die Kulturaneignung (Freud 1930/1953) des Menschen hängt dann in der Tat davon ab, wieweit er die Werte und Normen einer Gesellschaft zu verinnerlichen in der Lage ist. In der gesellschaftlichen Norm sein, heißt optimal sozialisiert sein. Auf diesem Weg in die Normalität hat die Erziehung zum Gehorsam hervorragende Bedeutung. Insbesondere das mit ihr gesetzte Angstdressat den als übermächtig erscheinenden Autoritäten gegenüber schafft die schier unauflösliche Verbindung von Angst und Autorität, Angst und Macht. Die Mechanisierung in der Bewältigung dieses Konflikts wird durch Gehorsamserziehung garantiert.[2]

Fragt man nun, was in der Erziehung zum Gehorsam der Intention nach dem Kind zugute geschehen soll, so ließe sich zusammenfassend antworten: das Kind soll lernen, seinen eigenen Willen und seine eigenen Wünsche einem anderen Willen und fremden Not-

---

2 Zum Aufweis und zur Kritik dieser Zusammenhänge vgl. Horkheimer (1936).

wendigkeiten unterzuordnen. Die erlernte Unter- und Einordnung soll ihm erlauben, eine lebensgeschichtliche Kontinuität zu den vorgefundenen Normen und Werten einer Gesellschaft herzustellen. Die durch Gehorsamsforderungen erreichte Internalisierung der in der Gesellschaft geltenden Werte und Normen soll das Gefühl der Zugehörigkeit zu ihr vermitteln und dem Individuum ermöglichen, in Übereinstimmung mit den wesentlichen Werten seiner Gesellschaft zu leben. In dieser pädagogischen Theorie wird das, was dem Kind zugute geschehen soll, bestimmt von dem her, was in der Gesellschaft, in die das Kind hineingeboren wird, immer schon gilt. Die Geltung dessen, was immer schon gilt, wird nirgends in Frage gestellt, im Gegenteil: der unbefragten gesellschaftlichen Realität gilt es, sich in allen Sozialisationsschritten anzupassen. Das Ausmaß der katastrophalen Folgen dieser Anpassungserziehung wird erst deutlich, wenn man die Kinder- und Menschenfeindlichkeit unserer gesellschaftlichen Realität bedenkt. Nicht das, was einem Kind gut tut, und das lässt sich nicht allgemein bestimmen, entscheidet über das Erziehungsziel, sondern die in der Gesellschaft brauchbaren und verwertbaren Eigenschaften, z. B. Selbstständigkeit, Leistungsfähigkeit, Mündigkeit etc.

Die ist kein Affront gegen Erziehungsziele überhaupt. Es ließe sich wohl paradox formulieren: Obwohl sie alle falsch sind, sind sie doch alle nötig. Sie sind alle falsch, weil sie dem antinomischen Charakter (Schultz-Hencke, 1968, S. 20 ff.) menschlicher Bedürfnisse nicht gerecht werden, und sie sind alle nötig, weil sie eine Orientierung ermöglichen, die das Woraufhin einer Erziehung transparent macht.

Zusammenfassend ist festzuhalten: Obwohl beide Konzepte – Erziehung zum Ungehorsam wie Erziehung zum Gehorsam – in ihren politischen Konsequenzen extrem gegensätzlich erscheinen, bezeichnen sie doch nur Variationen *eines* Grundkonfliktes. Er besteht in dem Machtkampf um die Durchsetzung des eigenen oder eines fremden Willens. Als Ergebnis dieser Auseinandersetzung stellen persistierender Widerspruch (Ungehorsam) oder angepasste Gefügigkeit (Gehorsam) falsche Alternativen dar. Beide Erziehungsziele – Gehorsam und Ungehorsam – schaffen jene Sozialfassade, die dem Kind nicht zugute kommt. Mit ihr ist für das Kind (den Menschen) immer eine

Form von Angstdressat verbunden, so sein zu müssen – gehorsam oder ungehorsam – wie es die Sozialfassade verlangt, aber nicht sein zu dürfen, wie es wirklich ist, d. h. wie ihn wirklich zumute ist.

2. Versuch zur Bestimmung eines alternativen Konzepts auf psychoanalytischer Grundlage: Erziehung zur Entscheidungsfähigkeit

Wenn es so ist, dass die Erziehung zum Ungehorsam eine falsche Alternative zu der Erziehung zum Gehorsam darstellt, muss nach einer Möglichkeit gesucht werden, die zu *beiden* Konzepten eine Alternative aufzeigt. Von ihr ist zu fordern, dass sie in größerem Maße die psychischen Determinanten der kindlichen Entwicklung berücksichtigt und damit das erkenntnisleitende Interesse ernsthaft auf die Frage konzentriert ist: Was geschieht im fortlaufenden Prozess dieser Entwicklung dem Kind zugute?

Mit Hilfe der psychoanalytischen Forschung, die in dieser Frage grundlegendes Wissen vermittelt hat, und in Rahmen der psychoanalytischen Entwicklungstheorie soll die gesuchte Alternative ermittelt werden. Drei Fragestellungen sollen die Erörterung leiten:
1. Wo hat das Problem Gehorsam – Ungehorsam seinen *Sitz im Leben?*
2. Welche Entwicklungsvorgänge begünstigen die Entstehung von Gehorsam bzw. Ungehorsam?
3. Welche Bedeutung hat die Art des erzieherischen Umgangs mit Ungehorsam für die Ich- Entwicklung der Menschen?

Die Klärung dieser Fragen bereiten
4. den Versuch vor, Erziehung zur Entscheidungsfähigkeit als Alternative zur Erziehung zum Gehorsam bzw. Ungehorsam darzustellen.

2.1 Wo hat das Problem Gehorsam – Ungehorsam seinen »Sitz im Leben«?

Es ist sicher eine simple Feststellung zu sagen: Es geht bei dem Problem Gehorsam – Ungehorsam immer mindestens um zwei Menschen, um einen, der Gehorsam verlangt, und einen, der dieser Forderung entspricht bzw. widerspricht. Das Ereignis findet statt im Rahmen der Kommunikation von Partnern. Dieses Faktum hat weittragende Konsequenzen in Bezug auf den Fluchtpunkt, der die Perspektive des Problems bestimmt: Das Problem Gehorsam – Ungehorsam stellt sich als Problem nur innerhalb der Kommunikation von Menschen, sie ist sein *Sitz im Leben*. Das bedeutet, die Phänomene Gehorsam – Ungehorsam können nicht an und für sich betrachtet werden. Sie sind Strukturierungselemente von Kommunikation. Beherrschen die *patterns* Gehorsam – Ungehorsam die Kommunikationsstruktur, so handelt es sich formal um eine asymmetrische Konfiguration der Kommunikation. Inhaltlich geht es dabei um ein Gegeneinander von Macht, Geltung und aggressiver Durchsetzung von Interessen auf der einen Seite und um Anerkennung der Interessen auf der anderen Seite. Der Partner, der auf der Ebene des Gehorsams re-agiert, muss seine eigenen Macht- und Geltungswünsche sowie die Durchsetzung seiner Interessen aus der Kommunikation ausklammern, während er erlebt, dass sein Partner eben seine Macht- und Geltungswünsche in der Kommunikation voll mit ihm agiert. Für die kommunikative Qualität und das Erleben der Kommunikationspartner ist es dabei völlig gleichgültig, für welche (berechtigten oder unberechtigten) Interessen und im Namen welcher Sache Geltung verlangt wird. Die asymmetrische Strukturierung der Kommunikation mindert ihre Qualität (d. h. die Möglichkeit der Befriedigung der Partner durch sie) so weitgehend, dass sie ständig vom Zerfall bedroht ist. Deshalb kann nicht, wie P. Brückner es tut, von einer Pathologie des Gehorsams (Brückner, 1973) gesprochen, sondern es muss von einer Pathologie der Kommunikation gehandelt werden. Der Grad der pathologischen Verformung der Kommunikation bestimmt sich nach dem Maß an Rigidität der patterns Gehorsam – Ungehorsam. Daraus folgt: Je weitgehender die Erziehungsziele Gehorsam – Ungehorsam verwirklicht worden sind, desto mehr nimmt die Chance ab, die Kommunikation auch kommunikativ zu gestalten. Im Rahmen dieser Überlegungen würde das Einbringen kommunikativer Qualität bedeuten, sich um die Vermittlung von Interessengegensätzen der Partner bemühen, die Geltungsabsichten beider Partner in die Kommunikation einzubeziehen und die eigene wie die Entscheidungsfreiheit des Partners zu achten. Kommunikativsein-Können heißt dann, die Kommunikation von den aggressiven Zwängen befreien, mit denen wir die »richtige« Meinung und die »gute« Sache durchzusetzen suchen, und stattdessen sich mit dem Partner auseinanderzusetzen in der »Absicht ihn besser zu verstehen« (Mitscherlich, 1974).

Formal geht es dabei um die Verwandlung der asymmetrischen Konfiguration der Kommunikation in eine symmetrische.

2.2 Welche Entwicklungsvorgänge begünstigen die Entstehung von Gehorsam bzw. Ungehorsam?

Um sich klar zu machen, an welchem Schnittpunkt der Entwicklung das Problem Gehorsam – Ungehorsam erstmalig auftaucht, ist es nötig, die Kommunikationsstruktur zu skizzieren, die Mutter und Kind schon praktiziert haben, wenn das Problem auf sie zukommt. Während der Säuglingszeit ist die Kommunikation zwischen Mutter und ebenfalls durch Asymmetrie gekennzeichnet. Das Kind erlebt das Zusammensein mit der Mutter als Quelle der Befriedigung seiner Triebwünsche. Sie sind bezogen auf Sättigung, Wärme, Hautkontakt und Geborgenheit. Diesen seinen Triebwünschen gegenüber kennt das Kind nur *ein* Verhalten, nämlich den »Triebgehorsam« (Mitscherlich, 1963). In den Gehorsam gegen die mächtigen Triebwünsche des Kindes wird die der Mutter einbezogen, denn nur durch die Kommunikation mit der Mutter können die Triebwünsche erfüllt werden. Sie ist in diesem Lebensabschnitt schlechthin lebensnotwendig. Die Tatsache des unbedingten Triebgehorsams bringt das Kind in eine reale wie auch psychisch sich repräsentierende Abhängigkeit von dem Menschen, in dessen Macht es steht, die drängenden Triebbedürfnisse zu erfüllen, als Sättigung, Ruhe, Geborgenheit und Befriedigung herbeizuführen. Vom Kind aus gesehen, wird die Kommunikation mit der Mutter als ein Mittel zu seiner Triebbefriedigung erlebt, sie wird damit asymmetrisch von passiven Triebzielen strukturiert. Bei emotional nicht verunsicherten Müttern stößt dieses Verlangen des Kindes auf die aktive Fähigkeit, die kindlichen Bedürfnisse weitgehend zu erfüllen, sich darüber hinaus verstehend in die Bedürfnis- und Körpersprache des Kindes einfühlen zu können. Innerhalb eines solchen Kommunikationsvorganges bindet sich das Kind an die Mutter, ist mit ihr identifiziert, erlebt ihre Anwesenheit auf Grund seiner völligen Angewiesenheit auf sie als existenznotwendig. Die für das Kind in diesem Alter immer unbegreifliche Abwesenheit der Mutter wird deshalb mit existentieller Angst beantwortet. Als psychische Repräsentanten dieser frühen Kommunikationsstruktur bilden sich in dem Kind die Gefühle der Bindung, der Abhängigkeit, der Liebe wie auch das Gefühl der Angst vor Trennung, des Alleingelassenseins und der Hilflosigkeit.

Wurde das bisher beschrieben Kommunikationserleben von Mutter und Kind asymmetrisch durch die sog. intentionalen und oralen Antriebe des Kindes strukturiert, so fordert, etwa Mitte des 2. Lebensjahres, ein weiterer Antrieb, der aggressive oder »geltungsstrebige« (Schultz-Hencke, 1968, S. 235; Meves 1971, S. 86; Horn, 1972), die Änderung der Kommunikationsstruktur. Auf Grund der psychoanalytischen Forschungen ist anzunehmen (Dührssen, 1960, S. 87), dass der spontan auftretende Impuls zu aggressiven Handlungen in diesem Abschnitt der Entwicklung den Sinn hat, das Kind aus der totalen Bindung an die Mutter zu lösen, was real möglich wird durch die gleichzeitige Ausbildung motorischer Möglichkeiten des Kindes (Laufen). Erst die teilweise (nicht erlittene) Trennung von der Mutter, die das Kind selbst initiieren kann, ermöglicht die Entwicklung zur Selbstständigkeit. In dieser Trennungsphase ist die Bindung an die Mutter zwar noch sehr wirksam, sie wird aber mit Hilfe des aggressiven, geltungsstrebigen Antriebes langsam mit dem Ziel das Ablösung und des Selbstständigwerdens abgeschwächt. »Das wesentlich Neue ist das Sichabheben, ein erstes Ich-selbst-Sein. Dabei ist dieser Prozess in aufschlussreicher Weise abhängig davon, wie die Phase des Schutzfindens durchlaufen wird. Denn nur auf dem Boden der Bindung kann beim Menschen der Antrieb zur Aggression gesund und nicht übersteigert entfaltet werden« (Meves, 1971, S. 87). Psychische Emanzipation des Menschen erwächst aus der Kraft zur teilweisen Trennung von Identifizierungen, die durch Triebgehorsam zustande gekommen sind (und immer wieder kommen), sowie aus der Kraft, jeweils den Teil der Bindung aufzugeben, der die Selbstwerdung behindert. Ohne diese aggressive Kraft zur Abstoßung würde der Mensch nicht er selbst, sondern bliebe immer Mutters Kind. Für dieses Selbstwerden muss allerdings das Kind schon ein Stück Ungeborgenheit und Unsicherheit in Kauf nehmen. Das aber kann es nur, wenn die vorgängig erfahrene Geborgenheit und Bindung die Angst mindern, die immer mit Trennung und Selbstwerdung verbunden ist. Die Ich-Entwicklung und Aggression bedingen einander so weitgehend, dass die Ich-Entwicklung ohne aggressiven Antrieb nicht vorankommt. Es ist darüber hinaus wichtig festzuhalten, dass die aggressive Handlung, Trotz, Ungehorsam etc. gerade auf den Menschen bezogen sind, dem gleichzeitig die intensivste Bindung gilt. Die Beziehung des Kindes zur Mutter wird damit ambivalent; daraus folgt: das Kommunikationsfeld wird konflikthaft und wird es auch von nun an bleiben, eine konfliktfreie Kommunikation wird es von diesem Lebensabschnitt ab nicht mehr geben, Es wird entscheidend für die Entwicklung des Kindes darauf ankommen, wie die Mutter mit der konflikthaft gewordenen Kommunikation zwischen sich und ihrem Kind auf Grund ihrer eigenen Sozialisation umzugehen in der Lage ist, ob sie die ambivalenten Gefühle ihres Kindes ihr gegenüber akzeptieren, bloß ertragen oder unterdrücken muss. Eine der sozialen Ängste hat hier ihren Anfang als Angst, in die Kommunikation mit der Mutter die ambivalenten Ängste nicht integrieren zu dürfen (weil sie der Mutter Angst machen und deshalb unter Androhung von Kommunikationsabbruch [Liebesentzug, Strafe] verleugnet werden müssen).

Der spontan in der kindlichen Entwicklung auftretende aggressive Antrieb – so zeigt sich – provoziert Gehorsam bzw. Ungehorsam. Der Ungehorsam des Kindes hat in diesem Abschnitt der Entwicklung die Funktion, das Kind aus der Bindung an die Mutter langsam zu lösen und ihm damit den Weg frei zu machen zu Selbstständigkeit und Selbstwerdung.

2.3 Welche Bedeutung hat die Art des erzieherischen Umgangs mit kindlichem Ungehorsam für die Ich-Entwicklung des Menschen?

Die Kommunikation zwischen Mutter und Kind wird durch den aggressiven Antrieb für beide konfliktreicher, deshalb auch komplizierter. Die Konflikte entstehen durch das »Nein« des Kindes den Forderungen der Mutter gegenüber, durch seinen Ungehorsam also. Dieses Nein des Kindes den Forderungen der Mutter gegenüber wird oft von der Mutter so erlebt, als wolle das Kind sie, die Mutter (nicht nur ihre Hilfe) nicht mehr, als stoße es sie nach der innigen Bindung nun zurück. Die Mutter kann sich auch durch den Eigenwillen des Kindes in ihrer Autorität bedroht fühlen; vielleicht ängstigt sie die Aggressivität des Kindes auch wegen ihrer eigenen Aggressionshemmung, die sie mit einer Friedlichkeitsideologie zu kompensieren sucht. Gelegentlich sind die Gehorsamsforderungen aber auch in realen Gefahren begründet, die das Kind noch nicht übersieht, wie z. B. im Straßenverkehr.

Wie dem auch im Einzelnen sei, Gehorsamsforderungen gehören zum erzieherischen Repertoire jeder Mutter.

Die Gründe für die Gehorsamsforderungen gerade *dieser* aggressiven Handlung des Kindes gegenüber und gerade zu *diesem* Zeitpunkt liegen immer bei der Mutter, nicht beim Kind. Deshalb geht es in einer psychoanalytisch fundierten Erziehungslehre nicht primär um die Erziehung des Kindes, sondern um die Erziehung des Erziehers, denn die Wirkungen des Erziehens sind es, die für das Kind die wesentlichen Entscheidungen über seine Entwicklung treffen. Werden Ungehorsam, Trotz, Aggressivität rigide unterdrückt, atrophiert die lebenswichtige Funktion der Abstoßung. Ich-Werdung ist damit im Keim gestört. Macht die Unterdrückung das Kind nicht gefügig, sondern im Gegenteil noch aggressiver, weil es sich so zu wehren sucht, wird es in seiner Aggressivität, seinem Widerstand und Trotz fixiert. Auch dann ist seine Ich-Werdung gestört. Beide, Gehorsam wie Ungehorsam, bleiben re-aktiv abhängig von den Forderungen und dem Willen der Autorität. Sie führen beide in die fundamentale Werdenshemmung des »analen Charakters«. Für die Kommunikation bedeutet das Erlernen der *patterns* Gehorsam und Ungehorsam, dass sie steril und für beide Partner (auch für den autoritären) unbefriedigend wird.

Der Gegensatz zur Unterdrückung und Gehorsamserziehung ist das *Laissez-faire* oder auch die antiautoritäre Erziehung. Ist er es wirklich? Geändert hat sich doch nur der Adressat der Gehorsamsforderung, war es vorher das Kind, so sind es nun die Eltern. Das Problem hat sich verlagert und konnte so eine Zeitlang kaschiert bleiben. Die Erwachsenen waren ängstlich bedacht, das Kind nicht zu frustrieren, und sahen sich deshalb genötigt, den Forderungen des Kindes nachzugeben, d.h. ihren Kindern gegenüber gehorsam zu sein. Für die Kommunikation kann diese Verschiebung kein Gewinn sein, sie bleibt asymmetrisch strukturiert. Außerdem stößt das Kind mit seiner aggressiven Handlung, seinem Ungehorsam gleichsam ins Leere; damit ist aber verhindert, dass der aggressive Antrieb sein Antriebsziel, nämlich die Abstoßung, erreicht, seine Funktion erscheint sinnlos. Leider ergibt sich daraus nicht, dass das Kind seine Aggression aufgibt, weil sie nicht mehr nötig erscheint, oder – wie auch gehofft wurde – dass auf Grund des Auslebenkönnens der Aggression diese langsam ihre Bedeutung für das Kind verliert. Genau das Gegenteil geschieht; die Kinder geraten unter chronische Antriebsspannung, weil eine Befriedigung durch Erreichen des Antriebsziels unmöglich gemacht wurde. Die Aggression hypertrophiert. Zusätzlich sind diese Kinder zu früh und zu unvermittelt schutzlos überfordert durch die Nötigung zur Selbststeuerung. Zur Bewältigung des aggressiven Antriebs aber brauchen die Kinder eine Hilfe, die auf einem mittleren Weg zwischen Gewähren und Verbieten zu suchen ist; angemessene Dosierung und *timing* sind für das Erlernen der Selbststeuerung und -bestimmung von humaner Bedeutung, denn sie ermöglichen die Vermittlung des erzieherischen Zieles »Selbstbestimmung« mit der kindlichen Realität.

Es zeigt sich also: Werden der kindliche Ungehorsam, die Aggression des Kindes durch Gehorsamsforderungen unterdrückt, so entsteht die Neurose durch Aggressionshemmung. Die Ich-Entwicklung ist behindert durch die verhinderte Ablösung von der Mutter und durch den Aufbau eines autoritärem Über-Ichs, gegen dessen Gehorsamsforderungen sich später der Erwachsene – wie einst das Kind den Gehorsamsforderungen der Eltern gegenüber – nicht durchsetzen kann. Das Ich bleibt schwach aus Über-Ich-Angst.

Wird dem kindlichen Ungehorsam keine Forderung entgegengesetzt, entsteht die Neurose der Hyperaggressivität, die Ich-Entwicklung ist behindert durch die mangelnde Steuerungsfähigkeit den aggressiven Antrieben gegenüber und durch ein zu schwaches Über-Ich. Die Orientierungsfunktion des Über-Ichs verwahrlost. »Kein Band und infolgedessen kein Gewissen hindert es, kaputt zu machen, was ihm in die Quere kommt […] nur die Bindung bewirkt die Tötungshemmung […]. Hierauf beruht die Tatsache, dass Mörder so häufig Fürsorgezöglinge sind« (Meves, 1971, S. 102).

2.4 Erziehung zur Entscheidungsfähigkeit als Alternative zur Erziehung zum Gehorsam bzw. Ungehorsam

Jedenfalls kann es bei der Frage, was kommt dem Kind zugute, nicht darum gehen, das erzieherische Verhalten auf ein Extrem einzustellen: Gehorsam *oder* Ungehorsam. Extreme beengen die Kommunikation und stellen die Partner vor Forderungen, die über ihre psychische Kraft gehen. So zum Beispiel stellt das Extrem der antiautoritären Erziehung eine erhebliche Fehleinschätzung der kommunikativen Möglichkeiten der Eltern dar, etwa der Grenzen an Geduld, Einfühlungsvermögen, Verzichtenkönnen auf eigene Wünsche nach Ruhe und Eigenleben. Ein dauerndes Gegen-die-eigenen-Grenzen-Erziehen macht die Erziehung realitätsfremd. Die wirkliche Realität der Eltern, die ja bekanntlich aus Möglichkeiten und Grenzen besteht, lernt das Kind nicht kennen. Diese Unkenntnis stellt für das Kind insofern eine erhebliche Härte dar, als die unrealistische Realitätserfahrung zu Fehlerwartungen führt, etwa dahingehend, dass Rücksicht anderer auf die eigenen Forderungen und Ansprüche als selbstverständlich erscheinen; solche Ansprüche und Erwartungen müssen aber zu chronischen Enttäuschungen an dem Zusammenleben mit anderen führen. Der Enttäuschung an der Kommunikation folgt häufig genug der Rückzug aus der enttäuschenden Realität und die Regression auf Befriedigungsmöglichkeiten, die konfliktfreie Wunscherfüllung ermöglichen. Demgegenüber geht es darum, das Ich des Kindes stark zu machen im Umgang mit den begrenzenden und gewährenden Aspekten der Realität, die zunächst die Eltern repräsentieren. Grundlage dafür ist das Vertrauen der Eltern in die Entfaltungsmöglichkeiten des Kindes, ihr wohlwollendes Interesse, das die Entfaltungskräfte stimuliert und dem Kind Vertrauen in seine Möglichkeiten vermittelt. Aus dem inneren Spielraum, der ihm durch wohlwollendes, anteilnehmendes Interesse seiner Eigenaktivität gegenüber eröffnet wird, erwächst die Möglichkeit, die versagenden und begrenzenden Erfahrungen als integrierende Bestandteile der Realität ertragen zu können und später auch in die Realitätsprüfung einzubeziehen. Sein Ich hat damit im Vergleich zum Lebensumfang den Triebgehorsam gelockert, die Realitätserfahrung verschaffte ihm so viel Spielraum den Trieben gegenüber, dass es zu sagen lernte: »noch nicht«, »so nicht«, »jetzt nicht«. Die Aufhebung des ausschließlichen Triebgehorsams stärkt das Ich des Kindes, weil sie ihm ein Stück Freiheit im Umgang mit sich selbst gibt. Das erste Teilergebnis zu der gesuchten Alternative müsste dementsprechend lauten: *Das Ich des Kindes soll lernen, den eigenen Antrieben, Wünschen und Ansprüchen gegenüber, die aus dem Es-Bereich kommen, entscheidungsfähig zu werden.*

Den eigenen Antrieben gegenüber entscheidungsfähig zu sein, bedeutet ein Stück Bewegungsfreiheit im Umgang mit sich selbst. Es bedeutet nicht, die eigenen Antriebe und Wünsche zu verdrängen, zu verleugnen oder gar zu verachten; die Freiheit ihnen gegenüber zu sagen: »überhaupt nicht«, »niemals«, ist keine menschenmögliche. Deshalb heißt entscheidungsfähig werden, Modalitäten aushandeln gegenüber den Forderungen der Antriebe – nicht mehr aber auch nicht weniger: *weniger* will die Erziehung zum Ungehorsam, indem sie die Triebwünsche unkritisch akzeptiert; *mehr* will die Erziehung zum Gehorsam, indem sie die Triebwünsche des Kindes unterdrückt.

Erziehung zur Entscheidungsfähigkeit gegenüber den Triebforderungen muss im Verlauf der weiteren Entwicklung des Kindes, so wäre als zweites Teilziel zu nennen, erweitert werden *zur Entscheidungsfähigkeit gegenüber den Über-Ich-Forderungen.*

Das Kind lernt, die Ver- und Gebote der Realität (Eltern, Lehrer) zu internalisieren, d. h. als seine eigenen anzunehmen. Das sich so bildende Über-Ich repräsentiert nun alle verbietenden und gebietenden Aspekte der Erziehung. Bleibt das Kind dem zunächst aus Fremdbestimmung entstandenen Über-Ich gegenüber gehorsam, so wird sein Ich schwach, weil es durch Über-Ich-Gehorsam fremdbestimmt bleibt. Deshalb bedeutet Stärkung des Ich in diesem Zusammenhang, es fähig zu machen zur Entscheidung gegenüber den Forderungen aus dem Über-Ich. So verliert das Über-Ich nicht seine Orientierungsfunktion, wohl aber die fraglose Herrschaft über das Ich. Konkret folgt daraus wieder, dass eine solche Erziehung dem Kind einen Spielraum verschafft, in dem es gegenüber seinen Normen, Werten und ideologischen Einstellungen Bewegungsfreiheit gewinnt. Bewegungsfreiheit meint: sich in ein Verhältnis setzen können zu dem »Sittengesetz« in uns und es den Ich-Entscheidungen dienstbar zu machen.

Als drittes Teilziel in der Erziehung zur Entscheidungsfähigkeit ist die *Entscheidungsfähigkeit gegenüber der Realität* anzusehen. Es geht dabei um von Menschen vertretene Forderungen, Befehle, Gesetze oder auch um uns fordernde menschliche Situationen. In einem erweiterten Sinn stehen alle diese Forderungen in einem kommunikativen Feld, zusätzlich beinhalten aber alle Forderungen eine bestimmte Sache, um deren Durchsetzung gestritten wird. Entscheidungsfähig sein heißt dann, der Sache gegenüber eine bestimmte Kompetenz erwerben, so dass die Entscheidung sachgemäß ausfallen kann. Es heißt weiter, die »sachliche« Entscheidung beziehen können auf die spezifische Kommunikation, innerhalb derer sie auszuführen ist. Schließlich heißt entscheidungsfähig sein, die an der äußeren Realität (Sache, Kommunikation) gewonnene Entscheidung rückzubeziehen und zu orientieren an der »inneren« Realität, d.h. an der Mitsprache von Ich, Es und Über-Ich. Im Entscheidungsakt ginge es um Fragen wie: Wie verhält sich diese sachlich richtig erscheinende Entscheidung zu meinen Wertmaßstäben? oder: Verletzt sie Bedürfnisse, auf die zu verzichten ich nicht in der Lage bin? Diese Rückorientierung aller Entscheidungen an der inneren Realität ist gleichzeitig eine Erziehung zur Introspektionsfähigkeit. Erst diese Rückorientierung der in Bezug auf eine bestimmte Sache oder Situation getroffenen Entscheidung auf die individuelle innere Realität macht den Menschen entscheidungsfähig in einem mehr als zweckrationalen Sinn und schützt ihn vor Neurotisierung. Erziehung zur Entscheidungsfähigkeit gegenüber den Instanzen Es und Über-Ich und den Forderungen der sozialen und gesellschaftlichen Realität ist gleichbedeutend mit einer Erziehung zur Stärkung der Ich-Funktionen (z.B. Integrationsvermögen, Realitätsprüfung, Unterscheidungsfähigkeit, Introspektionsfähigkeit etc.). – Diese Erziehung geschieht dem Kind zugute, weil nur ein entscheidungsfähiges Ich mit den Forderungen und Überforderungen, die ihm begegnen, gelernt hat, so umzugehen, dass es ihnen nicht hilflos gegenübersteht. Als Teil der Erlebnisverarbeitung hilft Entscheidungsfähigkeit dem Kind, sich mit wesentlichen Zumutungen seines Lebens auseinanderzusetzen, »nämlich mit den Grenzen seiner Begabung, mit den Fakten seiner Mitwelt, mit den Gesetzen der Sittlichkeit seiner Gesellschaft […]« (Mitscherlich, 1971, S. 9).

3. Die Erziehung zur Entscheidungsfähigkeit im Spannungsfeld zwischen Individuum und Gesellschaft

Die Überlegungen zur Erziehungsproblematik Gehorsam – Ungehorsam bzw. Entscheidungsfähigkeit können nicht nur in einem individualistischen Sinn verstanden werden, sondern wären im Spannungsfeld von Individuum und Gesellschaft weiterzuentwickeln. Denn solange nicht das »gesellschaftlich Allgemeine wahrhaft der Inbegriff der individuellen Bedürfnisse« ist und das »Individuum die Züge los würde, die Male seiner äonenalten Repression sind« (Adorno, zit. nach Lorenzer, 1971, S. 33), solange also die Dialektik von Individuum und Gesellschaft unsere Wirklichkeit bestimmt, wird die Pädagogik sich um eine Vermittlung beider bemühen müssen.

Es geht um eine Vermittlung, die weder von ontologisch-anthropologischen Vorentscheidungen ausgeht (wie: der Mensch ist von Natur aus böse bzw. gut), noch von einer Ideologisierung von Gesellschaft (wie: der Mensch ist nichts weiter als das Produkt gesellschaftlicher Verhältnisse), wobei dann gefährlich extreme Konsequenzen z. B. in der Erziehung zum Gehorsam bzw. zum Ungehorsam naheliegen, vielmehr müsste eine solche Bemühung um die Vermittlung von Individuum und Gesellschaft von der konkret gegebenen »dialektischen Verspannung von biologischen [triebhaften, die Verf.] und gesellschaftlichen Anforderungen« (Lorenzer, 1971, S. 51) ausgehen.

Erweist sich allerdings das Verhältnis von Individuum und Gesellschaft in dem Sinn als einseitig, dass die gesellschaftlichen Anforderungen auf Kosten des Individuums dominieren, dann wäre es Aufgabe der Pädagogik, gesellschaftliche Determinanten als Komponenten individueller Traumatisierung aufzudecken und zu kritisieren.

Eine für die Sozialisierung des Kindes besonders wichtige Praxis der Erziehung wäre eine fortschreitende Modifikation der geltenden Werte und Normen im Interesse einer erleichterten Kommunikation, die auf Beurteilungssysteme, aus denen soziale Angst entsteht, verzichten lernt. Es scheint, dass einem Normativitätskriterium, wie Kommunikationsfähigkeit der Wertvorstellungen, heute besondere Bedeutung zukommt, weil ein allgemein verbindliches, übergeordnetes Orientierungssystem von Werten und Normen nicht mehr existiert und deshalb der Mensch zunehmend bei der Suche nach Sinn und Wert seines Lebens auf die erfüllte Beziehung zu anderen Menschen, also auf Kommunikation, angewiesen ist.

Sinnentnahme aus der Kommunikation mit anderen verdrängt heute eine andere Version der Sinnfindung, nämlich die der Sinnsetzung[3] auf Grund von wert- und normbezogenen Interpretamenten, ohne dass jedoch bei direktem Sinnerleben der Mensch ganz auf Sinnsetzung verzichten könnte, wie umgekehrt auch der Sinnsetzende nicht gänzlich ohne Sinnerleben bleiben kann.

Bei der Frage einer Modifikation der Werte erscheint eine naheliegende (und praktizierte) Orientierung an den Triebansprüchen in eine Sackgasse zu führen, und das selbst dann, wenn man in die Überlegung einbezieht, dass der neurotische Konflikt, vereinfacht gesagt, eine nicht lösbare Auseinandersetzung zwischen den Werten einer Gesellschaft und den damit unvereinbaren Triebansprüchen darstellt (Lorenzer, 1971, S. 41).

Eine naive Transformation von Es-Inhalten zu Wertvorstellungen, wie sie bei den »Werten« Sexualität, aggressive Durchsetzung, Besitz und Macht gegeben ist, löst das Problem der Wert- und Normüberforderung keineswegs.

Es scheint überhaupt nicht *nur* um eine Veränderung der Werte zu gehen; als *verdinglichte* sind sie ausnahmslos schädlich. Sie müssen krank machen, weil sie als verobjektivierte die Unvereinbarkeit menschlicher Möglichkeiten und gesellschaftlicher Anforderungen festschreiben und damit den einzelnen in jene Erlebniskatastrophe stürzen, die wir Neurose nennen.

Die Frage nach der Wahrheit von Werten ist objektiv nicht zu beantworten. Sie ergibt sich weder einfach aus einer Explikation der Triebansprüche noch aus einer Vorgabe gesellschaftlicher Anforderungen. Die Wahrheit von Werten ereignet sich allenfalls im Kontext kommunikativer Lebenspraxis als ihre Lebendigkeit und

---

3 *Sinnentnahme* aus der Kommunikation heißt, dass sie ihren Sinn unmittelbar in sich selbst trägt, dass er deshalb im unmittelbaren Erleben aus ihr entnommen werden kann. Demgegenüber meint *Sinnsetzung* eine von außen an die Wirklichkeit herangetragene Sinndeutung.

ihr Beziehungsreichtum. Diese Auffassung trifft sich mit der christlichen Überzeugung, dass die Wahrheit von Werten immer etwas mit Liebe zu tun hat.

Für die Pädagogik stellt sich außerdem die Frage nach der Vermittlung von Werten im Erziehungsprozess. Dabei ist von der Erfahrung der Heranwachsenden auszugehen, die in der Regel erleben müssen, dass die gesellschaftliche Wirklichkeit ganz anders ist, als sie sie durch die Wertvorstellungen ihrer Erzieher zu sehen gelernt haben. Wird nicht gleichzeitig der Widerstandscharakter der Realität[4] mitgelernt, der eine absolute Verwirklichung von Werten überhaupt verhindert, dann verschwindet die Dimension der gesellschaftlichen Realität und die Wertorientierung wird illusionär.

Es scheint wesentlich einfacher zu sein, notwendige und wünschbare Werte und Normen zu ermitteln (und sie dann als »absolut« in Geltung stehende Größen zu vermitteln) als sich die Frage des möglichen Umgangs des Menschen mit ihnen angelegen sein zu lassen. Dabei ist die Geschichte dieses Umgangs mit Werten und Normen vor allem eine Geschichte des Scheiterns und Versagens, die für den Einzelnen u. a. deshalb so katastrophale Folgen von Angst und Verzweiflung gehabt hat, weil nicht mitvermittelt wurde, dass der Mensch scheitern kann und darf und dass experimentierende Wiederholungen unter weniger rigorosen Bedingungen möglich sind.

In diesem Zusammenhang müsste bei einer Erziehung zur Entscheidungsfähigkeit als eines Wertes mitgelernt werden, dass Menschen gar nicht in der Lage sind, auf Grund des Realitätswiderstandes »richtige«, gültige Entscheidungen zu treffen, denn es wird nicht möglich sein, *alles* angemessen zu bedenken, was für eine gültige Entscheidung zu berücksichtigen notwendig wäre. Den menschlichen Möglichkeiten mangelt es dazu an Omnipotenz. *Möglich sind aber Entscheidungen von begrenzter Reichweite in einem begrenzten Geltungsbereich und von begrenzter Dauer.*

---

4 Zum *Realitätswiderstand* gehört z. B. die prinzipielle Mängelhaftigkeit des Menschen, sein Scheitern gegenüber absoluten Forderungen, die immer gegebene Möglichkeit seiner Hilflosigkeit, seine Grenzen an Kraft, Intelligenz und Kompetenz etc.

Mit zu vermitteln ist ebenfalls, dass *jede* Entscheidung in einem objektiven Sinn ein Irrtum sein kann und dass selbst vernünftige Begründungen davor nicht schützen.

Eines der wichtigsten Momente für die hier vertretende Erziehung zur Entscheidungsfähigkeit im Rahmen eines psychoanalytisch orientierten Konzepts bleibt allerdings der Sachverhalt, dass *nur* Entscheidungen, die von ihrer emotionalen Basis nicht isoliert und also an der inneren Realität rückorientiert werden, zu jenen Entscheidungen gehören, bei denen der Mensch im Entscheidungsakt mit sich selbst kongruent ist.

Solche Entscheidungen bedeuten notwendig die Rückführung scheinbar objektiver Entscheidungsnotwendigkeiten auf die Ebene subjektiver Identität. Nicht die situativ isolierte, sondern die im lebensgeschichtlichen Begründungszusammenhang fundierte Entscheidung wäre als sinnvoll gewiss und als authentisch zu erachten.

Erziehung zur Entscheidungsfähigkeit möchte in diesem Sinn gelten als ein Beitrag zum Ziel von Erziehung überhaupt: Emanzipation zu nicht entfremdetem, authentischem Leben im Kommunikationszusammenhang gesellschaftlicher Realität.

Literaturverzeichnis

Adorno, Th. W. (1971) zit. nach Lorenzer, A. (1971). Symbol, Interaktion und Praxis (S. 33). In A. Lorenzer, H. Dahmer, K. Horn, K. Breder, E. Schwanenberg. Psychoanalyse als Sozialwissenschaft. Frankfurt a. M.: Suhrkamp.

Autorenkollektiv Berliner Kinderläden (1970). Von der Antiautoritären Kindererziehung zur sozialistischen Erziehung. Köln/Berlin: Kiepenheuer & Witsch.

Bott, G. (1969). Erziehung zum Ungehorsam. Fernsehdokumentation. Regie: Gerhard Bott. Drehbuch: Gerhard Bott. Hamburg: NDR-Fernsehen/Fernsehmagazin Panorama.

Bott, G. (Hrsg.) (1970). Erziehung zum Ungehorsam. Erzählungen aus Kinderläden berichten aus der Praxis der antitautoritären Erziehung. Frankfurt a. M.: März.

Brückner, P. (1973). Pathologie des Gehorsams. In J. Classen (Hrsg.) (1973). Antiautoritäre Erziehung in der Wissenschaftlichen Diskussion. Heidelberg: Quelle u. Meyer.

Classen, J. (Hrsg.) (1973). Antiautoritäre Erziehung in der Wissenschaftlichen Diskussion. Heidelberg: Quelle u. Meyer.

Dührssen, A. (1960). Psychogene Erkrankungen bei Kindern und Jugendlichen. Eine Einführung in die allgemeine und spezielle Neurosenlehre (3. Aufl.).

Göttingen: Verlag für medizinische Psychologie im Verlag Vandenhoeck & Ruprecht.

Freud, S. (1930/1953). Das Unbehagen in der Kultur. Fischer Taschenbuch 6043. Bücher des Wissens. Frankfurt a. M./Hamburg: Fischer Taschenbuch Verlag.

Galling, K. (Hrsg.) (1958). Die Religion in Geschichte und Gegenwart. Handbuch für Theologie und Religionswissenschaft (3. Aufl., Bd. II). Tübingen: J. C. B. Mohr (Paul Siebeck).

Horkheimer, M. (1936). Autorität und Familie. Paris: Félix Alcan.

Horn, K. (1972). Gibt es einen Aggressionstrieb? (S. 799–813). In Psyche 10/26. Stuttgart: Klett.

Israel, J. (1972). Der Begriff der Entfremdung. Makrosoziologische Untersuchung von Marx bis zur Soziologie der Gegenwart. Rowohlts deutsche enzyklopädie 359. Reinbek bei Hamburg: Rowohlt

Key, E. (1902). Das Jahrhundert des Kindes. Berlin: Fischer.

Lorenzer, A. (1971). Symbol, Interaktion und Praxis. In Psychoanalyse als Sozialwissenschaft. Mit Beiträgen A. Lorenzer, A. Dahmer, K. Horn, K. Brede, E. Schwanenberg. edition suhrkamp 454 (S. 9–59). Frankfurt a. M.: Suhrkamp.

Meves, C. (1971). Verhaltensstörungen bei Kindern. München: Piper.

Mitscherlich, A. (1963). Auf dem Weg zur vaterlosen Gesellschaft. Ideen zur Sozialpsychologie. München: Piper.

Mitscherlich, A. (1971). Krankheit als Konflikt. Studien zur psychodynamischen Medizin, 1 (6. Aufl.). Frankfurt a. M.: Suhrkamp.

Mitscherlich, A. (1974). Toleranz. Überprüfung eines Begriffs. Frankfurt a M.: Suhrkamp.

Neill, S. (1969). Theorie und Praxis der antiautoritären Erziehung. Das Beispiel Summerhill. Reinbeck bei Hamburg: Rowohlt.

Schleiermacher, F. (1843). Die christliche Sitte nach den Grundsätzen der evangelischen Kirche im Zusammenhang dargestellt, in Sämtliche Werke, Erste Abtheilung, Bd. 12. Hrsg. von L. Jonas. Berlin: Reimer. Zit. nach Schumann, F. K. (1958), Gehorsam. In K. Galling (Hrsg.) (1958), Die Religion in Geschichte und Gegenwart. Handbuch für Theologie und Religionswissenschaft (3. Aufl., Bd. II, S. 1264). Tübingen: J. C. B. Mohr (Paul Siebeck).

Schultz-Hencke, H. (1968). Lehrbuch der Traumanalyse. Stuttgart: Georg Thieme Verlag.

Schumann, F. K. (1958). Gehorsam. In K. Galling (Hrsg.) (1958), Die Religion in Geschichte und Gegenwart. Handbuch für Theologie und Religionswissenschaft (3. Aufl., Bd. II, S. 1263–1265). Tübingen: J. C. B. Mohr (Paul Siebeck).

Sölle, D. (1968). Phantasie und Gehorsam. Überlegungen zu einer künftigen christlichen Ethik. Stuttgart/Berlin: Kreuz-Verlag

Probleme der modernen Familie im Spiegel therapeutischer Praxis

Ein Erfahrungsbericht

»Ich komme«, sagt das 17-jährige Mädchen Vera mit kaum hörbarer Stimme, »weil ich Angst habe, dass meine Eltern sich trennen, das könnte meine Mutter nicht aushalten.«

»Ich weiß nicht, was ich in dieser Welt werden soll«, sagt die Abiturientin Claudia, »es hat ja doch alles keinen Sinn, wenn jetzt das Ozonloch immer größer wird, werden wir sowieso bald nicht mehr leben. Sie können mir da auch nicht helfen, weil ich so total deprimiert bin.«

»Ich kann überhaupt nicht mehr allein in einem Zimmer sein«, sagt die 16-jährige Petra, »meine Mutter darf nicht weggehen, dann kriege ich Panik. Ich habe auch Angst, dass etwas Schreckliches passiert, dass ich ersticke, und niemand ist da, der mich rettet. Deshalb kann ich auch nicht mehr in die Stadt gehen, das ist doch schrecklich. In der Schule habe ich auch schon Panik gehabt vor Klassenarbeiten.«

Diese in der psychotherapeutischen Praxis eher alltäglichen Gründe, Hilfe zu suchen, zeigen zwar auf den ersten Blick noch nicht, inwiefern sich hier spezifische Probleme moderner Lebensformen in der Familie spiegeln, können aber doch meine therapeutische Perspektive deutlicher hervorheben: In allen Fällen handelt es sich um Konflikte, die nicht bewältigt werden konnten; ich sehe also das Scheitern in Familien eher als das Gelingen. Oder anders: Mir begegnen eher die an den Risiken moderner Lebensformen Leidenden, die Verlierer, nicht die Gewinner. Dass sie ihr Scheitern und das daraus entstehende Leid aber erkennen und aktiv nach Hilfe suchen, macht sie beinahe schon wieder zu Gewinnern, jedenfalls zu Hoffenden. Auch darin liegt eine Auswahl meiner Perspektive. Die wirklich Hoffnungslosen kommen nicht mehr zum Psychotherapeuten.

Wenn ich meine Erfahrung mit Jugendlichen und jungen Erwachsenen in psychoanalytischer Einzeltherapie im Blick auf die Spiegelung moderner Lebensformen vorsichtig gewichte, so zeigen sich mir folgende Problemkreise:

(1) vor allem Konflikte, die im Zusammenhang mit der immer häufiger werdenden Trennung der Eltern stehen; dazu rechne ich nicht nur Ehescheidungen, sondern auch die Trennung von nicht verheirateten Paaren oder von vornherein allein lebenden Müttern, die ihre Kinder ohne Mann aufziehen wollen oder müssen, wo eine Trennung als schon vorgeburtlich stattgefunden hat;
(2) weiterhin die spezifischen Probleme, die Kinder zeigen, die in Wohngemeinschaften aufgewachsen sind, in denen zwar vielfältige Kontakte zu Erwachsenen möglich sind, wo aber gerade oft die *eine* Person fehlt. Die verlässlich zuständig anwesend ist;
(3) andererseits zugleich jene Probleme, die im Gegenteil durch zu enge und einseitige Beziehungen in der Kleinfamilie entstehen, die Kinder »auf Gedeih oder Verderb« den emotionalen Ansprüchen ihrer Eltern aussetzen;
(4) gesondert zu betrachten ist außerdem die Bedeutung, die die Berufstätigkeit der Mutter in frühem Lebensalter für die Kinder hat; ist doch damit in der Regel die Trennung von der Mutter verbunden, noch bevor das Kind diesem Geschehen gewachsen sein kann.
(5) Last not least wäre auch die Wirkung moderner Erziehungsstile wie der antiautoritären Erziehung darzustellen oder auch der Wertewandel in den Familien, z. B. bezüglich ihrer Einstellung zum »Recht« des einzelnen auf Befriedigung seiner Bedürfnisse und auf Selbstverwirklichung. Hier weitere Ausführungen zu machen, wäre aber ein zu »weites Feld«. Bei diesen Andeutungen muss es bleiben.

1. Rückzug vom Dasein als »Bewältigung« einer drohenden Trennung

Vera[1] ist ein hochaufgeschossenes, junges Mädchen, das auffallend blass, fast gläsern gebrechlich wirkt. Sie lächelt freundlich, während sie über ihre lebensbedrohlichen Krankheiten in der Kindheit berichtet. Ich höre mit wachsendem, fassungslosem Staunen zu. Sie selbst scheint jedoch kaum berührt davon, berichtet im Gegenteil mit einer gewissen Genugtuung, dass sie sogar während eines akuten asthmatischen Erstickungsanfalls weiter mit ihren Puppen gespielt habe: »um meiner Mutter keine Sorge zu machen.« Bestätigend und ebenso, ohne betroffen zu sein, berichtet die Mutter, Vera habe alle Einschränkungen über die Jahre ihrer verschiedenen Erkrankungen, die zum mit monatelangem Bewegungsverlust einhergingen, »gut getragen«. »Wenn ich sie nicht zu uns geholt hätte, hätte niemand bemerkt, dass sie da ist.« Ein »ideales« Kind – so die Einschätzung der Mutter. Eben weil Vera so still ist, hat die Mutter besondere »Antennen« entwickelt, um überhaupt zu bemerken, wenn sie Hilfe braucht – eine wirkungsvolle Einheit von Mutter und Kind, die bald zur tödlichen Falle wird.

Bei der Frage nun, wie dieser schleichende Rückzug von der inneren und – krankheitsbedingt – auch der äußeren Wirklichkeit zustande kommen konnte (denn die Krankheit an sich motiviert ihn so nicht), stellt sich heraus, dass der Vater in der durch häufiges Kranksein des Kindes belasteten familiären Situation, zunächst durch diverse Aktivitäten außerhalb meist abwesend, eine außereheliche Beziehung einging und mit der Trennung drohte. Vera dachte damals, wenn sie etwas Belastendes, Sorge und Angst Hervorrufendes gesagt hätte, also ihre Schmerzen und ihre innere Verzweiflung den Eltern gezeigt hätte, würde der Vater erst recht weggehen. Auch der Vorwurf der Mutter gegenüber dem Vater, er

---

[1] Alle Namen und lebensgeschichtlichen Angaben sind aus Datenschutzgründen anonymisiert. – Obwohl es in den nachfolgenden Vignetten durch die Zentrierung der Perspektive auf die Familiengeschichte so aussieht, als gäbe es ein einfaches Ursache-Wirkung-Verhältnis (von Trennung und Symptomatik), sind die Verhältnisse in Wirklichkeit erheblich komplexer: weitere wichtige psychodynamische Determinanten müssen hier unberücksichtigt bleiben.

kümmere sich nicht um sie und das Kind, entlaste sie nicht, helfe ihr nicht – dieser Vorwurf, der regelmäßig zu Streitszenen zwischen den Eltern führte, ängstigte sie und bestätigte sie im Glauben, sie sei schuld an der drohenden Trennung der Eltern und am Rückzug des Vaters von der Familie. Andererseits spürte sie auch auf einer unbewussten Ebene, dass ihre Krankheit in dieser Situation den Vater an die Familie zu binden vermochte und dass sie die Eltern damit auch davor bewahrte, sich mit der Ehesituation auseinandersetzen zu müssen – also eben das zu verhindern, weshalb sie dann mehr als zehn Jahre später therapeutische Hilfe sucht: »Ich komme, weil ich Angst habe, dass meine Eltern sich trennen, das könnte meine Mutter nicht aushalten.«

Die gesamte Kindheit und auch Jugend Veras steht also im Schatten einer persistierenden Trennungskrise der Eltern, deren offenes Ausbrechen sie um den Preis des Selbstopfers zu verhindern sucht. Ihr Selbstverlust durch Rückzug in Stillsein und Stillhalten, damals eine Notlösung, ist nun heue nicht einfach willentlich rückgängig zu machen, er wird ihr Gefängnis, das sie als solches selbst nicht mehr wahrnehmen kann, dessen Wirkung sie allerdings im Leiden an Entfremdung von Kontakt mit anderen, aber auch mit sich selbst schmerzlich spürt. Der Ausdruck eigener Gefühle und Wünsche wird als so gefährlich und andere gefährdend erlebt, dass nur noch der Rückzug in die Unwirklichkeit und Selbstentfremdung bleibt. »Wenn ich nicht mehr wirklich bin, nicht mehr selbst da bin, mich wie einen Gegenstand wahrnehme, dann kann ich hoffen, das Kunststück hinzukriegen, den status quo der Familie zu gewährleisten. Ich habe das Gefühl, ich lebe durch mein Leben hindurch, es berührt mich nicht, als ob es mich nichts angeht, als ob es an mir vorbeizieht.«

Der schweigende Rückzug von der Wirklichkeit ins Nicht-Dasein schafft eine dauernde innere Ungewissheit darüber, ob sie überhaupt leben darf; denn um leben zu können, müsste es ja möglich und erwünscht sein, da zu sein. Weil es nun real nicht möglich ist, nicht da zu sein, muss Vera einen Kompromiss zwischen Da-Sein und Nicht-Da-Sein, zwischen Leben und Nicht-Leben finden.

Eine Facette davon ist z. B. ihre beängstigende Rücksichtslosigkeit sich selbst gegenüber. Sie spürt einen unbezwingbaren Drang, sich niemals zu schonen, nicht auszuschlafen, sich nicht warm genug anzuziehen, bei Krankheit weiter zur Schule zu gehen, bis sie buchstäblich ohnmächtig wird, oder sie belastet sich nach Erkrankungen wieder zu früh und provoziert damit häufige Rückfälle. So stößt sie sich einerseits ins Nicht-Dasein, indem sie auch körperliche Bedürfnisse einfach nicht wahrnimmt, in der Hoffnung, dass sie dann auch nicht da sind, andererseits ruft sie durch ständiges Krank- und Unwohlsein die erhöhte Aufmerksamkeit anderer hervor. Ärzte, Lehrer und Eltern sind alarmiert und besorgt, zwingen sie gewissermaßen durch ihre Sorge ins Dasein, das sie dann wiederum aus inneren Gründen ablehnen muss. Aber auch sie selbst ist nun durch ihre Schmerzen gezwungen, ihr Dasein intensiv zu spüren.

Ein weiterer unseliger Zirkel tritt dann ein, wenn die Beschwerden bekämpft werden, weil sie gerade dadurch weitere Organe belegen müssen.

Wenngleich eine solche intrapsychische Entwicklung, wie ich sie in der Lebensgeschichte Veras dargestellt habe, noch viele andere Determinanten hat, und ich mich hier nur auf den Aspekt der Wirkung einer persistierenden Trennungskrise der Eltern beschränke, so scheint doch deutlich – und darauf kommt es mir an –, welche existenzielle Notwendigkeit es für ein Kind ist, dass Eltern, die die »Welt« bedeuten, zusammenbleiben, dass keiner von beiden zu Schaden kommt; denn eine auseinanderbrechende Welt kann keinen Schutz geben, stellt im Gegenteil vor kaum erträgbare Angst. Gibt es irgendeine Möglichkeit, die Trennung der Eltern zu verhindern, wird ein Kind das tun, auch um den Preis des Selbstopfers wie im Falle Veras.

2. Verweigerung als »Bewältigung« einer erfolgten Trennung

Claudia, die kurz vor dem Abitur alles hinwerfen will, weil sie keinen Sinn darin sieht, irgendetwas zu werden, kommt, weil sie so deprimiert ist, zu nichts mehr Lust hat, nicht einmal mehr zum Essen. Sie hat denn auch in bereits bedrohlichem Ausmaß an Gewicht verloren. Als ihr rational zugängliche Begründung für ihr tiefes Sinnlosigkeitsgefühl gibt sie an, dass die Erde durch Umweltzerstörung und der Himmel durch das Ozonloch doch sowieso kaputt seien, es lohne also die Mühe nicht, irgendwas zu tun.

Schon in ihrer äußeren Erscheinung macht Claudia deutlich, dass sie keine Hoffnung, aber auch kein Recht auf ein sinnvolles Leben zu haben glaubt. Sie ist etwa so groß wie ein neunjähriges Kind und außerordentlich zart gewachsen: ich wundere mich, dass sie auf ihren dünnen Beinchen überhaupt laufen kann. Immer frierend, in eine viel zu große Jacke eingewickelt, beinahe wie in ihr versteckt, sitzt sie da, verunsichert, kaum aufblickend, blass, wie ein verschüchtertes, nie wahrgenommenes, verlassenes kleines Mädchen. Ich habe den Eindruck, sie habe sich in einer imaginären Ecke versteckt und beschlossen, nicht mehr weiterzuwachsen, mitzumachen, mitzuleben, als habe es sich irgendwann einfach nicht mehr gelohnt.

Claudia wird geboren, als ihr Vater noch studiert und ihre Mutter in einem schlecht bezahlten Beruf sowohl das Studium des Vaters als auch den Lebensunterhalt der Familie verdient. Claudia erinnert sich an ihren Vater nur als in »Arbeit eingeigelt«, er war emotional nicht, real aber gelegentlich verfügbar, z. B. hat er abends manchmal Geschichten vorgelesen. Mutter lehnte aus ideologischen Gründen so etwas wie ein »antiquiertes« Familienleben ab. Das bedeutete keine regelmäßigen Mahlzeiten, frei nach den ideologisch-antiautoritären Erziehungsprinzipien: »jeder isst, wenn er Hunger hat«, »Kinder gehen ins Bett, wenn sie müde sind« oder »Kinder spielen am liebsten allein mit anderen Kindern«. Die Mutter engagiert sich auch politisch, nimmt das kleine Mädchen mit auf Demonstrationen, anschließend in wechselnde Wohngemeinschaften, wo dann auch Mutter und Kind übernachten und sich um Claudia oft ihr völlig fremde Menschen kümmern. Eine eigentliche Erziehung wird von beiden Eltern abgelehnt; nie wird etwas verboten, die elterliche Wohnung ist als eine Art großer Kinderspielplatz eingerichtet. In dieser für Claudia chaotischen und desorientierenden Situation gibt es nun eine »altmodische« Großmutter, bei der das Kind bemuttert wird, bei der es mittags etwas Warmes zu essen gibt, bei der sie abends in Bett gebracht wird und bei der bestimmte Dinge nicht erlaubt sind und die sie der Oma zuliebe dann auch nicht tun möchte. Kurz, von dieser Oma fühlt sich Claudia in ihren kindlichen Bedürfnissen wahrgenommen, sie ist der »Ofen«, an dem sie sich aufwärmen kann, der »Ruheplatz« in all der Turbulenz.

Als Claudia etwa 5 Jahre alt ist, hat der Vater erfolgreich sein Studium abgeschlossen. Inzwischen ist aber eine Entfremdung zwischen den Eltern eingetreten, Streit oder Beziehungslosigkeit beherrschen das Familienklima, so dass der Vater eine Stelle in einer entfernten Stadt sucht. Später wird dann die Scheidung der Eltern unvermeidlich. Damit zusammenhängend übersiedelt die Mutter ebenfalls in eine andere Stadt und bekommt gleichzeitig ein zweites Kind, den von ihr und dem Vater gewünschten Sohn. Innerhalb weniger Wochen verliert Claudia nun den Vater durch dessen Trennung von der Familie, die Mutter durch deren Hinwendung zu ihren kleinen Sohn, das Kind, das sie als ihr eigenes wahrnimmt, und, was für Claudia beinah am schlimmsten ist, die geliebte Großmutter. Diese bleibt am alten Wohnort zurück und ist nicht mehr erreichbar. Zuerst fleht sie den Vater an, sie doch mitzunehmen, verspricht ihm sogar, den Haushalt zu versorgen, ihm Kaffee zu kochen, wenn sie noch etwas größer ist. Gelegentlich besucht er die Familie, aber nur, um den Bruder zu sehen; sie lässt er links liegen.

In dieser für Claudia in sich zerfallenen Welt, in der für sie bei niemandem mehr Platz ist, es keine Zugehörigkeit in einer wesentlichen Beziehung mehr gibt und auch die Beziehung zur Mutter leer bleibt, verweigert sie buchstäblich weiterzuwachsen, sich zu entwickeln und in einer Gemeinschaft mitzuleben. Konkret heißt das, dass sie später in der Schule desinteressiert bleibt, nicht lernen und auch nicht spielen will. Nichts lockt sie. In der Welt draußen mitzumachen hat keinen Sinn. So zieht sie sich früh in eine eigenen »narzisstische« Nische zurück, die sie vor Schmerz und Verzweiflung schützen soll. Sie schreibt Tagebuch und liest viel. Eltern, Lehrern, Mitschülern, die nun auch besorgt sich ihr nähern wollen, gibt sie zu verstehen, dass sie niemanden braucht, dass sie sie alle »doof« findet. Auf diese Weise, indem sie den Spieß umdreht, gelingt es ihr zwar, sich vor der Angst und dem Schmerz zu schützen, verlassen zu werden, nicht geliebt, nicht gewollt zu sein. Gleichzeitig bedeutet dieser Schutz aber auch, dass sie keine Spiegelung ihres Daseins mehr erhält. Ihre seelischen Bedürfnisse nach Geborgenheit, Anerkennung, Anteilnahme leiden extrem Mangel, und ihre psychische Entwicklung nimmt Schaden. Natürlich kann sie sich in dieser inneren Situation heute nicht mehr erlauben, Bedürfnisse nach Nähe wahrzunehmen, diese könnten sie ja zu den Menschen treiben, von denen sie nur Verlust erwarten kann.

Die weitreichenden Folgen dieses verzweifelten Rückzuges auf sich selbst können hier nur angedeutet werden: Altersentsprechende

Autonomie kann sich kaum entwickeln. Ihre Identität muss unsicher bleiben; eine Phantasie von sinnvoller Zukunft mit einem eigenen wirkungsvollen Platz darin kann nicht entstehen: Kontakte, wenn sie überhaupt zustande kommen, können nur über die Pflicht, alle eigenen Wünsche altruistisch an den anderen abzutreten, gerechtfertigt werden. Das heißt, es bleibt ihr keine andere Möglichkeit, als die zentrale Angst ihrer Kindheit zu wiederholen, in Beziehungen nichts zu bekommen, verlassen zu werden und dieser Erfahrung hilflos ausgeliefert zu sein. Die Erfahrung, in dieser schmerzlichen Enttäuschung auch selbst verloren zu gehen und das Recht zu leben verwirkt zu haben, kann nur notdürftig durch die Verleugnung eigener Lebenswünsche, die sich auch in den eingangs zitierten Sinnlosigkeitsgefühlen spiegeln, kompensiert werden. Wenn aber die jetzt anstehende Entwicklung gelingen soll, bei der es letztlich um die Ergreifung eigener Lebenschancen geht, von der Berufsfindung bis zur Partnerwahl, dann müssen die inneren Verletzungen, die durch die Trennung der Eltern und deren Erziehungsstil entstanden sind, in einem mühsamen und langwierigen Prozess verstanden und überwunden werden.

3. Spaltung als »Bewältigung« einer vorgeburtlichen Trennung

Petra ist die beste Schülerin ihre Klasse; sie lernt gern, aber trotzdem hat sie panische Angst vor Klassenarbeiten. Sie zittert, bekommt Schweißausbrüche; nur wenn die Lehrerin neben ihr stehen bleibt und ihr beruhigend zuspricht, gelingt es ihr, sich zu konzentrieren. Zu dieser sie vor den Mitschülern beschämenden Angst kommen weitere multiple Ängste. Sie bekommt Panik, wenn sie allein ist, hat dann die Vorstellung zu ersticken, und niemand ist da, der ihr hilft. Oder sie hat Angst, von jemandem vergiftet zu werden und daran zu sterben, niemand könnte sie retten. Ganz allgemein überfallen sie immer wieder Ängste, etwas Schrecklichem ausgeliefert zu sein. Unter Menschen kann sie sich kaum von der Sorge lösen, andere fänden etwas an ihr auszusetzen, beobachteten sie und könnten sehen, dass etwas falsch an ihr sei. Alle diese Ängste haben dazu geführt, dass sie sich an Mutter und Stiefvater anklammert, kaum noch von deren Seite weicht und damit das Eigenleben der Eltern erheblich einschränkt. Umgekehrt trauen die Eltern ihr auch kaum noch einen eigenen Weg zu, überbehüten sie seit langem und bestärken sie so in der Überzeugung, dass die Welt unheimlich, bedrohlich und dass sie deren Schlechtigkeit und dem Bösen dort hilflos ausgeliefert sei.

Einen gewissen Trost findet sie im Religionsunterricht, »meine liebste Religion«, sagt sie. Dort findet sie bestätigt, dass es so viel Böses in der Welt gibt, vor dem man sich hüten muss, und dass Gott will, das man Gutes tut, und er einen dafür liebt. Aber sie ist sich dessen nicht sicher, dieses Gute, was so viel heißt wie Nicht-Aggressive, auch tun zu können. So bemüht sie sich noch mehr, mit dem Ergebnis sich steigernder Angstentwicklung. Nur in der Schule scheint es ihr zu gelingen, das Gute zu verwirklichen, ablesbar an den guten Noten. Im Verhältnis zu ihrem kleinen Bruder, der aus der zweiten Ehe der Mutter stammt, beschuldigt sie sich, nicht gern mit ihm zu spielen, und berichtet, dass sie ihn einmal abholen musste und auf diesem Weg mit ihm plötzlich keine Luft bekam, total steif vor Angst gewesen sei – sie habe geglaubt, sterben zu müssen- »Alle Ängste führen bei mir auf den Tod hin«, sagt sie.

Petra ist ein lebhaft sprechendes junges Mädchen, das ängstlich Bestätigung für die Richtigkeit dessen, was sie sagt, bei mir sucht. Sie ist sichtlich beunruhigt über ihre Angst und die damit verbundenen Lebenseinschränkungen. »Es macht mich so fertig, was ich alles habe und dass die Religion mir nicht hilft, meine Angst zu überwinden, aber es geht einfach nicht.«

In Petras Lebensanfang spiegelt sich gewissermaßen schon ihre spätere Unsicherheit wider. Sie wird unehelich geboren, die Eltern haben auch nie erwogen zusammenzubleiben. Sie ist unerwünscht, die Mutter gibt sie gleich nach der Geburt ihrer Mutter in Pflege, da sie selbst ganztägig weiterarbeiten muss. Der Vater taucht wohl hin und wieder auf, um Petra mit Geschenken zu überhäufen und sie mit Versprechungen, die er nie einlöst, die sie ihm aber glaubt, an sich zu binden. Sie liebt den Vater, sehnt sich nach ihm, während die Mutter ihn ablehnt, ihn vor Petra schlecht macht und eifersüchtig auf die Zuneigung Petras zu ihm ist. Petra ihrerseits lehnt deshalb die Mutter ab. Sucht kaum Kontakt mit ihr, weil sie unbewusst fürchtet, damit die Liebe zu ihrem Vater zu verraten, ihn zu erzürnen und zu verlieren.

Eine weitere Komplikation entsteht durch die Beziehung zur Oma, bei der Petra ja real die meiste Zeit untergebracht ist und die sie versorgt.

Alles, was bei ihrem Vater erlaubt ist, ist nun bei der Oma verboten. So erzieht sie, indem sie ihr jede Eigeninitiative »abnimmt«, so dass Petra mit einem Jahr noch nicht krabbeln kann und später mit Hilfe einer Krankengymnastin laufen lernen muss. Die Oma hatte ihr alle eigenen Wege abgenommen, und Petra hat deshalb sehr früh gelernt, dass eigene Wege unerwünscht und gefährlich sind, und dass sie es nicht wagen kann, die Oma als einzig konstante Person dadurch zu verärgern.

Aber nicht nur die motorische, auch die damit zusammenhängende Entwicklung des eigenen Willens, die später für so wichtige Fähigkeiten, wie autonome Entscheidungen treffen zu können und sich damit in Ordnung zu fühlen, zentral ist, muss für Petra höchst gefährlich sein. So gefährlich, dass sie heute in Situationen, in denen Entscheidungen nötig sind, einen Angstanfall bekommt, um der Bedrohung auszuweichen, durch Eigenständigkeit das einzig sichere innere Objekt zu verlieren. Eine eigene Entscheidung zu treffen, heißt ja auch gleichzeitig, eine falsche Entscheidung treffen zu können, und das bedeutet für Petra, selbst falsch zu sein und deshalb verstoßen zu werden, letztlich, wie sie sagt, sterben zu müssen.

Tief in ihren Inneren bleibt allerdings der Vater präsent als das genaue Gegenteil dessen, was Mutter und Oma vertreten. Um die damit verbundene seelische Verwirrung zu bewältigen, spaltet Petra nun die Eltern in einen guten und einen bösen Teil. Dazu muss sie die Liebe und die Sehnsucht zum Vater allerdings tief verdrängen und sich mit den mütterlich-großmütterlichen Prinzipien identifizieren. Damit hat sie die Welt in sich feindlich gegenüberstehende Gegensätze von Gut und Böse gespalten. So hofft sie, durch Ablehnung des Bösen und Hinwendung zum Guten ihre innere Zerrissenheit zwischen den Eltern zur Eindeutigkeit zu bringen. Allerdings um den Preis dauernder Angst, das Gute nicht zu erreichen und dem Bösen nicht ausweichen zu können, weder draußen noch drinnen.

Zu einem ersten Angstanfall kommt es, als sie 12-jährig den in den bösen Schatten verdrängten, geliebten Vater »zufällig« nach Jahren, ohne Kontakt zu ihm, in der Stadt trifft. Sie flieht, will ihn nicht begrüßen, aber die Versuchung, angezogen zu werden vom Bösen, ist doch so groß, dass das Bollwerk der Spaltungsabwehr nicht hält, Panik und Verwirrung wiederkehren. In ihrer inneren Welt können nicht beide Eltern nebeneinander existieren, sondern entweder nur Vater oder Mutter, einer muss immer vom anderen getrennt sein, denn beide können nicht gut sein. Das heißt auch: Sie kann und darf nur einen von beiden lieben. Würde sie beide lieben, würde sie selbst auch böse. So »schützt« sie auch ihre Angst vor dem Alleinsein, das sie zwingt, sich immer ihrer Mutter zu versichern, davor, der Versuchung zu erliegen, sich dem geliebten bösen Vater zu nähern und die Mutter zu verlassen, die doch Sicherheit in dieser bedrohlichen Welt gibt.

Welche *Folgerungen* können nun aus den drei exemplarischen, jedoch eher alltäglichen Beispielen gezogen werden?

Ist es nicht naheliegend, eine Gesellschaft zu fordern, in der es wenigstens überwiegend intakte Familien, gelingende Ehen und damit auch glückliche Kinder gibt? Oder wenn das schon realitätsfernes Wunschdenken ist, braucht dann nicht jedes Mitglied, besonders aber jedes Kind aus einer Scheidungsfamilie, wenigstens therapeutische Hilfe? Auch diese Konsequenz erscheint nicht durchführbar, wenngleich auch heute feststeht, dass Kinder durch die Trennung der Eltern Konflikten ausgesetzt sind, die sie in keinem Alter bewältigen können. Und auch die Eltern, die oft über lange Zeit Krisen und Erschütterungen ertragen müssen, sich in gegenseitigen, endlosen Schuldzuweisungen zermürben, brauchten sie nicht auch therapeutische Hilfe, um eine wirklich emotionale Trennung voneinander zu schaffen? Sie allein nämlich könnte gewährleisten, dass die Eltern, obschon kein Paar mehr, für ihre Kinder dennoch Eltern bleiben können, ohne die Kinder in Loyalitätskonflikte zu verwickeln.

Aber der Anspruch auf therapeutische Hilfe für alle Beteiligten in einer Trennungssituation ist nicht durchführbar – einmal natürlich, weil viele Familien eine solche Hilfe nicht wünschen, zum anderen, weil es an therapeutischer Kapazität fehlt. Darüber hinaus kann es nicht nur um professionelle Hilfe gehen, sondern hier sind alle gefordert, die mit der Familie in Kontakt stehen, natürlich auch die Lehrer der Kinder. Dabei kann es nicht um therapeutische Hilfe »im

Kleinen« gehen, sondern um eine höhere Sensibilität für die emotionale Belastung besonders der Kinder.

In allen drei oben dargestellten Beispielen wird deutlich, dass die innere Situation für die Kinder ausweglos ist und dass sie sie nur jeweils spezifisch unter Aufgabe der eigenen emotionalen Existenz »lösen« zu konnten. Ob die innere Balance nur über Symptombildung zu gewährleisten ist, hängt nicht unwesentlich davon ab, ob in der fraglichen Zeit für die Kinder eine Großmutter, ein Großvater, eine verständnisvolle Tante oder Lehrerin, ein Lehrer oder sonst ein Freund aus dem sozialen Verkehrskreis der Familie verfügbar ist oder ob gerade in dieser für Kinder extrem bedrohlichen Zeit, in der die Eltern naturgemäß zu sehr mit ihren eigenen Problemen beschäftigt, also für die Kinder nicht ansprechbar sind, ob gerade dann die Kinder niemanden haben, bei dem sie Verständnis und Geborgenheit finden. Es geht da einfach um Beistand, um Verlässlichkeit.

Wie oft sind gerade Lehrer in der Position, für diese Kinder eine Hilfe zu sein?! Nicht in einem therapeutischen Sinne, das wäre nach meinem Verständnis eher schädlich, aber im Sinne des Verstehens und Da-Seins. Das ist schon sehr viel, wenn man bedenkt, dass die seelischen Schmerzen für Kinder bei Trennung der Eltern noch ausweglöser erscheinen als beim Tod eines Elternteils. Beide Verlusterlebnisse sind emotional nicht verstehbar: Bei der Scheidung kommt aber hinzu, dass die Eltern leben und deshalb auch zusammenbleiben könnten; weshalb sie es nicht tun, ist noch weniger einfühlbar für ein Kind, suggeriert doch das Am-Leben-Sein der Eltern diese Möglichkeit. Deshalb versuchen Kinder auch immer wieder, ihre Eltern zusammenzubringen. Das alles heißt natürlich nicht, dass Trennung nicht auch eine mögliche Konfliktlösung sein kann, die im Endeffekt auch für die Kinder das kleinere Übel ist; es heißt aber, dass es nötig ist, gerade weil Trennungen ein Spiegel für die Probleme der modernen Familie sind, also als Konfliktlösung immer akzeptabler werden, ein gesamtgesellschaftliches Bewusstsein dafür zu entwickeln, dass es sich im Falle einer Trennung oder Scheidung, wenn Kinder da sind, nicht um das Scheitern einer Beziehung handelt, die nur die beiden Beteiligten angeht, sondern dass in dieses Scheitern die Kinder als Opfer verwickelt sind. Opfer, die keine Chance haben, ihre ausweglose innere Situation ohne Hilfe emotional zu integrieren.

Zwangsneurose und Adoleszenz

Der therapeutische Prozess bei einer jugendlichen Patientin mit Zwangsneurose

Zusammenfassung

Im Rahmen der Übertragungsbeziehung wird die zentrale Angst der zwangsneurotischen Jugendlichen, für die aggressiven und sexuellen Wünsche verurteilt zu werden, entfaltet. Dabei wird gezeigt, wie die Integration der isolierten und verdrängten Triebrepräsentanzen und Selbstanteile durch die Annahme der Über-Ich-Übertragung ermöglicht wird. Als entscheidend in diesem Prozess erweist sich die Sicherheit der Patienten in der Übertragungsbeziehung, den Therapeuten nicht zerstören oder verführen zu können. Als Folge der Integrationsleistung löst sich nicht nur die Zwangssymptomatik auf, sondern es tritt auch die eigentliche Entwicklungsaufgabe der Adoleszenz als Kampf um ein integriertes Selbst und um seine Werte in den Vordergrund.

1. Zur Problematik und Technik des therapeutischen Verfahrens

Die Zwangsneurose kann heute im Rahmen der Psychoanalyse als ein gut bekanntes und erforschtes Krankheitsbild gelten. Die wesentlichen Erkenntnisse hinsichtlich ihrer Psychodynamik sind bereits von Freud dargestellt und von vielen nachfolgenden Psychoanalytikern bestätigt, erweitert und modifiziert worden (vgl. Quint, 1971; Schwidder, 1972). Scheint sie also für das Verständnis des zentralen Konflikts der Abwehrstruktur sowie der spezifischen, eben zwanghaften Verarbeitung dieses Konfliktes keine Schwierigkeit darzustellen, so gilt das nicht ebenso für ihre Therapie.

Der therapeutische Umgang mit Zwangskranken bereitet nach wie vor eher Schwierigkeiten, dies u. a. deshalb, weil durch die Art der verwandten Abwehrmechanismen wie Isolierung und Rationalisierung die Ebene der Gefühle, des gefühlshaften Erlebens nur schwer zu erreichen ist. Es besteht daher immer die Gefahr, dass der Konflikt wie seine Verarbeitung in der symptomatischen Kompromissbildung gewusst, verbalisiert und innerhalb der Kindheitsgeschichte rekonstruiert wird, jedoch ohne das Erleben der zentralen Gefühle, besonders der Angst und Aggression, die ihn konstelliert haben.

Soweit ich sehe, kann eine Therapie nur Erfolg haben, wenn es gelingt, innerhalb der Übertragungsbeziehung den Konflikt gefühlsmäßig erneut zu aktualisieren. Eben darin liegt aber auch die Schwierigkeit, denn der zwangsneurotische Patient verlässt den Schutz seiner Isolierung auch hier nur sehr schwer. Nicht nur der Handhabung von Übertragung und Widerstand kommt dabei besondere Bedeutung zu, sondern noch mehr der Fähigkeit, sie dem Patienten erlebbar zu machen. Sein Problem ist ja, verkürzt gesagt, das Zusammenbringen von Gefühl und sprachlich Gewusstem. Gerade in einer Therapieform wie der Psychoanalyse, in der die Sprache für die Darstellung der Gefühle eine so zentrale Rolle spielt, bietet sich dem Zwangskranken eine Möglichkeit, seine Abwehrstruktur der Isolierung und Rationalisierung unbemerkt zu wiederholen. Für ihn gilt, mehr als für jeden anderen, was Friedrich Schiller in seinem Epigramm »Sprache« sagt: »*Spricht* die Seele, so spricht, ach, schon die *Seele* nicht mehr« (Schiller, 1797/1980, S. 359). Was immer Therapie sonst in anderen Zusammenhängen sein kann, für den Zwangskranken *muss* sie ein Erleben sein, das ihm den Zugang zu seinen Gefühlen wieder ermöglicht, vorzugsweise mittels der Gefühlskonflikte, die sich auf den Therapeuten als Übertragung konzentrieren. Mir hat sich dabei als ein gutes Mittel, die vorschnelle Übersetzung der Worte zu verhindern und das Bewusstsein des gefühlshaften Erlebens an den Prozess des Erkennens anzupassen, das Malen, das Gestalten und das Schreiben von märchenhaften Geschichten etc., kurz das Übersetzen in ein zunächst nichtsprachliches Medium erwiesen. An einem solchen *Übergangsobjekt* können Stufen des emotionalen Bewusstwerdens von Gefühlen dargestellt werden. Darüber hinaus regen sie den kreativen, spielerischen Umgang mit Erlebnisinhalten an, der ja gerade Zwangskranken besonders fehlt. Das letztendliche Ziel, die unbewussten Gefühle, die »Seele« wiederzufinden und ihr Ausdruck zu geben, verlangt vom Therapeuten, dass er den (auf ihn in der Übertragung sich beziehenden) Liebe-Hass-Konflikt annehmen kann, dass er weder durch die Aggression zu vernichten, noch durch die Liebe zu verführen, noch durch die (oft über die gesamte Therapie anhaltende) Über-Ich-Übertragung zu affizieren ist.

In dem im folgenden dargestellten Therapieverlauf handelt es sich um eine jugendliche Patientin, die zu Beginn 16, zum Ende hin fast 19 Jahre alt ist. Im allgemeinen wird das Auftreten der Zwangsneurose in der Adoleszenz als prognostisch günstiger angesehen als im Erwachsenenalter (Benedetti, 1978, S. 97). Ich glaube, dass die Entwicklungskräfte dieses Lebensalter, die zur Ablösung von den Eltern, zum Streben nach Autonomie, zur Festigung der Identität und Beziehungsaufnahme zum anderen Geschlecht drängen, den Intentionen der Therapie sehr entgegenkommen (Berna-Glantz, 1980). Blockierungen bei diesen Entwicklungsaufgaben werden umso leidvoller erfahren, je bestimmender sie für eine Lebensphase sind. Das Ich des Patienten verbündet sich deshalb mit diesen Zielen, muss sie erreichen, wenn Zukunft, die im Zeiterleben der Adoleszenz ja der Lebens- und Hoffnungsträger ist, verlockend und lohnend erscheinen soll.

Entspricht die Psychodynamik der hier dargestellten Zwangsneurose sowie die Technik des therapeutischen Vorgehens auch den bei erwachsenen Patienten bekannten Tatsachen, so zeigt sich in den Thematisierungen deutlich, dass es sich nicht nur um die Therapie einer Zwangsneurose, sondern, mit ihr verschränkt, auch um das Erreichen der spezifischen Entwicklungsziele der Adoleszenz handelt. Ich nenne hier die wichtigsten (vgl. Blos, 1973; A. Freud, 1960):

Die Trennung von den Eltern und der damit verbundene Trauerprozess, der wie Anna Freud betont hat, »an einen realen Objektverlust gemahnt«; damit zusammenhängend das Erleben der Diskrepanz zwischen den realen Eltern und den inneren Bildern von ihnen. Beides kann zeitweise depressive Reaktionen auslösen, immer aber ist dieser Prozess mit schmerzlicher Enttäuschung, Traurigkeit und Wut verbunden, bevor eine Versöhnung mit der Diskrepanz erreicht und auch Zugang zu den das Gute repräsentierenden Kräften gefunden werden kann, das die Eltern mitgegeben haben, also Objekte als gleichzeitig gute und böse integrierbar werden. Die Ablösung von den Eltern stellt vor die Aufgabe, nichtinzestuöse Liebesobjekte zu finden sowie sich der eigenen sexuellen Identität bewusst zu werden, d. h. das eigene Geschlecht in die eigene Selbstrepräsentanz endgültig aufzunehmen. In diesem Prozess kann es zu erheblichen Irritationen kommen, müssen doch genitale Sexualität und Intimität für das Ich tolerierbar werden.

Zu Krisen kommt es, wenn die Ich-Integration versagt, das seelische und reale Getrenntsein von den Eltern sowie die Geschlechsidentität in das Selbstgefühl nicht ausreichend aufgenommen werden können. Gelingt diese Integration des Selbstseins im Verlauf der Therapie, werden Themen, die die Entdeckung und Entwicklung der eigenen Interessen entscheidend betreffen, wichtig: die Gestaltung des Kontakts zu Gleichaltrigen, der jeweils ›passenden‹ Lebensumstände, die Berufswahl, das Finden des eigenen Lebensraumes in der sozialen Umwelt.

Alle diese zur Adoleszenz gehörenden Themen erscheinen in der folgenden Therapie in der spezifischen Perspektive der Zwangsneurose, erhalten durch sie Brisanz, wie andererseits die Zwangsneurose durch sie ihren Entwicklungsschub und die Chance erhält, sich mit den ihnen innewohnenden Kräften zu verbinden und damit den Eintritt in die Zukunft des Erwachsenenlebens frei zu machen.

2. Darstellung des Therapieverlaufs

2.1 Bemerkungen zur Vorgeschichte

Bei Beginn der Therapie ist Beate 16 Jahre alt. Sie leidet unter der quälenden Angst, ihren jüngeren Bruder mit einem Messer zu erstechen, jemanden aus dem Fenster zu stoßen, ein Haus – besonders das Haus der Eltern – anzuzünden oder jemanden, der neben ihr auf der Straße geht, vom Gehsteig zu stoßen, allgemein: eine Katastrophe herbeizuführen. Sie hat oft tagelang Angst, lebt in der Unruhe, mit diesen Zwängen nicht fertig zu werden. Sie selbst hat ein deutliches Bewusstsein davon, fremdbestimmt zu sein, und ist erregt von dem Gedanken, wie leicht es wäre, jemanden vor ein Auto zu stoßen oder eine Mitschülerin in der Schule aus dem Fenster zu werfen. Der Beginn dieser Zwangsvorstellung, die sich zunächst auf den Bruder bezog, lässt sich etwa ab dem 12. Lebensjahr feststellen. Kennzeichnend für ihre Familiensituation sind heftige Streitszenen zwischen den Eltern, die sie von früher Kindheit an miterlebte. Der Vater selbst ist psychisch schwer krank und wurde daher arbeitsunfähig schon mit etwa 40 Jahren. Die Mutter wurde in diesem Zusammenhang depressiv und zeitweilig tablettenabhängig. Sie lag tagelang im Bett und die Patientin musste sie pflegen. Sie hat von klein auf versucht, den Streit zwischen den Eltern zu schlichten und die Mutter vor dem Vater zu schützen. Beide Eltern benutzten sie als Vertraute und luden ihr das psychische Leid der Ehebeziehung auf. Durch diese Parentifizierung wurde Beate extrem in ihrer eigenen Entwicklung gehindert und richtete schon sehr früh ihr Leben so ein, dass sie den Eltern nicht noch Grund zur Sorge lieferte. Sie wurde daher rücksichtsvoll, fleißig, sehr gut in der Schule; Kontakte zu anderen Kindern waren kaum möglich, weil bei ihr zu Hause »alles so anders war als bei anderen Kindern«, und sie sich deshalb vor den anderen Kindern schämte. Der jüngere Bruder, der auf die Eltern und ihre Anforderungen nach Rücksichtnahme aggressiv reagierte, wurde aus der Familie schon als Kleinkind entfernt und den in der Nachbarschaft wohnenden Großeltern überlassen. Die Patientin bewunderte nun den jüngeren Bruder, weil er sich »nichts von den Eltern gefallen ließ«. Sie selbst aber glaubt, für die Eltern verantwortlich zu sein und verhindern zu müssen, dass der Vater die Mutter umbringt, oder dass sich die Mutter aus Verzweiflung das Leben nimmt. Zur auslösenden Situation mit etwa 12 Jahren gibt sie an, damals eine Geschichte von einem Werwolf gehört zu haben, dabei die Idee gehabt zu haben und auch die Angst, dass sie selbst wie der Werwolf unter dem Diktat einer fremden Macht stünde und von nun an tun müsse, was sie nicht wolle, und dass sie vielleicht ihr ganzes Leben darunter leiden müsse, jemand anderem etwas anzutun, was sie selbst nicht wolle. Auch sei ihr damals zuerst der Gedanke gekommen, dass bestimmte Zahlen eine übersinnliche Rolle spielen könnten. Zeitlich fällt der Ausbruch dieser Zwangsvorstellung zusammen mit der unerträglichen Streitsituation der Eltern, bei der Beate das Gefühl gehabt hat, »es geht um alles, um Leben und Tod«, und sie allein müsse sich zwischen die Eltern stellen, um eine Katastrophe zu verhindern. Zwar kommt der Vater in dieser Zeit in stationäre psychotherapeutische Behandlung, aber dadurch erfährt sie erst, dass ihr Vater ja nicht böse, sondern krank sei, und klagt sich nun wegen ihres Ärgers auf ihn und auf die Mutter doppelt an, indem sie sich z. B. sagt, »dass sie ja nichts dafür können«. Sie nimmt die Eltern noch mehr in Schutz. Wenn andere Kinder sich gelegentlich über ihre Eltern beklagten, habe sie immer gefunden, dass ihre Eltern in Ordnung seien. Ihre Schuldgefühle wegen der aggressiven Impulse den Eltern gegenüber haben dann zu eben dem Konflikt geführt, zu dessen Lösung sie auf die anale Phase regrediert ist, mit den dafür typischen Abwehrstrukturen zur Beruhigung der schweren Angst und Aggression. Magisches Denken, Isolierung von Affekt und Vorstellung sowie Intellektualisierung in hohem Ausmaß stehen im Mittelpunkt ihrer Abwehr. Die in der Zwangsvorstellung, jemanden umbringen zu müssen, untergebrachte Aggression ist so ichfremd geworden und löst zu Beginn der Therapie starke Unruhe und Angst aus. Es ist wegen der Erkrankung beider Eltern nicht möglich, diese in die Therapie einzubeziehen. Sie unterstützen jedoch den Entschluss der Patientin zur Therapie.

2.2 Der erste Therapieabschnitt

Fühlen der bislang unbewussten Wut; die zentrale Angst, dass Fühlen von Wut verboten ist, weil Wut ein die Eltern störendes Gefühl ist; die Angst, dann nicht gut zu sein, Selbstvorwürfe, Schuldgefühle aushalten zu müssen.

Zu Anfang handelt es sich eigentlich um eine Katastrophentherapie. Die Patientin lebt noch im Haus der Eltern, wo der schwer zwangsneurotische Vater das alltägliche Zusammenleben nahezu unmöglich macht. Er kontrolliert z. B. dauernd jede Tür, ob sie abgeschlossen ist. In der Nacht gibt er keine Ruhe, weil er laut kontrolliert, Türen ab- und aufschließt und weil er jede vitale Regung der Patientin sofort verächtlich macht. Während des Winters, in dem keine Heizung in der Wohnung angestellt werden kann, weil der Vater sie nicht repariert, ist sie dauernden Vorwürfen ausgesetzt, etwa dem, dass sie es warm haben wolle, wo doch der Vater krank sei. Oder etwa, dass sie Besuch hatte und deshalb daran schuld sei, dass der Vater wichtige Briefe nicht erledigen konnte. Hinzu kommt die Verzweiflung der Mutter, die sich in dieser Situation umzubringen droht, dafür aber die Verantwortung Beate gibt. Wäre sie rücksichtsvoller dem Vater gegenüber, würde er nicht so toben und nicht so viel kontrollieren. Wäre sie nicht so verzweifelt, wäre sie gut, dann wäre die Familiensituation gerettet. Dazu kommt die dauernde Nähe des kleinen Bruders, der sich durch aggressive Regungen gegen die Eltern viel besser durchsetzen kann und damit die Versuchung ständig mobilisiert. Die Zwangsvorstellungen, ihn umzubringen, sind unerträglich. Die Unruhe und die Angst, den Bruder umzubringen und das Haus anzuzünden, erschöpfen Beate völlig. Zunächst überlege ich, sie in stationäre Therapie zu überweisen, nur um sie aus der aktuellen Katastrophe herauszubekommen. Ich entscheide mich aber dagegen, weil sie eine positive Beziehung zu mir aufgebaut hat und auch ich sie gut annehmen kann. Diese Tatsachen sah ich zunächst als die wichtigeren an. Beate schützt in allen Erzählungen von ihrem Leiden Vater und Mutter vor ihrer Enttäuschung und Wut an ihnen, sie verteidigt sie mit dem Argument, sie wären doch krank, was so viel heißt wie entschuldigt. Sie bemüht sich trotz ihrer schweren Angst und Erschöpfung, die Gutgelaunte im Hause zu spielen, weil die Mutter, wenn sie merkt, dass Beate traurig ist, sich daran schuldig fühlt und glaubt, es läge daran, dass sie, die Mutter, etwas falsch gemacht habe. Sie fängt dann an, sich zu verteidigen, während der Vater rational erklärt, sie habe doch gar keinen Grund, sich traurig oder wütend zu fühlen, oder indem er sie einfach übergeht. Sie selbst hat dann schwere Schuldgefühle wegen ihrer Angst und Trauer. Gleichzeitig hat sie das umfassende Gefühl, in der Welt bedroht zu sein, in einem Gefängnis eingesperrt zu sein und niemals mehr von den Eltern loszukommen. Ihre vitalen Regungen und Gefühle sind so bedrohlich, weil sie sie als aggressiv und zerstörerisch, als gegen die Eltern gerichtet empfindet.

Obwohl Beate alle diese Sachverhalte sprachlich geschickt und mit überdurchschnittlicher verbaler Fähigkeit darstellt, ist es doch schwierig für sie, in der Therapie ein Thema anzufangen, weil sie Angst hat, dass es ihr nicht möglich sein könnte, das Wichtigste zu finden, auch weil sie nicht im Vorhinein weiß, ob sie dieses Thema in der gegebenen Zeit zu Ende bringen kann. Sie hat auch Angst, den Überblick zu verlieren, ihre Gedanken nicht kontrollieren zu können, Angst, dass diese Gedanken eine nicht kontrollierbare Wirkung haben und sie dann festlegen. Dabei ist sozusagen die Grundangst in der Übertragungsbeziehung, die sich wie ein *cantus firmus* durch die ganze Therapie zieht, bestimmt durch die Angst, von mir verurteilt zu werden für all das »Schlechte« und »Schlimme«, was in ihren Gedanken lebendig ist. Besonders auffallend erscheint darüber hinaus, dass sie ihre Gedanken von denen ihres Vaters als nicht getrennt erlebt. »Ich kann nicht unterscheiden zwischen den Gedanken meines Vaters und meinen Gedanken, er redet und redet, ich vergesse dann, was ich selbst gesagt habe.« Die Gedanken des Vaters sind eine absolute Festlegung. Dementsprechend muss sie ihre eigenen Gedanken in der Therapie sofort fallen lassen, wenn sie glaubt, dass ich anders denke und sie deshalb verurteile, denn: »einer kann ja nur recht haben, und das sind immer die anderen.« Sie selbst ist dann wie vernichtet, durchgestrichen. Bald entdeckt sie, dass immer dann, wenn das geschieht, dieses Sich-durchgestrichen-Fühlen, sich ihre Vorstellungen einstellen: sie müsse denjenigen mit einem Messer durchbohren, der sie durchstreicht; oder sie bekommt einfach das Gefühl, dass etwas Schlimmes passiert. Ihre optische Wahrnehmung intensiviert sich dann auf eine bedrohliche Art: »Wenn die Sonne scheint, ist es viel zu hell, es ist alles unheimlich. Ich habe das Gefühl, dass man sich auf nichts verlassen kann. Außerirdische Wesen sind da, die nicht kontrollierbar sind, die mich bedrohen.« In dieser bedrückenden Situation kann sie erstmals zunehmend Wut auf den Vater fühlen, obwohl sie gleichzeitig seine Macht und Stärke bewundert. Sie berichtet folgende Situation: Sie hat abends, als sie nach Hause kommt, ihre Haustürschlüssel verloren und klopft an die Tür. Der Vater steht hinter der Tür und freut sich, dass sie damit gestraft ist für ihre Vergesslichkeit, und hilft ihr nicht, ins Haus zu kommen. Da spürt sie ihre Verzweiflung und ihre Wut deutlich, nimmt sie jedoch gleich wieder in Selbstvorwürfen zurück, aber sie entschließt sich dann doch, nur noch wenig nach Hause zu kommen und bei ihrem Freund in einem andern Ort zu leben. Es beginnt eine Zeit des heimatlosen Streunens, manchmal schläft sie bei dem Freund, manchmal bei einer Freundin, wiederum in einem anderen Ort, dann wieder wird sie durch ihre Sehnsucht nach Hause getrieben und holt sich dort neue Enttäuschungen. Sie wirkt sehr verloren, herumgestoßen und erschöpft. Etwa 2 Monate dauert diese Situation an, dann kann sie die Möglichkeit ins Auge fassen, zu Hause auszuziehen. Vater ist dazu bereit, sie gehen zu lassen, aber nur deshalb, weil er sich schon jetzt hämisch freut, dass sie es doch nicht schaffen wird, ohne ihn in der Welt auszukommen. Die Mutter unterstützt zwar ihr Vorhaben, sie selbst aber hat ungeheure Angst, »dass ich etwas Schlimmes tue, dass ich dann ein fremdes Haus anzünde, und das ist noch bedrückender, als das eigene Haus anzuzünden.« Gleichzeitig überfällt sie ein solches Gefühl der Verlassenheit und des Alleinseins, auch der Ohnmacht, dass sie sich unheimlich anstrengt, andere Menschen zu gewinnen, die ihr helfen könnten, diesen Schritt, von zu Hause wegzukommen, mit zu unterstützen. Auch in der Therapie strengt sie sich sehr an, betont aber, dieses sei eine gute Anstrengung. Zunehmend fühlt sie auch diese ungeheure Anstrengung, die die so erschöpft, und zunehmend fühlt sie auch stärker die Wut auf den kleinen Bruder und erinnert sich, dass sie bei seiner Geburt ihr Zimmer hergeben musste und dass die Mutter immer gleich, nachdem sie abends von der Arbeit kam, zu ihm gegangen ist, um mit ihm zu spielen. Zuerst ist Beate auch mitgegangen, aber dann habe die Mutter sie für solche Spiele zu alt gefunden. Schon damals (vierjährig) sei sie in die Position gerutscht, die Probleme, die die Mutter mit dem Vater hatte, mit ihr zu besprechen, Trösterin für die Mutter sein zu sollen, ihr eine ratgebende Freundin sein zu müssen, damit aber die Mutter als Mutter verloren zu haben. Die Eifersucht und die Wut, die sie damals fühlte, musste sie unterdrücken, weil solche Gefühle die Mutter gestört hätten. »Trauer und Wut störten die Mutter«, sagt sie. Die Mutter habe damals gemeint: »Sei du doch fröhlich, mach du mir nicht auch noch Kummer, wir haben es doch schon schwer genug.« Immer deutlicher erkennt die Patientin nun den Zusammenhang zwischen dieser Wut, ihrer Enttäuschung, Verlassenheit, Eifersucht und ihren Zwangsgedanken. Es kommt auf meine Einladung hin, etwa 3 Monate nach Therapiebeginn, zu einem Elterngespräch, in dem Beate dem Vater zum ersten Mal offen ihre Enttäuschung an ihm und ihre Wut auf ihn entgegen schleudert. Sie sagt zu ihm: »Du hast mich noch nie wahrgenommen, es war dir immer gleichgültig, wie es mir ging, du hast in mir nur ein Stück Holz für deine Ideale und deine moralischen Vorträge gesehen, du hattest deinen Spaß an meiner Qual, und ich habe das Gefühl, mich völlig zu erschöpfen, so als ob ich einen Berg bewege.« Nach diesem Ausbruch geht es ihr deutlich besser. »Ich konnte besser sagen, was ich selber will, und fühle, ich war immer mehr nicht zu Hause, die Vorstellungen, die Zwänge sind nicht mehr so absolut.«

2.3 Den eigenen Willen entdecken und aussprechen

Die zentrale Angst dabei: etwas Schlimmes, etwas Katastrophales zu tun, total willkürlich zu sein und damit den anderen zu verlieren.

Beate entschließt sich nun, zu Hause auszuziehen und sucht eine neue Wohnung in einer nahegelegenen Stadt. Bei diesem Auszug ist ihr größter Wunsch, die Mutter möge verstehen, welche Trauer und welches Alleinsein in ihrem Gefühl jetzt vorherrschen; dass sie so früh, unter so bedrückenden Umständen heimatlos wird. Aber dieses Verständnis kann die Mutter nicht aufbringen, und eine weitere Enttäuschung der Mutter ist zu ertragen. Die Mutter gibt ihr die Verantwortung, indem sie sagt: »Du hast das doch selbst gewollt, du wolltest doch ausziehen, außerdem kannst du doch froh sein, dass du hier heraus bist, wo ich bleiben muss.« Das Gegenteil von Verständnis für ihre Situation tritt also ein, sie muss wieder die Mutter trösten, weil sie beim Vater bleiben muss. Zunehmend wird ihr auch deutlich, dass sie selbst niemals ein Gefühl haben durfte, das einfach da sein konnte, einfach angenommen wurde, weil es da war, sondern dass sie nur die Gefühle haben sollte, die den Eltern keine Schuldgefühle machten. »Mutter kann es nicht ertragen, dass es mir schlecht geht, deshalb muss es mir gutgehen.«

In der neuen Umgebung fühlt sie sich nun sehr allein und verlassen. Im Kontakt mit Gleichaltrigen in ihrer Wohngemeinschaft kommen die Zwangsvorstellungen in Konfliktsituationen nun wieder deutlich zum Ausbruch. Sie lokalisiert sie aber jetzt in der Situation und spürt deutlich, wann diese Vorstellungen besonders vehement werden, nämlich, wenn sie sich etwas wegnehmen lässt, was sie eigentlich nicht hergeben wollte. Wenn sie sich zu etwas verpflichtet fühlt, was sie eigentlich nicht will, oder wenn sie sich gezwungen sieht, die Meinungen und Gedanken der anderen zu übernehmen und ihre eigenen fallen zu lassen, weil die anderen bessere Argumente haben. Sie lernt nun im Durcharbeiten, sich abzugrenzen und ihren Willen den anderen deutlich zu machen. Obwohl es ihr damit besser geht und sie sich innerhalb der WG Raum für ihr eigenes Leben schafft, entwickelt sie jedesmal große Angst davor, sich abzugrenzen; denn Abgrenzen ist für sie gleichbedeutend damit, den anderen zu verlieren. Nur wenn sie sich ausliefert und gefügig ihnen gegenüber zeigt, kann sie sicher sein, geliebt zu werden. Es wird ihr hier deutlich, dass die Meinung des anderen zu übernehmen für sie heißt, ihn zu lieben, dass sie Liebe mit Gefügigkeit gleichsetzt. Sie ist sehr bedrückt über den darin geübten Selbstverlust. Auch ihren Willen auszusprechen und mitzuteilen, erlebt sie als stark willkürlich und hat entsprechende Angst davor. Diese Ängste schützen sie zunächst allerdings vor Verwahrlosung und Willkürhandlungen, die später im Verlauf der Therapie, als sich ihr Über-Ich zu ändern beginnt, eine Zeitlang manifest werden.

2.4 Den anderen Menschen Grenzen setzen, sich abgrenzen

Die zentrale Angst: die anderen kaputtzumachen, zu zerstören, sie damit zu töten.

Am Beispiel des Erlebens ihrer Sexualität – sie hat jetzt einen Freund – lässt sich ihre Angst vor Willkürhandlungen deutlich zeigen. Sie sagt:

»Sexualität ist etwas Dunkles und etwas Helles, das Dunkle ist, dass es eine Kraft ist, die man nicht mit dem Verstand kontrollieren kann. Ich kann es nicht mit meinem Willen akzeptieren, dass ich nicht kontrollieren kann, was ich fühle. Ich will keine Sexualität, weil ich Angst habe. Es kommt mir gefährlich vor, wenn mein Verstand nicht mehr kontrollieren kann, dass ich mich nicht dagegen absichern kann, dass Sexualität unsicher ist.«

Ihr großes Bedürfnis nach Absicherung und die Allgegenwart ihrer Über-Ich-Pathologie zeigt sich in folgendem deutlich:

»Es gibt keinen Grund dafür, dass ich gestreichelt werden will, es muss besser gerechtfertigt werden, als dass es nur schön ist. Gerechtfertigt ist das, was moralisch ist und anderen Leuten hilft. Was schön ist und Spaß macht, finde ich schon als solches unnütz und gefährlich.«

Sie hat große Angst, in diesem Zusammenhang etwas Schlechtes zu tun, »was ich nicht mehr rückgängig machen kann, z. B. wenn ich schwanger werde und abtreiben muss, dann gezwungen bin zu töten, dann fühle ich mich zutiefst schlecht.« In der Beziehung zu ihrem Freund erlebt sie nun die ersten Veränderungen und Erleichterungen, indem sie alle diese Ängste aushält und zu diesen Gefühlen ihm gegenüber steht:

»Ich fühle mich nicht ganz so hilflos ihm gegenüber, und ich war sogar einmal richtig wütend auf ihn. Dabei wusste ich auch, wenn ich jetzt gehe, ist es kein schlechtes Gefühl. Toll war, dass ich mich nachher wieder gut mit ihm verstanden habe, so als ob ich wirklich mit ihm zusammensein will und nicht, weil ich mich gezwungen fühle, mit ihm zusammen zu sein, Ich hatte unheimlich gute Laune, zum ersten Mal war das Gefängnisgefühl weg. In dem Moment merkte ich, wenn ich irgendetwas tue, was ich nicht will, dass dann die Vorstellungen kommen.«

Eine minimale Lebensbasis ohne totale Erschöpfung ist erreicht; Beate kann nun auch einige Situationen aus ihrer Kindheit erinnern, die für sie sehr schmerzlich waren.

2.5 Erinnern und Fühlen eines zentralen Kindheitstraumas, das im Zusammenhang mit der Zwangsvorstellung steht

»Ich musste mich immer vergewissern in meiner Kindheit, ob Mutter noch da ist. Ich habe mich oft bei ihr auf den Schoß gesetzt, damit Vater sie nicht totschlägt. Mutter hat auch gesagt, Vater habe sie fast umgebracht, und ich habe das auch geglaubt. Ich hatte große Angst und große Macht. Ich konnte deshalb Mutter schützen, weil ich es konnte, musste ich es auch.«

Eine schmerzlich wiedererlebte Erinnerung zeigt die direkte Auslösung des Zwanges:

»Mein einzig rettendes Stück, ein Handtuch mit zwei sich umarmenden Teddys, hat mein Vater ins Feuer gesteckt, weil es auf der Erde lag. Da dachte ich, ich muss das Haus anstecken, weil er das getan hat.«

Auch die Frühstörungsanteile, die brüchige Objektkonstanz, kommen erstmals ins Gefühl:

»Die ganze Kindheit über habe ich gedacht, Mutter läuft weg, löst sich in Luft auf, immer die Angst, wenn ich sie nicht sehen konnte, sie kommt nicht wieder und lässt mich allein beim Vater zurück. Die Einsamkeit, wenn ich krank war, dann hat Mutter gearbeitet, Vater hat nichts gemacht, im Gegenteil, er hat mich noch angeschrien, weil ich krank war. Krankheit und Schwäche, ich verbinde damit etwas Schlimmes. Heute fühle ich mich verpflichtet, auch dann noch zur Schule zu gehen, wenn ich krank bin, denn wenn ich nicht hingehe und mich nicht anstrenge, passiert eine Katastrophe.«

Diese Kindheitserinnerungen und das erste Wieder-Fühlen-Können der frühen Schmerzen fasst sie zusammen: »Ich hatte keine Eltern, obwohl sie lebendig sind, das macht mich wütend und traurig. Mein Verstand sagt: es gibt sie nicht mehr, vorbei.« Gleichzeitig wird ihr aber bewusst, dass nun ihr Freund in die Rolle der Eltern gekommen ist: »Er bestraft mich nun, wenn ich etwas tue, was ich will, und ich lasse mich einengen, damit ich Sicherheit habe. Ich fühle mich verantwortlich für ihn, ich fühle mich rechtlos, wenn er etwas haben will. Ich kann nicht glauben, dass ich auch Rechte habe.« Dahinter steht das Gefühl, dass sie eigentlich ein schlechter, verurteilenswerter, deshalb rechtloser Mensch sei. Andere dagegen erlebt sie als grenzenlos in ihren egoistischen Wünschen an sie; sie selbst muss mühsam lernen, so aggressiv zu sein, dass sie Grenzen setzen kann – ein großes Risiko für sie, bei dem sie jedes Mal wagt, auch noch den einzigen Freund zu verlieren.

Etwa neun Monate nach Beginn der Therapie hat sich ein beträchtlicher Wandel in ihrem Selbstgefühl vollzogen, wenngleich auch die Lösung der zugrundeliegenden Konflikte noch aussteht. Sie sagt:

»Ich kriege dafür, dass ich nun meine Bedürfnisse mehr durchsetze, ein Gefühl der Freiheit. Messer sind unbedeutend geworden. Ich bin frei, mir selbst meine Welt zu schaffen, ich habe das Gefühl, ich werde gesund. Eine gute Erfahrung, dass ich mal einen Moment leben kann.«

Etwas später ist es ihr möglich, mit ihrem Bruder allein in einem Zimmer zu spielen. Sie ist ganz überwältigt von der Tatsache, ihn nicht mehr töten zu wollen.

2.6 Das Erleben der ödipalen Bindung an den Vater

Zentrale Angst: dafür völlig verurteilt zu werden und ausgestoßen zu sein.

Zu Beginn dieser Phase äußert die Patientin:

»Ich brauche die Freiheit zu tun, wozu ich Lust habe, auch in der Beziehung zu meinem Freund. Vielleicht haben wir nur so lange zusammengepasst, wie ich so war, wie ich früher war. Ich habe das Gefühl, aus einer Isolation ausgebrochen zu sein, ich möchte auf mehrere Menschen zugehen und mit denen auch sexuelle Erfahrungen machen.«

Sie lässt sich nun intensiver auf ihre Angst vor der Sexualität ein und erforscht, weshalb sie so widersprüchlich bedrängende, ja auch unheimliche Gefühle hat.

»Ich vermute, dass ich Angst vor Geschlechtsverkehr habe, weil ich eine unheimliche Wut auf männliche Geschlechtsteile habe, wie ich auch Wut auf meinen Bruder habe, das ist das gleiche Gefühl. Ich finde männliche Geschlechtsteile abstoßend und muss sie kaputtmachen. Ich fühle mich immer durch Jungen bedroht, die hinter mir her waren.«

Während dieser Zeit liest sie eine Zeitungsüberschrift, die heißt: »Eine Schwester hat ihrem Bruder den Penis abgeschnitten.« Dazu sagt sie dann: »ich hatte sofort die Angst, dass ich das auch machen muss.« Mit »Penis« assoziiert sie:

»Brutalität, die macht einen hilflos, man verliert sich aus der Hand, man ist unterworfen; es hat keinen Reiz, unterworfen zu sein. Instrument der Unterwerfung ist der Penis; durch das Stoßen kommt die Unterwerfung. Ich fühle die Gemeinsamkeit mit dem Stoßen des Messers.«

Das Unterworfenheitsgefühl ist Voraussetzung für sexuelle Erregung. Der Bezug zu ihren Kindheitserinnerungen stellt den Schlüssel zum Verständnis dieser Gefühle dar: »Ich musste mich absolut unterwerfen, um mit meinem Vater etwas zusammen zu tun. Wenn ich das getan habe, durfte ich auch fröhlich sein. Ich wollte das Gefühl der Gemeinsamkeit mit ihm wiederhaben.« Die ungeheure Enttäuschung an ihrem Vater und die Sehnsucht nach ihm, die jetzt fühlbar wird, bedrängt sie immer mehr; außerdem entdeckt sie ihre Ähnlichkeit mit ihm.

»Wenn ich meinen Freund streichele, habe ich Macht über ihn, diese Machtsituation ist gefährlich. Ich muss mich zusammenreißen, die Leute nicht zu verletzen, über die ich Macht habe. Ich mache einen Bogen um solche Situationen. Ich bin genauso aggressiv gegen die Mächtigen wie gegen die Ohnmächtigen. Mutter war immer so, dass man reinschlagen konnte, aber bei Vater kamen diese Schläge nicht durch. Wenn ich meine Mutter verletzt habe, hat sie mich nicht beachtet, sie hat mich dann weggestoßen, sie wollte sich umbringen, und ich habe gedacht, sie will sich nicht mehr um mich kümmern, sie will mich wegstoßen. Wenn ich aber gut bin, dann kann ich sie retten – und so war ich verantwortlich und allmächtig. Ob meine Mutter sich das Leben nimmt oder nicht, jede Bewegung von mir kann unheimlich viel bewirken, entweder dass ich absolut ohnmächtig oder absolut mächtig bin. Sogar meine geliebten Plätze zum Spielen hat meine Mutter verantwortlich dafür gemacht, dass sie meinen Vater nicht verlassen hat. Ich habe Angst davor, so allmächtig zu sein, anderen helfen zu können und, weil ich es kann, es auch zu müssen.«

In diese Zeit der Auseinandersetzung mit den beängstigenden Allmachts- und Ohnmachtsgefühlen fällt ein Ereignis, das die therapeutische Situation zunächst verändert: Ich werde krank und falle eine Zeit lang aus. Diese Krankheit löst nun noch einmal das Gefühl der brüchigen Objektkonstanz aus, und sie erinnert sich, früher immer das Gefühl gehabt zu haben, wie in einer Wüste zu leben, wenn die Mutter nicht da war. Sie wartete dann auf sie und hatte das Gefühl des Erlöstseins, wenn sie kam, das Gefühl, dass es sie nicht mehr gibt, wenn sie nicht im Zimmer war. Dass sie es sich nicht mehr vorstellen konnte, dass es sie überhaupt gibt, war so entsetzlich und beängstigend, dass sie die starken Verlassenheitsängste, die durch meine Abwesenheit aktualisiert wurden, kaum gefühlsmäßig aushalten kann. Sie sagt dann: »Als Sie krank waren, in dieser Zeit war alles sehr wackelig, aber es war nicht mehr das Gefühl von Wüste. Zuerst hatte ich auch das Gefühl, Sie sind weg, wie damals meine Mutter, aber als ich Kontakt haben konnte, wurde es etwas besser.«

Während dieser Krankheitszeit vergewissert sie sich durch Telefonanrufe und durch Briefe, dass ich noch lebe. Sie setzt sich auseinander mit dem Tod, mit meinem möglichen Tod, aber auch mit ihrem Tod und sagt, sie selbst könne noch nicht sterben, weil sie noch nicht alles getan habe, was andere von ihr verlangen würden. Als ich wieder gesund bin, ist die Übertragungsbeziehung verändert. Sie bekommt Angst, mich umbringen zu müssen, weil ich so schwach war, krank zu werden, und sie durch meine Schwäche verlassen habe. Diese Gefühle lösen nun in der Therapie eine gewisse Krise aus, weil sie erst wieder spüren muss, dass ich dieser vernichtenden Wut gewachsen bin und sie verstehe, aber nicht verurteile. Sie glaubt, mein Leben durch ihre Aggression zu bedrohen. Sie braucht dann immer wieder meine Zuwendung, Freundlichkeit und mein Verständnis dafür, dass ich nicht verlässlich war – so wie die Mutter –, als sie mich brauchte. Aus dieser Krise geht die Übertragungsbeziehung eher gestärkt hervor, und sie kann sich dann wieder ihrer Kindheit zuwenden.

Sie erinnert sich, bis zum 7. Lebensjahr im gemeinsamen Elternschlafzimmer geschlafen zu haben; die Vorstellung vom nächtlichen Zusammensein mit den Eltern führt zu weiteren bedrohlichen Erinnerungen, die vage auf das Beobachten des elterlichen Geschlechtsverkehrs beziehen. Sie sagt: »Ich habe Angst, dass ich für das Schlimme, das mit meinem Vater zusammenhängt, mit der Sexualität, das, was mir passiert ist, dass ich dafür für böse gehalten werde.« Diese Erinnerung verdichtet sich zu Bildern. Sie phantasiert, dass ein schwarzes entsetzliches Monstrum, das sie von hinten anfällt, oder eine schwarze unheimliche Katze, die ihr auflauert, um sie anzufallen, im Raum anwesend ist. Mit der zunehmenden Intensität solcher Phantasien entwickelt Beate Widerstände. Sie bekommt entzündete Augen, weil sie Angst hat, das Schreckliche könnte »hochkommen«, wenn sie mich ansieht, und meine Augen werden unheimlich, sie erscheinen ihr wie aus einer anderen Welt. Ein anderes Mal entwickelt sie ein Brennen in der Scheide und glaubt, eine Geschlechtskrankheit zu bekommen, »wenn das Schreckliche hochkommt«. Es ist ihr dauernd übel und sie muss erbrechen, »wie als Kind im Schlafzimmer meiner Eltern«. Sie phantasiert dabei, ihr Vater käme mit einem Riesenpenis auf sie zu: »Es tut sehr weh, ich war verletzt, ich habe mich so gewehrt, dass ich ihn fast umgebracht hätte, aber es waren auch Lustgefühle dabei.« Dabei kämpft sie um den wirklichen Zugang zu ihren Kindheitserlebnissen. Die eigentliche Situation ist noch nicht erinnert. Sie sagt: »Ich finde es unheimlich wichtig, mich zu erinnern; wenn ich es könnte, wäre ich mir nicht mehr so fremd, und es wäre alles geradegerückt in meinem Leben, ich wäre gesund.«

Ihre Hauptübertragungsangst in diesem Zusammenhang ist das Gefühl, von mir verurteilt zu werden. »Der Verurteilung wäre ich absolut ausgeliefert, da gibt es keine Verteidigung.« Es geht zentral darum, ob ich stark genug bin, diese Wut und Schlechtigkeit, diese Verwerflichkeit anzunehmen, oder ob ich sie verurteile. In dem Kampf um das Erinnern und Wieder-Fühlen sage ich einmal, es gäbe möglicherweise Dinge in ihrer Kindheit, die so schlimm seien, dass sie nicht mehr daran erinnert werden möchte. Diese Intervention löst nun einen noch intensiveren Kampf aus, sie antwortet:

»Ich will mich aber erinnern an alles, ich bin sehr deprimiert, dass Sie das sagen, weil ich das Gefühl hätte, dass es ein Fluchtweg wäre und dass Sie nicht verstehen, dass es wichtig für mich ist, mich zu erinnern. Es nimmt mir allen Mut, aber ich merke, dass ich Mut haben kann, dass ich auch stark genug sein kann, fürchterliche Dinge ins Auge zu fassen. Ich will aber um mich kämpfen, zu all dem Ekel in mir stehen, zu den Todeswünschen, vielleicht falle ich immer noch in die Rolle derer, die sich dafür verstoßen fühlt, aber nun will ich mich nicht verstoßen lassen, ich will da sein. Dazu ist es mir wirklich zu wichtig, auch das Schlechte und Böse als meins zu sehen, und fühle gut, dass zu mir gehört.«

Der Kampf um die Integration der als böse und schlecht erlebten Selbstanteile bestimmt nun den weiteren Verlauf der Therapie ebenso wie der Kampf darum, die Angst auszuhalten, von mir verurteilt und für all das Schlechte nicht geliebt zu werden: »… wahnsinnige Angst vor Ihnen, das Urteil, Sie könnten alles sehen und mich dann umbringen. Sie können mich nicht lieben, wie ich bin, weil ich nicht alles kann. Es ist ein schlechter Teil in mir, der ist hässlich und falsch, und den können Sie auch nicht lieben.«

Diese jetzt dramatisch aktualisierte Angst, verurteilt zu werden, hat allerdings auch etwas Positives, denn sie ist ein Wächter darüber, dass sie nicht ganz böse wird. Sie signalisiert damit auch: »Nehmen Sie mir nicht diesen Schutz«. Meine Aufgabe besteht nun über lange Zeit darin, ihre Über-Ich-Übertragung anzunehmen und dabei verlässlich und gleichbleibend freundlich zugewandt zu sein. Es geht dabei um ihre Erfahrung, dass ich gelassen bleibe und sie damit schütze, auch wohlwollend angesichts der schlimmen Gefühle, die jetzt hochkommen. Gleichzeitig braucht sie aber auch das Gefühl, dass ich sie nicht wirklich verstehe: »Denn wenn Sie mich verstehen würden, was Sie nicht tun, kämen Sie mir zu nahe, denn ich weiß, dass ich meine Sehnsucht nur durch dieses Bösesein schützen kann.« In diesem Zusammenhang entdeckt sie andererseits auch erstmalig vieles an sich selbst, was sie nicht als verurteilenswert, sondern als liebenswert empfindet. »Es ist toll, meine Stimme zu hören, ich mag mein Gesicht, meine Hände, meine Stimme. Ich finde es schön, wenn Sie meinen Namen nennen.« Diese Versuche der Selbstannahme über den Körper werden jedoch oft durch verzweifelte Erinnerungen an die Ablehnung durch die Eltern zunichte gemacht. »Ich habe das

Gefühl, dass meine Eltern einmal das Urteil gefällt haben, ich darf nicht leben, und es ist so anstrengend, gegen dieses Urteil anzuleben.« – »Ich lasse mich und meine Sexualität nicht leben, es ist als ob ich alles vergifte.«

Es folgt in der Übertragung nun eine intensive Eifersucht auf andere Patienten: »Es stört mich so viel, z. B. als Sie ein anderes Mädchen herausbrachten, war ich unheimlich eifersüchtig auf sie, weil sie so aussah, und ich dachte, die haben Sie lieber als mich.« Anderseits wehrt sie sich aber auch gegen die »Macht«, die ich über sie habe. Mein Urteil, das sie überall herauszuhören sucht, entscheidet gewissermaßen über Leben und Tod. »Wenn ich etwas erzähle und Sie bewerten es anders, z. B. als unwichtig, dann denke ich, dass ich schlimm bin, dass ich etwas gesagt habe, was ich nicht verraten durfte, und dafür werde ich bestraft.« Sie kämpft aber beharrlich darum, dass ich besonders ihre düsteren Seiten anerkenne, und sie beginnt diese düsteren Seiten zu inszenieren, z. B. als äußeres Zeichen färbt sie sich die Haare schwarz. Zunehmend erinnert sie auch weitere Einzelheiten aus der ödipalen Beziehung zum Vater, die stark angstbesetzt sind.

»Weil ich in der Kindheit mit meinem Vater schlafen wollte, wurde ich bestraft. Ich konnte damals zwischen meiner Phantasie, es zu wollen und es zu tun, nicht unterscheiden. Phantasie war Realität. Ich hatte Wut auf meine Mutter, sie sollte tot sein. Sie soll tot sein. Doch meine Phantasie wurde Realität, sie wollte ja sterben, ich habe meine Mutter nie als von mir unabhängiges Wesen erlebt. Sie wollte tot sein, weil ich es so wollte, aber natürlich wollte ich sie nicht wirklich tot, ich liebte sie ja auch, brauchte sie ja auch, also durfte ich nicht mehr sein.«

Mit der vollen Erinnerung der besonders unselig konstellierten ödipalen Situation schwinden nun die eigentlichen Zwangssymptome vollends und es tritt eine partielle Verwahrlosung an ihre Stelle.

2.7 Verwahrlosungstendenzen und sexuelles Ausprobieren
Zentrale Angst: zu verschmelzen

Die Mischung von Libido und Aggression ist noch nicht gelungen. Daher leben sadistische Phantasien wieder auf. Sie übernehmen die Regulierung der Abgrenzung und schützen vor totaler Verschmelzung. Sie nimmt sexuelle Beziehungen zu einem Jungen als auch zu einem Mädchen auf. »Ich möchte beides sein, eine Frau und ein Mann.« In beiden Beziehungen hat sie aber große Angst: »Ich habe dann nicht mehr das Gefühl, ihr oder ihm etwas Schönes geben zu können, sondern etwas Schlechtes. Darum geht es mir, dass ich das Gefühl los werde, was ich will, ist etwas Böses.« Zunehmend kann sie Wut und Lust unterscheiden. Ihr Lebensgefühl hat sich völlig verändert. Sie sagt:

»Es ist ein neuer Sommer und manchmal habe ich das Gefühl, ich sehe seit vielen, vielen Jahren zum ersten Mal wieder die Bäume mit ihrer Blätterfülle und spüre den Sommerwind an meinem Körper. Ich rieche, dass es Sommer wird, ich sehe, dass es eine Welt gibt, die es lohnt zu lieben, die voll ist mit vertrauten herrlichen Sachen. Aber dann lasse ich mich manchmal wieder unterdrücken und verliere mich. Ich habe dann das Gefühl, dass jede Lust sofort niedergerammt oder zur Schwäche gemacht wird und nur mit Stärke, Gewalt befriedigt werden darf. Eine sehr, sehr dunkle Stelle der Angst, der Wut, der Schreie, der Lähmung, des Doch-Sterben-Müssens. Ich trage alles wie schwere Steine mit mir herum, alle Angst, alle Scham, alle Verwicklungen, bei denen ich es nie schaffe, mich zu befreien.«

In der Euphorie des neuen Lebensgefühls beginnt sie auch zu stehlen. Dazu sagt sie:

»Ich wollte schöne Kleider haben, weil ich meinen Körper schön finde, deshalb habe ich jetzt ein Kleid geklaut, das ist übel, als ob mir jetzt auch nichts mehr gehört. Früher habe ich nur Farben geklaut, als Rache dafür, weil die Welt mir so viele Farben vorenthalten hat.«

Dieses Erlebnis macht die Frage nach den Werten in einer Gesellschaft – und nach ihren eigenen Werten – für sie aktuell und auch die Frage nach einer neuen Identität. Sie sagt: »Da muss ich fragen, was zu mir gehört, was zu mir passt, Wind, Bewegung, Leben, Wahrnehmung, aber Leben ist ja noch Versuchung.« Dass dieses Erleben auch mit der Verabschiedung von der ödipalen Vaterbeziehung zu tun hat, wird ganz deutlich. Ihre eigenen Maßstäbe, ihren eigenen Wert zu finden, ihre eigenen Gefühle wiederzufinden, bedeutet ja eben, sich aus der Macht des Vaters zu lösen und sich von dem

Bestimmtsein durch diese Beziehung zu trennen. Diese Trennung macht sie aber auch schutz- und maßstablos, weil die eigenen Werte ja noch nicht entwickelt sind. Sie selbst sagt:

»Ich bin jetzt oft traurig, manchmal auch depressiv, weil ich mich schon von meinem Vater verabschiede, ich weiß nicht mehr, wie die Welt ist, mein Schutz ist weg, wenn das nicht mehr gilt, was mein Vater gesagt hat, er war ja in seinen Werten auch verlässlich. Diese Leere in mir ist nun traurig wegen des Abschiedes, er war wie eine magische Gestalt, ich habe ihn wahnsinnig geliebt, er war wie ein Zauberer. Wenn ich Abschied von meinem Vater nehmen muss, ist die Welt leer, auch sinnlos. Ich spüre diese tiefe Verbundenheit mit dem Vater, wenn ich ihn verliere, verliere ich auch mich, die Welt wird schrecklich, das Dunkle wird dunkler, das Helle heller. Die Vaterbeziehung war immer wie eine eiserne Ration in schlechten Zeiten.«

2.8 Die Suche nach der eigenen Identität – das Entdecken zu ihr gehöriger Werte

Entdecken der Realität als von ihr, der Patientin, unabhängiger Wirklichkeit; die Frage: wer bin ich in der freigewordenen Welt? Angst: nicht perfekt zu sein, in der Realität Fehler zu machen, sich auszuliefern, lächerlich zu sein, ohne festgefügte vorgegebene Werte schutzlos zu sein.

Noch in der Trauer um den verlorenen Vater beginnt eine intensive Suche nach der eigenen Identität und nach den eigenen Werten, die dieser Identität und ihren Bedürfnissen entsprechen. Diese Werte sollen nun aus ihrem Gefühl für sich selbst entdeckt werden: »Ich möchte eine neue Identität finden. Es ist aber auch traurig, die alte zu verlieren. Die neue Identität, da muss ich fragen, was zu mir gehört.« Es geht nun auch im Erleben der sexuellen Beziehungen um ihre sehr ängstigenden Verschmelzungswünsche. Sie hat Angst vor unendlichem Fallen, wenn sie den Orgasmus zuließe. Die Angst vor Entgrenzung ist so vehement, weil die Nähewünsche noch nicht durch ein gleichzeitiges Sich-Abgrenzen-Können reguliert werden. Sie muss nun lernen, Abgrenzung und Verschmelzung mischen zu können. Erstmalig erinnert sich die Patientin dabei auch an glückliche Kindheitsereignisse. Geborgenheit erlebte sie allerdings nicht bei den Eltern, sondern im Umgang mit der Natur und mit den Tieren. »Das Bedrohliche und das Gute in der Kindheit sind zwei unverstandene Welten in mir. Ich erlebte einen tollen Vater und einen schlechten, von dem ich mich verfolgt fühlte, und erlebe nun, dass er ein und derselbe Mensch ist.«

Mit der Integration des bedrohlichen Vaters in das Idealbild nimmt auch die Enttäuschung an Jungen ab, sie müssen nun nicht mehr dem Ideal entsprechen. »Wegen des idealen Bildes konnte ich keinen anderen Jungen wahrnehmen, ich sah immer nur meinen Vater und war enttäuscht, dass der Junge nicht so war wie er.« Nun erfasst sie sehr viel deutlicher die Realität anderer Menschen; sie entdeckt die Realität, die unabhängig von ihr da ist, die *Welt der Objekte:* »dass es Dinge gibt, die unabhängig von mir existieren und die unabhängig von mir eine Wirkung haben. Ich erlebe nicht mehr alles als Teil meiner selbst.« Doch es ist anstrengend und verwirrend für sie, diese Realität zu entdecken und in ihr einen Platz zu finden, der ihr entspricht.

2.9 Auseinandersetzung mit der Mutter und mit ihrem Frauenbild

Zentrale Angst: die eigene Identität als Frau nicht finden zu können.

In dem dargestellten Therapieverlauf wird die Mutter als bewegende innere Repräsentanz eigentlich ausgeblendet, und es stellte sich mir die Frage, ob nicht die dramatische Wiedererinnerung der ödipalen Vaterbeziehung auch der Abwehr der präödipalen Muttersehnsucht diente. Die Patientin setzt sich nun intensiv mit der Beziehung zu mir als Frau auseinander, sie entdeckt eigentlich zum ersten Mal, dass ich eine Frau bin, gleichzeitig beteuert sie, sie könne mich nicht als Frau sehen, und meint, ich sei ein Neutrum. Eine tiefe gefühlsmäßige Krise löst dann die Erkenntnis aus, dass dieses Gefühl vor der Nähe und der Liebe zu mir schützt. Sie erlebt eine intensive Trauer darüber, dass ich in Wirklichkeit doch »keine Person« bin, die in der Realität für sie da sein kann, dass ich in der Realität nicht erreichbar bin. Sie wiederholt und erlebt nun ihre präödipalen Gefühle der Mutter gegenüber, die sie ja auch als »gar nicht richtig da« erlebt hat.

In dieser Zeit entdeckt sie ihre Freude an motorischen Tätigkeiten im Sport, die eigentlich von Männern ausgeübt werden, und ist auch davon irritiert. Sie flüchtet sich gewissermaßen dahin: »Weil ich doch nicht weiß, ob ich eine Frau sein darf.« Das vordringliche Thema ist also jetzt die Frage nach ihrer Identität als Frau. Dabei besteht für sie die Gefahr der prägenitalen Verschmelzung mit mir, und sie nimmt im Augenblick wohl Zuflucht zu männlichen Identifikationen, weil sie mich dann ohne Verschmelzungsangst lieben kann. Sie sagt:

> »Ich fühle Ihnen gegenüber eine große Zuneigung und Wut. Sie sind einerseits mein Vater und andererseits eine Frau, der gegenüber ich gerne ein Mann wäre. Ich habe Angst, dass die Gefühle zu Ihnen ausbrechen können. Wenn Sie mein Vater sind, will ich Sie zerstören, denn dann sind Sie das Zwangssystem, das ich zerstören muss. Wenn Sie aber eine Frau sind, dann möchte ich ein Mann sein. Ich glaube aber, ich will nicht von meiner Beziehung zu Ihnen sprechen, weil sie das Wichtigste überhaupt ist.«

Sie versucht, sich an mir zu orientieren, hat aber gleichzeitig Angst, so werden zu müssen, wie ich bin: »sonst lieben Sie mich nicht«. Sie erinnert sich, dass sie, sobald sie als Kind so war, wie sie selber war, ihre Mutter sie »männlich« und »trampelig« fand und deshalb uninteressant. Es fehlt ihr der Glaube daran, dass sie, wenn sie so ist, wie sie selber ist, geliebt wird und als Frau auch liebenswert ist. Noch hält sie an dem Bild der Mutter vom Frausein fest, das sie niemals erfüllen kann und eigentlich auch nicht erfüllen möchte. Aber um überhaupt etwas von der Mutter zu haben und mit ihr verbunden zu bleiben, muss sie zunächst an diesem Bild festhalten. Es folgt nun ein intensives Ringen um die eigene Art, um das Entdecken der eigenen Art, die so ganz verschieden ist von der Art ihrer Mutter, die sie noch als verbindlich empfindet. Sie möchte auch mit der Erfüllung des Auftrages, so zu werden wie ihre Mutter ist, angenommen sein.

> »Ich möchte Geborgenheit haben, ich möchte von meiner Mutter angenommen sein. Wenn ich ihre Welt und ihre Werte übernehme, bin ich nicht allein, und wenn ich ihre Wünsche bezüglich meiner Art nicht erfülle. Also nicht mit ihr übereinstimme, bin ich nicht geborgen und nicht angenommen. Meine Mutter hat mich behandelt wie ich meinen Teddy als Kind behandelt habe. Ich war nie gegen sie, konnte mich nicht gegen sie wehren, weil sie einmal versprochen hat, nur mich zu lieben, wenn ich nichts gegen sie sage, so wie mein Teddy auch nie-

mals etwas gegen mich gesagt hat. Ich konnte nichts gegen sie sagen, weil sie mich ja so liebte. Zu dem Teddy habe ich selbst gesagt: ›Die anderen sind alle böse, nur du nicht und mit dir allein gehe ich weg von dem Bösen‹. Ich wollte meinen Bruder umbringen, weil der sich wehren konnte und ich mit dem Mord meine Mutter daran erinnern wollte, was sie mir versprochen hat, dass sie nur mich liebt.«

In diese Zeit des Ringens um die eigene, von der Mutter sich unterscheidende Identität fällt auch der Abschied von der Therapie. Er belebt noch einmal die Zeit der mangelnden Objektkonstanz. Sie sagt dazu:

»Ich kann nicht glauben, dass sie mich lieben, wenn ich gesund bin, und ich denke, dass Sie nur aufmerksam sind, wenn ich krank bin. Wenn ich ganz normale Sachen tue und sage, dann finden Sie mich nicht interessant. Meine Angst zu leben hat damit zu tun, dass ich denke, wenn ich nur gut lebe, dann bin ich normal und Sie schicken mich dann weg. Aber die Trennung von Ihnen ist doch anders als die Trennung von den Eltern, gewissermaßen, sie waren nämlich nicht mehr da. Aber Sie bleiben auch da, wenn Sie nicht anwesend sind, innerlich bleibt das Erlebte.«

Ich beende hier die Darstellung des therapeutischen Prozesses, obwohl die Phase des Abschieds und das Ringen um die eigene Identität als Frau noch einen Zeitraum von neun Monaten in Anspruch nahm und sich schließlich mit dem Thema der Berufswahl und der Gestaltung einer festen Beziehung zu einem Freund verknüpfte. – Der eigentliche Prozess aber, der die Auflösung der Zwangsneurose zum Inhalt hatte, war mit dem Eintreten in diese letzte Phase beendet. Um seine Darstellung ging es mir.

3. Gedanken zum Heilungsprozess

Natürlich ist es nicht möglich, alle Wirkungselemente, die zur Heilung geführt haben, ausfindig zu machen. Dazu ist letztlich die therapeutische Beziehung zu komplex und als einmalige Begegnung zweier Menschen nicht übertragbar auf andere therapeutischen Beziehungen. Dennoch möchte ich einige Elemente hervorheben, von denen ich glaube, dass sie nicht nur in der dargestellten Therapie von

Bedeutung waren, sondern allgemein für die Heilung der Zwangsneurose von Bedeutung sein können. Wie immer ist es nötig, den inneren Kontakt zu den isolierten, verdrängten Gefühlen des einstigen Kindes wiederherzustellen, die Amnesie aufzuheben, die sexuellen und aggressiven Wünschen und Ängste wiederzuerleben und so in das Bewusstsein einzufügen. Für den Patienten bedeutet dies, das eigentliche Leid und die Schmerzen der Kindheit erneut zu fühlen und im Rahmen einer Beziehung zu einem anderen Menschen darzustellen. Dies allein reicht aber noch nicht aus, obwohl die Patientin selbst meint: »Gesund bin geworden dadurch, dass ich es schaffte, meine wirklichen Gefühle zu fühlen.« Entscheidend scheint mir außerdem zu sein, dass dieser Prozess in einer Übertragungsbeziehung stattfindet, der die zentrale Angst, mit diesen Gefühlen verurteilt zu werden, gleichzeitig die zentrale Hoffnung, doch noch mit ihnen angenommen und geliebt zu werden, weckt und über den gesamten Prozess erhält. Letztlich entnimmt der Patient den Grund zu dieser Hoffnung wohl der Erfahrung, dass der Therapeut durch seine Aggression, seine »bösen« Wünsche nicht zu zerstören, nicht zu gefährden oder zu zwingen ist. Diese Sicherheit in der Beziehung scheint den entscheidenden Schritt, nämlich die Auflösung der Verurteilungsangst, also der Über-Ich-Pathologie, vorzubereiten und die Integration der »bösen« Wünsche als Selbst-Anteile in die Identität einzuleiten. Die phantasierte Macht des »Bösen«, die als reale Macht erlebt wird (magische Stufe), ist nicht durch Deutung, Arbeit am Widerstand oder an der Über-Ich-Pathologie *allein* integrierbar, hinzukommen muss eben die Erfahrung am Therapeuten, dass weder er selbst noch seine Zugewandtheit durch sie erschüttert wird. Erst dann glaubt der Patient wirklich, dass seine phantasierte Aggression nicht real zerstörerisch ist, und er kann daran denken, sie empathisch umzuwandeln in eine Kraft, die er zur Durchsetzung und Abgrenzung im Leben braucht.

Haben die Zwänge die Funktion gehabt, den Patienten von dem »Böse-Sein« zu schützen, so fällt zwar die Notwendigkeit dieses Schutzes weg, wenn das Böse seine Macht verloren hat und »erlöst« ist; da aber seine Integration eine neue Identität herstellt, entsteht nun die Notwendigkeit, mit ihr in einer sozialen Welt, die noch unvertraut ist, Erfahrungen zu machen, daran zu lernen und zugehörige

Werte zu entwickeln. Auch dieser Prozess ist eine sensible Phase in der Therapie, wenngleich die Übertragung nun eine andere Qualität von Sicherheit bekommt. Sie besteht eher in der Sicherheit eines Rückbezuges zu einem guten Objekt, das in der Schutzlosigkeit des neuen Selbst- und Welterlebens als verlässlicher Hafen erfahren wird.

Literaturverzeichnis

Benedetti, G. (1978). Psychodynamik der Zwangsneurose. Erträge der Forschung 96. Darmstadt: Wissenschaftliche Buchgesellschaft.

Berna-Glantz, R. (1980). Von der Adoleszenz zum Erwachsenenalter. Psyche 23, 431–448.

Blos, P. (1973). Adoleszenz. Eine psychoanalytische Interpretation. Konzepte der Humanwissenschaft Theorie. Stuttgart: Klett-Cotta.

Dührssen, A. (1962). Psychogene Erkrankungen im Kindes- und Jugendalter. Göttingen: Verlag für medizinische Psychologie im Verlag Vandenhoeck & Ruprecht.

Fenichel, O. (1931). Hysterien und Zwangsneurosen. Wien: Internationaler Psychoanalytischer Verlag.

Freud, A. (1960). Probleme der Pubertät. Psyche 14, 1–24.

Hau, Th. (1966). Die spezifischen Widerstände in der Behandlung einer Zwangsneurose. Zeitschrift für psychosomatische Medizin und Psychoanalyse 12, 119–128.

Quint, H. (1971). Über die Zwangsneurose. Studie zur Psychodynamik des Charakters und der Symptomatik. Anmerkungen zur psychoanalytischen Behandlung. Göttingen: Vandenhoeck & Ruprecht.

Schiller, F. (1797, 1980). Sämtliche Werke. Berliner Ausgabe. Bd. 1: Gedichte (Tabulae Votivae, S. 359). Berlin/Weimar: Aufbau.

Schwidder, W. (1972). Klinik der Neurosen. In K. P. Kisker, J. E. Meyer, E. Strömgen (Hrsg.): Psychiatrie der Gegenwart II/1 (2. Aufl.), 410–419. Berlin Heidelberg New York: Springer-Verlag.

Zauner, J. (1975). Psychodynamische und psychoanalytische Aspekte der Adoleszenz- Zeitschrift für Kinder- und Jugendpsychiatrie 3, 41–54.

»Zerbrochener Spiegel« – Sexueller Missbrauch

1. Zum Problem der Dokumentation: Fallbericht als Kontraindikation?

Folge ich meinem Wunsch, die Geschichte der Patientin darzustellen, gebrauche ich sie für meine Interessen und wiederhole ihre zentrale Erfahrung: als *Objekt* für die Bedürfnisse eines anderen missbraucht worden zu sein – und was schwerer wiegt: gerade von jemandem, mit dem das unerhörte Wagnis einer emotionalen Öffnung im therapeutischen Prozess geglückt ist. Die im Trauma erstarrte Fähigkeit zu fühlen ist, wenn sie aufbricht, verknüpft mit der Erwartung, wiederum benutzt und seelisch vernichtet zu werden. Widerstand und Übertragung gruppieren sich um die Abwehr dieser Bedrohung. Heilung geschieht, wenn dennoch gewagt werden kann, aus der Unwirklichkeit jenseits der Gefühlverbindung zum Leben in die Wirklichkeit einer gefühlten Beziehung zurückzukehren. Bedürftig zu sein, Liebe und Zuneigung zu brauchen, hatten als Kind in die Arme des Missbrauchers geführt. Dieser Sehnsucht gefolgt zu sein, hatte schuldig gemacht und wurde zugleich Gegenstand tiefer Scham. Rückzug von Menschen, emotionale Isolation und, als Überlebenskorsett, ein freundliches Gesicht schaffen einen leblosen inneren Raum, in dem Leben nur als Leistung möglich ist. Werden nun lebendige Gefühle einem Menschen gegenüber wiederbelebt, wird nicht nur die Sicherheit des *falschen Selbst*, die immerhin eine schwer errungenen Lebensleistung ist, in Frage gestellt, sondern ist dieses Wiederbeleben verbunden mit unsagbarem Schmerz über das Geschehene und aufblühender Hoffnung auf ein Leben in Beziehung zu Menschen. Werden die fernen Welten *out of body* verlassen, in denen Schmerz und Sehnsucht ausgelöscht sind, ist ein Zurückfinden in den Körper als ureigenster Berührungsfläche mit der Wirklichkeit möglich, werden Schmerz und Sehnsucht im geschützten Raum einer therapeutischen Beziehung wieder fühlbar, so ist das ein zutiefst intimes Geschehen. *Objektivierend* davon zu schreiben, käme einem Verrat gleich, der dem ersten strukturell gleicht. Deshalb habe ich die Patientin gebeten, als *Subjekt* ihrer Geschichte ihre Therapie selbst aufzuschreiben. Zu Beginn der Therapie war die Patientin 17 Jahre alt. Den nachfolgenden Bericht schrieb sie 2 Jahre nach Ende der Therapie.

2. Bericht der Patientin

»Zerbrochener Spiegel   August 1997
4 Jahre lang eisernes Schweigen, 11 Jahre lang völliges Vergessen, 2 Jahre Kampf mit einer zerbrochenen Wahrnehmung und gegen die Sehnsucht zu streben ... Wie soll ich berichten?

Ich liege nachts wach und grübele, ich enteise den Kühlschrank und putze die Wohnung, ich sitze am Tisch, zerwühle mein Haar, ich stehe wieder auf. Ich sage mir, dass es wichtig ist, setze mich wieder. Ich zerkaue einen Kugelschreiber und 10 Fingernägel. Ich zünde eine Kerze an und fange an zu schreiben.

Ich kam in die Therapie mit Gefühlen und Symptomen, die ich selbst nicht einordnen konnte.

Ich litt unter psychischen Zusammenbrüchen und Verzweiflungsanfällen und hatte, seit ich 14–15 Jahre alt war, Suizidgedanken. In den letzten Jahren hatte ich mich 3- bis 4-mal mit Rasierklingen verletzt. Außerdem besaß ich ein zwanghaftes Ordnungsbedürfnis innerhalb meiner eigenen Räume, verbunden mit Panikgefühlen, wenn jemand diese Ordnung durcheinanderbrachte. Da mir eine Erklärung und Benennung für diese Zustände fehlte, konnte ich mich mit diesen Gefühlen kaum mitteilen und zweifelte sie ob ihrer scheinbaren Grundlosigkeit als echt an. Nach außen hin verlief mein Leben seit jeher vollkommen normal: Ich war seit etwas über 1 Jahr von zu Hause ausgezogen und besuchte das Gymnasium, das ich mit überdurchschnittlichen Leistungen abschloss. Finanziell wurde ich weiterhin von meinen Eltern unterstützt.

Ich wurde mit großem zeitlichen Abstand (7½ und 9½ Jahre) zu meinen beiden älteren Brüdern geboren, entgegen dem Wunsch meiner Mutter, deren letztes Kind kurz nach einer sehr schweren Geburt gestorben war und die keine Kinder mehr wollte. Obwohl die wegen ungeplanter Schwangerschaft geschlossene Ehe bereits am Ende war und von vor meiner Geburt bis nach meinem Auszug heftige Auseinandersetzungen zwischen meinen Eltern stattfanden, wollte mein Vater noch ein Kind. Im Gegensatz zur Botschaft meines Vaters: *sei da!* lautete die Botschaft meiner Mutter von Anfang an: *sei nicht da!* So war ich denn in unserer stark zur Parteibildung neigenden Familie in den ersten Jahren hauptsächlich sein Kind, was von meiner Mutter und meinen Brüdern mit starker Eifersucht quittiert wurde.

Diese Konstellation änderte sich erst, als ich etwa 9 oder 10 Jahre alt war. Meine Brüder zogen aus, und als meine Eltern nach kurzer Trennung (ich blieb bei meinem Vater) wieder zusammenzogen, wuchs ich bei ihren fortgesetzten Streitereien mehr und mehr in die Rolle der Vermittlerin hinein. Ich ergriff vorwiegend die Partei meiner Mutter, da sie mir in dieser Funktion das lang ersehnte Beziehungsangebot machte. Ich wurde zu ihrer Verbündeten, der sie bis lange nach meinem Auszug ihre Schwierigkeiten und Probleme mit meinem Vater erzählte. Von den lautstarken, teilweise von seiten meines Vaters bis zu Gewalttätigkeiten führenden Auseinandersetzungen, der offenen und später verdeckten Ablehnung meiner Mutter mir gegenüber und von meiner Überforderung durch meine Vermittlerrolle drang wenig nach außen. Sozial etabliert, wohnten wir in einem schönen Haus mit Garten, ich hatte selbst in der Pubertät nie Streit mit meinen Eltern und wurde oft um die freundschaftliche Beziehung zu meiner Mutter beneidet.

Therapieverlauf:
Die Gefahr der ersten Therapiezeit (ca. des 1. Jahres) lag darin, dass sich die Kämpfe in mir auf einer Ebene vollzogen, die mir bewusst und sprachlich zunächst nicht zugänglich war. Dadurch verlor ich den Einfluss auf das, was mit mir passierte. Die verdrängten Teile meiner Geschichte wieder ins Bewusstsein zu holen und wieder handlungsfähig zu werden, den Weg vom Objekt zum Subjekt meiner eigenen Biographie zu finden, das wurde ein roter Faden der 2 Therapiejahre. Obwohl ich ständig mit meiner Angst vor Ablehnung zu kämpfen hatte, als die ich die Neutralität meiner Therapeutin schnell auslegte, registrierte ich trotzdem durch die Angst hindurch, dass sie mir glaubte und meine Gefühle bestätigte.

Als ich erwähnte, dass Film- und Buchszenen, in denen (sexuelle und sonstige) Gewalt gegen Frauen dargestellt wurde, sich tage- und wochenlang quälend in meinem Kopf zu drehen begannen, ohne, dass ich wusste, warum, stelle meine Therapeutin mir die Frage, ob mir etwas derartiges denn mal passiert sei. Ich verneinte und wechselte das Thema; aber die Möglichkeit, die sie mir durch ihre Frage eingeräumt hatte, nämlich zu bejahen, rüttelte an den eingefrorenen und verdrängten Gefühlen und Ereignissen meiner Kindheit. Stück für Stück verschwamm die Gegenwart, verschwamm meine bisherige Wirklichkeit. Ich sah Schwärme von zerfetzten und in Fallen gefangenen Vögeln in mit aufsteigen, verbrannte Landschaften (Abb. 1) und abgeschnittene Hände, hatte nachts Angst, jemand könnte in meinem Zimmer sein, hatte Angst vor schwarzen Schatten, die nicht da waren.

Abbildung 1: Verbrannte Landschaft (Original farbig/Acryl auf Papier)

Wenn ich es schaffte, daran zu glauben, dass ich irgendeine Form von sexuellem Missbrauch erlebt hatte, war ich erleichtert, aber der Beweisdruck (ich hatte keine konkrete Erinnerung) und das Gefühl, meinen Vater (er war von Anfang an für mich der einzige, der als

Täter in Frage kam) zu Unrecht zu beschuldigen, sowie heftige Zweifel an der »Echtheit« meiner Zustände führten zu schellen Rückzügen.

Ohne es zu wissen, schwebte ich zwischen 2 Todesmöglichkeiten: der Todesangst, gegen das absolute Schweigegebot zu verstoßen und meinen Vater zu verraten, die Angst, dass meine eigene Mitschuld an seinen Übergriffen, von der ich überzeugt war, herauskäme, die Scham und die Unmöglichkeit, Worte zu finden für das, was passiert war, ballte sich in meinem Unterbewusstsein zusammen und verschloss mir den Mund. Andererseits konnte ich hinter der Fassade des harmonischen netten und begabten Mädchens aus behütetem Elternhaus, hinter der nichts mehr von meiner Verzweiflung sichtbar war, auch nicht mehr weiterleben.

Hielt ich an der Aussage fest, mein Vater habe mich missbraucht, hatte ich das Gefühl, nirgends Glauben zu finden, und die Zweifel und Gefühle des Verrats wurden übermächtig. Gab ich die Aussage auf, verlor ich den Lebenswillen. In dieser Zeit scheiterte eine sehr nahe Beziehung, die mich innerlich zu meinem Grundgefühl in Verbindung brachte, nicht da sein zu sollen. Dies löste heftige Suizidgedanken aus. Ich schnitt mir mit Scherben oder Rasierklingen die Haut auf. Im Abklingen dieser Krise nahm ich durch die Nebel, die mich seit dem Aufbrechen des Traumas zu Therapiebeginn umgaben, erstmals wahr, dass meine Therapeutin *da* war, dass sie während der ganzen Zeit den Kontakt zu mir gehalten hatte.

Von Therapiebeginn an wurden nun die Bilder, die ich zu Hause malte, immer wichtiger für mich. In der Therapie wurden sie zu Vermittlern. Auf ihnen wurde sichtbar, was ich selbst nicht sagen durfte. Hier zeigte sich das Grauen hinter der Fassade, erst versymbolisiert, dann mit zunehmender Deutlichkeit. Über die Bilder kamen Erinnerungen zurück, über sie fand ich mühsam wieder eine unvollständige Sprache, die mitzuteilen versuchte, was passiert war. Unvollständig, weil zwischen den »erwachsenen« Wörtern »Vergewaltigung« oder »orale Vergewaltigung« und dem, was ich 4- bis 6- oder 8-jährig in diesen Situationen empfand, ein Abgrund liegt, den ich mit Bildern besser füllen konnte als mit Sprache (Abb. 2).

Ich lernte, meine eigenen Gefühle wieder wahrzunehmen und ihnen zu vertrauen, ich war dankbar, als ich merkte, wie mein Körper durch seine Symptome meine Wahrnehmung bestätigte, merkte,

Abbildung 2: Objekt (Ton/Farbe/Holz/Folie)

wie ich meinen inneren Prozessen folgen konnte, und ich lernte dies alles, weil meine Therapeutin mir Raum gab, in dem ich, von ihr gespiegelt, mich selbst wieder ergreifen konnte.

Ich ergriff mich und ergriff die Beziehung zu der Therapie: Ich konnte wahrnehmen, dass meine Therapeutin mir glaubte, und delegierte an sie, den Glauben an von mir geschilderte Ereignisse zu bewahren, wenn ich selbst wieder zu zweifeln begann. Ich malte Bilder, die ich kaum aushalten konnte, und gab sie ab zur Aufbewahrung, oder ich erzählte Ereignisse auf Probe, um sie sofort nach dem Aussprechen zurückzunehmen.

In der Therapie gelang es mir zu erklären, was fast nie jemand verstand und versteht: Ich wollte aus dem Grauen, in dem ich mich befand, nicht durch Ratschläge oder Ermutigung herausgeholt werden. Ich wollte darin sein dürfen, in etwas, was ich über 13 Jahre lang weder erinnern noch verstehen durfte. Ich wollte es kennenlernen und ich wollte Beistand und Begleitung bei der Erforschung.

Hinter dem Grauen lag meine Lebendigkeit und ich konnte die Erfahrung machen, dass jemand dablieb und zuhörte und es aushalten konnte, auch wenn ich nichts verschwieg.

Es war und es ist schwer, mit diesen Erfahrungen in Beziehung zu gehen, schwer, darüber zu reden, ohne das Gefühl zu überfordern, und schwer, darüber zu schweigen, ohne zu verschweigen, und ich lerne mühsam zu akzeptieren, dass mir immer noch und vielleicht für immer Erinnerungen fehlen.

Trotzdem ist durch die Therapie ein ungeheures kreatives Potential freigeworden und die harmonisch-leblose Fassade, die mein Überleben möglich machte, gibt es nicht mehr. Weder meine Bilder noch ich selbst, nichts ist mehr glatt und nichts mehr heil, nichts ist schmerzfrei und unkompliziert, aber die Bruchstücke zusammen ergeben wieder ein Ganzes: mich selbst.«

3. Bericht der Therapeutin

»Unsagbares« (Abb. 3): Ist es möglich, über etwas zu reden, über das zu reden nicht möglich ist? – Die Redende kennt die Leidende nicht und umgekehrt. In diesem Dilemma half der Patientin ihre kreative

Abbildung 3: Unsagbares. Gesicht IV (Kohle/Ölkreide/ Original teilweise farbig)

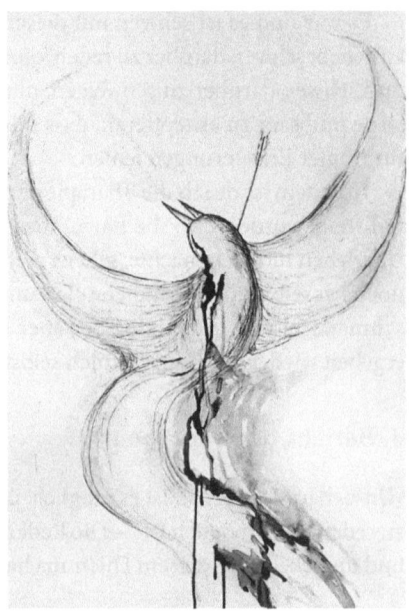

Abbildung 4: Vögel III
(Bleistift und Tusche)

Begabung, die vom bewussten Erleben dissoziierten Phantasien in Bilder umzusetzen, die mir lange, bevor sie sie zu sich selbst in Beziehung setzen konnte, zeigten, um was es ging. Rückblickend sagt die Patientin anlässlich einer Ausstellung ihrer Bilder: »Schloss ich die Augen, sah ich Schwärme von Vögeln aufsteigen, die erschossen wurden oder im Flug an Drähten hängen blieben (Abb. 4). Von weißen Wänden begann Blut zu laufen. Erstaunlich war im Nachhinein, dass zwar in meinem Bewusstsein ein Bruch besteht zwischen der Zeit, in der ich vieles vergessen hatte, und einer Zeit, in der ich mich zu erinnern begann, dass dieser Bruch aber in den Bildern fehlt. In ihrer Form teilen sie von Anfang an mit, was mir passiert war.«

Im Dialog über die Bilder, die zudem in ihrer triangulierenden Funktion die Nähe-Distanz-Balance hilfreich unterstützten, spiegelte sich das Übertragungsgeschehen in seiner paradoxen Struktur: »Sie sollen sehen, was mir geschehen ist – aber wehe, Sie sehen es!« Darüber hinaus übernahm der Gestaltungsprozess einen Teil der inneren Auseinandersetzung, die der Patientin Raum für ihren Rhythmus der Annäherung an das Ungeheuerliche ließ: »So verwendete ich lange Zeit Gold als Rahmen oder deckende Übermalung. Nach Monaten erkannte ich darin den Versuch, Grauenhaftes zu verschönern.« Die Kontrolle über diesen Prozess ermöglichte darüber hinaus, in der stets gefürchteten Abhängigkeit von mir sich eigener Autonomie zu vergewissern. Stellte doch schon das therapeutische Setting für die Patientin ein ungleiches Machtgefälle dar, das fatal an die traumatisierende Beziehung von Macht und Ohnmacht, Täter und Opfer erinnerte. Umso existenzieller waren Autonomie und Mitbestimmung über das, was in der Therapie geschieht. Unerträgliche Angst, verzweifelte Ohnmacht, überflutende Wut, die die Fühlfähigkeit des Menschen übersteigen, ihn also traumatisieren, sind verbalem Ausdruck nicht zugänglich, können deshalb nicht mitgeteilt werden, sind aber in *symbolischem Gestalten* sehr wohl ausdrückbar. Von dieser Möglichkeit hat diese Therapie profitiert. Vielleicht könnte man sagen, diese Bilder wären nicht entstanden ohne Therapie, aber die Therapie wäre auch nicht gelungen ohne diese Bilder. Sicher sind die besonderen künstlerischen Fähigkeiten der Patientin keine verallgemeinerbare Voraussetzung für ein Gelingen von Therapien mit traumatisierten Patienten. Zentral ist vielmehr, dass jeder traumatisierte Patient seine individuelle symbolische Ausdrucksebene findet, da weder die Übertragungsinszenierungen noch die Alltagssprache allein adäquate Mitteilung von Unsagbarem ermöglichen. – Zum Ende des Prozesses konnten Worte gefunden werden, die den Weg aus Sprachlosigkeit über Symbole zu einfachem Ausdruck der schrecklichen Wirklichkeit bezeichneten.

Im Kampf mit dem Nicht-erinnern-Wollen entwickelt sich eine Übertragungsbeziehung als »Double bind«: »Sie glauben mir nicht, niemand glaubt mir. Wehe, sie glauben mir, denn dann wird das Schreckliche wirklich.« Vergessen und Nichtreden stehen im Dienst derselben Abwehr. Solange es nicht ausgesprochen war, war *es* geschehen, aber nicht wirklich. Sprache lieferte an die Wirklichkeit aus und mit ihr an das Entsetzen. Mittels projektiver Identifizierung spürte ich lange Zeit das Entsetzen in mir, fühlte das Grauen an Stelle der Patientin, bis sie sich ihre Fühlfähigkeit zurückerrungen hatte. Schmerz war das erste Zeichen, dass das Leben aus dem Jenseits von Körper *(Depersonalisation)* und Wirklichkeit *(Derealisation)* zurückkam (Abb. 5). Mit ihm begann bereits das leise Zusammenwachsen der voneinander gespaltenen Personen zu *einem* Menschen, dem Entsetzliches geschehen ist.

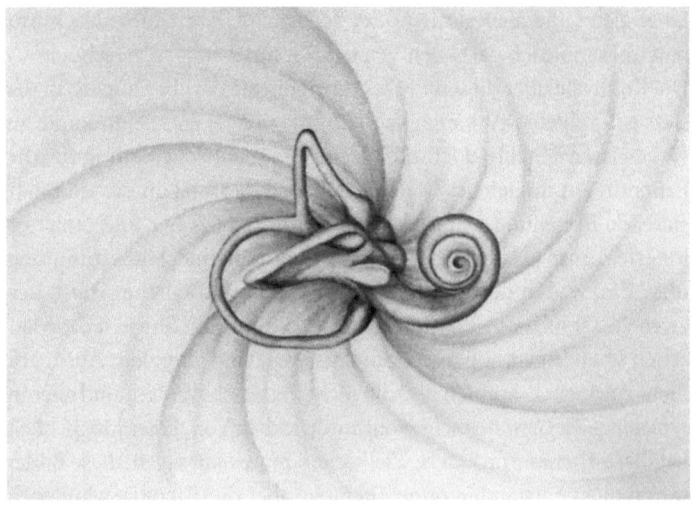

Abbildung 5: Bleistift/Buntstift/Original teilweise farbig

Immer wieder glitt dieser Prozess zurück in das *Doubting:* Zweifeln wurde zum Versuch, wieder in Frage zu stellen, was war; ihm Wirklichkeit zu entziehen. Ich war dabei, aber nicht wirklich da. Also war alles nicht *wirklich* wirklich. Auf diese Weise wurde die eigene Wahrnehmungsfähigkeit zerstört. »Wer weiß, ob ich wirklich bin.« Von hier aus ist es nicht weit, sich selbst zu verletzen. Das fließende Blut ist wirklich, also bin ich es auch. Wie ein *cantus firmus* zieht sich durch die Übertragung die Frage: »Lassen Sie mich in die Zweifel weglaufen, solange es nötig ist, holen Sie mich zurück und halten Sie für mich an der Wirklichkeit fest.« Ich hatte es leicht, diese Delegation anzunehmen, weil sowohl meine traumatisierte Gegenübertragung als auch die Bilder Patientin orientierende Führer waren.

Eine ähnliche Balance erforderte der Umgang mit den abgespaltenen, zunächst Ich-fremden Phantasien, in denen es immer um Frauen ging, die sich selbst nicht schützen können, die Vergewaltigung ertragen müssen, ohne weglaufen oder sich wehren zu können. Frauen, die sich wertlos, seelisch und körperlich vernichtet fühlen. Am schlimmsten für die Patientin war, dass sie in der Phantasie weder den Frauen helfen noch aufhören konnte, sich das vorstellen zu müssen. In diesem Zusammenhang spürte ich als Übertragungsangebot:

»Belassen Sie meine Wirklichkeit in der Phantasie und begreifen Sie, dass die Phantasie Wirklichkeit ist.« In das Verhältnis von Phantasie und Wirklichkeit konnte erst Bewegung kommen, als die Patientin die Angst, mit solcher Wirklichkeit nur Verurteilung, Unglauben und Ablehnung hervorzurufen, in die therapeutische Beziehung bringen konnte. Der bis an die Grenzen gehende Kampf mit Schuld und Scham, der aufreibende Widerstand gegen den Sog zu sterben, wenn nur Ekel, Selbsthass und das brennende Gefühl, wertlos zu sein, spürbar wurden, konnte sich nur in einer Übertragungsbeziehung entfalten, die den inneren Raum, sich mit diesen Gefühlen darzustellen, ermöglichte. Dabei war es unabdingbar, dass ich als Therapeutin emotional präsent, sie in ihrer inneren Wirklichkeit spiegelnd erlebt werden konnte, ohne in den inneren Aufruhr hineingezogen zu sein.

Um diesen *Spiegel* ganz bleiben zu lassen, kann ich nicht objektivierend, sondern muss personal schreiben. Heilung begann, als die schreckliche Wirklichkeit und die mit ihr verbundenen Gefühle von Ohnmacht, Angst, Schmerz und Hass eine innere Repräsentanz erhielten, als die Exkommunikation (Spaltung) der furchtbaren Erfahrung wenigstens überwiegend aufhörte. Was die Patientin zurückbekam, bleibt ein verletztes, ein schmerzhaftes Leben – aber es wird ihr eigenes sein können. Auf dieser Basis konnte ein mit sich identisches Selbst wachsen. Davon zeugt ihre künstlerische Arbeit. Gefährlich erschien nicht mehr vorrangig vergangene Wirklichkeit, sondern gefährlich wurden die wieder gespürten Wünsche nach Nähe, die Sehnsucht nach Liebe; gefährlich wurde die eigene Lebendigkeit, in der sexuelles Begehren möglich ist. Die Übertragung hatte sich in diesem Zusammenhang entwickelt und verändert: vom Bedürfnis der Patientin, mir zeigen zu wollen, dass sie jederzeit nach einer Trennung auf das Gefühl von Beziehungslosigkeit zurückgreifen konnte, über die Gewissheit, dass es zu gefährlich war, zu merken, dass ich ihr fehlte, bis zum Halten des inneren Kontakts und der Freude über das Wiedersehen. Dennoch liegt in den realen Beziehungen zu Menschen, in der Verwirklichung eigener Wünsche, dem Zutrauen zur eigenen Wahrnehmungsfähigkeit, der Abgrenzung des Selbst wie dem Aushalten von Nähe, der Begegnung mit eigener und fremder Aggression sowie eigenem und fremdem Begehren, eine große Herausforderung für die Zukunft.

Zweiter Teil

Psychoanalyse und Literatur

Literaturpsychologie – methodische Aspekte psychoanalytischer Literaturinterpretation

Wenn Psychoanalytiker literarische Werke zu deuten versuchen, traktieren sie ihr jeweiliges Interpretationsobjekt gelegentlich mit einer Art Röntgenblick, dem alles historisch Einmalige und künstlerisch Gestaltete zum Opfer fällt. Diese Reduktion des Gesichtsfeldes auf Allzu-Menschliches – auf sexuelle und aggressive Triebe vor allem und daraus resultierende Konflikte – wird von Literaturwissenschaftlern eher mit Skepsis oder gar Ablehnung beargwöhnt. Vorbehalte und Vorurteile gegenüber interpretatorischem Reduktionismus dieser Art scheinen sich bewährt zu haben. Zeugen doch psychoanalytische Versuche auf literarischem Gebiet oft von ignoranter Naivität gegenüber wesentlichen Parametern von Literatur: ihrem jeweils besonderen Kunstcharakter, ihrer geistigen Substanz, ihrer historisch-sozialen Bedingtheit. Stattdessen werden literarische Werke unter Nichtachtung ihres künstlerisch fiktionalen Charakters wie »reale« Fallbeispiele betrachtet, die auf pathologische Elemente hin abgeklopft, interpretiert und diagnostiziert werden.[1] – Sollten also Psychoanalytiker, die sich an Interpretation von Dichtung wagen, zugleich Literaturwissenschaftler sein? Zumindest sollten sie mit Fragestellungen und Verfahrensweisen literaturwissenschaftlicher Textanalyse und Hermeneutik vertraut und von besserwisserischem »Tiefenblick« frei sein.

Literaturwissenschaftler andererseits, die sich in psychoanalytischer Literaturinterpretation versuchen, verlieren leicht aus den Augen, dass psychoanalytisches Erkennen mit den Mitteln bloß intellektuellen Wissens – wie in der Literaturwissenschaft üblich – in

---

[1] Walter Schönau hat die Bedenken gegenüber psychoanalytischen Literaturinterpretationen in seiner »Einführung in die psychoanalytische Literaturwissenschaft« systematisch zusammengefasst (Schönau, 1991, S. 111–113).

der Psychoanalyse nicht ausreicht. Nach psychoanalytischer Überzeugung ist solches Wissen zwar unabdingbare theoretische Voraussetzung, aber eben doch nur *eine* Voraussetzung psychoanalytischer Einsicht. Keinesfalls eignet es sich zur Anwendung irgendeiner Interpretation von Texten. Um psychodynamische Sachverhalte in literarischen Kontexten sicher identifizieren und vor allem in ihrer Bedeutung einschätzen zu können, ist Erfahrung in therapeutischen Prozessen, Erfahrung vor allem mit der spezifischen Handhabung von Übertragung und Gegenübertragung unverzichtbare Bedingung. Denn in diesem dynamischen Beziehungsfeld findet genuin psychoanalytische Einsicht statt. Hier müssen theoretische Konstrukte gewonnen, verifiziert oder verworfen werden. Es kann ein großer Gewinn sein, wenn das Zusammenspiel zwischen Text und Leser – als Übertragungs-/Gegenübertragungsgeschehen erfasst – nicht unbeachtet bleibt, sondern als Erkenntnisquelle ausdrücklich einbezogen und literaturtheoretische Konstrukte daran überprüft werden. Wir gehen in der Psychoanalyse auf Grund der unbewussten systemischen Vernetzung in Beziehungen davon aus, dass emotionale Antworten auf einen Text keine zufällig subjektivistischen Erscheinungen sind, sondern dass sie latent mit dem Text korrespondieren und ihn – wenn diese Verbindung bewusst wird – in einer Bedeutungsschicht auslegen, die anders schwer wahrnehmbar wäre.

Diese im Text selbst angelegte und vielfach wirksame, doch auf der Inhalts- und Formebene nicht erfassbare Schicht und verborgene Textintentionalität,[2] gewinnt besondere Bedeutung, wenn es um Texte geht, bei denen Sprache als Ausdruckmittel versagt, wo also ein Erleben dargestellt wird, das nicht sprachfähig ist – z. B. traumatisches Erleben, wie etwa in K. Ph. Moritz' autobiographischem Roman »Anton Reiser«. Hier erschließt sich das, worum es im Text eigentlich geht, beinahe ausschließlich aus dessen Widerhall im Leser.

Nicht jede psychoanalytische Interpretation muss mit einer Übertragungs- bzw. Gegenübertragungsanalyse beginnen oder gar aus ihr bestehen. Ein solches Vorgehen erschiene mir ebenso langweilig wie die stereotype und naive Anwendung psychoanalytischer Theo-

---

2 Schon literaturwissenschaftlich gesehen sind Textintentionalität und Autorabsicht nicht immer identisch (Grimm, 1977, S. 49 ff.).

rien auf Textfiguren. Dennoch sollte die Übertragung, die vom Text ausgeht, wie zugleich die sich auf den Text beziehenden emotionalen Reaktionen des Interpretierenden – also seine Gegenübertragung – ihm wie im realen analytischen Setting jederzeit bewusst sein. Zum Dreh- und Angelpunkt der Interpretation müsste diese Dynamik jedoch erst werden, wenn der Text sich verschließt, wenn Erkenntnis gerade in der Erfassung des Spannungsverhältnisses von textinterner Inhalts- bzw. Formebene und interpretatorischer Beziehungsebene vertieft, verändert oder bereichert wird. Ansonsten bewegt sich der Literaturanalytiker durchaus auch auf der Inhalts- bzw. Formebene des Textes, wenn sie denn kongruent mit der Beziehungsebene ist. Brüche zwischen den Ebenen fordern immer zur Anwendung der Übertragungs-/Gegenübertragungsanalyse heraus, denn sie repräsentieren – ebenso wie das Schweigen des Textes – ein Element des »Widerstandes«.[3] So habe ich mich bei den hier ausgewählten, im Zusammenhang dargebotenen Interpretationen von Romanbeispielen methodisch von Voraussetzungen leiten lassen, die in den Romankonzeptionen jeweils selbst begründet sind.

In Fontanes Roman »Effi Briest« (1895), der als Zeit- und Gesellschaftsroman konzipiert ist, erscheint die Textfigur Effi als ein in sich heiler Mensch, ein »Naturkind«, glücksfähig und beglückend. Zerstörung der Existenz und Krankheit sind nicht Folgen innerer Konflikte, sondern moralischer Verurteilung und der aus ihr folgenden sozialen Ächtung durch die Gesellschaft. Ich interpretiere den Roman innerhalb des Lebenszusammenhanges Fontanes. Dabei wird deutlich, dass »Effi Briest« in einem übergreifenden Entwicklungszyklus Fontanes steht, der, ausgelöst durch seine depressive Lebenskrise während der Arbeit am Roman, zu einer Kette von Abschieden führt: dem Abschied von der Jugend und dem vollkommenen Bild der idealen Geliebten in »Effi Briest«, dem Abschied von der Kindheit und den Elternbildern in »Meine Kinderjahre«, zuletzt dem Abschied von sich selbst im »Stechlin«. Widersprüche geschlechtlicher Identität, die in den beiden anderen Werken fehlen, stellen sich in

---

3 »Widerstand«, als *terminus technicus* psychoanalytischer Behandlungstechnik, zeigt eine verborgene Dynamik an, die wie ein Wegweiser zu nutzen ist; dieser Richtung muß gefolgt werden, bevor andere Wege wieder offen sind.

»Effi Briest« auf der Ebene des Zeit- und Gesellschaftsromans als Widersprüche von heiler Natürlichkeit der Frau und gesellschaftlicher Unterdrückung der Natur dar, wobei Fontane nicht die Gesellschaft zugunsten der Natur aufheben, sondern ihr mehr Humanität, mehr Herz abverlangen möchte. Auf der Ebene der Projektion zeigt sich der Widerspruch geschlechtlicher Identität darin, dass Effi, um ideal zu sein und die Sehnsüchte nach einem vollkommenen weiblichen Bild aufnehmen zu können, im idealen Bild gefangen ist und so das Opfer der Glückssuche von Autor, Leser und Romanfiguren werden muss. Autonomie und Eigenleben sind in dieser poetischen Konstruktion nicht vorgesehen. Gleichwohl wird das zum Opfer bestimmte Objekt erlöst von allen Widersprüchen menschlicher Bilder durch Regression in die unendlich »freundliche Weite« (vgl. Balint 1972, S. 35) der Natur. In ihr können auch Autor und Leser – nicht aber die Romanfiguren – jene Freiheit gewinnen, die ihnen ermöglicht, ihre Projektionen zurückzunehmen, weil sie keine Bedeutung mehr haben.

Im Gegensatz zu »Effi Briest« zeigt Iwan A. Gontscharows Roman »Oblomow« (1859) eine Textfigur, die ganz um ihre innere Problematik zentriert, psychologischen Realismus intendiert und dabei erzähltypologisch dem »Figurenroman« entspricht, wobei aus der Zentralfigur Oblomow und nur aus ihr »die bündige Fabel [...] entwickelt« wird.[4] Deshalb schien mir gerade hier die zur Zeit in Verruf geratene Methode der Figurenanalyse angemessen. Damit verkenne ich durchaus nicht den künstlerisch-fiktionalen Charakter literarischer Figuren. Spiegelt sich aber die Figur in der Erzählstruktur und umgekehrt, weil das strukturbildende Prinzip die Figur selber ist, erscheint eine Analyse der Figur die Methode der Wahl. Ich untersuche in »Oblomow« die psychische Problematik des Romanhelden, dem, als Urbild des passiven Träumers und gemessen an seinem Lebensideal, die Wirklichkeit des Lebens reizlos erscheint. Aus der Gegenübertragungsanalyse, die als Wirkung der Gestalt Oblomows auf den

---

4 So zum Formtypus »Figurenroman« (in romantypologischer Unterscheidung zu »Geschehnisroman« und »Raumroman«) erzählpoetologisch begriffsklärend Wolfgang Kayser in seiner »Einführung in die Literaturwissenschaft« (Kayser, 1964, S. 360).

Leser interpretiert wird, erschließt sich ein nicht verurteilender, sondern verstehender Zugang zu Oblomow als »Bruchstück-Mensch«. Oblomows Lebensthema, »das Verlöschen des Lebens von Anfang an«, repräsentiert die Psychodynamik von Depression als Struktur und als Krankheit. Sie konstelliert sich in seinen Beziehungen sowohl zu Olga (der Geliebten) wie zu Agafja (der Haus- und Ehefrau) als narzisstische bzw. orale Kollusion. Es wird gezeigt, wie im Widerspruch zum bewussten Wollen Oblomows, die Wiederkehr des Verdrängten seine Versuche einer Heilung durch Liebe verhindert. Die so begründete paradoxe Struktur der Wirklichkeit wird als für den Roman konstitutiv herausgearbeitet. In Würdigung der erzählerischen Gestaltungskunst Gontscharows sucht diese Studie nicht nur das in diesem Romanwerk dokumentierte Krankheitsbild, sondern darin zugleich die im »Bruchstück-Menschen« Oblomow eindringlich verkörperte Bruchstückhaftigkeit des Lebens überhaupt aufzuweisen.

Leistet die Anwendung von Übertragung und Gegenübertragung in den Interpretationen von »Effi Briest« und »Oblomow« Bereicherung und Vertiefung des Textverständinsses, so ist ihr Einsatz für die Interpretation des »Anton Reiser« (1785/90) das eigentlich erkenntnisleitende und -leistende Instrument, ohne dass ein Gesamtverständnis dieses »psychologischen Romans« (so der Roman-Untertitel) von falschen Voraussetzungen ausgeht. Hier führt die traumaspezifische Gegenübertragung sowohl zum Verständnis der Textperson Anton als auch des Autors Karl Philipp Moritz sowie der Beziehung zwischen beiden. In der Gegenübertragung des Lesers werden jene Gefühle belebt, die Anton nicht fühlen darf, und die deshalb keine Sprache haben. Sprachlos sprechend kann der Autor Moritz nur intellektualisierend beobachten. An seiner Statt bestimmt er den Leser, Ohnmacht und Schrecken Antons zu fühlen. Das Unsagbare wird zwischen Text und Leser inszeniert.

Ich habe versucht zu zeigen, dass Moritz als Romanautor seine Einfühlung in Anton dadurch unmöglich macht, daß er ihn zum Objekt seiner psychologischen Erforschung degradiert. So entsteht der erste psychologische Entwicklungsroman als Selbstanalyse ohne Selbsterkenntnis. Die überlegene Erzählhaltung setzt eine Ich-Spaltung voraus, die nicht fühlbaren Schrecken des Autors Moritz werden über die Textfigur Anton reinszeniert, so dass der Autor jenseits seines Erlebens distanziert schreiben kann, während der Leser sein Entsetzen, seine Angst und seine Ohnmacht erlebt.

Antons Entwicklung wird bestimmt von der Notwendigkeit, im Dienste seelischen Überlebens seine das Ich sonst desintegrierenden Gefühle abzuspalten. Der resultierende Verlust eines integrierten Selbst zwingt ihn in einen zermürbenden seelischen Überlebenskampf um narzisstische Selbstregulation. In zirkulär sich wiederholenden Größenphantasien und Entwertungen versucht Anton sein brüchiges Selbst immer wieder zu stärken, indem er alle Objektbeziehungen in der Außenwelt »strategisch« zur Reparation nutzt. Sie werden gewissermaßen abgetastet, ob sie ihn bestätigen und spiegeln oder ablehnen. Es wird dargestellt, dass auf diese Weise eine eigentliche Entwicklung vom Kind zum Jugendlichen gerade nicht stattfinden kann, so dass der erste »psychologische« Bildungs- und Entwicklungsroman in deutscher Sprache in Wirklichkeit einen Menschen darstellt, der ohne Entwicklung, gefesselt im Wiederholungszwang, ruhelos in sich selber kreist.

Als Zeugnisse literarischer Traumaverarbeitung werden im Beitrag »Die Kreuzigung – ein Trauma?« – unter Berücksichtigung auch theologischer Forschung zur Entstehung und Überlieferung neutestamentlicher Texte – abschließend biblische Passions- und Ostergeschichten betrachtet. Eine eher ungewöhnliche, vielleicht befremdliche Perspektive, die sich dadurch rechtfertigt, dass der durch Kreuzigung erlittene gewaltsame Tod Jesu ein Trauma ist. Über ihn selbst, der das Trauma nicht überlebt hat, lässt sich wenig sagen; doch auch seine Freunde, die ohnmächtig zusehen und die mit seinem Tod ihre mit ihm verbundene Hoffnung auf das Reich Gottes untergehen sehen, haben eine traumatische Verwundung erlitten. Kann Gott als das gute Objekt angesichts der Realität des Todes Jesu erhalten bleiben? Das erscheint als die zentrale Angst, die »bewältigt« werden muss. Meine These ist, dass die Ostergeschichten genau diese Angst in die Gewissheit verwandeln, dass mit Jesu Tod das gute Objekt Gott nicht untergegangen ist. Selbst im Trauma des Todes bleibt Gott die eine Wirklichkeit, die Leben und Tod umfasst. Eine traumaspezifische Gegenübertragung – wie bei »Anton Reiser« – fehlt deshalb den Passions- und Ostergeschichten gegenüber, weil sie aus der

Erfahrung dieser Gewissheit geschrieben sind und diese zugleich ihre Botschaft ist.

Was es für die Geschichte des Christentums bedeutet, dass ein Trauma das initiale Ereignis ist, wird von der spezifischen Dynamik der Traumaverarbeitung her beleuchtet. Gezeigt wird nicht nur die im Übergang von nichtmetaphorischer zu metaphorischer Rede im Symbolisierungsprozess gelungene Integration des Traumas, sondern nachgegangen wird auch der sich durch die Täter/Opferdynamik entfaltenden abgespaltenen Aggressivität schon in den Anfängen christlichen Denkens, wie es sich in den Spaltungen von Guten und Bösen, Reinen und Unreinen, Gerechten und Ungerechten etc. darstellt.

In diesen vier Interpretationsversuchen geht es um »unsichtbare Tränen« – wenn auch auf sehr unterschiedlichem Hintergrund. In »Effi Briest« spürt der Leser sie im Schmerz Effis darüber, von einer unbarmherzigen Gesellschaft ausgestoßen zu werden; in »Oblomow« werden sie hinter der Fassade von Passivität, Bequemlichkeit und Faulheit fühlbar im Leiden Oblomows an seiner seelischen Lebenslähmung, die ihn von den Aktivitäten des Lebens ausschließt. In »Anton Reiser« sind die unsichtbaren Tränen die Tränen des Lesers über das erniedrigte Kind, das nur um den Preis, lebendige Gefühle wie Trauer und Schmerz abzuspalten, seelisch überleben kann. Auch um den Autor könnte der Leser weinen, der selbst unsichtbare Tränen über Antons Leid, das schließlich auch sein eigenes ist, im objektivierenden Erzählprozess herunterschlucken muss. In den Passions- und Ostergeschichten schließlich weinen die Frauen am Grab; es sind sichtbare Tränen. Unsichtbare Tränen, könnte man meinen, weint niemand. Weder die Evangelisten als Redakteure und Erzähler, noch die textinternen Figuren, noch die Leser. Der Textintention entsprechend sollen sie nicht weinen. Dennoch gibt es unsichtbare Tränen. In metaphorischer Rede könnte man sagen, es sind die Tränen Gottes, die er mit den Leidenden und Sterbenden weint – die unsichtbaren Tränen, die er im Gekreuzigten um sich selber weint.

Literaturverzeichnis

Balint, M. (1972). Angstlust und Regression. Beitrag zur psychologischen Typenlehre. Reinbek bei Hamburg: Rowohlt.

Die Bibel oder die ganze Heilige Schrift des Alten und Neuen Testaments (o. J.) nach der deutschen Übers. D. M. Luthers. Neu durchgesehen nach dem vom Deutschen Evangelischen Kirchenausschuß genehmigten Text. Stuttgart: Württembergische Bibelanstalt.

Fontane, Th. (1893/1969). Meine Kinderjahre. Autobiographischer Roman. In Th. Fontane, Autobiographisches – Gedichte. Nymphenburger Taschenbuchausgabe (Bd. 15, S. 7–189). Kommentiert von K. Schreinert und A. Schreinert. München: Nymphenburger.

Fontane, Th. (1895/1969). Effi Briest. Roman. In Th. Fontane, Nymphenburger Taschenbuch-Ausgabe (Bd. 12). Kommentiert von K. Schreinert und A. Schreinert. München: Nymphenburger.

Fontane, Th. (1898/1969). Der Stechlin. Roman. In Th. Fontane, Nymphenburger Taschenbuchausgabe (Bd. 13). Kommentiert von K. Schreinert und A. Schreinert. München: Nymphenburger.

Gontscharow, I. A. (1859/1991). Oblomow. Vollständige Ausgabe. Aus dem Russischen übertragen von J. Hahn. Mit einem Nachwort, einer Zeittafel und Literaturhinweisen von R. Neuhäuser. München: Deutscher Taschenbuch Verlag (dtv klassik 2310).

Grimm, G. (1977). Rezeptionsgeschichte. Grundlegung einer Theorie. UNI-Taschenbuch. München: Fink UNI-Taschenbuch Verlag.

Kayser, W. (1956) Das sprachliche Kunstwerk. Eine Einführung in die Literaturwissenschaft (4. Aufl.). Bern: A. Francke Verlag.

Moritz, K. Ph. (1785–1790/1986). Anton Reiser. Ein psychologischer Roman. Mit Textvarianten, Erläuterungen und einem Nachwort hrsg. von W. Martens. Berlin/Stuttgart: Friedrich Maurer/Reclam (Universalbibliothek 4813).

Schönau, W. (1991). Einführung in die psychoanalytische Literaturwissenschaft. Stuttgart: J. B. Metzlersche Verlagsbuchhandlung (Sammlung Metzler, Bd. 195).

»Arme Effi«[1]

Widersprüche geschlechtlicher Identität
in Fontanes »Effi Briest«

1. »Ich verliebe mich in sie«[2] – Gefangen im idealen Bild

Fontanes Roman »Effi Briest« (1895) weckt beim Leser das seltene Gefühl eines »Leseglücks« (P. Härtling, 1965/1972, S. 137) – und das, je öfter man ihn liest. »Sah mir die Augen aus dem Kopf, indem ich wieder einmal ›Effi‹ las, eine Seite pro Tag, wieder unter Tränen [...]« (S. Beckett, 1959/1964, S. 68). Schon die zeitgenössischen Rezensenten reagierten auf den Roman ähnlich beglückt und berührt. »So kommt aus diesem Buch voll seelischer Unruhen schließlich doch der große Frieden über uns [...].«[3] Vom Zauber eines Buches sich gefangen nehmen lassen, mitschwingen auf einer tiefen Ebene wohltuender Resonanz, zuletzt einen intermediären Raum von Freiheit betreten, das ermöglicht »Effi Briest« dem Leser. Kaum ein Roman, von dem Ähnliches gesagt werden könnte, auch kaum einer, der so bekannt ist und der so umfassend erforscht wurde.[4] Forcierte Wissenschaftlichkeit allerdings ist dem Grundton des Romans zu-

---

1 So der Romanautor von »Effi Briest« als Erzähler mehrfach in direkter Anrede seiner Romanfigur (Fontane, 1895/1969, S. 70 u. 297); nachfolgend wird aus dieser Ausgabe zitiert (mit Seitenhinweis jeweils nach dem Zitat). Ähnlich Fontane auch an Hans Hertz am 2.3.1895: »Ja, die arme Effi! [...]« (in Schafarschik, 1972, S. 108).
2 Fontane an Colmar Grünhagen, 10.10.1895 (in Schafarschik, 1972, S. 110).
3 Aus einer Rezension von Felix Poppenberg in »Die Nation«, Nr. 7, Berlin, 16.11.1895 (in Schafarschik, 1972, S. 117).
4 Aus der Fülle einschlägiger Forschungs- und Interpretationsliteratur hier insbesondere: M. E. Gilbert (1959), P. Demetz (1964), V. Günther (1967), H.-H. Reuter (1968), H. Nürnberger (1968), W. Preisendanz (1975), W. Müller-Seidel (1979), H. A. Glaser (1980), H. Denkler (1980) H. Mittelmann (1980), H.-L. Arnold (1989), C. Grawe (1998), H. Aust (1998).

wider. Seine Botschaft lebt in der unbestimmten Weite seiner »Achs«: »Ach, Luise«, »Ach, Geert«, »Ach, meine liebe Effi« (S. 43, 282, 301, 297 u.ö.). Nimmt man hinzu, dass Fontane bekennt, das Ganze sei »wie von selbst gekommen, ohne rechte Überlegung und ohne alle Kritik«,[5] also von unbewusster Seelentätigkeit eingegeben, dann wird eine gewisse Scheu vor psychoanalytischem Deutungseifer verständlicher. Und das zu untersuchende Thema: Widersprüche geschlechtlicher Identität in »Effi Briest« scheint zu direkt auf eindimensionales Erfassen hin festgelegt zu sein. Auf der Ebene der Romanhandlung allerdings wird Effi von ihrem Ehemann Innstetten und ihren Eltern eindeutig auf ein gesellschaftlich vorgegebenes Bild passiver Weiblichkeit festgelegt. Es treibt sie in Widerspruch zu ihrer natürlichen Identität, als sie diesem Bild nicht mehr entsprechen kann. Letztlich in ihrer Identität heil, obwohl als Person zerbrochen, verliert Effi keineswegs die Zuneigung des Lesers, geschweige denn ihres Autors.

Fontane selbst empfindet sich – trotz der vielen Arbeit, die ihm die sekundäre Korrektur des Manuskripts später bereitet hat – als Medium, als Beschenkter: »Der alte Witz, daß man Mundstück sei, in das von irgendwoher hineingetutet wird, hat doch was für sich, und das Durchdrungensein davon läßt schließlich nur zwei Gefühle zurück: Bescheidenheit und Dank.«[6] Diesen Atem von weit her, der durch das »Mundstück« zur Melodie wurde, spürt der Leser als frische Brise, in der auch er frei atmen kann.

Fontane hatte »das Ganze träumerisch und fast wie mit einem Psychographen geschrieben«, im Unterschied zu anderen Romanen, bei denen er sich »immer der Arbeit, ihrer Mühe, Sorge und Etappen erinnern« kann, fehlt hier diese Erinnerung (»in diesem Falle gar nicht«).[7] Es liegt nahe anzunehmen, dass Fontane dem Fluss seiner unbewussten Phantasie unmittelbarer gefolgt ist als sonst.[8]

---

5 An seinen Verleger Hans Hertz, 2.3.1895 (in Schafarschik, 1972, S. 109).
6 An Paul Schlenther, 11.11.1895 (in Schafarschik, 1972, S. 112).
7 An Hertz, 2.11.1895 (in Schafarschik, 1972, S. 109).
8 Bezieht man die vorher geschriebenen Romane *Graf Petöfi, Unwiederbringlich* und *L'Adultera* mit ein, so wird die Thematisierung eines bestimmten Frauenbildes durch die Variationen des Melusinemotivs bzw. der Eva/Maria-Typologie deutlich. Ebenso die Phantasie des Ehebruchs, der immer auch ein Ausbruch natürlicher Bedürfnisse aus dem Gefängnis einer die Natur

Phantasien, die in einem Zustand herabgeminderter Zensurtätigkeit des Ich »träumerisch« aufgeschrieben werden, können – wenn sie bedeutsam sind – ein Musterbild der Seele tragen. Wie andere Zeugnisse unbewusster Seelentätigkeit verdichten sie Wünsche des Menschen in symbolischen Bildern. Manchmal gelingt ein Wurf, und es entsteht eine träumerische Phantasie, die einen Blick auf die innersten Sehnsüchte des Menschen frei gibt. Bringt der Träumer gleichzeitig eine Phantasie hervor, die die inneren Bilder einer Epoche repräsentiert, dann wird sie Inbegriff kollektiver Sehnsucht. In diesem Sinne urteilt auch P. K. Schuster (1978, S. 163): »Effi, diese für den Geschmack der Zeit so reizend berechnete Gestalt, die bis ins Kleinste hinein, den gesellschaftlichen Lieblingsvorstellungen und Klischees von der Frau entspricht, sie hat Fontane an den Normen eben dieser Gesellschaft scheitern lassen. Fontane hat damit am präzise geschilderten Einzelfall die Sehnsüchte der Zeit nach einer allumfassenden Erneuerung des Lebens durch die Bilder einer schöneren Kunst als ein Leben entlarvt, in dem schließlich doch nur die alten Ordnungsmythologeme unverändert wirksam sind.« Fontanes Absage an den »Schein des schönen Lebens« auf der Ebene des Zeit- und Gesellschaftsromans bedeutet auf der Ebene der Projektion keineswegs die Absage an das Wunschbild der »schönen Seele«, die für Fontane auch im Zeit- und Gesellschaftsroman das belebende Element darstellt.[9] Es ist im Gegenteil in keinem Roman wirksamer

---

knebelnden Ehemisere ist. Dabei wiederholt sich außer in *Unwiederbringlich*, wo sich die Unnatur in der pietistischen Christine konkretisiert, die Konstellation alter Mann/junge Frau. Fontane hat in *Effi Briest* diese Konstellation aufgenommen, hat sie aber ebenso wie die Eva/Maria-Typologie sowohl eindeutiger zum Archetypischen als auch zum Gesellschaftskritischen hin ausgebildet, so dass die schließliche Integration beider Ebenen im Romanganzen einen so tiefen Eindruck hinterlassen. Diese Integration spiegelt sich im Symbolensemble des Romans. Es stellt eine eigentümliche Verschränkung von Naturmetaphorik und Gesellschaftssymbolik dar (z. B. Heliotrop-, Rondell-, See-, Meer-, Schloon-, Luftmetaphorik; Bismarck-, Heldengedenktags-, Straßennamensymbolik).
9 Fontane orientiert sich nicht an Schillers Begriff der »schönen Seele« aus »Anmut und Würde«, sondern eher an den »Bekenntnissen einer schönen Seele« aus Goethes »Wilhelm Meister«. Genaugenommen nimmt Fontane Goethes Vorbehalt gegen die Versöhnungsmöglichkeit von Pflicht und Nei-

als in »Effi Briest«. Effi wendet sich in natürlicher Hingabe, wie der Heliotrop des Rondells der Sonne, instinktiv dem Leben zu. Lebendig, offenen Herzens, im Rhythmus natürlicher Bewegung schwingend, ist sie Inbegriff von Jugend und Glück und Leben.[10] »Ach, wie

---

gung bei Schiller, wie ebenso gegen die pietistische Sicht der »schönen Seele«, bei der gleichfalls die Natürlichkeit des Menschen als zu überwinden gesehen wird, auf. Z. B. in »Unwiederbringlich« (Fontane, 1891/1969, Bd. 10, S. 333 f.): »Christine braucht immer jemanden, um sich auszuklagen, *ganz schöne Seele* […], die sich, wenn ich mich so ausdrücken darf, mit dem Ernste des Lebens den Kopf zerbricht« (Hervorhebung von mir, H. R.). Sogar die Qualität eines Romans als Kunstwerk bestimmt Fontane in seinen »Aufsätzen zur Literatur« durch den Begriff der »schönen Seele« (Fontane, 1963, S. 473): »[…] Meisterstücke der Berichterstattung […] und ihre Zusammenstellung macht noch kein Kunstwerk. Auch selbst ein geschickter Aufbau dieser Dinge rettet noch nicht, diese Rettung kommt erst, wenn eine *schöne Seele* das Ganze belebt. Fehlt diese, so fehlt das Beste« (Hervorhebung von mir, H. R.). Von der Wirkung auf den Leser her zeigt Fontane an einem Gegenbeispiel eines sozialen Romans (Alexander Kielland, »Arbeiter«, 1881) das Misslingen des Werkes als Kunstwerk, wenn »jeder Sonnenschein fehlt«. Bezogen auf diesen Roman heißt es weiter: »[…] alle (Personen) werden auf ihre Kleinheit, ihre Schwäche, ihre Ruppigkeit, ihre Lächerlichkeit hin angesehen. Auch nicht eine Figur macht davon eine Ausnahme. Man wird nicht gerührt, nicht erhoben, nicht erfreut, nicht angestachelt zu schönem Wetteifer oder aufgefordert, ein gleich Gutes und Schönes zu sehen, die Trostlosigkeit und die Mesquinerie erklären sich in Permanenz« (Fontane, 1963, S. 47). Zu dieser Beschreibung dessen, was Fontane mit »schöner Seele« meint, könnte man hinzufügen: es ist der natürliche Mensch, der aus dem Herzen lebt.

10 Ganz im Gegensatz zu der psychoanalytischen »Effi Briest«-Interpretation Gisela Greves (1986, S. 195–220) sehe ich keinen Anhalt im Roman dafür, dass Effi von einer Aufeinanderfolge »schwerer frühkindlicher narzisstischer Kränkungen und schwerer emotionaler Versagung« (S. 213) gekennzeichnet sein soll. Überhaupt leidet der Aufsatz in der Einschätzung der vorhandenen depressiven Entwicklung Effis an Übertreibung und schiefer Gewichtung einzelner Elemente des Krankheitsgeschehens, vor allem aber an der fehlenden Einordnung klinifizierender Beobachtungen in die gesellschaftliche Dimension des Romans als Zeitroman. Daraus resultiert, dass Greve gerade die Pointe des Romans nicht erkennt, die darin besteht, dass ein seelisch so gesunder und glücksfähiger Mensch wie Effi vom gesellschaftlichen Räderwerk aus Verurteilung und Ausstoßung zermahlen wird. Es ist genau umgekehrt, als es Greve darstellt: Nicht *weil* Effi seelisch krank, sondern weil sie gesund ist und sich an das Kranke gesellschaftlicher Patterns nicht anpassen kann, wird sie depressiv und stirbt. Deshalb

wohl ich mich fühle‹, sagte Effi, ›so wohl und so glücklich; ich kann mir den Himmel nicht schöner denken‹« (S. 29). Fontane hat in ihr eine Textfigur geschaffen, die, unbeschadet ihrer in der Projektion nicht aufgehenden Menschlichkeit, bis heute Projektionsträger tiefer Sehnsüchte ist.

Vergegenwärtigt man sich, dass Fontane, als er die erste Fassung (1889) des Romans schrieb, schon ein alter Mann war und seine Phantasiegestalt Effi Briest ein 17-jähriges junges Mädchen, dann begreift man, dass es sich hier um eine »Männerphantasie« (vgl. Theweleit, 1977) handeln muss, die, durch Lebenserfahrung geformt, ein Frauenbild darstellt, das sein Ideal verkörpert: »ich verliebe mich in sie«, schreibt Fontane, »nicht um ihrer Tugenden, sondern um ihrer Menschlichkeit, d. h. um ihrer Schwächen und Sünden willen« (Schafarschik, 1971, S. 110). Deutlicher noch offenbart die Gegenübertragung Samuel Becketts (in seiner Dramenfigur Krapp), worum es geht: »Hätte mit ihr glücklich sein können, da oben an der Ostsee, und die Kiefern und die Dünen« (Beckett, 1959/1964, S. 68). Eine Figur zu schaffen, in die er sich verlieben, mit der er hätte glücklich sein können, entworfen aus den Tiefen unbewusster erotischer Faszination und ausgestattet mit den menschlichen Qualitäten einer »schönen Seele«, ist diese so schwebend anmutige Gestalt ihrem Schöpfer wärmender Anblick seines weiblichen Seelenhintergrundes. Auch textintern hat sie diese Wirkung auf Männer: auf ihren Ehe-

---

ist die Psychodynamik ihrer Depression nur von geringem Interesse. Beinahe schlimmer noch als das unangemessene Gesamtverständnis des Romans erscheint an diesem Aufsatz, dass Greve psychoanalytische Kategorien als terminologische ›Totschläger‹ benutzt. Nach deren Anwendung ist alles Leben entwichen. Da bleiben dann nur noch jene Gemeinplätze übrig, die niemand hören will, wie z. B.: »Der unrealistische phallische Idealzustand Effis bedingt einen narzisstischen Defekt im aktuellen Selbstbild […]« (S. 198), oder etwa: »Die durch infantile Traumatisierung gestörte *Über-Ich* Bildung bewirkte ein unreifes, archaisches, sadistisches Über-Ich, das Schuldgefühle und selbstbestrafende Tendenzen auslöste […]« (S. 214). Dass Literaturwissenschaftler sich gegen solche Art Figurenanalyse zu recht entschieden wehren, dafür bringt dieser Aufsatz reichliche Begründung. Was nützen selbst richtige diagnostische und interpretatorische Einzelheiten, wenn sie, nicht zuletzt wegen des Tons allwissender Pathologisierung, Verstehen eher behindern als erhellen?

mann, den Apotheker Gieshübler, ihren Vetter Dagobert, ihren Geliebten Major Crampas. Alle verlieben sich in sie. Dem Leser ist die ursprüngliche und letztlich heile Imago einer schönen jungen Frau wie eine Verheißung gelungenen Lebens. Der Garten (hortus conclusus) mit Rondell, Sonnenuhr und Heliotrop ist die initiale Phantasie des Paradieses. Dass der Roman nach dem Muster christlicher Heilsgeschichte konzipiert ist – mit den Stationen Paradiesgarten, Sündenfall, Vertreibung, Passion und Erlösung – hat P. K. Schuster (1978) dargestellt Überraschenderweise sind männliche wie weibliche Leser von der idealen Gestalt angezogen, wenn auch aus unterschiedlichen Gründen. Das Geheimnis dieser Projektion wirkt bis heute, und Fontane hätte gar nicht für seine Heldin werben müssen. »Das ist nun also Effi. Schenken Sie ihr die Liebe, die sie menschlich so sehr verdient.«[11] Sie ist liebenswert und wird geliebt. Von Männern als begehrtes Ideal einer Frau: »In allem, was sie tat, paarte sich Übermut und Grazie, während ihre lachenden braunen Augen eine große natürliche Klugheit und viel Lebenslust und Herzensgüte verrieten« (S. 8). Von Frauen wird sie ebenso als ideale Identifikationsfigur bewundert. So möchten Frauen sein: so leicht, so bezaubernd, so offen, so herzlich. Narzisstische Freude an sich selbst und unwiderstehliche Wirkung auf andere sind verlockende Ziele. Auf der Ebene dieser Wünsche, die auf ein Idealbild projiziert werden, kann das Ideal selbstverständlich keinen *intrapsychischen* Identitätswiderspruch enthalten. Es muss im Gegenteil als Ideal in sich vollkommen sein. So ist Effi in der elementaren Schicht ihrer Identität[12] als Frau vollkommen, ein »Naturkind« (S. 38); und folgerichtig konstelliert sich der *zentrale geschlechtliche Widerspruch* zwischen ihrer Natur als Frau und den gesellschaftlichen Moralvorstellungen, die dieser Natur Gewalt antun.[13] Fontane denkt den Identitätswiderspruch ge-

---

11 An Anna Witte, 18.10.1895 (in Schafarschik, 1972, S. 111).
12 Zur psychoanalytischen Identitätsforschung siehe W. Bohleber (1996), C. Rohde-Dachser (1991), G. Benedetti und L. Wiesmann (1986), K. Flaake und V. King (1995), J. Alpert (1991).
13 Hatte Freud zur gleichen Zeit den pathogenen Einfluss der Gesellschaft auf die Genese psychischer Krankheiten erkannt, so blieb doch seine eigentliche Gesellschaftskritik recht allgemein. Sicher nicht zuletzt, weil es sich bei den Menschen, von denen er seine Erkenntnis bezog, um neurotisch Kranke

sellschaftlich, nicht von einer als problematisch betrachteten Natur des Menschen her. Die Natur der Frau ist – wenn man sie sich nur entfalten lässt und nicht durch religiöse oder gesellschaftliche Dogmen ins Unnatürliche verbiegt – in sich ohne Widerspruch. Doch Natürlichkeit ist in männlich dominierter Gesellschaft eine grundlegende Gefahr. Die Angst vor dem in der Männerphantasie Gewünschten erweist sich gesellschaftlich als mächtiger. So muss gerade Natürlichkeit (in der Sprache der Frömmlerin Sidonie von Grasenabb: »wir haben uns vor Naturkultus zu hüten« [S. 160]) als Sünde verdächtigt und deshalb unterdrückt werden.[14] An ihre Stelle tritt die Unnatur des »Ehrenkultus« (»[…] unser Ehrenkultus ist ein Götzendienst, aber wir müssen uns ihm unterwerfen, solange der Götze gilt« [S. 242]). In seinem Namen muss, so Fontane (an eine Bekannte, 6.9.1895), totgeschossen und gestorben werden: »[…] wäre nicht der Ehrengötze, so lebte Crampas noch« (Schafarschik, 1972, S. 110). Hier zeigt sich eher der Identitätswiderspruch des patriarchalen Mannes, der seine natürliche Lebendigkeit in zwanghaften Ritualen tötet und – um in der leblosen Welt seelisch überleben zu

---

handelte, die als Randgruppe keine allgemein gesellschaftliche Bedeutung zu haben schienen. Ihre Leidensgeschichte wurde als persönliches Unglück angesehen. Intrapsychische Identitätswidersprüche, wie sie im ausgehenden 19. Jahrhundert u. a. im klassischen Bild der Hysterie beschrieben wurden, schienen eher mit der persönlichen Biographie verknüpft als mit der nicht lebbaren Fixierung der Frau auf die Rolle der Ehefrau und Mutter, die ihr für persönliche Bedürfnisse, für Selbstverwirklichung und ein bescheidenes Maß an Selbstbestimmung kaum Spielraum ließ. Freud, das patriarchale Gesellschaftssystem nicht infrage stellend, war dem gleichen Frauenbild, das eigentlich eine gesellschaftlich sanktionierte Männerphantasie war, verhaftet und erhöhte es in seiner Triebtheorie zur quasi biologischen Tatsache. Die Frau, das defizitäre Wesen, ohne Penis und ohne rechtes Über-Ich, konnte nur als dem Mann unterlegen gedacht und eben wegen des mangelhaften Über-Ichs mit den gefährlichen Mächten der Natur im Bunde gelten. Ein *faszinosum tremendum*. August Bebel schreibt in diesem Sinne 1883: »Im Allgemeinen dürfte darüber keine Meinungsverschiedenheit bestehen, daß gegenwärtig das weibliche Geschlecht im Durchschnitt unter dem männlichen steht […] dieser Unterschied *muß* vorhanden sein, *weil die Frau das ist, wozu der Mann als ihr Beherrscher sie gemacht hat*« (Bebel, 1895/1972, S. 152).
14 Diese Wunschphantasie ist, zum Klischee erstarrt, bei den Praeraffaeliten immer wieder zu sehen (vgl. Schuster (1978).

können – sie in der Frau gleichzeitig suchen und bekämpfen muss. Vielleicht ist der Mann gesellschaftlich längst Opfer, bevor er zum Täter wird.

Allerdings gibt es auch einen sekundären intrapsychischen Identitätswiderspruch bei Effi Briest. Er entsteht auf der Ebene der Bearbeitung der ursprünglichen Männerphantasie Fontanes. Weil es sich nicht nur um eine einfache Wunschphantasie handelt, sondern um die dichterische Gestaltung dieser Imagination, muss die Figur eingetragen werden in das reale gesellschaftliche Umfeld. Dabei wird eine Effi Briest entworfen, die sich – wenn auch recht oberflächlich – mit den moralischen, sogar den klischeehaften Vorstellungen von Mann und Frau identifiziert, sowie mit den Projektionen auf sie. In dieser Schicht ihrer Identität ergeben sich durchaus Widersprüche, z. B. zwischen ihrem bewussten Willen, ihrem Mann treu zu sein, und dem unbewussten natürlichen Wunsch nach Abenteuer und Romanze. Fontane verdichtet diese Widersprüche in der Eva/Maria-Typologie. Schon im Namen »Effi« ist Eva enthalten. Innstetten nennt Effi »seine kleine Eva« (S. 33). Auch Doktor Rummschüttel (einen »Damenmann«) lässt Fontane über Effi sagen: »Evastochter comme il faut« (S. 202 f.).

Dass Effi mit dem Eva-Klischee identifiziert ist, zeigt ihre Antwort auf Innstettens Kompliment »Du hast was Verführerisches«: »Ach, mein einziger Geert, das ist ja herrlich, was du da sagst; nun wird mir erst recht wohl ums Herz. [...] Weißt du denn, daß ich mir das immer gewünscht habe? Wir müssen verführerisch sein, sonst sind wir garnichts [...]« (S. 125). Andererseits sollen nach Innstettens Vorstellung »hohe bunte Glasfenster« das Treppenhaus der neuen Berliner Wohnung zieren: »[...] was Kirchliches, heilige Elisabeth oder Jungfrau Maria. Sagen wir Jungfrau Maria [...]« (S. 187). Die »Jungfrau Maria«-Zuschreibung enthält als Kontrapunkt jene Sprengkraft, die die Identitätswidersprüche hervortreibt. Insgesamt sind diese Widersprüche, gemessen an der »natürlichen« Identität Effis, in der Schicht des Romans bedeutsam, mit der Effi durch Identifizierung nur locker verbunden ist – der gesellschaftlichen. Immerhin ist sie repräsentiert in der Psychodynamik ihrer Depression, die durch die Lungenkrankheit als ihrem Äquivalent schließlich zum Tode führt.

2. »Verletzte Weiblichkeit« – ein Leben als Objekt

Effi gerät in die widersprüchlichen Zwänge, in denen sie Wünsche und Sehnsüchte von Autor und Leser gefangen halten. Indem sie Trägerin eines vollkommenen Bildes wird, wird sie auch auf ein Leben nach – insbes. auch »christlichen« – Bildern festgelegt (Schuster, 1978). Die so bewegenden, Autor und Leser wohltuenden Projektionen bestimmen ihre Trägerin gleichwohl zum Opfer. Eigenbewegung scheint unmöglich. Die Kindfrau Effi bleibt während des gesamten Romans denn auch eigentümlich passiv. Ihre erotische Qualität, wenn sie nicht überhaupt klischeehaft angelernt ist, erschöpft sich im narzisstisch-kindhaften Bedürfnis, bewundert zu werden. Sexuelles Begehren liegt weit ab von ihrem psychosexuellen Entwicklungsniveau. In ihrer »verletzten Weiblichkeit«[15] verbirgt sich eine leise, aber desto tiefere Tragik, denn sie, die Glücksfähige, kann – da sie als Frau unentwickelt bleiben muss – nicht lieben. Das bedeutet, dass die traurigen Verwirrungen des Romans, Unglück und Sterben, um Nichts geschehen. Ihr Ehebruch geschieht nicht aus leidenschaftlicher Liebe oder auch nur aus sexuellem Begehren. Er hat mit Liebe ebenso wenig zu tun wie ihre Ehe. Das ist das eigentlich Traurige, dass sie der Liebe nicht begegnet. Ein Prinz, der sie wachküsst, fehlt. Bezeichnenderweise gibt es für die Vatertochter keinen gleichaltrigen Mann, in den sie sich verlieben könnte. Vetter Dagobert wird entwertet, er erscheint ihr zu jung und zu »dalbrig« (S. 184; »Das Dalbrige ist nicht unsre Sache. Männer müssen Männer sein« [S. 184]); so verfängt sie sich im sekundären Widerspruch, das Klischee vom schneidigen Karriere-Mann greift (»so soldatisch und schneidig« [S. 35]). Auf einer tieferen Ebene allerdings bedeutet die versteckte ödipale Bindung Effis an den Vater für ihre Ehe mit Innstetten (der ihr Vater sein könnte), dass sie durch das Inzesttabu eigentümlich gelähmt ist. Gerade das sexuelle Erleben ist davon betroffen. Die heimlichen Paare im Roman sind denn auch Effi und ihr Vater und Innstetten und ihre Mutter. »Die Mama, ja, die hätte

---

15 Diese Charakteristik der Romanheldin in Fontanes Roman *Cécile* (Fontane, 1887/1969, S. 148) lässt sich auch auf Effi übertragen.

hierher gepaßt, die hätte, wie's einer Ländrätin zukommt, den Ton angegeben [...]« (S. 73).

Ohne Erwachen ihrer sexuell geschlechtlichen Identität, im Zwielicht verführerischer Unschuld, bleibt sie Objekt für Eltern und Ehemann. Erst indem sie im Leiden in ein Einverstandensein mit ihrem Schicksal hineinwächst, wird sie Subjekt, aber als Opfer. Würde sie aus der Projektion aussteigen, müsste sie zur einer Person werden, die erkennend und handelnd sich von der Ächtung durch die Gesellschaft distanziert. Sie müsste ihrerseits diejenigen beim Namen nennen, die sie überfallartig und wohlmeinend in eine Ehe mit einem ihr fremden, nicht geliebten Mann drängen: ihre Eltern. Sie sind es, die ihr nichtsahnend ihr nicht gelebtes Liebesleben als Vermächtnis und Delegation aufladen: »*sie* hatte es nicht sein können, nun war es statt ihrer die Tochter – alles in allem ebenso gut oder vielleicht noch besser« (S. 19). Unbekümmert um ihr eigentliches Wesen, das sie doch kennen (»Immer am Trapez, immer Tochter der Luft« [S. 8]), erwarten sie von der Ehe mit dem einstigen Liebhaber der Mutter (»ältlich ist er auch, er könnte ja beinah mein Vater sein« [S. 16]) für ihre Tochter das Glück: »[...] und wenn du nicht nein sagst, was ich mir von meiner klugen Effi kaum denken kann, so stehst du mit zwanzig da, wo andere mit vierzig stehen. Du wirst deine Mama weit überholen« (S. 18). Ohne zu zögern, steckt die »geliebte Mama« ihre Tochter in die gleiche »Zwangslage« (S. 43), die sie selber durchlitten hat. Dennoch wendet sie sich entrüstet von der erst Achtzehnjährigen ab, als diese sich durch eine Affäre zu befreien sucht. Dabei handelt es sich nicht einmal um ein sexuell motiviertes Liebesabenteuer, sondern nur um den Versuch, durch Aufregung und Bewunderung ein narzisstisches Vakuum zu füllen. Aber die Auseinandersetzung mit den Eltern findet nicht statt. Effi bleibt gehorsame, sich unterwerfende Tochter, nimmt Verurteilung und Verbannung, die doch den schmerzlichsten Einschnitt für sie bedeuten, an.

Sie hätte ebenso Innstetten, der trotz seiner Erkenntnis der Leere seiner gesellschaftlichen Stellung (»je mehr man mich auszeichnet, je mehr fühle ich, daß das alles nichts ist« [S. 292]) sich doch nur selbst bemitleidet, unfähig zur Erkenntnis eigener Schuld am Ausbruch Effis aus der Ehe mit ihm, zur Rechenschaft ziehen müssen. Seine Einsichten kreisen ausschließlich um die Frage, ob er ihr hätte verzeihen, Verjährung geltend machen können, ob er dem »Ehrengötzen« der Gesellschaft durchaus dienen und »den armen Crampas« (S. 274) hätte totschießen müssen. Kein Wort von seiner Schuld. Er versteht sich als unschuldiges Opfer, das sein Schicksal resigniert, aber tapfer trägt. Wie sehr er von Anfang an zugleich Täter ist, wird ihm nicht klar. Seiner Einsicht in das gesellschaftliche System, dem er meint gehorchen zu müssen, entspricht keine Einsicht in seine Schuld. Effi hätte ihm seinen Teil an Schuld, die schon in seiner Wahl liegt, zurückgeben müssen. Aber das konnte sie trotz ihrer Erkenntnis seines Charakters nicht: »[...] er hatte viel Gutes in seiner Natur und war so edel, wie jemand sein kann, der ohne rechte Liebe ist« (S. 299). Abgrenzung und Selbstbehauptung gegen ihn bleiben stecken, obwohl er es ist, den sie von allen Personen noch am weitgehendsten durchschaut und kritisiert (»Ich habe geglaubt, daß er ein edles Herz habe, und habe mich immer klein neben ihm gefühlt; aber jetzt weiß ich, daß er es ist, er ist klein. Und weil er klein ist, ist er grausam« [S. 280]). »Ihre Gefühlsproteste bei den härtesten Unmenschlichkeiten erhöhen sich nie auch nur zur Ahnung einer wirklichen Auflehnung gegen dieses System. Gerade dadurch erhält die Notwendigkeit ihres Zum-Opfer-Werdens eine so tiefe und ergreifende Wirkung« (Lukács, 1950/1964/1975, S. 77). Sie tritt aus der inneren Festlegung auf die Kindfrau nicht heraus und unterwirft sich, wenn auch aufbegehrend, Innstettens Urteil: »[...] wie mir hier in meinen Krankheitstagen [...] klargeworden, daß er in allem recht gehandelt« (S. 299).

Wie könnte es anders sein, bei einer Jugendlichen, die gezwungen wird, Hals über Kopf Ehefrau und Mutter zu sein? Das Erbe der Adoleszenz, ein autonomes Selbst, kann so nicht reifen, ist im Gegenteil angstbesetzt, weil es – würde es entwickelt – das von Eltern und Ehemann errichtete Arrangement gefährden müsste. Die multiplen Ängste Effis vor magischen Einbrüchen in ihr kindhaftes Leben – vor dem spukenden Chinesen (vgl. Rainer, 1982, S. 545–561), der weißen Frau, dem Grab – zeugen von der Gefahr, die eine innere Trennung von den sicheren Objekten Eltern und Ehemann bedeutet hätte. Die zugrunde liegende Gefahr, ein autonomes Selbst als Frau zu entwickeln, für das es in der Gesellschaft keine Verwendung gibt, wird dadurch abgewehrt, dass sie fremdbestimmte Kindfrau bleibt.

»Aber ich [...] ich bin ein Kind und werd es auch wohl bleiben« (S. 73). Seelisch ungetrennt von ihren Eltern, kehrt sie über den Umweg ihrer Ehe und Verbannung zu ihnen zurück, weil sie nie von ihnen getrennt war. Diese Rückkehr ist eine maligne Regression, sie dient nicht ihrem Leben, macht sie nicht gesund, sondern besiegelt ihren Untergang.

Träte sie aus der Projektion heraus, müsste sie zuletzt die selbstgerechte Unbarmherzigkeit der preußisch-christlichen Gesellschaft erkennen. Sie müsste wahrnehmen, wie diese Gesellschaft in der Unterdrückung der Frau, ihrer Entwicklung zu einem selbstbestimmten Menschen und ihrer natürlichen Lebensrechte ihr selbstgefälliges Urteil spricht. Es ginge also um die Erkenntnis, dass und wie sie in einer solchen Gesellschaft zum Opfer gemacht wird. Ihre »Zwangslage« im Verzicht auf autonomes Handeln erkennend, den ihr die gesellschaftlich einzig akzeptierte Rollenübernahme als Ehefrau abfordert, müsste sie aufbegehren und ihr natürliches Recht geltend machen. Ihr selbst aber wird nicht bewusst, was ihr Schöpfer Fontane als Voraussetzung zur Figurenkonzeption (so an Colmar Grünhagen, 10.10.1895) erkannt hat: »Der natürliche Mensch will leben, will weder fromm noch keusch noch sittlich sein, lauter Kunstprodukte von einem gewissen, aber immer zweifelhaft bleibenden Wert, weil es an Echtheit und Natürlichkeit fehlt. Dies Natürliche hat es mir seit lange angetan, ich lege nur *da*rauf Gewicht, fühle mich nur *da*durch angezogen [...]« (in Schafarschik, 1972, S. 110). Effi begreift ihren Wert nicht, der in ihrer natürlichen »Anmut« und »Herzensgüte«, ihrer Glücksfähigkeit und ihrer Lebenszugewandtheit – kurz: ihrer »schönen Seele« besteht. In entfremdetem Bewusstsein ihrer selbst bleibt sie in Klischees wie: »wir müssen verführerisch sein, sonst sind wir garnichts« (S. 125) befangen.

Sie erleidet den Widerspruch ihrer Natur zur Gesellschaft, ohne Erkenntnismöglichkeit. Auch das ist eine Form ihres Opferseins. Es ist Effi an keiner Stelle möglich, das System der gesellschaftlichen Unterdrückung zu erkennen, geschweige denn, in Distanzierung von ihm sich eigenen Lebensraum zu erobern. »Und das ist das schrecklichste, daß einem die Welt so zu ist und daß es sich einem sogar verbietet, bei Gutem mit dabei zu sein« (S. 271). Jenseits gesellschaftlicher Konvention hätte sie nur als Künstlerin eine soziale Nische erringen können – wie die Tripelli. Ihr gelingt als Sängerin, was Effi durch ihre eher dilettantische Malerei nicht möglich ist. Sie kann sich in einer von der Gesellschaft akzeptierten Außenseiterrolle etablieren. Effi dagegen fehlt für ein Leben in einer sozialen Randexistenz jede innere und äußere Möglichkeit.

Würde sie diese autonomen Schritte tun, wäre sie eine handelnde Person und würde sich als Projektionsfigur, die passiv bleiben muß, nicht mehr eignen. So ist paradoxerweise ihre Opferrolle die Bedingung dafür, dass sie die Sehnsüchte und Wünsche von Autor, Leser und Romanfiguren in sich bündelt und eine so herzbewegende Imago weiblicher Vollkommenheit darstellt. Nur als Opfer ist sie eine »schöne Seele« – auch als Leidende. Eine für die narzisstischen Bedürfnisse nicht nur ihrer Eltern und ihres Ehemannes, sondern auch ihres Schöpfers und ihrer bewundernden Leser geopferte Selbstentwicklung. Die verhinderte Entwicklung zur Autonomie, die sie folgerichtig in einer vorpersonalen, schwebenden Naturhaftigkeit festhält, ist der erschreckende Preis für die Erhaltung dieses schönen Bildes. Für Effi selbst führt sie schließlich, weil die Rückkehr zum Paradies der Kindheit den verlorenen Ort in der Gesellschaft nicht ersetzen kann, zum Untergang.

Der Widerspruch geschlechtlicher Identität entpuppt sich als Widersprüchlichkeit der Wünsche und Sehnsüchte von Autor, Leser und Romanfiguren. Sie wollen durchaus das erhebende Bild der idealen jungen Frau, deren Leben berührt und bewegt, nehmen aber nicht wahr, daß sie es sind, die paradoxerweise das Objekt ihrer Wünsche in das Schattenreich nicht lebbarer weiblicher Ideale verbannen. Auch wenn sie selbst durch ihre Projektion belebt werden, muss das Ideal sterben.

3. »Ruhe, Ruhe« – Befreiung durch Regression

Tröstlich, daß Fontane ihr, die in ihren Krankheitstagen die Kunst ausgebildet hatte, »still und entzückt auf die Natur zu blicken« (S. 284), einen Ort jenseits gesellschaftlicher Verstrickung und Schuld, auch jenseits aller Gefangenschaft in Bildern eröffnet hat. »›Ach, wie schön es war, und wie die Luft mir wohltat; mir war als flög ich in den Himmel. Ob ich wohl hineinkomme? Sagen Sie mir's Freund, Sie müssen es wissen. Bitte, bitte …‹ Niemeyer nahm ihren

Kopf in seine zwei alten Hände und gab ihr einen Kuß auf die Stirn und sagte: ›Ja, Effi, du wirst‹« (S. 287). Als Leidende und Sterbende entwickelt Effi sich – noch nicht dreißig Jahre alt – zu einem Menschen, der einverstanden ist mit seinem Schicksal, für den sich der Kreis geschlossen hat. So wächst sie über die Kindfrau hinaus, wird Subjekt im Ja-Sagen. Die Natur, das Elementare, verdichtet in den Variationen des Melusinethemas,[16] ist es letztendlich, die das gesellschaftlich Zwanghafte, das christlich Dogmatische, das Lebenmüssen in moralischen Begrenzungen, aber auch das individuell Zeitliche überwindet. Befreiung vom Eingesperrtsein in den Verstrickungen des gesellschaftlichen Lebens ist in den »freundlichen Weiten«[17] der Natur. *In der Regression erreicht sie, was ihr durch Autonomie nicht gelingen konnte: Freiheit.* Strebt die mythische Melusine sehnsuchtsvoll nach Menschwerdung, nach Teilhabe am Menschlichen, so strebt Effi, in Umkehrung dieses Motivs, nach Befreiung von menschlicher Individuation. Für ihre durch die Elemente Wasser und Luft charakterisierte Natur, kann die Erde keinen Lebensraum bieten. Sterbend findet sie die Rückkehr in ihr Element und ist frei. »Arme Effi, du

---

16 Zum Motivzusammenhang »Melusine als Mythos bei Theodor Fontane« bemerkt H. Ohl (1979): »Indem Fontane für einige seiner Frauengestalten auf Motive zurückgreift, die er in der Melusinesage vorgebildet fand, bringt er in die helle Bewusstheit seiner Romanwelt den Pol eines gefährdenden, aber zur Ganzheit des Lebens gehörenden, rational nicht auflösbaren Dunkels. Inmitten der allseits bedingten Welt der Gesellschaft, als dem eigentlichen ›Spielraum‹ seiner Romane, wird ein Element des Unberechenbaren sichtbar. Die Natur als Elementarbereich bildet den Kontrapunkt des Spontanen und Nicht-Verfügbaren innerhalb der auf Konvention und Regeln gestellten Welt« (in Koopmann, 1979, S. 304); dazu weiterhin W. Paulsen (1988).

17 M. Balint (1972) verwendet den Ausdruck »freundliche Weiten« (S. 45) zur Charakterisierung für einen Grundtyp menschlichen Erlebens; näher dazu (S. 35): Menschen, die ihr Sicherheitsgefühl »in der Vermischung mit ihren freundlichen Weiten aufrechtzuerhalten« suchen, die »Philobaten« (im Gegensatz zu den primär objektverhafteten »Oknophilen«), besetzen die »Weite« als einen Raum, in dem sie Wohlbefinden und Geborgenheit jederzeit wiederfinden können. Balint vermutet, dass diesem Erleben die Phantasie zugrunde liegt, dass die ganze Welt eine Art liebende Mutter sei, die ihr Kind sicher in den Armen hält, oder, phylogenetisch gesehen, ein strukturloses Meer, das in grenzenlosen Weiten dieselbe freundliche Umwelt bietet (S. 71). Vgl. hierzu auch J. Dyck und B. Wurth (1985, S 617–633).

hattest zu den Himmelswundern zu lange hinaufgesehen [...]. Die Sterne flimmerten und im Parke regte sich kein Blatt. Aber je länger sie hinaushorchte, je deutlicher hörte sie wieder, daß es wie ein feines Rieseln aus den Platanen niederfiel. Ein Gefühl der Befreiung überkam sie. ›Ruhe, Ruhe‹« (S. 297 u. 300). Im Einswerden mit dem kosmischen Ruf in die »freundliche Weite« verwirklicht Effi ihre Identität als »Naturkind« (S. 38), die zu leben in einer preußisch-christlichen Gesellschaft ihr nicht möglich war. Aufgenommen in die Geborgenheit primärer Liebe findet sie Ruhe.

4. Abschied vom idealen Bild

Da »Effi Briest« auf der Ebene des Zeit- und Gesellschaftsromans – »aber der Gesellschaftszustand, das Sittenbildliche, das versteckt und gefährlich Politische, das diese Dinge haben [...], das ist es, was mich so sehr daran interessiert« (Fontane, 1976–1982, Bd. 4, S. 586) – umfassend gedeutet wurde,[18] erlaube ich mir, zu der psychoanalytischen Frage zurückzukommen, weshalb die Projektionsfigur Effi, die per Definition Opfer ist, solange sie die Projektion darstellt, nicht nur leidet, sondern zuletzt auch stirbt. Mir scheint, in diesem Sterben vollzieht sich auch ein *Abschied* des alten Mannes Fontane von der Phantasie der jugendlichen Geliebten. Sagt doch Fontane (an M. Harden, 1.12.1895) selbst: »So nehme ich Abschied von Effi; es kommt nicht wieder, das letzte Aufflackern des Alten« (zit. nach Ziegler/Erler, 1996, S. 238). Es ist, als ob er sein Ideal einer Frau, das zur Seite des Archetypischen hin am reinsten in Effi Gestalt angenommen hat, aus der Welt zurücknimmt. Wenn es stimmt, dass Fontanes unbewusstes Thema die innere Auseinandersetzung mit seinem eher im Leben nicht verwirklichten Wunsch- und Sehnsuchtsbild ist,[19] dann stirbt mit Effi auch die mit ihr verbundene, vi-

---

18 Zur Forschungs- und Interpretationsliteratur siehe oben Anm. 4.

19 Fontanes Frau Emilie, die er – als sie noch ein Kind war – kennenlernt, scheint seinem Sehnsuchtsbild einer geheimnisvollen, wilden aparten Frau zu entsprechen. Gerade diese melusinenhaften Züge, zu der auch ihre »abenteuerliche« Herkunft (sie war uneheliches Kind einer Pfarrerswitwe und eines Arztes) gehört, sind es allerdings, die im Zusammenleben mit der fi-

tale Suchbewegung. Eine bis dahin motivierende Seelenkraft verödet, Leere entsteht. In diesem Zusammenhang möchte ich zu bedenken geben, dass Fontanes bedrohliche Lebenskrise, nach Fertigstellung der ersten Fassung und mit Beginn der Korrekturen am Roman 1892, mit der Trauer über diesen Abschied zu tun hat. Nicht nur seine Befürchtung, wie sein Vater im 72. Lebensjahr zu sterben, spielt eine Rolle, sondern auch dieses Herauslösen des Ich aus seinem Idealbild als belebender Kraft. Damit stirbt der Teil des Ich, der im Falle Fontanes entscheidend für sein kreatives Schaffen war. Dass er glaubt, niemals wieder schreiben zu können, was doch sein eigentliches Leben ausmacht, ist nur zu begreiflich. Solche inneren Abschiede können das Gefühl von Hoffnungslosigkeit und Leere auslösen, also depressiven Charakter haben. Fontane muss die weitere Bearbeitung des Romanmanuskripts zunächst aufgeben. Von seinem Arzt bekommt er den Rat, seine Lebensgeschichte aufzuschreiben. Er wählt nach kurzer Überlegung seine Kindheit, entschließt sich, den »autobiographischen« Roman »Meine Kinderjahre« zu schreiben: »To begin with the beginning« (Fontane, 1893/1969, S. 8–189, hier S. 7). Nach eigener Einschätzung schreibt er sich an seiner Kindheitsgeschichte gesund. Dem entleerten Ich fließt in der Hinwendung zu dem Kind, das er war, erneut Libido zu und belebt es. Im Nacherleben der durchaus glücklichen Jahre seiner Kindheit in Swinemünde findet Fontane die seelische Grundlage wieder, die ihn trägt. Als symptomatisch kann die Erinnerung gelten, wie ihn als Junge auf einer morschen Schaukel in Angst-Lust – wie Effi – das Gefühl

---

nanziell ungesicherten Existenz Fontanes eher alte Ängste bei ihr wiederbeleben. Sie drängt auf Sicherheit und Geborgenheit, um ihr Kindheitstrauma nicht zu wiederholen. Damit wird sie für Fontane das Gegenteil der Frau, die er wünschte: die realistische, nüchterne, strenge Person, die nicht nur den Namen Emilie mit seiner Mutter teilt, sondern eben auch jene Züge entwickelt, die er schon an seiner Mutter als enttäuschend erlebt hatte. Beide Ehepartner wiederholen ihre Kindheitsmuster in ihrer Beziehung zueinander, obwohl – oder besser: weil sie bewusst den Wunsch hatten, ihnen mit Hilfe des anderen zu entkommen. Wechselseitige Enttäuschung ist die Folge. Fontanes Tochter Mete wird stattdessen zur melusinehaften Figur, die – ebenso wie Effi eine Vatertochter – ihr eigenes Leben unabhängig vom Vater nicht finden kann.

durchdringt: »Dich trägt dein Glück« (Fontane, 1893/1969, S. 42). Deutlich zeichnen die Konturen seiner frühen Erfahrungen mit der realitätsorientierten, strengen Mutter und dem realitätsflüchtigen, in seinen Phantasien lebenden Vater, seine eigenen Prioritäten ab. In Identifikation mit dem Vater, den er liebt, wird er das Anekdotische, den »Plauderton« libidinös besetzen, aber auch – wie der Vater – Gelderwerb und Realitätsforderungen weniger wichtig nehmen, sehr zum Leidwesen seiner Frau. In unbewusster Wiederholung wählt er in Emilie eine Frau, die, mit der Last der Realitäten des Alltags auf den Schultern, sich von der ersehnten Melusine in eine nüchterne Hausfrau verwandelt. Ob Fontane die Wiederholung der Konstellationen der Elternehe in seiner Ehe erkannt hat, wissen wir nicht, daß er aber in der Beschäftigung mit seinen »Kinderjahren« (1893) Lebenskraft und Kreativität wieder gewonnen hat, ist gewiss. Dieser Heilungsprozess ermöglichte ihm den Abschied von der Kindheit und den Elternbildern – ein Heilungsprozess, der bezeichnenderweise Effi gerade nicht gelingen kann. Nicht zuletzt, weil ihr innere Trennung von den Eltern- und Gesellschafts-Imagines als Frau nicht erlaubt ist. Die Gesellschaft muss Autonomie verhindern, weil selbstbestimmte Frauen die vorgeschriebene Rolle verweigern könnten.

Erst nach der Trennung von der Kindheit ist Fontane die Überarbeitung von »Effi Briest« und damit der Abschied von der Jugend möglich. Ihm war im Zusammenhang mit der auch durch die Arbeit an diesem Roman ausgelösten Depression statt Regression in den Tod Kreativität und Einswerden mit sich selbst möglich. Wie für seinen Vater gilt auch für ihn: »Denn wie er ganz zuletzt war, so war er eigentlich« (Fontane, 1893/1969, S. 161). Der innere Weg ist frei für den »Stechlin«, die Gestalt des alten Mannes: der »das Beste (war), was wir sein können: ein Mann und ein Kind« (Fontane, 1898/1969, S. 390). Kein Sehnsuchtsbild, das als projiziertes nicht lebensfähig und lebensfähig kein Sehnsuchtsbild ist, also im Widerspruch gefangen bleibt, wird dargestellt, sondern eine Identität wird sichtbar, die geschlechtsspezifische Widersprüche überwunden hat. Weder gibt es intrapsychische noch intersubjektiv-gesellschaftliche Widersprüche. Menschlichkeit, Humor und Heiterkeit transzendieren sie. Der intermediäre Raum wird Gestalt. Das integrierte Selbst, wie es die Frucht eines auch an Enttäuschungen und Entbehrungen reichen Lebens sein kann, zeigt sich wie eine Sonne, die alles in ein mildes Licht taucht. »Denn er hatte die Liebe. Nichts Menschliches war ihm fremd, weil er sich selbst als Mensch empfand und sich eigener menschlicher Schwäche jederzeit bewußt war«; und: »Er hatte das […], was immer gilt und gelten wird: ein Herz« (Fontane, 1898/1969, S. 390). Dennoch geht es um Abschied, den letzten in der Kette der Abschiede, die das natürliche Leben verlangt: den Abschied von sich selbst. Noch vor dem Erscheinen des »Stechlin« stirbt Fontane – alle Abschiede sind vollzogen.[20]

So lässt sich zusammenfassend sagen, dass »Effi Briest« in einem übergreifenden Entwicklungszyklus Fontanes steht, der, ausgelöst durch seine depressive Lebenskrise während der Arbeit am Roman, zu einer Kette von Abschieden führt: dem Abschied von der Jugend und dem vollkommenen Bild der Geliebten in »Effi Briest«, dem Abschied von der Kindheit und den Elternbildern in »Meine Kinderjahre«, zuletzt dem Abschied von sich selbst im »Stechlin«. Widersprüche geschlechtlicher Identität, die in den anderen Werken fehlen, stellen sich in »Effi Briest« auf der Ebene des Gesellschaftsromans als Widersprüche von heiler Natürlichkeit der Frau und gesellschaftlicher Unterdrückung der Natur dar, wobei Fontane nicht die Gesellschaft zugunsten der Natur aufheben, sondern ihr mehr Humanität, mehr Herz abverlangen möchte. Auf der Ebene der Projektion zeigt sich der Widerspruch geschlechtlicher Identität darin, dass Effi, um ideal zu sein und die Sehnsüchte nach einem vollkommenen weiblichen Bild aufnehmen zu können, im idealen Bild gefangen ist und so das Opfer der Glückssuche von Autor, Leser und Romanfiguren werden muss. Autonomie und Eigenleben sind in dieser poetischen Konstruktion nicht vorgesehen. Gleichwohl wird das zum Opfer bestimmte Objekt erlöst von allen Widersprüchen menschlicher Bilder durch die Regression in die unendlich »freundliche Weite« der Natur. In ihr können auch Autor und Leser –

---

20 Eine weitere Klärung der Frage, ob und wie die literarische Imagination Effi als notwenige psychische Konstruktion des Autors Fontane aufgrund seiner geschlechtlichen Identität zu verstehen ist, wäre eine eigene Untersuchung wert.

nicht aber die Romanfiguren – jene Freiheit gewinnen, die ihnen ermöglicht, ihre Projektionen zurückzunehmen, weil sie keine Bedeutung mehr haben.

Literatur

Alpert, J. (Hrsg.) (1991). Psychoanalyse der Frau jenseits von Freud. Berlin: Springer.

Arnold, H. L. (Hrsg.) (1989). Theodor Fontane. Sonderband TEXT + KRITIK. München: edition text + kritik.

Aust, H. (1998). Theodor Fontane. Ein Studienbuch. Uni-Taschenbücher 1988. Tübingen und Basel: Francke.

Balint, M. (1972). Angstlust und Regression. Beitrag zur psychologischen Typenlehre. Reinbek bei Hamburg: Rowohlt.

Bebel, A. (1895). Die Frau und der Sozialismus (25. Aufl.). Stuttgart; zit. nach. Schafarschik, W. (Hrsg.) (1972). Erläuterungen und Dokumente. Theodor Fontane. Effi Briest. Universalbibliothek 8119 (S. 152). Stuttgart: Reclam.

Beckett, S. (1964). Das letzte Band. In S. Beckett: Glückliche Tage und andere Stücke. Frankfurt a. M.: Suhrkamp.

Benedetti, G., Wiesmann, L. (Hrsg.) (1986). Ein Inuk sein. Interdisziplinäre Vorlesungen zum Problem der Identität. Göttingen: Vandenhoeck & Ruprecht.

Bohleber, W. (Hrsg.) (1996). Adoleszenz und Identität. Stuttgart: Verlag Internationale Psychoanalyse.

Demetz, P. (1964). Formen des Realismus. Theodor Fontane. Kritische Untersuchungen. München: Hanser.

Denkler, H. (Hrsg.) (1980). Romane und Erzählungen des Bürgerlichen Realismus. Stuttgart: Reclam.

Dyck, J., Wurth, B. (1985). »Immer Tochter der Luft«. Das gefährliche Leben der Effi Briest. Psyche 39 (7), 617–633.

Flaake, K., King, V. (Hrsg.) (1995). Weibliche Adoleszenz. Zur Sozialisation junger Frauen. Frankfurt a. M.: Campus.

Fontane, Th. (1963). Aufsätze zur Literatur. In Th. Fontane, Nymphenburger Taschenbuchausgabe (Bd. 14, S. 107–227). Hrsg. von K. Schreinert. München: Nymphenburger.

Fontane, Th. (1887/1969). Cécile. Roman. In Th. Fontane. Nymphenburger Taschenbuchausgabe (Bd. 8). Kommentiert von K. Schreinert, A. Schreinert. München: Nymphenburger.

Fontane, Th. (1891/1969). Unwiederbringlich. Roman. In Th. Fontane, Nymphenburger Taschenbuch-Ausgabe (Bd. 10). Kommentiert von K. Schreinert und A. Schreinert. München: Nymphenburger.

Fontane, Th. (1895/1969). Effi Briest. Roman. In Th. Fontane, Nymphenburger Taschenbuch-Ausgabe (Bd. 12). Kommentiert von K. Schreinert und A. Schreinert. München: Nymphenburger.

Fontane, Th. (1893/1969). Meine Kinderjahre. Autobiographischer Roman. In Th. Fontane, Autobiographisches – Gedichte. Nymphenburger Taschenbuchausgabe (Bd. 15, S. 7–189). Kommentiert von K. Schreinert und A. Schreinert. München: Nymphenburger.

Fontane, Th. (1898/1969). Der Stechlin. Roman. In Th. Fontane, Nymphenburger Taschenbuchausgabe (Bd. 13). Kommentiert von K. Schreinert, A. Schreinert. München: Nymphenburger.

Fontane, Th. (1976–82). Briefe. Hrsg. von O. Drude, H. Nürnberger. Bd. 4. München: Hanser.

Gilbert, M. E. (1959). Fontanes »Effi Briest«. Der Deutschunterricht, 2 (2), 63–75.

Glaser, H. A. (1980). Theodor Fontane: »Effi Briest« (1894). Im Hinblick auf Emma Bovary und andere (S. 362–377). In H. Denkler (Hrsg.), Romane und Erzählungen des Bürgerlichen Realismus. Stuttgart: Reclam.

Grawe, C. (1998). »Effi Briest«. In: C. Grawe (Hrsg.), Interpretationen. Fontanes Novellen und Romane. Reclams Universalbibliothek 9721 (S. 217–242). Stuttgart: Reclam.

Greve, G. (1986). Theodor Fontanes »Effi Briest«. Die Entwicklung einer Depression. Jahrbuch der Psychoanalyse, 18, 195–220.

Günther, V. (1967). Das Symbol im erzählerischen Werk Fontanes. Bonn: Bouvier.

Härtling, P. (1964/65/1972). Warum ich nicht wie Theodor Fontane schreibe (1964/65). In W. Schafarschik (Hrsg.), Erläuterungen und Dokumente. Theodor Fontane. Effi Briest. Universalbibliothek 8119 (S. 137 f.). Stuttgart: Reclam.

Koopmann, H. (Hrsg.) (1979). Mythos und Mythologie in der Literatur des 19. Jahrhunderts. Frankfurt a. M.: Vittorio Klostermann.

Lukács, G. (1950/1964/1985). Der alte Fontane. In Preisendanz, W. (Hrsg.), Theodor Fontane. Wege der Forschung, 381 (S. 25–79). Darmstadt: Wissenschaftliche Buchgesellschaft.

Mittelmann. H. (1980). Die Utopie des weiblichen Glücks in den Romanen Theodor Fontanes (S. 47–62). Bern/Frankfurt a. M./Las Vegas: Peter Lang.

Müller-Seidel, W. (1975). Theodor Fontane. Soziale Romankunst in Deutschland. Stuttgart: Metzler.

Nürnberger, H. (1968). Theodor Fontane mit Selbstzeugnissen und Bilddokumenten. rowohlts monographien, 145. Reinbek bei Hamburg: Rowohlt.

Ohl, H. (1979). Melusine als Mythos bei Theodor Fontane. In Koopmann, H. (Hrsg.), Mythos und Mythologie in der Literatur des 19. Jahrhunderts (S. 289–305). Frankfurt a. M.: Vittorio Klostermann.

Paulsen, W. (1988). Im Banne der Melusine. Theodor Fontane und sein Werk. Berlin/Frankfurt a. M./New York: Peter Lang.

Preisendanz, W. (Hrsg.) (1985). Theodor Fontane. Wege der Forschung, 381. Darmstadt: Wissenschaftliche Buchgesellschaft.

Rainer, U. (1982). »Effi Briest« und das Motiv des Chinesen: Rolle und Darstellung in Fontanes Roman. Zeitschrift für deutsche Philologie, 101, 545–561.

Reuter, H.-H. (1968). Fontane. 2 Bde. Darmstadt: Wissenschaftliche Buchgesellschaft.

Rohde-Dachser, C. (1991). Expedition in den dunklen Kontinent. Weiblichkeit im Diskurs der Psychoananlyse. Berlin/Heidelberg: Springer Verlag.
Schafarschik W. (Hrsg.) (1972). Erläuterungen und Dokumente. Theodor Fontane. Effi Briest. Universalbibliothek 8119. Stuttgart: Reclam.
Schuster, P. K. (1978). Theodor Fontane: Effi Briest – ein Leben nach christlichen Bildern. Studien zur deutschen Literatur, 56.Tübingen: de Gruyter.
Theweleit, K. (1977). Männerphantasien. frauen, fluten, körper, geschichte. Basel/Frankfurt a. M.: Stroemfeld/Roter Stern.
Ziegler, E., G. Erler (1996). Theodor Fontane. Lebensraum und Phantasiewelt. Eine Biographie. Darmstadt: Wissenschaftliche Buchgesellschaft.

Die unsichtbaren Tränen

Psychoanalytische Gedanken zu Iwan A. Gontscharows »Oblomow«

Obwohl Gontscharow selbst seine Romanfigur Oblomow nicht zu den archetypischen Gestalten der Weltliteratur rechnen wollte, wie sie Don Quichotte, Hamlet oder Faust darstellen, besteht doch kein Zweifel darüber, daß in Oblomow eine solche gelungen ist (Hilsbecher, 1966, S. 843).[1] Er ist das Urbild des *passiven Träumers*. Gemessen an seinem *Ideal* vom Leben erscheint ihm die Wirklichkeit des Lebens reizlos. Es lohnt sich für ihn nicht einmal, das Bett zu verlassen. Im Schmerz darüber, dass das Paradies verloren ist, bleibt Oblomow während seines ganzen Lebens regressiv an die orale, nährend verwöhnende Mutter gebunden, die ihm schließlich zur wiederverschlingenden Todesmutter wird.

Eigenartigerweise haben literaturwissenschaftliche, aber auch psychologische (Rattner, 1968) Interpretationen nicht der Versuchung zu moralischen Urteilen widerstehen können. Der Roman »Oblomow« wird als »Psychogramm eines willensschwachen Psychopathen« bezeichnet (Lauer, 1980, S. 314, Dietrich, 1968). Der Romanheld selbst scheint dieses vernichtende Urteil zu bestätigen, indem er sich als »zu faul zum Leben« bezeichnet (Gontscharow, 1859/1991, S. 226).[2] J. Rattner verwendet ihn als exemplarisches Beispiel für die in der Neurosenlehre H. Schultz-Henckes als bedeutsam für die seelische Fehlentwicklung hervorgehobene Trias von Verwöhnung,

---

1 Für den Romantheoretiker Georg Lukács verkörpert die »großartig, tief und richtig erschaute Figur Oblomows« – als komplementärer Gegentyp zur *Don-Quichotte*-Figur des Cervantes – einen literarisch zentralen und historisch notwendigen Typus des Helden in der Entwicklung des neuzeitlichen Romans (Lukács, 1920/1971, S. 106 f.).
2 Seitennachweise nachfolgend unmittelbar nach jeweils zitiertem Text (Gontscharow 1859/1991). – Ich arbeite nicht mit dem russischen Originaltext, sondern mit der angegebenen Übersetzung.

Hemmung und Bequemlichkeit. Sie machen schließlich die neurotische Lebensschwäche Oblomows aus (Rattner, 1989; Schultz-Hencke, 1870). Auch F. Riemann hat in seinem Buch »Grundformen der Angst« (Riemann, 1971) auf den Zusammenhang von Bequemlichkeitshaltung, passiver Erwartung vom Leben als Schlaraffenland und Depression bei Oblomow hingewiesen. Der Ausdruck »Oblomowerei«, im Roman für das bezeichnete Syndrom schon verwandt (S. 240 ff., 492 u.ö.), konnte sogar in psychiatrische Terminologie Eingang finden (Lauer, 1980, S. 314). Eine Ausnahme stellt N. Baratoff dar. In ihrer Interpretation »Oblomov. A Jungian Approach« versteht sie Oblomow als ein literarisches Beispiel des Mutterkomplexes und seiner schwerwiegenden Folgen (Baratow, 1990).[3] W. Rehm hat in seinem Aufsatz über »Gontscharow und die Langeweile« (Rehm, 1947) – Kierkegaard aufgreifend – die Langeweile als Seelenkrankheit des Jahrhunderts bezeichnet. An ihr leidet auch Oblomow. In seiner geistes- und literaturgeschichtlichen Untersuchung stellt Rehm den Zusammenhang des Phänomens der Langeweile mit dem Verlust eines »tragenden Glaubens« her (Rehm, 1947, S. 120), wie er für die wachsende Säkularisation im 19. Jahrhundert charakteristisch ist.[4]

---

3 Eine eingehendere Auseinandersetzung mit Baratoffs Interpretation, die inhaltlich manche Überschneidungen zeigt, kann wegen der gegenüber psychoanalytischer Terminologie unterschiedlichen Begrifflichkeit Jungscher Prägung hier nicht geleistet werden. Erfassen doch Termini wie »Mutterkomplex«, »Anima« bzw. »Animusprojektion«, »Schatten« etc. z. T. andere Realitäten, als dies die psychoanalytischen Grundkategorien (wie Fixierung auf orale Modalitäten der Triebbefriedigung, orale Struktur der Objektbeziehungen etc.) tun. Inwieweit dabei ein anderes begriffliches ›Sprachspiel‹ gleiche Sachverhalte trifft, wäre eine methodenkritisch lohnende, aber hier nicht zu thematisierende Frage.

4 Die historische Perspektive ist in einer psychoanalytischen Untersuchung für den Interpretierenden eine komplizierte Aufgabe. Anders als in literaturgeschichtlicher Analyse, in der sie die vorherrschende Perspektive darstellt, gilt für den Psychoanalytiker, dass sie zugleich wichtig und unwichtig ist. Dieses hermeneutische Paradoxon rührt von einem unterschiedlichen Wirklichkeitsverständnis der Psychoanalyse her. Die Dimension der Zeitlosigkeit der Zeit ist in ihm mitgedacht, eben weil das Unbewusste keine Zeit kennt. Renate Böschenstein hat diesen Sachverhalt in ihrem Aufsatz: »Zum Verhältnis von psychoanalytischen und historischen Interpretationskategorien« (Böschenstein, 1986, S. 220–230) dargestellt. Sie schreibt dort: »In mehr-

Offensichtlich in der Absicht, der überwiegend moralischen Verurteilung Oblomows etwas entgegenzusetzen, gibt es sogar den Versuch, ihn als »Heiligen« (Louria/Seiden, 1969, S. 39–68) zu stilisieren. In einem Aufsatz zu diesem Thema weist A. Huwyler-Van der Haegen die Unhaltbarkeit dieser Interpretation nach (Huwyler-Van der Haegen, 1989, S. 57–70). Die zahlreichen, vorwiegend russischen Versionen des politisch-soziologischen Verständnisses der Gestalt Oblomows als Symbol der parasitären Gutsherrenschicht verstehen ihn weniger als individuellen Menschen denn als Vertreter einer untergehenden sozialen Welt im Umbruch von der agrarischen zur industriellen Gesellschaft (Jens, 1989, Bd. 6, S. 639). Sicher ist, dass die zeitgeschichtlich-gesellschaftliche Prägung des »unnützen Menschen«, des Nichtstuers, eine hervorragende Möglichkeit bietet, die eigentümliche seelische Lähmung Oblomows zu beschreiben, die die Folge, nicht aber der Grund einer seelischen Verwundung ist. Ihre sichtbaren Symptome – Langeweile, Passivität, Bequemlichkeit, Grübelei, Handlungsunfähigkeit, Willensschwäche, übermäßiges Schlaf- und Essbedürfnis – zehren Oblomows Leben auf. Er stirbt an ihnen, noch nicht 40-jährig; sie sind in einem buchstäblichen Sinn seine *Krankheit zum Tode*. Sieht man, wie die meisten Interpreten, in den genannten Symptomen gewissermaßen Charakterfehler, die Oblomow, wenn er nur ein bisschen mehr guten Willen hätte, durch moralische Anstrengung überwinden könnte, verkennt man den eigentlichen Charakter der ihnen zugrunde liegenden seelischen Dynamik und kommt beinahe zwangsläufig auf die Ebene moralischer Verurteilung solchen Verhaltens. Folgerichtig wird dann in der Kontrastgestalt des Freundes Stolz, der als aktiv, zielstrebig, fleißig, tüchtig, willensstark im Roman dargestellt wird, die moralisch höherwertige Person gesehen, die zeigt, wie Oblomow eigentlich

---

facher Hinsicht erfordert die Untersuchung von Entwicklungsprozessen die historische Perspektive: Wenn die psychische Individualgeschichte als solche einen Abschnitt der öffentlichen Geschichte mitvollzieht und zugleich – infolge der Zeitlosigkeit des Unbewussten – nicht mitvollzieht, so kompliziert sich dieses Verhältnis bei dem literarisch dargestellten: es verschränkt sich mit den Relationen von Zeitablauf und Zeitlosigkeit in der Psyche des Darstellenden« (Böschenstein, 1986, S. 220).

sein sollte, aber nicht ist. Auch hier orientiert sich die Interpretation an – diesmal gesellschaftlich wünschenswerten – Symptomen, ohne zu berücksichtigen, dass sie der Ausdruck einer spezifisch anderen seelischen Dynamik sind, als sie bei Oblomow vorliegt (Thiergen, 1989, S. 176).[5] Nicht Stolz ist der bessere Mensch, mag er auch im Sinne Gontscharows den Typus des »neuen Menschen« für eine neue Zeit repräsentieren. Die moralische Kategorie des »besseren« bzw. »schlechteren« Charakters geht am Verständnis der Gestalt Oblomows überhaupt vorbei. Gerade die Übersetzung »Bruchstück-Mensch« als Synonym für den Namen »Oblomow« bezeichnet sein Selbst als »Fragment«, um dessen menschliches Verständnis – nicht dessen Verurteilung – der Roman wirbt.[6]

1. Die »unsichtbaren Tränen« und die Aufgabe des Dichters

Einerseits erzählt Stolz Oblomows Geschichte einem Literaten, hinter dessen Gestalt sich der Romanautor Gontscharow verbirgt. Er soll alles aufschreiben – »vielleicht nützt es jemandem« (S. 654), sagt Stolz auf der letzten Seite des Romans. Die pädagogische Absicht der Abschreckung, die Oblomows schlechtes Beispiel bewirken soll, widerspricht andererseits der tatsächlichen Wirkung, die seine Person insgesamt auf den Leser hat.[7] Diese Doppeldeutigkeit scheint

---

5 Vgl. hier insbes.: »Oblomov [...] ist der von Gončarov vorgefundene historische Typus der russischen Lebenswirklichkeit, der die ›Bestimmung des Menschen‹ verfehlt. Diesem negativen Typus hat Gončarov als positiven Antitypus den Halbdeutschen/Halbrussen Stolz entgegengestellt, um eine Präfiguration der erfüllten ›menschlichen Bestimmung‹ auch für Russland zu schaffen« (Thiergen, 1989, S. 176).
6 Vgl. als komprimierte Einführung in die Romankonzeption – insbes. die Konzeption der Romanfiguren – auch P. Thiergens Aufsatz: »Leid- oder Leitfigur? Zu Gontscharows Roman ›Oblomow‹«. In Neue Zürcher Zeitung, 253 (31.10./1.11.1987) (Thiergen, 1987, S. 67).
7 Ich gehe hier vom heutigen Leser aus. Von diesen Überlegungen unabhängig ist natürlich die Frage der Rezeption des Romans zur Zeit seines Erscheinens. Auch wenn seine heutige Renaissance zu einem Gutteil auf der Faszination durch die *scheinbare* Gelassenheit Oblomows beruht, so meine ich doch nicht, dass der Roman in der damaligen gesellschaftlichen Situation, die

ein Strukturprinzip der Romankonzeption und des Lebensverständnisses Gontscharows zu sein und wird uns weiter beschäftigen. Überlässt man sich dem unmittelbaren Eindruck, der von Oblomow als Romanfigur ausgeht,[8] so empfindet man Sympathie, Mitgefühl, vielleicht Mitleid mit Oblomow, aber kaum Ablehnung, Ärger oder gar Verurteilung. Heute, fast anderthalb Jahrhunderte nach Erscheinen des Romans (1859), berührt Oblomows Phlegma wohltuend, wirkt auf den von Terminen gehetzten, von gesellschaftlichen

---

unter Rückständigkeit und Stagnation litt, ähnlich hätte verstanden werden können. Oder gar, dass Gontscharow ihn so hätte verstanden wissen wollen. Dennoch erfasst unser heutiges Erleben *eine* Facette der Gestalt Oblomows, deren Reiz ja ihre vielschichtige Bedeutungsvielfalt ausmacht.

8 Ich verwende hier das psychoanalytische Konzept der »Gegenübertragung«. Darin wird davon ausgegangen, dass die gefühlshafte Wirkung eines Objektes einen Rückschluss auf dieses selbst erlaubt. Das bedeutet konkret, dass die gefühlshaften Wirkungen, die von einem Objekt in einem anderen ausgelöst werden, zur Erkenntnis des Ersteren verwendbar sind. (Unter »Objekt« ist hier eine vom Subjekt unabhängige, nach eigenen Gesetzen und Regeln funktionierende Einheit verstanden; damit können sowohl Sachen als auch Personen gemeint sein.) – Die fundamentale Bedeutung, die der Gegenübertragung zur hermeneutischen Erfassung literarischer Texte zukommt, wurde auf der 19. Arbeitstagung für Literatur und Psychoanalyse vom 10. u. 11. Februar 1995 in Freiburg, die der Methodendiskussion gewidmet war, stark hervorgehoben (vgl. auch Bericht der »Badischen Zeitung« vom 13.2.1995: »Wenn des Dichters Text hartnäckig schweigt«). Überhaupt rückt in der literaturpsychologischen Diskussion das Verhältnis von Text und Leser in den Mittelpunkt gegenüber der älteren Methode der »Figurenanalyse« (vgl. Schönau, 1991, S. 102 ff.), wie ein sie hier versuche. Eingewendet wird, dass sie den fiktionalen Charakter literarischer Figuren verkenne und so tue, als handle es sich um lebende Menschen. Mir scheint im Falle der literarischen Gestalt Oblomow dieser methodische Ansatz dennoch angemessen und sachlich fruchtbar; zum einen, weil Gontscharow als Autor psychologischen Realismus intendiert; zum anderen auch deshalb, weil der Roman »Oblomow« erzählstrukturell zur Gattung des »Figurenromans« gehört (vgl. Kayser, 1956, S. 360 ff.). Gerade für »Oblomow« als »Figurenroman« (gegenüber »Geschehnisriman« und »Raumroman« als den übrigen Grundtypen des Romans) trifft zu, dass hier der Autor »aus der Figur selber und nur aus ihr die bündige Fabel für seinen Roman gewinnt« (Kayser, 1954, S. 362). Wenn also das strukturbildende Prinzip die Figur selber ist, fallen Figur und Erzählstruktur prinzipiell zusammen. Daher ist es m. E. methodisch angemessen, ja notwendig, so zu interpretieren.

und kulturellen Attraktionen getriebenen Gegenwartsleser geradezu beruhigend. Vielleicht beschleicht uns auch eine Art trauriger Neid angesichts solcher Gelassenheit. Oblomow muss nicht *dabei* sein, er hat Zeit, nichts ist wichtig. Jeder einzelne Träger von Wichtigkeit und Bedeutung – sie alle versuchen Oblomow auf den ersten 130 Seiten des Romans zu überreden, sein Bett zu verlassen, Gesellschaften zu besuchen oder mit ihnen den 1. Mai in Katharinenhof zu feiern – wird von ihm in seiner Hohlheit mit feiner Ironie entlarvt:

»›Kommen Sie doch mit! […]‹
›Nein, was soll ich dort?‹
›[…] Aber ich bitte Sie, die halbe Stadt verkehrt bei ihnen. Was Sie dort sollen? Das ist ein Haus, in dem über alles gesprochen wird …‹
›Das ist ja das Langweilige, daß über alles gesprochen wird‹, sagte Oblomow« (S. 25).

Als der Besucher, einer von vielen, gegangen ist, um weitere Besuche zu machen, resümiert Oblomow: »Zehn Besuche an einem Tag, der Unglückliche! dachte Oblomow. Und das soll ein Leben sein! […] Wo bleibt da der Mensch?« (S. 27).

Wer erwärmte sich nicht an der Gelassenheit Oblomows und wünschte nicht im Geheimen, sie selbst zu haben? Wen bewegte nicht seine Seelenbewegtheit, wenn er berührt und begeistert ist? Seinen »idealen« Lebensplan entwickelnd, sagt er zu Stolz:

»›[…] man kann leise, in Gedanken versunken, schweigend dahingehen oder laut denken, vor sich hin träumen, die Minuten des Glücks wie den Pulsschlag zählen; man hört, wie das Herz schlägt und stockt; man kann in der Natur Mitgefühl und Widerhall suchen … und ganz unmerklich zum Flüßchen hinausgehen oder auf die Felder … Das Flüßchen plätschert kaum; die Ähren schwanken im leichten Wind; es ist heiß … man kann in den Kahn steigen, die Frau steuert, kaum das Ruder hebend …‹
›Du bist ein Poet, Ilja‹ unterbrach ihn Stolz.
›Ja, ein Poet des Lebens, weil das Leben Poesie ist […]‹« (S. 237).

Wer wünschte sich nicht, in solcher Unmittelbarkeit erleben zu können? Sich auf den Schwingen der Phantasie in die Lüfte geglückten Lebens tragen zu lassen?

Aber auch Oblomows Lebensschwäche, seiner seelischen Lähmung gegenüber empfindet man Mitgefühl und Mitleid, aber keine Verurteilung. Wiederum dem Freund Stolz gegenüber spricht Oblomow von seinem rätselhaften Empfinden, aus dem Leben herausgefallen zu sein, im Rückzug von der Welt still und unmerklich zu »verlöschen«:

»Weißt du, Andrej, in meinem Leben hat niemals ein Feuer gelodert, weder ein erlösendes noch ein vernichtendes. [...] – mein Leben begann mit dem Verlöschen. Merkwürdig, aber es ist so! [...]; ich war am Verlöschen und verschwendete Leben und Geist an Nichtigkeiten [...]. Entweder habe ich dieses Leben nicht verstanden, oder es taugt überhaupt nichts; aber etwas Besseres habe ich nicht gekannt, nicht gesehen, hat mir niemand gezeigt« (S. 244 f.).

Wen beschliche nicht gelegentlich angesichts seiner eigenen Lebensbilanz ein Gefühl von Nichtigkeit und auf wessen Leben fielen nicht die langen Schatten der Enttäuschung am Leben? Dennoch wird in Oblomows Bekenntnis ein Lebensthema deutlich, das so nicht von allen Menschen geteilt wird: das »Verlöschen« des Lebens von Anfang an. Sein Leben verkümmert in der Blüte, eine Entfaltung zur Blume hat es nicht gegeben, ihre Entwicklung wurde schon im Keim erstickt. Es ist sicher richtig, hier die Diagnose *Depression* zu stellen. Ihre Symptome, besonders auch die Schlaf- und Esssucht, sind sichtbare Entsprechungen dafür. Allerdings unterscheidet sich Oblomow von anderen darin, dass ihm seine innere Ausweglosigkeit bewusst ist, wenngleich ihm dieses Wissen ebensowenig hilft wie Appelle zur Aktivität oder ätzende Selbstanklagen. Treffend schreibt W. Rehm: »Es ist ein stiller, gleichwohl erschütternder Untergang an sich selbst, an der grenzen- und ziellosen Weite seines müßiggängerischen Wesens, seines träumerischen, dann mehr und mehr animalisch vegetierenden, apathischen Nichts-Tuns. Der ewig ruhende, im Bett liegende, ›Nichts‹-tuende Oblomow ist ein verlorener Mensch, der wirklich sein höheres Menschentum, seine geistigen Möglichkeiten, seine Zeit verloren hat und es müde abwehrt, wenn man ihn an all dies erinnert« (Rehm, 1947, S. 126). Der Name »Oblomow« fasst in den Übersetzungsvariationen »Bruchstück«, »Fragment«, »Ruinenrest«, »Trümmerstück«, »Wrackteil« (Thiergen, 1989, S. 177) wesenhaft zusammen, wer er ist. Er selbst charakterisiert sich ebenfalls schonungslos, wenngleich mitfühlender mit sich selbst und dem Leid, dem stillen, tödlichen Seelenhintergrund seines Lebens: »Ja, ich bin ein schäbiger, alter abgetragener Kaftan [...], weil zwölf Jahre lang das Licht in mir eingesperrt war, das einen Ausweg suchte, aber nur sein Gefängnis verbrannte, statt in die Freiheit zu gelangen, und dann verlosch« (S. 245 f.).

Diesen verstehenden – nicht verurteilenden – Zugang zur Gestalt und zum Leben Oblomows legt Gontscharow im Roman selbst dem Leser und damit auch seinen Interpreten ans Herz. Er intendiert ein Verständnis dieses »Bruchstück-Menschen«, das ihn nicht aus der »Menschlichkeit« als psychopathisch ausgliedert. Im Gegenteil, auf einer tieferen Ebene soll der Leser gerade in Oblomow als »verlorenem Menschen« seiner selbst ansichtig werden. Nicht im Sinne eines Identischseins mit ihm, sondern im Sinne einer Identifikation, die zur Erkenntnis eigener Bruchstückhaftigkeit führen kann, so, als wollte Gontscharow mit Oblomow sagen: *ecce homo – seht den Menschen!*

Im Gespräch mit einem seiner Besucher, dem Literaten Penkin, der ihm seine schriftstellerischen Ambitionen vorstellt, antwortet Oblomow in diesem Sinne:

»»Weshalb strengen sich die Schriftsteller eigentlich so an? Aus Spaß vielleicht, daß man sich irgend jemand vornehmen und getreulich abkonterfeien kann? Aber Leben ist nirgends zu finden: weder Verständnis noch Mitgefühl dafür [...]. Einzig und allein Selbstgefälligkeit. Da schildern sie Diebe und gefallene Frauenzimmer, wie man sie auf der Straße jagt und ins Gefängnis abführt. In ihren Erzählungen sind nicht die »unsichtbaren Tränen«[9] zu spüren, sondern nur offensichtliches grobes Gelächter und Wut ...‹

---

9 Die »unsichtbaren Tränen« sind zugleich Zitat aus Nikolai Gogols Roman »Die toten Seelen« (Moskau 1842). So bemerkt der Ich-Erzähler des Romans als »Schriftsteller« (entgegen »dem strengen Gerichte seiner Zeitgenossen, dem heuchlerischen, gefühllosen Gerichte, das die von ihm gepflegten Schöp-

›Wessen bedarf es noch mehr? […] gallige Jagd auf das Laster und verächtliches Lachen über den gefallenen Menschen … das ist alles!‹

›Das ist nicht alles!‹ sagte Oblomow plötzlich entflammt. ›Stellt einen Dieb, ein gefallenes Frauenzimmer, einen aufgeblasenen Dummkopf dar, aber vergeßt darüber den Menschen nicht. Wo bleibt denn die Menschlichkeit? […] Streckt einem gefallenen Menschen die Hand entgegen, um ihn aufzuheben, oder weint bitterlich um ihn, wenn er zugrunde geht, aber spottet nicht. Liebt ihn, denkt an euch selbst in ihm und behandelt ihn wie euch selber, dann werde ich euch lesen und vor euch das Haupt neigen …‹

›Einen Wucherer, einen Heuchler, einen diebischen oder stumpfsinnigen Beamten lieben? Hören Sie, was soll das? […] Nein man muß sie strafen und aus der bürgerlichen Umwelt, aus der Gesellschaft verstoßen …‹

›Aus der bürgerlichen Umwelt verstoßen!‹ rief Oblomow plötzlich begeistert und richtete sich vor Penkin auf. ›Das heißt vergessen, daß in diesem unwürdigen Gefäß ein höheres Prinzip wohnt, daß er zwar ein verderbter, aber immer noch ein Mensch ist, das heißt wie wir selber. Verstoßen! Und wie wollt ihr ihn aus dem Kreis des Menschengeschlechts, aus dem Schoß der Natur, aus der Barmherzigkeit Gottes verstoßen?‹ schrie Oblomow geradezu flammenden Auges« (S. 36 f.).

Hier entfaltet Gontscharow seine Auffassung wirklichen Schriftstellertums: seine (im Rückgriff auf das Gogol-Zitat entfaltete) Dichtungstheorie der »unsichtbaren Tränen«, und er gibt darin gleichzeitig den Schlüssel zum Verständnis Oblomows: »Liebt ihn, denkt an euch selbst in ihm […]«.[10] Vergesst bei euren Urteilen sein

---

fungen niedrig und nichtig nennt«) zur Darstellung seiner Romangestalten – erzählpoetologisch programmatisch wie mitmenschlich empathisch: »Für lange noch muß ich Hand in Hand mit meinen sonderbaren Helden gehen, lange noch muß ich sie durch's schwerbelastete Leben, durch eine Welt des sichtbaren Gelächters und der *unsichtbaren Tränen* führen!« (Gogol, 1846/1977, S. 189); Hervorhebung von mir, H. R.

10 Damit soll nicht dem Missverständnis Vorschub geleistet werden, der Autor Gontscharow sei identisch mit Oblomow als literarisch-fiktiver Gestalt. Anders als seine Romanfigur führt Gontscharow vielmehr ein vielfältig tätiges Leben: als Beamter, Schriftsteller Literaturkritiker und Reisender. Dennoch wird Gontscharow Gefährdungen der eigenen Psyche und Aspekte eigenen Erlebens in *Oblomow* gestaltet haben. Wie anders könnte ein solcher Wurf wie *Oblomow* gelingen?

verborgenes Leid nicht! Auch hier begegnet die Doppeldeutigkeit von Wirklichkeitsverständnis und Erzählkonzeption als Strukturprinzip: sichtbar Bruchstückhaftes erscheint mit dem Ganzen verknüpft in den »unsichtbaren Tränen« einerseits und dem »Kreis des Menschengeschlechts« andererseits. Demgegenüber bleibt die eindimensionale Verurteilung des Schwachen – das »weg mit ihm, kreuzigt ihn!« – nur Karikatur des Verstehens.

2. »Einen Stein lebendig machen« – Heilung durch Liebe

Dennoch erlebt der Leser auch Gefühle der Verurteilung, Ablehnung, des Ärgers im Roman. Sie gelten dem groben Betrüger Tarantjew und dem verschlagenen »Brüderlein«, Ärger gilt auch dem literarischen Wichtigtuer Penkin. Sie und andere sind die negativen Gestalten, die sich um einen »guten Menschen« notwendigerweise versammeln.[11] Reflektieren sie doch das in der Figur des »guten« Oblomow ausgesparte Aggressiv-Böse, das Listig-Schmarotzerhafte. Sie sind Projektionsträger für seine »reine« Seele. Als solche sind sie komplementäre Figuren. Im Sinne des Ganzen gehören die selbstlos Guten mit den sie ausnutzenden Schmarotzern zusammen. Also die Oblomows mit dem Tarantjews. Oblomow selbst »sorgt« mit seiner Weigerung, eine Vorstellung vom »Bösen« zu entwickeln, dafür, daß aussaugende, betrügerische Menschen Macht über ihn bekommen, die er nicht durchschaut. Tarantjew und »Brüderlein« stecken den Gewinn aus seinem Gut in die eigene Tasche, erpressen Oblomow und lassen ihn verarmen. In dieser Situation, der sich Oblomow hilflos ausgesetzt fühlt, tritt Stolz als sein Retter auf. Er entlarvt die beiden Schmarotzer, setzt einen verlässlichen Verwalter auf dem Gut ein und verhilft Oblomow zu seinem Geld.

---

11 Natürlich ergibt sich aus der Zeichnung der Negativfiguren (z. B. der Besucher) nicht, dass Oblomows Lebensentwurf positiv ist. Auch ist Oblomow kein selbstlos Guter, er *ist* es ja gerade nicht, sondern es *erscheint* nur so auf Grund seiner Unfähigkeit, aktiv ins Leben einzugreifen. Ebenso ist gerade sein idealisierter Lebensplan ein Grund für sein Scheitern.

Auch der Retter Stolz und das Opfer Oblomow sind ein aufeinander bezogenes, komplementäres Paar. Progressive und regressive Rollen sind polarisiert in Ohnmacht und Macht, eine Gleichwertigkeit der Partner kann es daher nicht geben. Oblomow appelliert durch seine offensichtliche Hilflosigkeit an die Hilfsbereitschaft von Stolz, dessen Kompetenz und Macht. Und Stolz lässt sich durch diesen Appell in die Rolle des Unterstützenden, »die Sache in die Hand« Nehmenden manipulieren. Begonnen hatte diese »kollusive« Beziehung[12] zwischen den Freunden schon während ihrer Schulzeit, als Stolz die Schularbeiten für Oblomow erledigt. Dieses Verhältnis von Hilflosigkeit des einen und Kompetenz des anderen ist gerade der Grund dafür, dass Oblomow durch Stolz nicht gerettet wird, sondern im Gegenteil sein in Hilflosigkeit untergegangenes Selbst weiter an Wert verliert. Seine Bruchstückhaftigkeit wird bestätigt und nimmt zu, während seine Selbstachtung abnimmt. Nicht dass Stolz hätte anders handeln können. Er tut das, was unter Freunden üblich ist, er hilft ihm und sichert Oblomow das reale Überleben. Dennoch wird Stolz das Opfer des Opfers Oblomow. Er lässt sich von dessen oralen Verwöhnungsansprüchen, die ihm nach seiner Auffassung als Gutsherren zustehen und die sowohl in seinem neurotischen als auch in seinem standesbewußen Selbstverständnis verankert sind, verführen. Statt Oblomow zu eigener Verantwortung für sein Leben zu motivieren, nimmt er ihm die Last ab. Stolz, der doch vieles durchschaut, lebensklug und sensibel genug ist, kann hier den wahren Sachverhalt nicht erkennen, weil Oblomow ihn idealisiert. In beinahe kindlichem Vertrauen liebt er ihn. Sein Erscheinen erlebt er als den einzigen Lichtblick, als Rettung vor allen Angriffen des Lebens. Der Freund ist die moralische Autorität für ihn. Beiden Freunden wird nicht bewusst, dass Oblomow sich durch diese Idealisierungen jeder wirklichen Auseinandersetzung mit dem Freund entzieht, die eben gerade auch seine Frustration darüber einbeziehen müsste, dass er sich ihm so unendlich unterlegen fühlt. Neid und Ärger auf den Alles-Könner

---

12 Zur »Kollusion« als Beziehungsmuster vgl. Jörg Willis »Analyse des unbewußten Zusammenspiels in Partnerwahl und Partnerkonflikt« (»Kollusions-Konzept«) in seiner Untersuchung »Die Zweierbeziehung. Spannungsursachen – Störungsmuster – Klärungsprozesse – Lösungsmodelle« (Willi, 1975).

erlebt Oblomow nicht, sie gehen in der Idealisierung unter, erstehen aber personifiziert in den Antifreunden und Pseudohelfern Tarantjew und »Brüderlein« wieder auf. Sie leben stellvertretend für Oblomow Neid und Ärger, allerdings ist er auch ihr Objekt.

Wie in jeder in Extreme polarisierten Beziehung kehren sich auch bei den so aufeinander bezogenen Freunden Stolz und Oblomow die offensichtlichen Rollen auf einer nicht gleich ins Auge springenden Ebene um. Letztlich erweist sich der hilflose und hilfsbedürftige Oblomow als der Mächtigere. Aber nur Stolz erfährt die Macht des Hilflosen, während sie Oblomow unbewusst bleibt. Alle Rettungsversuche Stolz' werden von Oblomows seelischer Konfliktdynamik zunichte gemacht. In ihrem Mittelpunkt steht seine zentrale Angst, in einer »kalten« Welt nicht geschützt, genährt und geborgen zu sein und dieser Erfahrung hilflos gegenüber zu stehen. »Nicht zu nahe, nicht zu nahe, Sie kommen aus der Kälte« hatte er jedem seiner Besucher entgegengehalten (S. 22 u. ö.). Die Welt erscheint ihm als kalte, graue Wüste, in der zu leben nicht lohnt. Sie nährt und wärmt ihn nicht. Beziehungen sind wegen ihrer »Kälte« enttäuschend, Aufgaben nichtig und sinnlos. Einzig Stolz bleibt als idealisiertes Objekt erhalten. »Nach seinem Herzen war nur *ein* Mensch [...], und Oblomow, obwohl freundlich zu jedermann, liebte dennoch nur ihn allein aufrichtig, vertraute nur ihm allein blindlings [...]. Das war Andrej Karlowitsch Stolz« (S. 55).

Während des gesamten Romans fällt auf diesen Freund kein Schatten der Enttäuschung, er ist nicht wie die übrige Welt von Entwertung bedroht. Wenigstens *einen* Menschen konfliktfrei idealisieren zu können, bedeutet für Oblomow, der tragenden Hoffnung, die Welt sei doch nicht ganz schlecht, nicht verlustig zu gehen. Dem Moloch der Entwertung, der sein Selbst und die Welt verzehrt, kann wenigstens *eine* Idealisierung Einhalt gebieten. Das ist für Oblomow, dessen Leben von dem unerträglichen Gefühl der Enttäuschung an sich selbst und an der Welt erdrückt wird, die wichtigste Funktion dieser Freundschaft. Für Oblomow ist sie in der Belebung spürbar, die er in Stolz' Gegenwart erfährt; für Stolz erscheint diese seine wichtigste Bedeutung für den Freund nicht bewusst. Er verspricht sich eine Heilung Oblomows von seinen Aktivierungsideen, die dieser aber ängstlich abwehrt:

Die unsichtbaren Tränen 149

»Du mußt aus diesem Dauerschlaf erwachen.«
»Ich habe es früher versucht, es ist mir nicht gelungen, und jetzt ... weshalb?«
»[...] Du brauchst körperliche und geistige Gymnastik.«
»Nein, Andrej, das alles würde mich schrecklich ermüden [...]« (S. 226).

Immerhin läßt sich Oblomow zu Ausflügen, Theaterbesuchen und Gesellschaften überreden. Es gelingt Stolz sogar, eine Begegnung mit der attraktiven Olga herbeizuführen. Seine initiale Idee, in die er auch Olga einweiht, soll ein weiterer Rettungsversuch sein. Er beauftragt Olga, Oblomow aus seiner Passivität und Lethargie zu reißen, ihn nicht zur Ruhe kommen zu lassen, ihn mit Leseaufgaben, Theaterbesuchen und geselligen Veranstaltungen in Bewegung zu halten. Stolz delegiert während seiner Abwesenheit also die Therapie an Olga. Diese Konstellation, bei der die Rollen wieder klar polarisiert sind in Retterin und zu Rettendem, bildet sowohl das Motiv für die beginnende Liebesbeziehung zwischen ihnen als auch für ihr Scheitern. Liebesgrund und Trennungsgrund erweisen sich als identisch.

Olga verliebt sich in Oblomow, *weil* sie ihn heilen will. Die Größe ihrer Aufgabe ist proportional zu dem narzisstischen Gewinn an Selbstwert, den sie erfährt. Ihre Macht, ihn retten zu können, ihn für das Leben zurück zu gewinnen, verführt sie zu dieser Beziehung. Den Reiz einer außergewöhnlichen Bedeutung verleiht ihr die Helferrolle, die ihr noch jugendliches Selbst stärkt und mit einer Wichtigkeit ausstattet, die weit über das hinaus geht, was in einer »normalen« Liebesbeziehung unter gleichwertigen Partnern möglich wäre.

»Sie warf von Zeit zu Zeit einen tiefen Blick auf ihn, las ihm den schlichten Sinn seiner Gedanken von der Stirn ab und dachte: Mein Gott! Wie er mich liebt! [...] Und sie freute sich darüber und war stolz auf diesen Mann, der durch ihre Kraft bezwungen ihr zu Füßen lag!« (S. 317).

Olga ist verliebt in die ungeahnten Möglichkeiten ihrer Macht. Das Adjektiv »stolz« führt vor Augen, dass sie die Delegation angenommen hat: Sie ist »Stolz«, ausgestattet mit seiner Macht, Aktivität, Stärke und mit seinem Willen, die Lebensbehinderung Oblomows zu bezwingen. Seine Heilung liegt in ihren Händen. Zunächst hat es den Anschein, als ob Olga ihr Ziel erreichen würde. Oblomow erblüht zu neuem Leben. Mit ihm freut sich die ganze Natur. Seine Depression ist verflogen, der alte abgetragene Chalat[13] einem »gutgeschneiderten Rock« (S. 251) gewichen. Oblomow ist durch die Liebe ein »neuer Mensch« geworden, er erscheint gerettet. »Jetzt aber hatten sowohl der Tag als auch die Nacht, jede Morgen- und Abendstunde ihre eigene Gestalt angenommen und glänzten entweder in allen Farben des Regenbogens oder waren farblos und düster, je nachdem, ob sie von Olgas Anwesenheit ausgefüllt waren oder ohne sie verstrichen […]« (S. 315).

Diese Verwandlung kommt einer Auferstehung von den Toten gleich, und so erlebt Oblomow sie auch: »Er war plötzlich von den Toten auferstanden. Auch sie erkannte Oblomow nicht wieder: das mürrische und verschlafene Gesicht hatte sich in einem Augenblick verwandelt, die Augen weiteten sich, auf den Wangen spielten rote Flecken, die Gedanken gerieten in Bewegung, in den Augen blitzten Wünsche und Wille. Auch sie erkannte in diesem stummen Mienenspiel, daß Oblomow mit einem Schlag ein Lebensziel erschienen war« (S. 311).

Nun könnte die Geschichte nach dem Muster »und wenn sie nicht gestorben sind, dann leben sie heute noch glücklich und zufrieden« zu Ende sein. Aber das würde der inneren Dynamik des wirklichen Lebens, wie Gontscharow sie erkennt und gestaltet, widersprechen. Der Dichter »muß mit ruhigem, klarem Blick das Leben und die Menschen insgesamt überschauen«, fordert Gontscharow schon in seinem früheren Roman »Eine alltägliche Geschichte« (Gontscharow, 1847/1991, S. 220); erst diese Fähigkeit unterscheide den Literaten vom Dichter. Zum »Insgesamt« des vom Romandichter zu überschauenden Lebens gehört u. a. das, was die Psychoanalyse als »Wiederkehr des Verdrängten« bezeichnet. Gemeint ist, dass im seelischen Leben nichts einfach verschwindet, auch wenn es auf der Oberfläche des Erlebens im Augenblick so erscheint, sondern dass im Gegenteil die alten Wünsche, die auf sie bezogenen alten Ängste und Enttäuschungserwartungen, sowie die alten Versuche, sie zu

---

13 Zur Symbolik der Kleidung, insbes. Oblomows Schlafrock, vgl. Thiergen, 1991, S. 465–477.

bewältigen, im Unbewussten einen Auftrieb entwickeln, der sie in Konfliktsituationen wieder an die Oberfläche des Erlebens bringt. Wollte man dieser Dynamik einen Sinn zuschreiben, so könnte man sagen, die verborgenen Konflikte erscheinen wieder, weil sie nur so eine umfassendere Entwicklung der Person und ihrer Lebensmöglichkeiten anstoßen können.

Schon während der Phase ungetrübten Glücks meldet sich die Stimme des Verdrängten. Zuerst zaghaft, später, als die Verliebtheit umgesetzt werden soll in eine verpflichtende Beziehung, mit alter Kraft und verlangt nach Bewältigung. Oblomow überfallen Zweifel an der Liebe Olgas. Letztlich glaubt er nicht daran, geliebt zu werden und selbst zu lieben. In seinen Zweifeln offenbart sich Oblomow außerdem die schmerzliche Wahrheit der Beziehung Olgas zu ihm: »Sie selber hätte ihn gar nicht bemerkt: Stolz hatte auf ihn hingewiesen, das junge eindrucksvolle Herz mit seiner Anteilnahme angesteckt, dann stellte sich Mitleid mit seiner Lage ein, das selbstgefällige Verlangen, den Schlaf aus seiner trägen Seele zu verscheuchen und diese dann allein zu lassen. [...] Mehr ist und war niemals da! [...] Er schaute wieder in den Spiegel. ›Solche wie mich liebt man nicht!‹ sagte er« (S. 330).

Die Wiederkehr seines in der Verliebtheit nicht gespürten Grundgefühls von Wertlosigkeit (»solche wie mich liebt man nicht«) steigt schon bald als bange Ahnung in ihm auf. Er sieht sich als Objekt des »selbstgefälligen Verlangens«, den »Schlaf aus seiner trägen Seele zu verscheuchen«, und erkennt, dass es für Olga um narzisstischen Wertzuwachs geht, der die »Liebe« für sie so verführerisch macht, aber nicht um ihn. Würde sie ihr Ziel erreichen, hätte sie sich überflüssig gemacht und müsste ihn verlassen.

Noch hat Oblomow nicht die Kraft, seine Erkenntnis der Wahrheit in eine Trennung umzusetzen. So nimmt das Verhängnis, das schließlich doch in einer Trennung enden muss, seinen Lauf. Beide verfangen sich in einer narzisstischen Kollusion. In ihr ist Olga als narzisstischer Partner mit den Idealvorstellungen, die Oblomow in ihr verwirklicht sieht, identifiziert. Dadurch erlebt sie sich entscheidend aufgewertet und kann sich als Retterin grandios fühlen. Oblomow dagegen ist als »Komplementärnarzisst« erfüllt von dem Wunsch, schwärmerisch in Olga aufzugehen. Präfiguriert ist dieses

Muster in seinem »Lebensideal« schon lange, bevor er Olga kennengelernt hat. Im Idealbild einer glücklichen Beziehung, das er Stolz entwirft, sieht er sich selbst in einen »Kahn« steigen, den »die Frau steuert, kaum das Ruder hebend« (S. 237). Wie selbstverständlich gleitet er in die passive Rolle, lässt sich steuern, gibt das Ruder aus der Hand, dem Augenblick hingegeben, der nur im Sich-Tragen-Lassen erfüllt erträumt wird, während seine Partnerin dem gemeinsamen Boot Richtung gibt, es auf kaum merkliche Art steuert. Das ist seine Beziehungsphantasie. Autonomie und aktives Handeln sind darin nicht enthalten. Ganz im Gegensatz dazu sieht Olga in ihrer Beziehungsphantasie einen Oblomow, den sie heilen und damit in die Lage versetzen will, selbst das Ruder in die Hand zu nehmen und den Kahn des Lebens zu steuern. Aber will Oblomow überhaupt geheilt werden, wenn diese Heilung bedeuten würde, sein Lebensideal der Ruhe, des Sich-Tragen-Lassens aufzugeben und durch ein Ideal der Aktivität und Arbeit – das Ziel Olgas – zu ersetzen? Das hatte er nie vor, ist gerade in seinen idealsten Lebensentwürfen nirgends enthalten. Sein mangelndes Selbstwertgefühl hindert ihn ebenso daran wie seine Identifikation mit dem passiven Leben der Eltern, einen solchen Anspruch an sich selbst zu stellen. Er tritt ihn an Olga ab. Sie wird Trägerin seines Ideals einer Frau, die beider Lebenskahn lenkt, ihn versorgt und darüber hinaus seelisch-erotische Begeisterung erweckt. Er wird alle Freuden dankbar genießen, die sie ihm bereitet, und, mit ihr und durch sie beglückt, sich der Poesie des Lebens hingeben. So scheint er vor den Anforderungen der Welt, die er als Angriffe erlebt, wirksam geschützt zu sein. Gerade diese Weigerung aber verhindert seine Entwicklung von passiver Abhängigkeit zu Autonomie und Akivität. Die Wiederkehr des Verdrängten verhilft hier nicht zur Weiterentwicklung.

Oblomows hellsichtiger Zweifel – von ihm im Brief an Olga ausgeführt – wird von ihr irrtümlich als Beweis seiner und ihrer Liebe uminterpretiert. Denn auch sie ist noch nicht bereit, ihrem vorbewussten Wissen zu glauben. Seine Hoffnung, doch noch geliebt zu werden, entflammt erneut. Sie trifft ihn an seiner schwächsten Stelle. Für einen Augenblick erliegt er Olgas Logik, als sie die »Unerlässlichkeit« eines ihr von ihm übersandten Briefes so begründet: »[...] deshalb, weil in diesem Brief, wie in einem Spiegel, Ihre Zärtlichkeit, Ihre Bedachtsamkeit, Ihre Sorge um mich, die Angst um mein Glück, Ihr reines Gewissen zum Ausdruck kommen ... [...] Sie haben sich, ohne es zu wollen, in diesem Brief offenbart: Sie sind kein Egoist, Ilja Iljitsch [...]. Die Ehrlichkeit hat aus Ihnen gesprochen [...]! Sehen Sie, ich weiß, weshalb ich Sie liebe, und fürchte keinen Irrtum: ich irre mich in Ihnen nicht ...« (S. 348 f.).

Diese Worte sind Balsam für sein durch Entwertung gekränktes Selbst, er ist zutiefst berührt. Selbstachtung und narzisstisches Gleichgewicht stellen sich her, allerdings – und das bleibt der Pferdefuß – in Abhängigkeit von der Spenderin. Sie sind nur Möglichkeiten des Erlebens, wenn er wie an einem Tropf mit der Geberin verbunden ist, fallen aber sofort in ihr Gegenteil zusammen, wenn der Tropf abgehängt wird. Dieses Abhängigkeitsgefühl fasst Oblomow in das Bild: »ich bin wie eine Maschine [...]. Du bist das Feuer und die Kraft dieser Maschine« (S. 464).[14] Er macht damit nicht den geringsten Fortschritt in Richtung Heilung. Olgas Liebe wirkt wie eine Droge.

»Und er, er war die Ursache alles dessen! Durch eine Regung seines ehrlichen Herzens hatte er in ihrer Seele dieses Feuer, diese Erregung, diesen Glanz geschleudert [...]. ›[...] und dieser Augenblick, der schönste meines Lebens, als mir eine Frau zum erstenmal sagte, wie eine Stimme vom Himmel war's, daß etwas Gutes an mir sei [...]‹« (S. 349 f.).

Oblomow, der eben noch in den Abgrund der Wahrheit gestarrt hatte, sieht sich der Heilung, wie er sie ersehnt, durch die Liebe von der Qual der Wertlosigkeit seines Selbst erlöst zu werden, nahe. In der Verschmelzung mit dem idealisierten, guten Objekt kann er sich selbst gut und wertvoll erfahren. In diesem Glückszustand sind auch Welt und Leben wieder heil – und er ruft aus: »Mein Gott! Wie schön ist doch das Leben auf dieser Welt!« (S. 351).

---

14 Selbst die Darstellung von Oblomows Tod rechtfertigt das Bild der »Maschine«: »[...] die ewige Stille und das träge Dahinkriechen von einem Tag zum anderen hatten die Maschine seines Lebens zum Stillstand gebracht. Ilja Iljitsch war allem Anschein nach ohne Schmerzen, ohne Qualen verschieden, wie eine Uhr stehenbleibt, die man aufzuziehen vergessen hat« (S. 644).

So wird die entscheidende Wende, in der die Wiederkehr des Verdrängten sich nicht mehr abweisen lässt, nicht durch *Erkenntnis* herbeigeführt, sondern durch *Inszenierungen* im Fortgang der Geschichte.

Oblomow sollte nun, da die Beziehung in eine verpflichtende Phase getreten ist, an Hochzeit gedacht und eine gemeinsame Zukunft geplant wird, seine Angelegenheiten ordnen, also aufs Gericht fahren, sein Dorf Oblomowka besuchen, sein Wohnhaus umbauen, d. h. sich mit den Realitäten auseinandersetzen – nicht nur planen, sondern auch handeln. Genau diese Forderung ist das Nadelöhr, durch das die Wiederkehr des Verdrängten sich ins Leben einfädelt. Oblomow begegnet seiner mangelnden Kenntnis der Realität und bekommt Angst. Dringenden Entscheidungen gegenüber, die sein Gutsverwalter anmahnt, grübelt er: »Aber woher soll ich wissen, was vonnöten ist …? […] Nein, ich habe Angst […] Eine Vollmacht soll ich ihm ausstellen und aufs Gericht laufen, um sie beglaubigen zu lassen … was der alles haben will! Und ich weiß nicht einmal, wo das Gericht ist und wie man dort die Tür öffnet« (S. 353).

Tatsächlich hat Oblomow von nichts, was die realen und finanziellen Grundlagen seines Lebens, die Bewirtschaftung seines Gutes betrifft, eine Ahnung. Statt sich aber Kenntnisse anzueignen, Fähigkeiten zu erwerben, überfällt ihn Angst. Angst, nichts zu können und aus dieser Erfahrung Konsequenzen ziehen müssen: zu lernen und die Kränkung, nichts zu wissen, auszuhalten, sich mit weniger perfekten Lösungen zufrieden zu geben, als sie sein unter dem Anspruch der Perfektion ausgedachter Plan vorsieht. Mit einem vielfältigen Repertoire an Abwehrstrategien versucht er, sich aus der Schlinge zu ziehen. Er beteuert zwar, für Olga jedes Opfer bringen zu wollen, sogar für sie zu sterben, aber dazu, das Nächstliegende zu tun, ist er nicht bereit. Er redet sich in pathetische Liebesopfer herein, die jeder realen Grundlage entbehren, um seine tiefen Zweifel an sich selbst zu verbergen. In geheimen Größenphantasien suggeriert er sich, daß er es nicht nötig habe, sich um die Realitäten zu kümmern oder gar zu arbeiten: »Bin ich etwa ein Zwangsarbeiter? Andrej denkt nur: Arbeite und arbeite, wie ein Pferd! Wozu? Ich bin satt und habe etwas zum Anziehen. Allerdings hat Olga wieder gefragt, ob ich die Absicht habe, nach Oblomowka zu fahren …« (S. 352).

Olgas Fragen weicht er aus, vertröstet sie und sich auf morgen und verschiebt das zu Bewältigende, in der vagen Hoffnung, irgendwie müsse sich alles von selbst erledigen. Es gelingt ihm sogar, eine Art Pseudoaktivität zu entwickeln: »[...] es interessierte ihn, wenn in Deutschland oder Frankreich neue Straßen gebaut wurden, doch was den Weg durch Oblomowka in den Marktflecken betraf, so dachte er nicht drüber nach, auch die Vollmacht hatte er sich auf dem Gericht nicht bestätigen lassen und Stolz auf seinen Brief nicht geantwortet« (S. 362).

Ausweichmanöver also, die kaum verhehlen können, dass alle seine Interessen durch Olga motiviert sind und dass er selbst keine Autonomie entwickelt hat, die ihm ein selbstmotiviertes Interesse an der Welt ermöglicht hätte. Sein geistiger Aufschwung bleibt in Abhängigkeit vom Objekt blockiert. »Er hatte sich nur das angeeignet, was bei den täglichen Gesprächen in Olgas Haus vorkam und was man in dort aufliegenden Zeitungen las [...]. Alles übrige ertrank in der Sphäre reiner Liebe« (S. 362).

Obwohl Oblomow erkennt, dass er aktiv werden müsste, um Olga zu heiraten, kann er seinem bewussten Wunsch nicht entsprechen. Unbewusst muss er ihn boykottieren. Befürchtet er doch, mit diesem Schritt in die Realität, seine romantische Schwärmerei, die eng mit seinem poetischen Lebensideal[15] verknüpft ist, aufgeben zu müssen. »Das Poem war zu Ende, die strenge Historie begann: Gericht, dann Fahrt nach Oblomowka, Bau des Hauses. Aufnahme der Hypothek, Bau des Weges, Plackereien mit den Bauern, Ordnung der Feldarbeiten, Ernte, Drusch, Klappern des Rechenbretts, besorgte Mienen des Verwalters, Adelswahlen und Gerichtssitzungen. [...] Was soll das? Hat er sich das erträumt? Ist denn das ein Leben?« (S. 389).

---

15 Die Rückbezüge, die von Oblomows »Lebensideal« zu Gontscharows Rezeption der deutschen Klassik führen, können hier nicht weiter verfolgt werden (ausführlich hierzu unter dem Aspekt Oblomow als »Bruchstück-Mensch« Thiergen, 1989, S. 167 ff. u. 171–182). Selbstverständlich gibt es keine einfache Gleichsetzung von Oblomows poetischem Ideal mit Gontscharows Auffassung des Ideals bei Goethe und Schiller. Ich gebrauche den Begriff nicht geistesgeschichtlich, sondern in pschodynamischer Bedeutung, wie er in der Erforschung der Depression konstitutiv ist (vgl. Mentzos, 1993).

Für Oblomow ist das kein Leben, nicht zuletzt weil dieses »normale« Leben kein Ziel darstellt. Schließlich bedeutet, durchschnittlich zu *leben* und alltägliche Aufgaben zu erledigen, für ihn, durchschnittlich und alltäglich zu *sein*, eben zu sein wie »andere«. In einer Auseinandersetzung mit seinem Diener Sachar, der es gewagt hatte, seinen Herren mit »anderen« zu vergleichen, weist er erregt und gekränkt diese Zumutung zurück: »Warte, paß auf, was du sagst! Begreife zuerst, wie so ein *anderer* lebt. Er arbeitet ohne Unterlaß, rennt und hastet [...]. Aber ich? Nun entscheide selber, bin ich ein anderer, he? [...] Renne ich denn? arbeite ich denn? [...] Ich frage dich: wie konntest du deinen Herren so schwer beleidigen, ihn, den du als Kind auf den Armen getragen hast [...]?« (S. 120 f.).

Hier wird sichtbar, dass Oblomow einen Widerspruch in sich lösen können müsste, wenn er gleichzeitig Olga heiraten und der alte bleiben will. Er kann sein narzisstisches Gleichgewicht nur über ein Größen-Selbst herstellen, wenn er sich als ein »Nicht-Anderer«, ein Besonderer phantasiert. Fundamentaler Inhalt dieses Besonderen ist, nicht zu arbeiten, sich nicht zu bewegen, nicht selbständig zu sein. Oblomow ist stolz darauf, sich niemals allein die Strümpfe angezogen zu haben! Etwas selbst erledigen zu sollen, ist eine Kränkung, weil er damit auf eine Stufe mit den Alltagsmenschen gestellt wird, die es nötig haben, für sich selbst zu sorgen. Gerade diese Forderungen stellt Olga, indem sie ihn mit der Realität bloßer Hochzeitsvorbereitungen konfrontiert. Um diese Vorbereitungen treffen und Olga heiraten zu können, müsste er sich verändern, werden wie »andere«, das aber kann er nicht wollen. Das Dilemma einander ausschließender Ziele ist nicht lösbar.

Nichts von dem, was er in die Wege leiten müsste, findet statt. Er geht weder aufs Gericht, noch fährt er nach Oblomowka, noch baut er das Haus; statt dessen nimmt er Zuflucht zu Vertröstungen, versteckt seine Unwilligkeit hinter ängstlicher Sorge um Olgas Ruf, begründet damit, dass sie sich weniger treffen können, entzieht sich durch Krankheit, weicht ihr aus. Olgas zunehmende Traurigkeit nimmt er in Kauf, wieder hilflos, längst sind ihm die Wege zu ihr zu weit. »Sie begleitete ihn traurig mit den Augen, dann setzte sie sich ans Klavier und vergrub sich in die Musik. Ihr Herz weinte, die Töne weinten mit. Sie wollte singen – es ging nicht!« (S. 403).

Die unsichtbaren Tränen

Olga spürt, dass sie nicht gesiegt hat, dass sie Oblomow nicht heilen kann. Hatte sie vorher in narzisstischen Phantasien ihrer Macht über Oblomow geschwelgt, so erfährt sie nun ihre Ohnmacht; auch hier – wie bei Stolz – erweist sich die Macht des ohnmächtigen Oblomow als mächtiger. Die Wiederkehr des unbewussten Nichtwollens und Nichtkönnens macht ihm einen Strich durch die Rechnung und läßt Olgas Rettungsversuch scheitern. Schließlich erkennt sie ihren Irrtum:

>»›Mir ist noch elender‹, antwortete Oblomow, ›aber ich habe es verdient, weshalb quälst *du* dich?‹
>›Weil ich stolz war‹, sagte sie, ›ich bin gestraft, ich habe mich allzusehr auf meine Kräfte verlassen; darin habe ich mich geirrt, aber nicht in dem, was du befürchtest. Nicht von Jugend und Schönheit habe ich geträumt: ich dachte, daß ich dich zum Leben erwecken könnte, daß du noch für mich leben würdest, aber du bist schon lange gestorben. Ich habe diesen Irrtum nicht vorausgesehen, sondern immer gewartet und gehofft. […] Einen *Stein* hätte ich mit dem *lebendig* machen können, was ich getan habe‹, fuhr sie mit matter Stimme fort.
>›Jetzt tue ich nichts mehr‹« (S. 487; Hervorhebungen von mir, H. R.).

Olga kann ihren Irrtum erkennen, weil sie sich zu einer selbstbewussten Frau entwickelt hat und nicht mehr wie ein junges Mädchen auf das Spiel mit der Macht zur Stärkung ihres narzisstischen Gleichgewichts angewiesen ist. Sie löst sich damit aus der narzisstischen Kollusion. Deutlich wird noch einmal ihre Delegation durch Stolz. »Ich war stolz«, das Adjektiv »stolz« vertritt den Eigennamen »Stolz« und fasst auch an dieser Stelle verdichtend das Motiv für den Heilungsversuch zusammen. Ihr wird dieser Zusammenhang zunehmend bewusst: »Ich habe erst vor kurzem erfahren, daß ich in dir das liebte, von dem ich wollte, daß es in dir wäre, was mir Stolz gesagt hat, was wir mit ihm zusammen ausgedacht haben. Ich liebte den künftigen Oblomow!« (S. 490).

Die Trennung von Olga, die der Abnahme des lebensspendenden Tropfes bei einem Kranken gleicht, lässt Oblomow seelisch sterbend zurück. Aus eigener Kraft kann er nicht lebendig sein, folglich besteht sein weiteres Leben in der Ausbreitung der *Krankheit zum Tode*. Er hatte die Lebendigkeit, die das Gegenteil der Depression ist, vorübergehend von Olga ausgeliehen, jetzt breitet sich das Reich der »toten Seelen« wieder aus, die Depression kommt zurück.

3. »... daß das Märchen nicht Leben war« – Das verlorene Paradies

Welche Mächte sind stärker als das bewusste Wollen Oblomows und die Anstrengungen Olgas, die doch »*einen Stein*« hätten »*lebendig*« machen können? Olga fragt:

>»Weshalb ist alles zugrunde gegangen? [...] Wer hat dich verflucht, Ilja? Was hast du getan? [...] Was hat dich vernichtet? Es gibt keinen Namen für dieses Übel ...‹
>›Doch‹, sagte er kaum hörbar. [...]
>›Oblomowerei!‹ flüsterte er« (S. 491 f.).

Gontscharow hat in dem Romankapitel »Oblomows Traum« (S. 129–188), lange bevor Freud die Bedeutung der frühen Kindheit entdeckte, eine umfassende Anamnese für die Depression Oblomows gegeben. Es handelt sich in diesem rückblickend eingeschalteten 9. Kapitel formal nicht um einen Traum, sondern um Kindheitserinnerungen, die Oblomow in inneren Bildern vor Augen stehen. Wohl aber sind die Erinnerungen ein Traum im Sinne einer Vergegenwärtigung des Paradieses, nach dem sich Oblomow Zeit seines Lebens zurücksehnt, das er wieder herzustellen sucht mit Olga und dessen Verwirklichung mit Agafja ihn schließlich unter sich begräbt. Weil er das Paradies, das sein Lebensideal ist, nicht verloren geben und nicht im »Schweiße seines Angesichtes« die Mühen des nach-paradiesischen Lebens auf sich nehmen will, sondern darauf besteht, seinen Traum zu verwirklichen, scheitert sein Leben. Die Diskrepanz zwischen Paradies und Realität, zwischen Ideal und Wirklichkeit ist so enttäuschend, dass ihm nur der Rückzug von der Realität bleibt. Die Alternative, das Paradies verloren zu geben und darüber zu trauern, dass es keinen Weg zurück gibt, erscheint ihm nicht als seelische Möglichkeit. Um den Preis seiner Lebendigkeit und schließlich seines Lebens besteht er auf Wiederherstellung des Paradieses. Er opfert sich selbst, um sein Ideal zu erhalten. Das Umgekehrte wäre nötig, nämlich das Ideal zu opfern, um selbst erhalten zu bleiben.

Oblomow erkennt unklar, dass seine seelische Lähmung in seiner Kindheit begründet ist: »Irgend etwas hinderte ihn daran, sich in die Arena des Lebens zu stürzen und darin mit allen Segeln des Verstandes und des Willens zu kreuzen. Irgendein geheimer Feind hatte seine schwere Hand gleich zu Beginn seines Lebens auf ihn gelegt und ihn weit fortgestoßen von der eigentlichen menschlichen Bestimmung ...« (S. 127).

Der »geheime Feind« oder, wie Olga es nennt, »dieses Übel« erscheint in Gestalt paradiesischer Verwöhnung. Die Richtung der Regression liegt in der Fixierung auf die orale Welt, sie wird in allen ihren Nuancen in den Kindheitserinnerungen geschildert.

»Die Mutter überschüttete ihn mit leidenschaftlichen Küssen, dann betrachtete sie ihn mit gierig besorgten Blicken, ob seine Äuglein nicht trübe, ob ihm nichts weh tue, sie verhörte die Kinderfrau, ob er ruhig geschlafen habe, in der Nacht aufgewacht sei, sich nicht unruhig im Schlaf hin und her geworfen oder gar Fieber gehabt habe. [...]
Darauf begann man ihn mit Semmeln, Zwieback und Sahne zu füttern.
Dann ließ ihn die Mutter, nachdem sie ihn noch einmal gestreichelt hatte, im Garten auf dem Hof oder auf der Wiese spazieren gehen, wobei sie der Kinderfrau aufs strengste untersagte, das Kind allein zu lassen, es zu nahe an die Pferde, die Hunde und den Ziegenbock heranzuführen, sich mit ihm allzuweit vom Hause zu entfernen – und es vor allem nicht in die Schlucht zu lassen, den schrecklichsten Ort in der ganzen Umgebung [...]« (S. 140 f.).

Sollte so nicht eine gute Mutter sein? Was ist daran verkehrt? Sie ist aufmerksam, fürsorglich, zärtlich, beschützend, versorgend, das Ideal einer Mutter. Wenn man aber bedenkt, dass Oblomow zu dieser Zeit schon sieben Jahre alt ist, wird die für ein Kleinkind angemessene Behütung zur Überbehütung, erscheinen Fürsorge und Zärtlichkeiten übertrieben, ist die Einengung seines Bewegungsspielraums frustrierend. Der damals noch lebhafte, expansive Junge wird in seinem Erkundungsdrang von dieser Mutter vollständig durch Verbote gehemmt, durch orale Verwöhnung erstickt und durch übertriebene Ängste furchtsam gemacht. Zunächst siegt seine kindliche Neugier über die Tabuzone »Schlucht«. Noch treiben die Entwicklungskräfte ihn, die mütterlichen Verbote zu missachten, und bringen ihn in die

Nähe von Selbständigkeit und Erfahrung eigener Kraft. Aber die ihm eingeimpfte Furcht vor den Gefahren eines solchen Lebens treibt ihn zurück in die umschlingenden Arme der Verwöhnung. Baratoff fasst dieses Dilemma zusammen: »It is the mother who is bad because she is too good« (Baratoff, 1990, S. 61).

Während des Mittagsschlafes seiner Kinderfrau, der ihm einen Rest selbständigen Lebens ermöglicht, erlebt er das Faszinosum und das Tremendum seiner kindlichen Welterkundung.

»Er lief zum Tor hinaus: er wollte gerne in das Birkenwäldchen; es schien so nahe zu sein, daß er in fünf Minuten hineinzugelangen glaubte: nicht über den Umweg über die Landstraße, sondern geradeaus, über Rinnsale, Zäune und Gruben; aber er fürchtete sich: man erzählte, daß es dort Waldschrate und Räuber und schreckliche Tiere gäbe.
Auch in die Schlucht wollte er laufen; [...] der Knabe war schon bis an den Rand gelaufen, drückte die Augen zu und wollte wie in den Krater eines Vulkans hineinschauen ... aber plötzlich wurden alle Gerüchte und Sagen über die Schlucht vor ihm lebendig: da packte ihn das Entsetzen, und er rannte mehr tot als lebendig zurück und stürzte, zitternd vor Angst zur Kinderfrau und weckte die Alte« (S. 149).

Sein Versuch, auf eigene Faust in die gefürchtete »Schlucht«, die ein Symbol für alles aus dem oralen Verwöhnungsparadies Ausgegrenzte[16] darstellt, zu blicken, scheitert an magischen Ängsten. Aber auch im Wald, einem weiteren Gebiet außerhalb der eingezäunten Mutterwelt, lauern Gefahren, wartet das Böse. Die Folgerung, die das Kind Ilja zieht, lautet: Verlassen der Mutter bedeutet Tod, oder umgekehrt: nur die Nähe der Mutter bedeutet Schutz vor den Bedrohungen der gefährlichen Welt. Später treten das Bett, Mütterchen Russland und Agafja, die er nicht verlassen kann, an die Stelle der Mutter. Der Mann Oblomow, eingeschlagen in den geräumigen Chalat auf dem Diwan liegend, symbolisiert den Rückzug in die Nähe und Wärme der Mutter, bei der er vor der Kälte, den Gefahren und Anforderungen der

---

16 Das Schlucht-Motiv – mit vielfach verwandter Symbolik – erscheint erzählerisch fortgeführt und thematisch vertieft in einem weiteren Werk Gontscharows, dem Roman »Die Schlucht« (Gontscharow, 1869/1981).

Welt draußen geschützt ist. Gleichwohl wirkt solcher Schutz als Gefängnis. Während Oblomow hinter seinen Stäben sicher sitzt, zieht das Leben an ihm vorüber und lässt ihn verkümmernd zurück. Der Exodus aus der Gefangenschaft findet nicht statt. Die *Reise des Helden* (in der es gilt, den Drachen zu töten, sich selbst und die Prinzessin zu erlösen) wird nicht angetreten. Diese »Heldenfahrt« (S. 85), die als ewige Forderung Oblomows an sich selbst in der Rück-Reise nach Oblomowka symbolisiert ist, zieht sich leitmotivisch durch den ganzen Roman. Dass sie nie angetreten werden kann, offenbart die Komik und die Tragik seines Lebens.

Die Erwachsenen in Oblomowka teilen die magische Furcht des Kindes. Oblomow wächst in einer Umwelt heran, in der magisches Denken nie aufgehört hat, so daß Ilja Iljitsch, auch nachdem die Realitätsprüfung ihn eines anderen belehrt, genau wie seine Eltern von magischen Ängsten und Erwartungen nicht loskommt. »Alle im Hause und im Dorf, angefangen vom Herrn und seiner Frau bis zum robusten Schmied Tarras, alle zittern sie an einem dunklen Abend vor etwas: jeder Baum verwandelt sich dann in einen Riesen, jeder Strauch in eine Räuberhöhle. [...] Ilja Iljitsch bemerkte zwar später, daß die Welt einfach eingerichtet ist, daß die Toten nicht aus den Gräbern aufstehen, [...] wenn aber der eigentliche Glaube an Gespenster verlorengeht, bleibt immer noch ein Bodensatz an Angst und Grauen zurück, über den man sich keine Rechenschaft geben kann« (S. 157 f.).

Anstelle der Erfahrung wirklicher »Übel« und wirklicher Bedrohungen bleibt eine (auch mit Märchenfiguren angereicherte) Phantasiewelt, die weitaus furchterregender ist, als die wirkliche Welt es sein könnte. Gerade die aber ist tabu. Um sie zu erfahren, müsste er das Tabu brechen. Das kann das Kind Ilja nicht, weil er damit die Mutter in Angst und Sorge versetzen würde, von der er abhängig ist, deren Liebe und Fürsorge ihm notwendig sind. In diesem Konflikt entscheidet er sich unbewusst für Geborgenheit bei der Mutter gegen Expansion, Eigenentwicklung und Autonomie. Hätte er anders entscheiden können? Also erwirbt der Knabe keine Kompetenz und kein Wissen im Umgang mit der Wirklichkeit. Dieser Mangel trägt wesentlich zum Ausweichen vor den Aufgaben bei, die beim Aufbau, der Verwaltung seines Gutes und zur Eheschließung mit Olga zu erledigen gewesen wären. Auch aus diesem Grunde fürchtet er die »Reise des Helden«.[17] Als Ausgleich für den Mangel an Selbstständigkeit und Können entwickelt er ein Größen-Selbst, das ihn durch die Vorstellung beruhigt, er, Oblomow, habe es nicht nötig, etwas zu lernen, sich anzustrengen und etwas zu können. Parallel dazu entsteht kompensatorisch das passive Lebensideal, in dessen Zentrum die Verwöhnung durch die Mutter steht. Abhängigkeit vom versorgenden Objekt versus Autonomie bleiben in der Paradieses-Sehnsucht fixiert.

Kompliziert wird dieser Zusammenhang durch die Ambivalenz gegenüber demselben versorgenden Objekt, das die zentrale Lebensentwicklung vernichtet hat. Liebe und Aggression können nicht gleichzeitig gefühlt werden, weil die Aggression eben den Ast abschneiden würde, auf dem das Kind bei der Mutter sitzt. Da die reaktive Aggression also nicht für die Trennung von der Mutter verwendet werden kann, was zur gesunden Entwicklung geführt hätte, wird sie als Anklage des Gewissens gegen das eigene Selbst sowie gegen die böse, weil nicht schützende Welt gerichtet. Das bedeutet, Selbst und Welt werden nicht libidinös, sondern aggressiv besetzt. Beide müssen abgelehnt und als schlecht verworfen werden. Auf diese Weise bleibt die Mutter als gutes Objekt lebenslang erhalten und kann weiter idealisiert werden. Die böse Hälfte teilen sich wechselweise Welt und Selbst. Auch innerhalb der Person Oblomows sind nicht nur Minderwertigkeitsgefühle präsent, sondern ebenso auch ein Größen-Selbst, das er in geheimen Phantasien nährt: »[…] alle neigten sich vor ihm; er erntete Lorbeeren; die Menge rief ihm nach und schrie: ›Schaut, schaut, da geht Oblomow, unser berühmter Ilja Iljitsch!‹« (S. 87).

---

17 Die »Reise des Helden« ist als archetypisches Motiv aus Märchen und Mythen bekannt. Dabei geht es um die Lösung von Entwicklungsaufgaben, die mit einer Trennung beginnen und über verschiedene Formen der Realitätsprüfung und Angstbewältigung zu Autonomie und Individuation führen. Immer sind auf der »Reise« Durststrecken auszuhalten, Prüfungen zu bestehen oder Aufgaben, sogar Rätsel zu lösen. Meist ist der Einsatz des Lebens nötig, um es auf anderer Ebene wiederzugewinnen.

Andererseits kennen wir das mindere Selbstgefühl in der Verzagtheit schon des Kindes Ilja und des Erwachsenen Oblomow, der sich nicht vorstellen kann, daß jemand etwas Gutes an ihm fände.

Die Welt, in symbolischer Verdichtung als »Schlucht« erlebt, erscheint überwiegend gefährlich und böse. Nicht das Faszinosum, sondern das Tremendum überwiegt. Wie soll es den Knaben da verlocken, sich mit einer solchen Welt vertraut zu machen? »Angst und Bangen setzten sich für lange Zeit, vielleicht für immer in seiner Seele fest. Er hielt kläglich Umschau und sah überall im Leben Nachteil und Elend und träumte immer von diesem Zauberland, wo es nichts Böses, keine Sorgen und Verdrießlichkeiten gab, […] wo man gut zu essen bekam und umsonst gekleidet wurde …« (S. 157).

Die Welt wird Träger von »Nachteil und Elend«. Entwertung ist die Folge. Es kann deshalb keinen Anreiz geben, das Bett zu verlassen. Wozu? In einer total entwerteten Welt lohnt kein Einsatz, gibt es keinen Grund zu leben. Obwohl sich hier die Dynamik der Krankheit Depression zeigt, erscheint an diesem Punkt wieder die Doppeldeutigkeit, mit der Gontscharow erzählerisch vorgeht. Die depressive Dynamik ist in ihrem Kern auch Kritik gesellschaftlicher Verhältnisse, in denen immer schon vorausgesetzt wird, dass sich in ihnen zu leben lohnt. Auf einer existentiellen Ebene stellt die Depression die Selbstverständlichkeit in Frage, mit der die sogenannten »normalen« Menschen in ihren Alltagsgeschäften Sinn und Bedeutung des Lebens zu finden meinen. So gesehen pointiert sie die allgemeinere Frage: Lohnt es sich wirklich, in dieser Welt zu leben? Sind die »normalen« Lebensziele den Aufwand wert, den wir mit ihnen betreiben? Gontscharow schildert nicht nur die Geschichte eines Kranken, der von seinen Idealen nicht lassen kann und der folglich an der Welt und sich selbst zugrunde geht, weil weder er noch die Welt den Idealen entsprechen, sondern mit dieser Krankengeschichte erfasst er die Grundfragen, die Menschen an sich und die Welt angesichts ihres beschädigten Zustandes immer schon gestellt haben.

Oblomow versucht mit dem Festhalten an seinem Ideal vom Leben, in dem er immer geschützt, versorgt und geschont, gütig und aggressionslos, selbst nichts zu arbeiten braucht, und auch die Anstrengungen der Entwicklung vom Kind zum Erwachsenen nicht auf sich nehmen muss, eine Rückkehr ins Paradies in direktem Kurzschluss. Sein Leiden an der Diskrepanz von Ideal und Realität, Paradies und Wirklichkeit löst nicht den notwendigen Trauerprozess aus, in dessen Verlauf er zur Annahme der Realität, zum Glauben an den Wert des Lebens und seiner aktiven Mitgestaltung fähig würde, sondern dieses Leiden führt still und unaufhaltsam mit der geronnenen Trauer-Wut darüber, »daß das Märchen nicht Leben und das Leben nicht ein Märchen war« (S. 153), in den seelischen und tatsächlichen Untergang. Oblomow unterliegt dem Irrtum, dass an der mangelhaften, weil ambivalenten Welt etwas zu verändern sei, wenn er an seinem idealisierten Bild festhält und diesem Bild entsprechend zu leben sucht. Letztlich bleibt er in der passiven Erwartung gefangen, die Welt habe sich erst seinen Bedürfnissen und Vorstellungen entsprechend zu verändern, bevor er bereit ist, darin zu leben. Da sich dieser Wunsch nicht erfüllt, ist er der Welt »böse« und weigert sich, auf ihre »Realitätsbedingungen« einzugehen.

Sein Dilemma ist, in einer schlechten Welt ein der Liebe wertes Objekt zu finden. Das ist ein Widerspruch in sich, ein Ding der Unmöglichkeit. In Olga hat Oblomow es dennoch vorübergehend gefunden. Mit einem Schlage scheint die Welt dem reißenden Schlund der Entwertung entkommen zu sein, aber eben nur, solange das idealisierte Objekt vorhanden ist; danach wird die Welt wieder von Entwertung verschluckt. Hier liegt der Grund dafür, weshalb die spätere Beziehung zu Agafja, die sein Paradies herstellt, indem sie ihn so versorgend und beschützend liebt, wie einst die Mutter, nicht aus der depressiven Lähmung befreien kann: Agafja eignet sich nicht zur Idealisierung. Olga hätte ihn befreien können, aber dann hätte er das Paradies verlassen, darüber trauern und sich der Welt handelnd stellen müssen. Agafja kann es nicht, dafür kann er im Paradies bleiben, aber er ist nicht befreit. Um geheilt zu werden, hätte er die orale Beziehungsphantasie aufgeben, »die Mutter« verlassen müssen, tatsächlich regrediert er aber auf die orale Ebene der Beziehung zu Agafja und bleibt bei »der Mutter«.

Es scheint, dass der Vater in Oblomows Kindheit kaum eine Rolle spielt. Die Mutter ist die seelisch bestimmende Kraft, der Vater erhält insofern negative Bedeutung, als er der Mutter nicht nur nichts entgegen setzt und damit die mütterliche Erziehung und Verwöhnung verstärkt, sondern auch deshalb, weil er kein Vorbild an handelnder, männlicher Weltbewältigung für den Jungen darstellt. Gontscharows Beschreibung schwankt zwischen Satire und Groteske: »Vielleicht bemerkte und begriff auch Iljuscha schon längst, [...] daß sein Vater in Plüschhosen, in einer braunen wattierten Tuchjoppe tagaus, tagein nichts weiter tat, als mit den Händen auf dem Rücken von einer Ecke in die andere zu gehen, Tabak zu schnupfen und sich zu schneuzen [...]. Vielleicht hatte sein kindlicher Verstand schon längst entschieden, daß man so wie die Erwachsenen rings um ihn leben müsse und nicht anders« (S. 159).

Der Vater ist ein Bild des verschlafenen, nichtsnutzigen Gutsbesitzers mit schrulligen Eigenheiten. Jede sozialkritische Deutung findet an ihm reichlich Nahrung. Er ist der historische Typus der russischen Lebenswirklichkeit, der die Bestimmung des Menschen verfehlt (vgl. Thiergen 1989, S. 176). Ihm mangelt jeder sympathische Zug, der Oblomow auszeichnet. Beschränktheit des Denkens und Fühlens lassen ihn stumpf erscheinen. Er lebt in einer naiven Rechtfertigung seiner Unfähigkeit, die ihm als solche nicht zum Bewusstsein kommt, sondern die seit Generationen durch soziale Vererbung gedeckt ist. Für seinen Sohn kann er sich deshalb keine andere Art von Leben vorstellen als das seine und das seiner Väter. Er begegnet denn auch allen Veränderungen misstrauisch und verächtlich. Darin sind sich beide Eltern einig. Wohl wollen sie den Knaben Ilja zu Stolz' Vater auf ein benachbartes Gut zur Schule schicken, damit er pro forma Anrecht auf einen ehrenhaften Posten im Staatsdienst bekommt und die Mutter ihn in einer gestickten Uniform bewundern kann, gleichzeitig boykottieren sie aber diese Neuerung: »›Kann nicht leicht ein Unglück geschehen?‹ sagen die Eltern. ›Das Lernen läuft ihm nicht davon, aber die Gesundheit läßt sich nicht um viel Geld kaufen.‹ [...] Und die zärtlichen Eltern dachten sich neue Vorwände aus, um ihren Sohn daheim zu behalten« (S. 183).

Kommt es aber doch einmal dazu, dass der Junge in den sauren Apfel beißen und zur Schule fahren muss, dann bedauern ihn die Eltern: »Der arme Iljuscha fährt aber immer noch zu Stolz, um dort zu lernen. Kaum wacht er am Montag auf, wird ihm bange zumute. [...] Sein Herz erbebt. Er kommt traurig zur Mutter. Die weiß weshalb und tut alles, um ihm die bittere Pille zu versüßen, während sie insgeheim selber über die bevorstehende, eine ganze Woche lang währende Trennung seufzt. Man weiß gar nicht womit man ihn an diesem Morgen alles füttern soll, [...] holt allerlei trockene und nasse Leckerbissen hervor und gibt ihm noch Eßvorräte mit« (S. 181 f.).

Wie soll der Junge bei diesen Leistung und Lernen ängstlich abwehrenden Eltern seine Aufgaben ernstnehmen? Er sieht darin im Gegenteil später – ganz wie die Eltern – eine unzumutbare Anstrengung, für die er oral getröstet werden muss. Von der Verwöhnung, die ihm nicht erlaubt, seine Fähigkeiten im Lernen und Üben zu erproben, und deshalb in ihm das schale Gefühl zurücklässt, keine Fähigkeiten zu haben, bleibt kein Lebensbereich verschont. »Wünschte Ilja Ijitsch etwas, brauchte er nur zu blinzeln, und schon stürzten drei, vier Bediente herbei, um seinen Wunsch zu erfüllen; ließ er etwas fallen, wollte er nach irgendeinem Gegenstand langen und erreichte ihn nicht, etwas holen und nach etwas laufen – als flinker Junge hätte er manchmal so gerne losrennen und alles selber machen mögen –, da schrien plötzlich der Vater und die Mutter und drei Tanten fünfstimmig: ›Weshalb? Wohin? Wozu sind Waska und Wanka und Sacharka da? He‹ [...]« (S. 186).

So lernt Ilja Iljitsch, dass alles gefährlich ist. Was er auch unternimmt, was ihm auch einfällt, immer ist er bedroht, kann Schlimmes passieren, jede Form von Aktivität, ob geistig oder körperlich, führt zu Krankheit und Unheil, am besten, man bleibt passiv, dann kann nichts Furchtbares geschehen. Vermeiden von Handlung wird zur Überlebensstrategie. Sich-ins-Bett-Zurückziehen bietet Schutz vor dem gefährlichen Leben. Letztlich hat diese Verwöhnung die gleichen seelischen Folgen wie ein totales Bewegungsverbot. Alle natürlichen motorischen Triebe werden frustriert, schließlich tritt Resignation ein. Bleibt nur das Essen als orale Ersatzbefriedigung für ein nicht gelebtes Leben und eine nicht gefühlte, geronnene Wut auf die einengenden, »zärtlichen« Eltern. Die depressive Entwicklung setzt in der Kindheit schon ein: »Und Iljuscha blieb traurig zu Hause, verwöhnt wie eine exotische Blume im Gewächshaus, und wuchs – wie jene unter Glas – langsam und träge heran. Die nach Betätigung verlangenden Kräfte wandten sich nach innen, verkümmerten und welkten« (S. 186).

Die Leidensgeschichte beginnt im Paradies. Dennoch wird die Frustration in der Erinnerung des Erwachsenen Oblomow nicht mit der Verwöhnungstortur der Eltern in Zusammenhang gebracht. Wie bereits angedeutet, ermöglicht das Zerreißen des Zusammenhanges von »guter« und »böser« Mutter, von Geborgenheit und Gefängnis, von Verwöhnung und Vernichtung Oblomow die Idealisierung der Eltern lebenslang. Auf diese Weise schützt er sie wirksam gegen seine Aggression. Müsste er fühlen und realisieren, dass ihre Verwöhnung sein Leben zerstört hat, würde seine Aggression sie zu schlechten Eltern machen. Damit würde er selbst böse. So aber kann er sie weiterhin als gute Eltern erhalten und sich selbst als aggressionslos – also gut – empfinden. Die Lösung hat nur den Haken, dass er die Aggression dennoch unterbringen muss. Sie wendet sich nach innen, an ihre Stelle tritt Leere, Langeweile; er wird depressiv. Die Aggression wendet sich ebenso nach außen gegen die Welt, die sich weigert, seine Verwöhnungsansprüche zu erfüllen und deshalb nur enttäuschen kann. Eben diese Enttäuschung setzt das Karussell der Sehnsucht nach dem Paradies in Gang, das die Eltern einst herstellten. Sie ist eine Quelle seines Leidens, denn der Weg zurück ist ebenso versperrt wie der Weg nach vorn. Bleibt ihm nur der narzisstische Rückzug auf sich selbst und die Entwicklung des Symptomausweges, der in der Schlaf- und Esssucht ein Depressionsäquivalent darstellt. Damit gelingt es ihm außerdem, in der Loyalität zu den Eltern zu bleiben.

Es wäre zu einfach, das Kindheitsparadies nur in seiner verschlingenden, zerstörerischen Kraft darzustellen. Gontscharow bleibt auch hier dem Prinzip der Doppeldeutigkeit treu. Die Eltern sind gleichzeitig Repräsentanten einer natürlich gewachsenen Welt, die etwas von der Zeitlosigkeit eines Märchens hat, in dem die Figuren noch nicht die Last der Individualität tragen, sondern Repräsentanten archetypischer Tätigkeiten sind. Mit Säen, den Acker Bearbeiten, Ernten, Einkellern, Essen Kochen, Tiere Großziehen, Schlachten und Essen, Kinder Kriegen, sie Großziehen, Verheiraten und Sterben: mit den ewigen, zirkulären Lebensvollzügen des Jahres und seiner Feste entsteht das Bild »heilen« Lebens.

»Sowohl ein von Aufregungen zermartertes Herz wie ein davon verschont gebliebenes Herz hätte sich gleichermaßen danach gesehnt, in diesem von allen verlassenen Winkel zu fliehen und hier in einem jedermann unbekannten Glück

zu leben. Alles versprach ein ruhiges, langes Leben bis ins Greisenalter und einen unmerklichen schlafähnlichen Tod.
Gleichmäßig und ungestört vollzieht sich dort der Kreislauf des Jahres« (S. 131).

Natur und Mensch scheinen beinahe eins zu sein. In dieser Symbiose steht die Zeit still, umgibt den Menschen die Weite des Raumes wie seine Heimat. Er fällt nicht wie der Stadtmensch aus Raum und Zeit, sondern lebt in ihrem Rhythmus als natürlicher Einbettung seines Lebens, dem deshalb nichts Dramatisches oder Tragisches anhaftet.

»Der Sommer aber, der Sommer ist ganz besonders berauschend in dieser Gegend. Dort findet man frische trockene Luft, [...] dort findet man klare Tage, mäßig heißen, aber nicht glühenden Sonnenschein und fast drei Monate lang einen wolkenlosen Himmel. [...] und die Abende sind dort warm und die Nächte schwül. Die Sterne blicken so freundlich, so traut vom Himmel hernieder.
Wenn es regnet, was für ein wohltuender sommerlicher Regen! Rasch und reichlich fallen die Tropfen und springen fröhlich dahin wie große, heiße Tränen eines plötzlich von Freude überwältigten Menschen; und kaum hört es auf, bescheint und trocknet schon wieder die Sonne mit strahlendem, liebevollem Lächeln Felder und Fluren: und das ganze Land lächelt zu Antwort der Sonne glücklich entgegen« (S. 132).

»Still und verträumt ist alles im Dorf: die leeren Stuben stehen sperrangelweit offen; keine Menschenseele ist zu sehen; nur die Fliegen summen und surren in Schwärmen herum. Betritt man eine Stube, hilft alles laute Rufen nichts: Totenstille wird die Antwort sein. [...]« (S. 135).

»Stille und ungestörte Zufriedenheit herrschen auch in den Sitten der Menschen dieser Gegend. Weder Diebstähle noch Morde oder sonstige furchtbare Begebenheiten haben sich jemals ereignet« (S. 136).

Gontscharow übernimmt bei der Beschreibung des Lebens in Oblomowka märchenhafte Motive, die den Eindruck natürlich-symbiotischen Lebens der Menschen verstärken bis zu dem Punkt des Umschlagens ins Alptraumhafte. Die Bilder der »heilen« Welt kehren sich unversehens in ihr Gegenteil um. Immer wieder wird so die Doppeldeutigkeit von Märchen und antimärchenhafter Desillusion, von Paradies und totenhafter Stagnation ins Bewusstsein gerückt.

»Auch im Haus herrschte Totenstille. Es war die Zeit des allgemeinen Schlafes nach dem Mittagessen gekommen.
Der Knabe sah, wie sich alle – Vater, Mutter, die alte Tante und die gesamte Suite in ihren Winkel zurückzogen; und von denen, die keinen solchen hatten, ging einer auf den Heuboden, ein anderer in den Garten, ein dritter suchte Kühlung im Flur, und wieder ein anderer bedeckte das Gesicht mit dem Taschentuch, um vor den Fliegen sicher zu sein, und schlief dort ein, wo ihn die Hitze erschöpft und das ausladende Mal nieder geworfen hatte. Auch der Gärtner streckte sich unter einem Strauch im Garten neben seiner Harke aus, und der Kutscher schlief im Stall.
Ilja Iljitsch warf einen Blick in die Gesindestube: dort lagen alle auf der Ofenbank, auf den Bänken, auf dem Fußboden und im Flur, während die Kinder sich selbst überlassen waren. […]
Man hätte durch das ganze Haus gehen können, ohne einer Menschenseele zu begegnen; man hätte mit Leichtigkeit alles ringsherum stehlen und auf Fuhrwerken vom Hof transportieren können; niemand hätte einen daran gehindert, wenn es nur Diebe in dieser Gegend gegeben hätte.
Es war ein alles verschlingender, durch nichts zu besiegender Schlaf, ein wahrhaftiges Abbild des Todes« (S. 146 f.).

Das Dornröschen-Märchenmotiv ist unverkennbar. Die Menschen fallen in einen todesähnlichen Schlaf, einer nach dem anderen. Der Knabe erblickt groteske Szenen von schnarchenden, im Schlaf stöhnenden, grimassierenden, sich wälzenden Menschen, die von Hitze und zu reichlichem Essen mehr tot als lebendig sind. Essen und Schlafen, die beiden suchtähnlichen Symptome des erwachsenen Oblomow, sind hier präfiguriert. Diese Symptome haben den Charakter der Nachahmung dessen, was das Kind bei seinen mittäglichen Erkundungen tief in sich aufgenommen haben wird. Auch das Todesmotiv, die Abkehr vom Leben und der Rückzug auf regressives Hineinsinken in Ruhe und Tod als selbstverständlicher Teil des Lebens, lernt der Knabe früh kennen. Ebenso erscheint die überwältigende Bedeutung des Essens als Leitmotiv der oralen Fixierung nicht nur in seiner lustvollen, sondern in seiner tödlichen

Wirkung. Das orale Paradies wird zum Schlaraffenland, in dem die Esser sich zu Tode fressen. Kaum können sich die Schlafenden von ihren Alpträumen erholen.»[...] der eine hatte ein zerknittertes Gesicht und tränende Augen; jener hatte sich auf der Wange und an der Schläfe einen roten Fleck gelegen; ein dritter spricht noch mit schlaftrunkener Stimme. Und alle schnaufen, ächzen, gähnen, kratzen sich die Köpfe, strecken die Glieder und können nicht recht zu sich kommen. Das Mittagessen und der Schlaf haben einen unstillbaren Durst erzeugt.[...] Alle suchen Erlösung vom Durst wie von einer Strafe Gottes [...]« (S. 149 f.).

In diesem Märchen fehlt jemand, der wachküsst, aber auch jemand, der wachgeküsst wird, wie bei Dornröschen.[18] Die Menschen taumeln unbewusst durch ihr Leben, ohne je zu erwachen und einen Hauch von Bewusstsein ihrer selbst zu erlangen. Die Erlösung aus der symbiotischen, naturhaften Existenz findet nicht statt. »Das Wasser des Lebens« wird nicht gefunden, das den brennenden Durst löschen könnte. So erstickt die Seele der Oblomower »höchst friedlich und ohne Störungen in ihrem weichen Bauch« (S. 160).

Der erwachsene Mann Oblomow verlässt zwar sein Heimatdorf, aber ein wirklicher innerer Exodus ereignet sich damit nicht. Obwohl er sich – anders als die Eltern – seiner Lage bewusst wird, gelingt es ihm nicht (und kann wohl auch nicht gelingen), aus der Loyalität zu seiner Herkunft und der Identifikation mit den Eltern, geschweige denn aus der Dynamik seiner depressiven Neurose herauszufinden. »Er empfand betrübt und schmerzlich die Unzulänglichkeit seiner Entwicklung, den Rückstand im Wachstum seiner sittlichen Kräfte, seine ihn überall behindernde Schwerfälligkeit; und der Neid packte ihn, daß die anderen in aller Fülle und Breite lebten, während auf

---

18 Die schlafende Suite des Hauses erscheint als Kontrafaktur zum Hofstaat im Dornröschenmärchen. Da es aber kein Dornröschen gibt, das erwacht, gibt es auch keine Erlösung vom Todesschlaf in Oblomowka. Bezeichnenderweise ist nur das Kind Ilja lebendig, es schläft nicht. Erwachsen wird er zum Dauerschläfer wie die anderen Erwachsenen, ein männliches Dörnröschen. In Olga findet sich kontrafaktisch sogar die Prinzessin, die ihn wachküssen will. Aber ihr Versuch misslingt ebenso wie der des Freundes Stolz. Oblomow bleibt unerlöst.

dem schmalen und kläglichen Pfad seines Daseins gleichsam ein schwerer Stein lag« (S. 126).

Der entscheidende Unterschied zum Leben der Eltern liegt darin, dass sie zufrieden in ihrem kaum die Schwelle vegetativen Bewusstseins überschreitenden Leben im Kreislauf der Natur mitleben, während Oblomow sich seiner selbst bewusst werdend, herausgefallen ist aus der natürlichen Einbettung. Er leidet daran, die unbewusste symbiotische Teilhabe am Leben verloren zu haben. Um diesen Verlust geht es psychodynamisch, ihn sucht er in seinem Lebensideal rückgängig zu machen. So bleibt er hängen zwischen rückwärtsgewandter Sehnsucht und schmerzlichem Hineingestoßensein in eine Bewusstheit, aus der er keine konstruktiven Konsequenzen ziehen kann. Die Trauerarbeit, die nötig wäre, um die Geburt aus der Symbiose in die selbstständige Existenz, als Akt der Befreiung und nicht der Desillusionierung zu erleben, wird nicht eingeleitet. Die Depression, als Zwischenreich zwischen märchenhaft-paradiesischer Symbiose ohne Bewusstheit und bewusstem Leben unter den Gesetzen der Zeit und der Trennung des Einzelnen von naturhaft-symbiotischer Verbundenheit, wird das Schicksal Oblomows. Die Vermischung von beidem ist für sein Leben charakteristisch, er ist weder hier noch dort. »Obwohl der erwachsene Ilja Iljitsch später erfuhr, daß es keine Bäche mit Milch und Honig und keine gütigen Zauberinnen gibt, obwohl er lächelnd über die Märchen der Kinderfrau scherzte, war dieses Lächeln nicht aufrichtig und von einem heimlichen Seufzer begleitet. Das Märchen verschmolz bei ihm mit dem Leben, und er trauerte gelegentlich unbewusst darüber, ›daß das Märchen nicht Leben und das Leben nicht ein Märchen war‹« (S. 153).

In der Kindheitsgeschichte Oblomows erscheint das Märchen als Alptraum *und* als Traum. Entsprechend dieser Doppeldeutigkeit bestimmt es die Genese der Depression als paradiesische Verwöhnung, die gleichzeitig Geborgenheit gibt und erstickt, die die Phantasie übersetzt und das Leben leer macht, die das Ideal des Lebens hervorbringt und die unerträgliche Enttäuschung am wirklichen Leben indiziert.

4. »Alles versank in Schlaf und Finsternis« – Liebe und Tod

Die Trennung von Olga, die Oblomows Hoffnung, doch noch in diesem Leben seinen »Traum« zu verwirklichen, zunichte gemacht hat, zwingt Oblomow – da es sich hier um ein Entweder Oder handelt – nun den Alptraum zu leben. War sein Ich durch die Identifizierung mit dem idealisierten Objekt erfüllt und erhöht, so ist es nun durch die Trennung umso leerer und jämmerlicher. Alles, was die Liebe zu Olga in ihm belebt hatte, fällt in sich zusammen. Sein der narzisstischen Zufuhr beraubtes Ich blutet aus; seelisch sterbend, zieht er sich in die depressive Regression zurück. »Alles um ihn versank in Schlaf und Finsternis. [...] Sein Herz war tot, in ihm war vorübergehend alles Leben erloschen« (S. 492).

Die Triebregression wird durch die Beziehungsregression ergänzt. In Agafja, der *»Hausfrau«,* in deren bescheidenem Häuschen an der Wyborger Seite Petersburgs er, der Gutsherr, mit seinen Bedienten wohnt, begegnet Oblomow der Frau, die ihn so liebt, wie er geliebt zu werden wünscht, so wie ihn die Mutter als Kind geliebt hat. Die Beschreibungen der Zuwendung Agafjas ähneln denen der Mutter auf verblüffende Weise. »Sie nahm schweigend ihre Verpflichtungen Oblomow gegenüber wahr, studierte die Physiognomie jedes seiner Hemden, zählte die durchgewetzten Fersen an seinen Strümpfen, wußte, mit welchem Fuß er aus dem Bett aufstand, bemerkte, wann sich ein Gerstenkorn am Auge bilden wollte, was und wieviel er aß, ob er lustig oder traurig aufgelegt war, ob er viel geschlafen hatte oder wenig, als ob sie ihr Lebtag nichts anderes gemacht hätte [...]« (S. 505).

Diese einfache Frau, die unter seinem Stand ist, seine geistige Welt nicht teilen kann, deren Horizont im Haushalt und den täglichen Pflichten endet, die seine Versorgungsansprüche aufgrund ihrer unbedingten Loyalität den gesellschaftlichen und sozialen Verhältnissen gegenüber als berechtigt ansieht, eignet sich nicht zur Idealisierung. Deshalb wird sein Ich durch sie nicht erhöht, erweitert oder gar von seiner Leere erlöst. Oblomow kann sie nicht lieben, weil sie seine Liebesbedingungen nicht erfüllt. »Er näherte sich Agafja Matwejewna, als ob er einem Feuer näherrückte, von dem alles wärmer wird, das man aber nicht lieben kann« (S. 509).

Um Heilung durch Liebe geht es in dieser Beziehung nicht. Oblomow sucht sie nicht, und Agafja ahnt nicht einmal etwas von seiner neurotischen Lebenslähmung, geschweige denn von eigenem Leiden. Unbewusster Paradoxie gehorchend, ist es folgerichtig Agafja, die Absichtslose, die Heilung erfährt. Rückblickend erkennt sie, dass ihr Leben durch die Liebe von bedrückender Sinnlosigkeit erlöst wurde:

»Sie verstand, daß ihr Leben eine Zeitlang geblüht und geleuchtet hatte, daß Gott in ihr Leben eine Seele gelegt und sie wieder fortgenommen hatte, daß in ihr eine Sonne aufgeleuchtet hatte und für immer erloschen war ... Für immer, richtig; aber dafür hatte auch ihr Leben für immer einen Sinn erhalten: jetzt wußte sie, warum sie gelebt und daß sie nicht umsonst gelebt hatte.
Sie hatte so stark und so viel geliebt: sie hatte Oblomow geliebt – als Liebhaber, als Mann und als Herrn« (S. 648).

Für sie umfasst die Erfahrung der Liebe die religiöse Dimension ihres Lebens. Obwohl sie sich zu Lebzeiten Oblomows ihrer Liebe und ihrer selbst beinah völlig unbewusst ist, steigt das bewusste Begreifen langsam, in einfacher Gewissheit nach Oblomows Tod in ihr auf, erleuchtet ihre dumpfe Unbewusstheit und trägt ihr Leben.

Dennoch konstelliert sich eine komplementäre Beziehungsstruktur als orale Kollusion. Nimmt Oblomow den Part des abhängigen Kindes ein, das in bedingungsloser Liebe von der Frau umsorgt, ernährt und verwöhnt wird, so ist Agafja die Rolle der umsorgenden, nährenden und verwöhnenden Mutter wie auf den Leib geschrieben. Beide verbindet die gemeinsame Grundannahme, dass die Aufopferungsbereitschaft der selbstlosen Agape-Frau unerschöpflich ist und sie niemals eine Gegenleistung von ihm erwartet, dass, im Gegenteil, an den hilfsbedürftigen, abhängigen Oblomow keine Anforderungen an Selbstversorgung oder gar Selbstverantwortung gestellt werden dürfen. In dieser asymmetrischen Form der Beziehung spiegelt sich das frühe Verhältnis des Säuglings und Kleinkindes zur Mutter wider. In einer entsprechend oral strukturierten Beziehung unter Erwachsenen verschwimmen deshalb die Bilder der Frau und der Mutter miteinander: »Er blickte träge, mechanisch selbstvergessen der Hausfrau ins Gesicht, und aus der Tiefe seiner Erinnerungen stieg ein bekanntes, schon irgendwo gesehenes Bild empor. Er grübelte nach, wo und wann er diese Worte gehört hatte ... Und sah plötzlich den großen, dunklen, von einer Talgkerze beleuchteten Salon im Vaterhaus, die am runden Tisch sitzende Mutter und ihre Gäste vor sich: [...] Gegenwart und Vergangenheit verschmolzen und vermengten sich« (S. 636 f.).

Oblomow hat zwar mit Agafja die oralen Triebziele Wärme, Ruhe, Geborgenheit, Versorgt-Werden erreicht, gibt dafür aber aktiv ödipale Ziele der Eroberung einer Frau, die nicht die Mutter ist, auf. Die Folge ist nicht nur das Gefühl einer tiefen Wertlosigkeit und eine lähmende Resignation, sondern die Folge ist auch eine Beschädigung der männlichen Identität selbst. Stolz formuliert die Gefahr der ausschließlich passiven, oralen Triebziele für die männliche Identität, indem er die Identifikation mit den von der Frau unabhängigen, objektiven und aktiven Werten wie Arbeit und Gestaltung des Lebensumfeldes herausstellt: »Aber dir einen kleinen Wirkungskreis aussuchen, dein Dörflein in Ordung bringen, dich mit den Bauern herumschlagen, ihre Angelegenheiten regeln, bauen und pflanzen, dies alles mußt und kannst du tun ...« (S. 517 f.). »Beachte, daß das Leben und die Arbeit selbst das Ziel sind, nicht aber das Weib [...]« (S. 521).

Oblomow kann dieser Umkehrung seiner Ziele von passiven zu aktiven Triebzielen nicht folgen, weil Resignation ihm die Vorstellung, er könne das Leben und seine Aufgaben bewältigen, nicht ermöglicht. Etwas, das als unerreichbar erlebt wird, kann nicht in Bewegung setzen. Stellvertretend für die reale Bewegung entfaltet er in der Phantasie allerdings eine rastlose Planung alles dessen, was er tun würde, wenn ... Die Gedankenarbeit an dem Plan des Umbaus seines Gutes, den er beinahe lebenslang zu perfektionieren sucht und den er deshalb nie zu Ende bringt, steht symbolisch dafür. In Wirklichkeit verstrickt ihn der *circulus vitiosus* seiner Psychodynamik immer tiefer: Weil »Leben« und »Arbeit« keine Ziele sind, kann er keinen Selbstwert und keine männlich aktive Identität aufbauen und muss auf passive Verwöhnungsziele, also auf »das Weib« ausweichen. Dafür verachtet er sich, deshalb sinkt sein Selbstwert noch weiter nach unten. Um den immer schwerer wiegenden Mangel an Selbstachtung zu ertragen, gewinnt die orale Kompensation immer mehr an Bedeutung, wird schließlich zur Ess-Sucht. Dafür verachtet er sich wiederum etc. Der aggressiven Besetzung des eigenen Selbst (Selbstverachtung) entspricht die destruktive Wirkung seiner Schlaf- und Esssucht.

Aber auch Agafja, die tüchtige, unermüdlich, selbstverständlich und selbstlos spendende Mütterliche, die schließlich seine Frau wird, ist nicht von der Verachtung ausgenommen. Er kann sie nicht lieben, sondern nur gebrauchen, als Person kaum wahrnehmen. Sie erfüllt eine lebenswichtige Funktion, ebenso wie es die Mutter für das Kleinkind tut. Und ebenso wie das Kleinkind nimmt er die Zuwendung wohlig, gesättigt und selbstverständlich an, ohne von dieser Person anderes zu erkennen als die Bedeutung, die sie für ihn hat – eine *bedürfnisbefriedigende Objektbeziehung*, in der obendrein das Objekt für die Befriedigung der Bedürfnisse insgeheim abgelehnt wird, weil es damit an die eigene Schwäche und Abhängigkeit erinnert. So erhält und fördert gerade die selbstlose Pflege Agafjas die fortschreitende Regression und Lebensschwäche Oblomows. In letzter Konsequenz führt sie für Oblomow zum Tod, während sie für Agafja zum Erblühen ihrer Seele, zur Entfaltung ihrer Kräfte und zum Sinn ihres Lebens führt. Dieser Zusammenhang ist eine ungewöhnliche Variation des umfassenderen Themas von Liebe und Tod.

Vielleicht könnte in der Konzeption der Gestalt Agafjas nach dem Vorbild der Mutter Maria insofern eine Schwachstelle des Romans liegen, als Gontscharow in dieser Figur seinem Prinzip erzählerischer Doppeldeutigkeit nicht folgt. Auch läßt er die psychische Logik außer acht, die verlangt hätte, dass auch in Agafja sich Zeichen von Enttäuschung wegen der Funktionalisierung ihrer Person melden, dass sich hinter der altruistischen Zuwendung auch ihre Unfähigkeit verbirgt, eigene Wünsche nach passivem Umsorgtwerden durchzusetzen, dass ihr Selbstwertgefühl so beschädigt ist, dass sie sich nicht vorstellen kann, um ihrer selbst willen geliebt zu werden, sondern sie sich die Zuneigung Oblomows mit nie versiegendem, selbstlosem Einsatz für ihn verdienen muss. Insofern Agafja von den allzu menschlichen Reaktionen ausgenommen bleibt, begegnet in ihr eher das Bild einer guten archetypischen Mutter denn eine wirkliche Frau. Die rührende Dankbarkeit Oblomows scheint als einziger narzisstischer Gewinn, den sie genießt, das Bild vollkommen selbstloser Liebe nicht zu stören.

Agafja wird also von der grundsätzlichen Ambivalenz dem Liebesobjekt gegenüber, die die orale Kollusion kennzeichnet, ausgenommen.[19] Sie hüllt Oblomow mit uneigennütziger Liebe in den Mantel oraler Geborgenheit. Sein alter, von ihr geflickter und gereinigter Chalat, der ihm nach dem endgültigen Abschied von Olga umgehängt wird, steht ebenso sinnbildlich dafür wie ihre hingebungsvolle Pflege während seiner Krankheit: »[...] und ihre Liebe äußerte sich in einer grenzenlosen Ergebenheit bis ans Grab. Sie [d. h. ihre Gefühle] waren tatsächlich uneigennützig, weil sie nur deshalb Kerzen aufstellen und für Oblomows Gesundheit beten ließ, damit er genese, während er selber nie etwas davon erfuhr. Sie saß in der Nacht am Kopfende seines Bettes und ging im Morgengrauen fort, und dann war nicht mehr die Rede davon« (S. 508).

Gleichzeitig erlebt Agafja, indem sie sich selbst hingibt und ihr Ich in vollkommener Identifikation mit Oblomow aufgeht, »[...] wie von heute auf morgen plötzlich Treue bis in den Tod entsteht und das Bestreben erwacht, sich selbst zu opfern, wie allmählich das eigene Ich verschwindet und in *sie* oder *ihn* übergeht [...]« (S. 506).

Ihre Liebe erinnert beinah an die Liebe Gottes, von der es heißt: »sie erträgt alles, sie glaubt alles, sie hofft alles, sie erduldet alles« (1. Kor. 13,7). Auch dies ist ein Zeichen dafür, dass in der Gestalt Agafjas die Liebe der Mutter Gottes bzw. Gottes selbst personifiziert ist. Umso bemerkenswerter ist es, dass sie Oblomow nicht retten kann. Scheitert die Heilung durch Liebe das erstemal – mit Olga – daran, dass seine Wünsche nicht erfüllt werden, er nicht geliebt wird, so scheitert sie mit Agafja paradoxerweise daran, dass seine Wünsche erfüllt werden und er geliebt wird.

Agafja gelingt die Idealisierung als Liebesbedingung, die ihm umgekehrt nicht möglich ist. »Er [...] war immer so schön, so rein, brauchte nichts zu tun und tat auch nichts, alles taten die anderen

---

19 Zu vermuten ist, dass Gontscharow im Bild der nur »guten Mutter« seine eigene Mutter von der Ambivalenz seiner Gefühle ihr gegenüber befreien will. Dennoch ist sie unter der Hand zwar nicht als Person, aber doch in ihrer Funktion zur Todesmutter geworden. Damit ist die Psycho-Logik wieder hergestellt und der destruktive Teil der Ambivalenz doch zum Ausdruck gebracht.

für ihn [...]. Er war ein Herr, er strahlte und glänzte! Dabei war er so gutmütig: wie weich er ging, sich bewegte, seine Hand sich anfaßte, wie Samt [...]! Und er schaute und redete auch ebenso weich und gütig ...« (S. 507).

Oblomow verkörpert für sie, so wie er ist, das Ideal eines Mannes. Kein Ungenügen seiner Person könnte der Grund für Anforderungen an ihn sein. In ihren Augen ist der Bruchstück-Mensch Oblomow vollkommen. Indem sie ihn liebt, fällt sein Glanz auf sie, erfüllt ihr Herz und gibt ihrem Leben Wert und Bedeutung. Diese Wirkung ist von der gleichen Art, wie es die Wirkung der Liebe Oblomows zu Olga war. Sie beruht auf der narzisstischen Zufuhr, die die Idealisierung des Liebesobjektes und die Identifikation mit ihm ermöglicht. Das eigene unwerte Ich wird Teil des erhöhten Ich des anderen, so dass es selbst auch erhöht wird. War es bei Oblomow das passive Ziel, von Olga geliebt zu werden, so ist es bei Agafja eher das aktive Ziel, Oblomow zu lieben; beiden gemeinsam ist jedoch die Idealisierung des Objekts, die die beglückende und belebende Wirkung hervorruft.

Entsprechend dem kollusiven Beziehungsmuster erlebt Oblomow seine Beziehung zu Agafja völlig anders: »[...] für ihn verkörperte sich in Agafja Matwejewna, in ihren ewig rührigen Ellenbogen, in ihren besorgt auf allem und jedem ruhenden Augen, in ihrem ewigen Wandern vom Schrank in die Küche, von der Küche in die Vorratskammer und von der Vorratskammer in den Keller sowie in ihrer Allwissenheit um alle häuslichen und wirtschaftlichen Annehmlichkeiten das Ideal jener wie der Ozean unermeßlichen und unverwüstlichen Lebensruhe, deren Bild sich in seiner Kindheit, unter dem väterlichen Dach unauslöschlich seiner Seele eingeprägt hatte« (S. 508).

Mit Agafja hat sich das Paradies der Kindheit, »*Oblomows Traum*« wiederhergestellt. Unermüdliches Tätigsein für ihn garantiert ihm jene Passivität, die er als »Lebensruhe«[20] preist, die Inhalt und Ziel

---

20 In diesem Zusammenhang von einer »vita passiva« bzw. »vita contemplativa« und »vita activa« zu sprechen (so P. Thiergen brieflich an mich am 12.1.1995), halte ich nicht für angebracht. Diese Deutungskategorien ordnen Oblomows Ideal der Lebensruhe einer Lebensform zu, die letztlich auf einer freien Entscheidung beruht. Oblomow aber ist auf Grund der Lähmung seiner Lebens-

seines Lebens sein soll. Als Lebensideal von den Eltern übernommen, ideologisiert gerade sie seine Unfähigkeit zu aktiver Tätigkeit und verkehrt den Mangel in einen Gewinn an Ruhe. Der Freund Stolz nennt sie sein »Grab«. Immer noch versucht er, unterstützt von Olga, ihn zu befreien: »Ich werde nicht nachlassen. Jetzt gehorche ich nicht mehr meinem eigenen Wunsch, sondern erfülle Olgas Willen: sie will – hörst du? –, daß du nicht ganz stirbst, dich nicht lebendig einsargen läßt, und ich habe ihr versprochen, dich aus dem Grab zu schaufeln ...« (S. 518).

Das Motiv des »Grabes« symbolisiert den seelischen Zustand des Unlebendigseins, wie er in der Depression erlitten wird. Im »Ideal der Lebensruhe« als Ziel ist das Grab nicht nur das reale Ziel am Ende des Lebens, sondern es ist Ort des Todes mitten im Leben. Lebendig begraben zu sein erscheint erstrebenswerter, weil ungefährlicher, als zu leben: »[...] und er legte sich still und geruhsam in den einfachen und breiten Sarg seines restlichen Daseins, den er sich mit seinen eigenen Händen gezimmert hatte, wie die Einsiedler in der Wüste, die sich vom Leben abwenden und ihr eigenes Grab schaufeln« (S. 629).

Dennoch hat Oblomow durchaus ein Bewusstsein davon, dass er die Ruhe, die ihm das Lebendig-Begraben-Sein gewährt, mit seinem Leben bezahlt. Wehmütig sagt er in Erinnerung an seine Liebe zu Olga: »[...] kann man sie [Olga] denn vergessen? Das hieße vergessen, daß ich einmal gelebt habe, im Paradiese war ... Jetzt hingegen ...!« (S. 573).

Das Kindheitsparadies Oblomowka, das mit Agafja strukturell wiedererstanden ist, ist also nicht das Paradies. In ihm fehlen gerade *das* Leben und *die* Liebe, die Oblomow so vehement auf Grund des depressiven Konfliktes abwehren musste. Tragischerweise führt der Versuch, das Paradies einzurichten, dazu, dem Leben auszuweichen. Statt dessen hätte der Versuch, das Paradies verloren zu geben und

---

kräfte dazu gezwungen, passiv zu bleiben, er kann sich nicht frei entscheiden. Wenn er selbst seine betrachtende Lebensform als die ihm gemäße preist, so ist das doch eher eine Rationalisierung der schmerzlich empfundenen Unfähigkeit, sich aktiv ins Leben einzumischen. Auf diese Weise gewinnt er dem Mangel einen Gewinn und, was wichtiger ist, einen Wert ab.

dem Leben standzuhalten, dazu geführt, jenes Paradies wiederzugewinnen, in dem Oblomow mit Olga war. Oblomow bleibt nur ein leidvolles Bewusstsein davon, was lebendiges Leben ist. Auf Stolz' Einladung, mit ihm und Olga zu leben, erwidert er: »[...] euer Glück wird für mich ein Spiegel sein, in welchem ich ständig mein bitteres und vergeudetes Leben erblicken werde: und anders leben werde und kann ich nicht mehr« (S. 575).

Als eher dürftiger Ersatz für sein begrabenes Leben erscheint der Gewinn, der ihm dennoch bescheidene Freuden einbringt und ihn für so viele entgangene Freuden entschädigen muss: »Er triumphierte innerlich, daß er von den zudringlichen, quälenden Forderungen und Drohungen des Lebens weg unter jenen Horizont entkommen war, über dem die Blitze der großen Freuden dahinfahren und die unerwarteten Donnerschläge der großen Trübsale dröhnen. [...]« (S. 628).

Auch fehlt es in der Beziehung zu Agafja durchaus nicht an sexueller Anziehung und Befriedigung, symbolisiert in den nackten Ellenbogen, die für ihn ein sexuelles Stimulans sind, lange bevor er Agafja begegnet (S. 101), und von denen seine Augen im ersten Augenblick des Kennenlernens magisch angezogen werden. Dennoch fehlt dieser wie allen anderen Befriedigungen durch Agafja die belebende seelische und erotische Bewegung.

»Er schaute sie leicht erregt an, aber seine Augen strahlten nicht und füllten sich nicht mit Tränen, sein Geist machte keinen Luftsprung und verlangte nicht nach Heldentaten. Er wollte sich nur auf den Diwan setzen und kein Auge von ihren Ellenbogen lassen« (S. 512).

Dennoch gelingt Oblomow am Ende seines Lebens, trotz gelegentlicher »kalter Tränen der Hoffnungslosigkeit«, die er »um das lichte, für immer erloschene Lebensideal« (S. 629) weint, eine gewisse Versöhnung mit sich selbst und seinem – wie er sagt – »bitteren, vergeudeten« Leben. Wie in einem »goldenen Lebensrahmen« lebt er, umgeben »von lauter schlichten guten, liebevollen Menschen, die alle bereit waren, mit ihrem Dasein sein Leben zu stützen und ihm zu helfen, dies nicht zu merken und zu spüren« (S. 626), seinem Ideal der Ruhe.

Oblomow selber war ein vollkommenes und natürliches Abbild der Ruhe und Zufriedenheit und der ungetrübten Muße. Wenn er sich in sein Dasein hineinversetzte und sich darin eingehend betrachtete und sich in demselben immer heimischer zu machen versuchte, kam er alsbald zu dem Schluss, dass er nirgends mehr etwas zu suchen und nichts mehr zu erwarten habe, dass das Ideal seines Lebens verwirklicht sei, wenn auch ohne Poesie, ohne jene Strahlen, mit deren Hilfe ihm einstens die Phantasie einen herrschaftlichen breiten und sorglosen Lebensweg im heimatlichen Dorf, inmitten der Bauern und des Gesindes, ausgemalt hatte. »Er betrachtete seinen gegenwärtigen Zustand als eine Fortsetzung ebendieses Oblomowschen Daseins« (S. 628).

Die zirkuläre Struktur des Lebens mit der ewigen Wiederholung vegetativer Lebensvollzüge, in der es keine Ziele und kaum das Bewusstsein von Zeit gibt, hat sich wiederhergestellt. Ein getreues Abbild des Kindheitstraums im Kleinen. Oblomows Leben erlischt leise in den symbiotischen Armen der »Großen Mutter«, deren Schoß immer schon sein Grab ist, »wie eine Uhr, die man aufzuziehen vergessen hat« (S. 644).

Die Beziehung zu Agafja ist Wiederholung, Gegenstück und Realisation von Oblomows »Traum« in seiner Doppeldeutigkeit als Wunsch- und als Alptraum. Die lebensfähigen und lebendigen Aspekte dieser Beziehung erscheinen in dem gemeinsamen Sohn Andrej. Er wird von Stolz und Olga erzogen, um der zu werden, der sein Vater nicht sein konnte. In ihm bekommt das Leben Oblomows den Hoffnungsträger für die Zukunft einer gesellschaftlich gewandelten Zeit, die – so Gontscharows Utopie – keine »Oblomowerei« mehr hervorbringt. Sein Sohn Andrej soll das Dorf Oblomowka an das moderne wirtschaftliche Leben anschließen und den Übergang vom zaristisch-feudalen zu einem bürgerlich-tätigen, industrialisierten Russland aktiv gestaltend mitvollziehen.

Versucht man Bilanz zu ziehen und Oblomows Leben zu beurteilen, von dem er selbst sagt: »Ich schäme mich längst auf der Welt zu leben!« (S. 640), so muss die Brücke zum Anfang der Betrachtung geschlagen werden. Nicht obwohl sein Leben ein Bruchstück aus depressiver Lebensverhinderung und -vermeidung ist, können »wir uns selbst« in ihm sehen, sondern *weil* in diesem Leben die Bruchstückhaftigkeit des Lebens überhaupt zum Ausdruck kommt, ist es möglich, sich selbst darin wiederzuerkennen. Das *ecce homo* gilt dem mit seiner Hoffnung auf Leben und Liebe gescheiterten Oblomow.[21] Dieses Verständnis der Gestalt Oblomows legt ein christliches[22] Menschenbild Gontscharows nahe. Daß er mit der zentralen Stellung, die die Paradieses-Sehnsucht und die Suche nach der Verwirklichung des Lebensideals in der Psychodynamik der Depression spielt, Fragen nach Sinn und Wert des Lebens implizit thematisiert, habe ich versucht aufzugreifen.

Gontscharows Roman, literaturgeschichtlich ein Roman des Realismus, vermittelt ein Bild des wirklichen Lebens. Nicht im Sinne eines Abbildes von sichtbaren Phänomenen, sondern im Sinne eines Blickes, der »das Leben und die Menschen insgesamt [zu] überschauen« versucht. (Gontscharow, 1847/1993, S. 220). Das Paradoxon erscheint deshalb als angemessene Grundstruktur der Wirklichkeit. Erzählerisch entspricht dem die Doppeldeutigkeit aller Lebensvollzüge im Roman. Symbol dieser Gesamtschau und Darstellungsperspektive innerer und äußerer Wirklichkeit, dieses erzählerischen Nicht-Vergessens des Leidens, sind – als Kraft emotionaler Erkenntnis – die »unsichtbaren Tränen«.

---

21 Das Scheitern von Leben und Lebensplan, das die menschliche Dimension der Gestalt Oblomows mit dem Menschlichen in jedem Leben verbindet, bedeutet nicht, dass Gontscharow Misslingen, Scheitern, Fragmentarität oder Krankheit als Ziel des Lebens darstellt. Im Gegenteil bleibt er dem Ideal der Vollkommenheit verpflichtet. Die »Bestimmung des Menschen« ist für ihn Ganzheit, nicht Fragmentarität. Bestimmung und Ziel sind aber nicht Lebensrealität. Zu ihr gehört das Scheitern: es ist das eigentlich menschliche Maß.

22 Die Bezeichnung »christlich« zielt in diesem Zusammenhang nicht auf eine bestimmte Kirche, wie etwa die russisch-orthodoxe, zu der Gontscharow gehörte. Sondern ich bezeichne als »christlich« eine theologische Sicht des Menschen, die den realen – und also auch leidenden und scheiternden Menschen, wie er in dem Menschen Jesus urbildlich erscheint – von der Liebe Gottes nicht trennt. Ich bin mir bewusst, dass ich hier ein bestimmtes theologisches Verständnis der Gestalt Jesu an den Roman herantrage, fühle mich aber dazu berechtigt, weil Oblomow an der einzigen Stelle des Romans, an der er von Gott spricht, sich erregt für ein Verständnis des »gefallenen Menschen« einsetzt, das diesen nicht »aus der Barmherzigkeit Gottes« verstößt (S. 37).

Literaturverzeichnis

Baratoff, N. (1990). Oblomov. A Jungian Approach. A Literary Image of the Mother Complex. European University Studies. Series 6: Psychology, Bd. 302. Bern.

Böschenstein, R. (1986). Zum Verhältnis von psychoanalytischen und historischen Interpretationskategorien. In A. Schöne (Hrsg.), Kontroversen, alte und neue. Akten des VII. Internationalen Germanisten-Kongresses (Bd. 6, S. 220–230). Tübingen: Niemeyer.

Dietrich, H. (1965) Ein besonderer Typ willensschwacher Psychopathen (Oblomowisten). Münchner Medizinische Wochenschrift, 107, 2225–2229.

Erster Brief an die Korinther (Kap. 13, Vers 7).

Gogol, N. (1846/1977). Die toten Seelen. Roman. Deutsch von P. Löbenstein. detebe klassiker 20384. München: Diogenes.

Gontscharow, I. A. (1869/1981). Die Schlucht. Roman. Revidierte Übersetzung aus dem Russischen von A. Scholz. 5 Teile in 2 Bdn. Leipzig u. Weimar: Gustav Kiepenheuer Verlag.

Gontscharow, I. A. (1859/1991). Oblomow. Vollständige Ausgabe. Aus dem Russischen übertragen von J. Hahn. Mit einem Nachwort, einer Zeittafel und Literaturhinweisen von R. Neuhäuser. dtv klassik 2076 (6. Aufl.). München: deutscher Taschenbuch Verlag.

Gontscharow, I. A. (1847/1993). Eine alltägliche Geschichte. Roman. Revidierte Übertragung aus dem Russischen von R. Fritze-Hanschmann. Mit einer Zeittafel von K. Kallert und einem Nachwort von P. Thiergen. dtv klassik 2310. München: Deutscher Taschenbuch Verlag.

Hilsbecher, W. (1966). Versuch über Oblomow. In Merkur. Deutsche Zeitschrift für europäisches Denken, 20, 841–853.

Huwyler-Van der Haegen, A. (1989). Oblomov ein »Heiliger«? In P. Thiergen: I. A. (Hrsg.), Gončarov. Beiträge zu Werk und Wirkung (S. 57–70). Köln/Wien: Böhlau.

Jens, W. (Hrsg.) (1989). Kindlers Neues Literatur Lexikon (Bd. 6, S. 639 f., Artikel »Oblomov«). München: Kindler.

Kayser, W. (1956). Das sprachliche Kunstwerk. Eine Einführung in die Literaturwissenschaft (4. Aufl.). Bern: Francke.

Lauer, R. (1980). Der russische Realismus. In K. von See (Hrsg.), Neues Handbuch der Literaturwissenschaft (Bd. 17, S. 275–342).Wiesbaden: Akad. Verlagsgesellschaft Athenaion.

Louria, Y., Seiden, M. I. (1969). Ivan Gontscharov's Oblomov: The Anti Faust as Christian Hero. Canadian Slavic Studies, 3, 39–68.

Lukács, G. (1920/1971). Die Theorie des Romans. Ein geschichtsphilosophischer Versuch über die Formen der großen Epik. Sammlung Luchterhand 36. Neuwied und Berlin: Hermann Luchterhand Verlag.

Mentzos, S. (1984). Neurotische Konfliktverarbeitung. Einführung in die psychoanalytische Neurosenlehre unter Berücksichtigung neuer Perspektiven. Geist und Psyche Fischer 42239. Frankfurt a. M.: Fischer Taschenbuch Verlag.

Mentzos, S. (1993). Manie und Depression. Göttingen: Vandenhoeck & Ruprecht.

Rattner, J. (1968). Verwöhnung und Neurose. Seelisches Kranksein als Erziehungsfolge. Eine psychologische Interpretation zu Gontscharows Roman »Oblomow«. Zürich/Stuttgart: Werner Classen Verlag.

Rattner, J. (1989). Oblomow oder die Ontologie der Bequemlichkeit. In P. Thiergen (Hrsg.), I. A. Gončarov. Beiträge zu Werk und Wirkung. Bausteine zur Geschichte der Literatur bei den Slaven, 33 (S. 107–126). Köln/Wien: Böhlau.

Rehm, W. (1947). Gontscharow oder die Langeweile. In W. Rehm, Experimentum medietatis. Studien zur Geistes- und Literaturgeschichte des 19. Jahrhunderts (S. 96–261). München: Hermann Rinn.

Riemann, F. (1971). Grundformen der Angst und die Antinomien des Lebens. Eine tiefenpsychologische Studie über die Ängste des Menschen und ihre Überwindung (6. Aufl.). München/Basel: Ernst Reinhardt Verlag.

Schönau, W. (1991). Einführung in die psychoanalytische Literaturwissenschaft. Sammlung Metzler, Bd. 295. Stuttgart: J. B. Metzlersche Verlagsbuchhandlung.

Schultz-Hencke, H. (1970). Lehrbuch der analytischen Psychotherapie (2. Aufl.). Stuttgart: Georg Thieme Verlag.

Thiergen, P. (1987). Leid- oder Leitfigur? Zu Gontscharows Roman »Oblomow« (S. 67). In Neue Zürcher Zeitung, 253, 67 (31.10./1.11.).

Thiergen, P. (1989). Oblomov als Bruchstück-Mensch: Präliminarien zum Problem »Gončarov und Schiller« (S. 163–191). In P. Thiergen (Hrsg.), I. A. Gončarov. Beiträge zu Werk und Wirkung. Bausteine zur Geschichte der Literatur bei den Slaven, 33. Köln/Wien: Böhlau.

Thiergen, P. (Hrsg.) (1989). I. A. Gončarov. Beiträge zu Werk und Wirkung. Bausteine zur Geschichte der Literatur bei den Slaven, 33. Köln/Wien: Böhlau.

Thiergen, P. (1991). Oblomovs Schlafrock (S. 465–477). In Ibler, R., Kneip, H. (Hrsg.).Festschrift für Erwin Wedel zum 65. Geburtstag. In Typoskript-Edition Hieronymus. Slavische Sprachen und Literaturen, 20. München.

Willi, J. (1975). Die Zweierbeziehung. Spannungsursachen – Störungsmuster – Klärungsprozesse – Lösungsmodelle. Analyse des unbewußten Zusammenspiels in Partnerwahl und Partnerkonflikt: das Kollusions-Konzept. Hamburg: Rowohlt.

Abgespaltene Trauer

Die Perspektive des leidenden Kindes und »strategische Adoleszenz« in K. Ph. Moritz' Roman »Anton Reiser«

1. Irritation des Lesers als Interpretationsansatz

Bei der Hauptgestalt in Karl Philipp Moritz' autobiographischem Roman »Anton Reiser« (1785–1790) handelt es sich um eine literarisch gestaltete, fiktionale Figur. Vergegenwärtigt man sich allerdings, dass es sich hier gleichzeitig um die nicht endenden Leiden und Verletzungen eines *wirklichen* Kindes und Jugendlichen handelt, kann man dieses Buch nicht lesen, ohne dass einem das Herz stehen bleibt, der Atem stockt, es einem die Sprache verschlägt.

Ein so irritierendes Gefühl von Erschütterung verlangt nach Verstehen. Kaum eine Arbeit über »Anton Reiser«, in der der Verfasser nicht seine Gegenübertragung schildert, aber ebenso kaum eine, in der sie als Erkenntnisinstrument verwendet wird, also der Kontakt zwischen Leser und Text durchgehend erkenntnisleitend bleibt. Selbst H. Raguse, der die Aufgabe genau bezeichnet, wenn er sagt: »Ziel einer analytisch-kritischen Interpretation des Romans ›Anton Reiser‹ ist weder eine Interpretation auf der Ebene der handelnden Personen, allen voran Anton Reisers, noch auf der Ebene allein des Erzählers [...]. Vielmehr geht es darum, eben diese Perspektive zu verstehen, aus der der Erzähler dem Leser von Anton erzählt und dazu gehört auch, was er durch die Figur des Anton von sich selber erzählt [...]« (Raguse, 1992, S. 156). Wie aber lässt sich eine Perspektive für die Interpretation gewinnen, die nicht in *wilder Analyse* den vom Autor dafür gewissermaßen angebotenen Anton analysiert, auch nicht den im Text sichtbaren, impliziten Autor, sondern die auch das komplizierte Verhältnis zwischen beiden samt seiner Wirkung auf den Leser einbezieht?

Ich denke, dass die in der analytischen Situation bewährte Aufmerksamkeit auf den Widerhall der Person des anderen in mir, im Gestrüpp von biographischer Erzählung, Gefühlsbedeutungen, Erinnerungen und Erinnerungsfälschungen die Ebene von Orientierung gewinnen lässt, die sich auf die intersubjektive Wahrheit der beiden beteiligten Personen bezieht. Auf den Roman angewandt würde das heißen: ich verwende meine Art des Widerhalls (von Vietinghoff-Scheel (1990) spricht von »kontrollierter Gegenübertragung«) als Kompass. Dieses Vorgehen ist hier umso wichtiger, als es sich um eine »traumatisierende« Übertragung – wie oben angedeutet – handelt.

Dabei rührt die Irritation durchaus aus zwiespältigen Gefühlen. Es könnte doch Mitleid sein, was mich als Leserin bewegt angesichts eines so vernachlässigten, beschämten, geschlagenen, misshandelten Kindes. Viele Leser, die ihr Gefühl Anton gegenüber zum Ausdruck gebracht haben, fassen es in vermeintliches Mitleid. Vielleicht ist Mitleid eine Kategorie, die sich anbietet, weil die wahre emotionale Reaktion bei traumatisierten Gegenübertragungen schwer in Worte zu fassen ist. Über Mitleiderregung – und das ist das Irritierende – geht der Roman weit hinaus, weil die Grenze dessen, was durch Mitleid einfühlbar wäre, überschritten wird. Selbst dann, wenn man Entstehungszeit und soziale Verhältnisse vor Augen hat und berücksichtigt, dass Kinder und Jugendliche der unteren Schicht im ausgehenden 18. Jahrhundert Lebensbedingungen vorfanden, die mit denen heutiger Heranwachsender nicht vergleichbar – und also mit unseren Maßstäben nicht zu messen sind. Grundlegendes wie Liebe, Anerkennung und Achtung zwischen Eltern und Kindern sind allerdings auch damals die existentiell notwendigen Voraussetzungen für menschliche Entwicklung. Gerade daran fehlte es aber in Antons Kindheit und Jugend nahezu völlig: »In seiner frühesten Jugend hat er nie die Liebkosungen zärtlicher Eltern geschmeckt, nie nach einer kleine Mühe ihr belohnendes Lächeln« (Moritz, 1785–1790/1986, S. 13).[1] Nicht verwunderlich, dass es Moritz deshalb um die *Wirkung dieses Mangels* auf Anton in seinem »psychologischen

---

1 Im Folgenden zitiere ich nach dieser Ausgabe; Seitenangabe jeweils unmittelbar nach dem zitierten Text – [Anm. d. Herausgebers:] Vgl. als kritische Neuausgabe des Romans inzwischen auch: Moritz (1785–1795/2002), in K. Ph. Moritz, Sämtliche Werke. Kritische und kommentierte Ausgabe. Hrsg. von A. Klingenberg, A. Meier, C. Wiedemann, C. Wingertszahn (Bd. 1, Teil I: Text, Teil II: Kommentar). Tübingen: Niemeyer. (Rezension der Neuausgabe: Rohse, E. (2009). Germanisch Romanische Montasschrift. Neue Folge 59 (4), 571–574). Da beide Textausgaben des Romans editorisch gleichermaßen ver-

Roman« zu tun ist. Ginge es aber nur darum, wäre Mitleid doch die antwortend-angemessene Reaktion.

Aber hier handelt es sich beinahe um eine andere Dimension von Mangelerfahrung – wie etwa z. B. *Ungerechtigkeit* und *körperliche Gewalt*: »[…] indem er [Anton] sich nun gerade auszog, fügte es sich, daß eines seiner Kleidungsstücke mit einigem Geräusch auf den Stuhl fiel: seine Mutter glaubte, er habe es aus Trotz hingeworfen, und züchtigte ihn hart« (S. 38); *Vernachlässigung:* »Es wurde Abend, und ihn fing an zu hungern; und nicht einmal ein Stückchen Brot hatten seine Eltern zurückgelassen« (S. 21); schwere *Entwertung:* »L[obenstein] schien zu glauben, da nun mit Antons Seele weiter nichts anzufangen sei, so müsse man wenigstens von seinem Körper allen möglichen Gebrauch machen. Er schien ihn jetzt wie ein Werkzeug zu betrachten, das man wegwirft, wenn man es gebraucht hat« (S. 72); *Demütigung* und *Vernichtung natürlicher Wünsche:* »Diese Lebhaftigkeit war ihm [d. h. Lobenstein] der gerade Weg zu Antons Verderben, der nach dieser Heiterkeit in seinem Gesichte notwendig ein ruchloser, weltlich gesinnter Mensch werden mußte, von dem nichts anderes zu vermuten stand, als daß ihn Gott selbst in seinen Sünden dahingeben würde« (S. 70); schließlich *Verstoßung* und *Verfluchung:* »Das Herz seines Vaters war gegen ihn kalt und verschlossen; denn dieser betrachtete ihn völlig mit den Augen des Hutmacher L[obenstein], und des Herrn von F[leischbein], als einen in dessen Herzen der Satan einmal seinen Tempel errichtet habe« (S. 104). Solcher *seelischen Misshandlung und Auslöschung* gegenüber erfasst mich – jenseits von Einfühlung – als Leserin sprachloses Erschrecken.

Der Verdacht entsteht: Werde ich in ein Gefühl, fast in einen Zustand, in dem der Atem stockt, hineingesogen?[2] In ein Gefühl, das der Autor Moritz dem Kind bzw. dem Jugendlichen Anton gegenüber gerade nicht aufbringt, sondern vielmehr zu vermeiden hofft?

---

lässlich der Originalausgabe (Berlin 1785–1790) folgen, gilt weiterhin die bisherige Zitatbasis.
2 Vgl. ähnlich Raguse: »[…] man kann als Leser in der Tat vom Buch verschlungen werden, wie es mir selbst bei meiner ersten Lektüre ging, nach der ich einige Tage brauchte, um mich aus ihm wieder herauszuretten« (Raguse, 1992, S. 156).

Muss ich stellvertretend für Moritz fühlen? Dann wären Autor und Leser in eine Beziehung verwickelt, die eine *Spaltung* voraussetzt. Intrapsychisch nicht fühlbare traumatische Schrecken des Autors würden interpersonell über die Textfigur Anton vermittelt und reinszeniert, so dass dem Leser der Schrecken und dem Autor das Redenkönnen bliebe.[3] Nicht ihm, dem Autor, stockt der Atem. Würde das geschehen, müsste er – paradox formuliert – selbst fühlen, was er fühlt. Das aber ist nicht möglich, da es hier um Gefühle geht, die seelische Fassungskraft übersteigen. Das Überflutetwerden des erlebenden Ichs von innerer Niederlage und Ohnmacht[4] führt bei Anton dazu, dass er – um sein seelisches Überleben zu retten – sich von seinen Gefühlen trennen, sie abspalten muss.[5] Allerdings bleibt er damit dem inneren Zwang ausgeliefert, das nicht mehr Fühlbare in zirkulären Wiederholungen zu perpetuieren. Deshalb kann der Roman nur additiv Szenen von immer gleicher Struktur ermüdend und quälend aufeinandertürmen – Szenen, die geprägt sind von Hoffnung, Enttäuschung der Hoffnung, Schmerz, Wut und Scham: »Es war ihm, als ob er nun nicht tiefer sinken könne; er betrachtete sich beinahe selbst als ein verächtliches, weggeworfenes Geschöpf« (S. 102); dann wiederum Auferstehung neuer Hoffnung: »Er sollte nun bald aus seiner engen drückenden Lage herauskommen. – Die

---

3 Erforscht wurde diese Beziehungsdynamik im Zusammenhang mit der Traumaforschung. Als anerkannte Traumen gelten Deprivation, Vergewaltigung, Kindesmisshandlung, Tod der Eltern, schwere Krankheiten, Vernichtungslager und sexueller Missbrauch. Als sicher kann gelten, dass Moritz mit Anton ein Kind beschreibt, das Misshandlung und schwerer körperlicher Krankheit ausgesetzt war.
4 Dies kann als eine mögliche Definition des Traumabegriffs gelten. Vgl. Ulrich Sachsse (zur »Psychodynamik der Bordelinepersönlichkeit als Traumafolge«): »Die reale Erfahrung der Niederlage und zumindest temporären Zerstörung des guten Objekts einschließlich des mit ihm verbundenen seelischen Apparates hinterlässt die Angst davor, alles Gute könnte erneut zerstört werden und untergehen [...]« (Sachsse, 1995, S. 54).
5 Schon Peter Dettmering geht in seinem Aufsatz, der den »Anton Reiser«-Roman als eine »Selbstanalyse um 1800« begreift, von der Grundthese aus, »daß im Zentrum dieses Romans eine vertikale Spaltung [...] steht« (Dettmering, 1985, S. 65), ohne dabei jedoch die Konsequenzen für das Gesamtverständnis ausführlich zu verfolgen.

weite Welt eröffnete sich wieder vor ihm« (S. 103) usw. So entsteht die
Illusion von Entwicklung durch das Fortschreiten von Zeit, nicht aber
Entwicklung selbst. Anton wird vom Kind zum Adoleszenten. Mitspieler und Orte wechseln, aber das Stück bleibt gleich. Seine Struktur kann nur zirkulär sein, weil sie das Spiegelbild der seelischen
Struktur Antons ist – einer Struktur, zu der die Spaltung von seinen
Gefühlen und seinem »wahren Selbst« als Schutz wesentlich gehört.
Dennoch dient letztlich selbst die Zirkelbewegung aussichtsloser
Wiederholung dem unbewussten Ziel, mit anderen Personen als den
Eltern Verhältnisse herzustellen, in denen Anton erlöst würde – und
das hieße, dass er seine schmerzhaften, traumatischen Erfahrungen
in sein Erleben integrieren könnte. Tatsächlich wiederholen sich aber
nur die vernichtenden Kränkungen mit eben diesen anderen Personen. »Es war als ob sich alles gegen ihn verschworen hätte, sich auf
ihn zu setzen, und ihn lächerlich zu machen« (S. 194). Daher kann
es sich nicht um einen *Entwicklungs- oder Bildungsroman* im eigentlichen Sinne handeln (vgl. Schrimpf, 1980, S. 54). Stattdessen entsteht
der erste säkularisierte »psychologische Roman«, der »die innere
Geschichte« eines Menschen (S. 6) nicht nur darstellt, sondern ihre
bittere Wahrheit selbst gegenüber den Harmonisierungstendenzen
des Autors (»das Mißtönende löset sich unvermerkt in Harmonie
und Wohlklang auf«, S. 122) wie auch gegenüber dem Trend der Zeit
zum Entwicklungs- und Bildungsroman festhält.

Das offene, dissonante Ende des Romans belegt, dass die Beobachtung dieser »inneren Geschichte«, die »den Blick der Seele
in sich selber schärfen« sollte (S. 6), den Blick in die Abgründe des
ewig-ruhelos ohne Erlösung und Entwicklung in sich selber kreisenden Menschen freigibt. Gerade deshalb wird Anton als Jugendlicher ein dranghaft Reisender. Unterwegs – als »Reiser« – gelingt in
der Bewegung durch den Raum, was in der Zeit nicht möglich ist.
Hier scheint er die innere Aussichtslosigkeit der Kreisbewegung in
eine Gerade mit Anfang, Mitte und Ziel auseinanderzubiegen. Nur
als »Reiser« fühlt er sich frei: »[…] er fühlte sich aus all den *kleinlichen* Verhältnissen, die ihn in jener Stadt mit den vier Türmen, einengten, quälten und drückten, auf einmal in die große offene Natur
versetzt, und atmete wieder freier –« (S. 275 f.). Dann wieder gerät
die Flucht, die eigentlich eine Suchbewegung ist, zum Umherirren

ohne Hoffnung und Ziel. »Dann irrte er weiter umher, bis es Abend wurde [...]« (S. 479).

2. Abspaltung und brüchiges Selbst

So deprimierend dieses ausweglose Kreisen auch erscheint und wie lebensverhindernd es sich auch auswirkt, muss doch daran erinnert werden, dass es, als »Abwehrfolge« von Traumatisierung, Anton das seelische Überleben sichert. Seelische Vernichtung ist keine Alternative. So fällt das nicht fühlbare seelische Vernichtet-Werden aus dem Erleben heraus. Es ist nicht kommunizierbar, weil überdimensionales Erleben sprachlich nicht mitgeteilt werden kann. Dafür gibt es buchstäblich keine Worte. Allenfalls sprachliche Symbolisierung wäre eine Ausdrucksebene.

Dieses Sich-nicht-mitteilen-Können ist unter anderem ein Grund dafür, weshalb Moritz – im Gegensatz zu anderen Autoren (wie z. B. Theodor Fontane in seiner Autobiographie »Meine Kinderjahre«) – über das *Schreiben* seiner Kindheitsgeschichte keine Heilung finden kann. Averbale Darstellungsebenen müssen also Träger des exkommunizierten Leidens werden. Entfremdet – nicht bewusst – wird auf dieser Ebene dennoch gefühlt, dass es um Ureigenstes geht. Einmal im Körper: Schon das Kind Anton wird lebensbedrohlich krank: »[...] im achten Jahr bekam er eine Art von auszehrender Krankheit. Man gab ihn völlig auf« (S. 17). Jahrelange Bewegungseinschränkungen folgen durch eine Geschwulst am Fuß, die so gefährlich wurde, dass der Fuß amputiert werden sollte. Schwere Schmerzen (»oft mußte er ganze Nächte hindurch wimmern und klagen, und die abscheulichsten Schmerzen fast alle Tage beim Verbinden erdulden«, S. 18) multiplizieren sich schon bei dem Achtjährigen durch Selbstbeschädigung: »auch fing er wirklich zuweilen an, sich mit Nadeln zu pricken und sonst zu peinigen« (S. 19). Die beginnende Tuberkulose begleitet Anton von nun an (vgl. Wucherpfennig, 1980, S. 178). Gesund wird auch der Jugendliche nicht mehr werden.[6] Sicher sind hierfür die quietistisch-separatistische Lehre

---

6 E.-P. Wieckenberg diskutiert die These, daß hier die akuten Phasen der Schwindsucht psychische Ursachen hätten: »dass sie eine Fluchtreaktion in

der Madame Guyon, »alle Eigenheit auszurotten« (S. 8), und die extrem unterdrückende Erziehungsideologie des Vaters, unter der das Kind Anton die libidinöse Besetzung seines Körpers nicht entwickeln kann, sondern im Gegenteil alles daran setzen muss, den Körper als das Nicht-sein-Sollende, Minderwertige zu betrachten, der lebensgeschichtliche Hintergrund. Antons Vater, der vor dem Tod seiner ersten Frau ein »wildes herumirrendes Leben geführt« hatte und der unter dem Eindruck ihres Todes »plötzlich in sich geht, auf einmal tiefsinnig wird [...]« (S. 11), sucht diese Erfahrung mit Hilfe der Lehre der Madame Guyon zu bewältigen. Schmerz und Trauer um seine Frau muss er nicht fühlen, wenn er der Lehre von der »gänzliche[n] Ertötung aller sogenannten *Eigenheit* oder *Eigenliebe,* und einer völlig uninteressierte[n] Liebe zu Gott, worin sich auch kein Fünkchen Selbstliebe mehr mischen darf, wenn sie rein sein soll« (S. 9), folgt. Dabei aber missversteht und verdinglicht er gerade die mystische Intention dieser quietistische Lehre in fundamentalistischer Weise und schließt sie mit seiner kleinbürgerlich-repressiven Lebenspraxis kurz. Die wahrhaft verheerende Wirkung auf Antons Erziehung hat also ihre Wurzeln in der Geschichte verdrängter Trauer des Vaters. Im Sohn setzt sie sich in der Abspaltung von Trauer und Schmerz fort.

Mit dem lebendigen Gefühl für sich selbst musste Anton auch das lebendige Gefühl für seinen Körper aufgeben. Stattdessen wird die Fähigkeit, quasi aus dem Körper auszusteigen, sekundär narzisstisch besetzt. »Er blickte mit einer Art von Stolz auf seine Hände, und betrachtete die blutigen Merkmale daran, als so viel Ehrenzeichen von seiner Arbeit« (S. 72). Lässt sich diese Fähigkeit für sein Erleiden von körperlichem Elend wie Hunger, Schmerzen, Schlafentzug, Frieren auch als Vorteil ansehen (»[...] oft mußte er in der bittersten Kälte,

---

Augenblicken höchster Bedrückung darstellen« (Wieckenberg, 1993, S. 18). Er sieht auch die Entfremdung im Körpererleben, die so weit geht, daß der Körper rücksichtslos instrumentalisiert werden kann. Demgegenüber betont Robert Minder die geistesgeschichtliche Herkunft der Nichtachtung des Körpers und sieht in der quietistischen Erziehung zur »gänzlichen Ertötung aller sogenannten Eigenheit oder Eigenliebe« die Ursache für »dieses Wüten gegen den Körper« (Minder, 1974, S. 194). Was Wieckenberg nicht erkennt, ist, dass die Quelle des objekthaften Körpererlebens ichstrukturell in der Spaltungsabwehr zu suchen ist.

den ganzen Tag über, in einer ungeheizten Stube Wolle kratzen.[...] wenn er nicht vor Kälte umkommen wollte, so muße er sich rühren, [...] daß ihm abends oft beide Beine wie gelähmt und doch Hände und Füße erfroren waren.« S. 73), so ist sie doch für den pfleglichen Umgang mit seinem kranken Körper ein bedeutendes Hindernis. Moritz berichtet, dass er auf seinen häufigen Wanderungen rücksichtslos seinen Körper ausgebeutet habe. Gleiches kann man von Reiser sagen, der 19-jährig – meist nur von Brot und Wasser lebend, auf dürftigsten Strohlagern übernachtend und winterlicher Kälte ausgesetzt – von Hannover über Erfurt nach Gotha und Leipzig wandert, um sich einer Theatertruppe anzuschließen.

Demgegenüber verwundern sich manche Moritz-Forscher, dass er – obwohl sein Körper außerhalb der Wahrnehmung bleibt – »hypochondrischen« Befürchtungen ausgesetzt war: »So war Anton nun in seinem dreizehnten Jahre [...] ein völliger Hypochondrist geworden, von dem man im eigentlichen Verstande sagen konnte, daß er in jedem Augenblick lebendig starb« (S. 90). Hier liegt der Irrtum zugrunde, daß in der übertriebenen Beobachtung des Körpers und seiner Funktionen sich so etwas wie Körpergefühl ausdrückt. Im Gegenteil: In der hypochondrischen Körperbeobachtung bindet Anton die seelische Vernichtungsangst an ein Objekt, das benennbar und eventuell auch kontrollierbar ist. Immerhin ist die Angst, sein Herz könnte stehen bleiben, konkreter und deshalb weniger grauenhaft als die Angst, das eigene Selbst könnte auseinanderbrechen.

Zum anderen ist die Ebene der Selbstbeziehung, der Selbstrepräsentanz – also des Selbstbildes – auf das schmerzhafteste betroffen. Anton wird sich selbst zu einem Gegenstand tiefer Verachtung: »er betrachtete sich beinahe selbst, als ein veråchtliches, weggeworfenes Geschöpf« (S. 102). Die Scham ist das eigentlich brennende Gefühl, an dem er zu ersticken droht. »Die Scham ist ein so heftiger Affekt, [...] und es ist zu verwundern, daß die Folgen desselben nicht zuweilen tödlich sind«, schreibt Moritz kommentierend über Anton, dem »lächerlich zu werden, das größte Unglück auf der Welt dünkte« (S. 171 f.). Entsprechend psychodynamisch nötig werden reparative Phantasien illusionärer Erhöhung: »Wenn seine Seele durch tausend Demütigungen in seiner wirkliche Welt erniedrigt war, so übte er sich wieder in der edlen Gesinnung der Großmut, Entschlossenheit, Uneigennützigkeit und Standhaftigkeit [...]« (S. 195). Die Erneuerung des Ideal-Ichs stellt ein notdürftiges inneres Gleichgewicht her. Der wirkliche Kontakt zu sich selbst aber geht in beidem fast vollständig verloren, weil sein wahres Selbst jenseits des Empfindens bleiben muss. Es kann nur außerhalb davon in anderen belebt werden: »Durch jedes fremde Schicksal fühlte er sich gleichsam sich selbst entrissen und fand nun in anderen erst die Lebensflamme wieder, die ihm selbst durch den Druck von außen beinahe erloschen war« (S. 358).

Auf dem Umweg über Beziehungen also erlebt Anton sich am ehesten lebendig. Real sind sie aber wiederum meist eine Quelle von Demütigung und Schmerz. Die vernichtenden Kränkungen der Kindheit wiederholen sich in der Adoleszenz. »Anton glaubte in dem Augenblick vernichtet zu sein, da er sich plötzlich in der Meinung eines Menschen [...] so tief herabgesunken sahe [...]« (S. 111). Unterbrochen werden solche Erlebnisse von kurzen Episoden irrationaler Hoffnung, doch wenigstens diesmal wahrgenommen und anerkannt zu werden. Nur in solcher Spiegelung könnte sich ihm, der von »Kindheit an zu wenig Existenz« gehabt hat, ein Existenzgefühl vermitteln. Gerade dies empfindet er aber durch Zurückweisung und Demütigung vernichtet: »Hörte er singen, lachen oder sprechen, so deuchte es ihm, als treibe die Welt ihr Hohngelächter über ihn, so verachtet, so vernichtet glaubte er sich, seitdem er seinen Nacken unter das Joch eines Tragkorbes gebeugt hatte« (S. 102). Seine ihn beflügelnden Phantasien von Selbsterhöhung müssen notdürftig diesen unerträglichen Prozess, der schließlich in einem Suizidversuch des kaum Vierzehnjährigen mündet (»in einer dieser fürchterlichen Stunden, wo er über sich selbst in verzweiflungsvolles Hohngelächter ausbrach, war der Lebensüberdruß bei ihm zu mächtig«, S. 103), ins Gegenteil verkehren. Sie retten ihn aus tiefer, lähmender Depression, können aber natürlich keine Basis für einen Neuanfang sein, ebenso wenig wie seine Idealisierung anderer Menschen, an deren Glanz er durch Identifizierung mit ihnen teilzunehmen sucht. Z. B. etwa: »Wenn er nahe bei ihm [Pastor Paulmann] stand, so überfiel ihn ein Schauder, als ob er sich in der Nähe eines Engels befände« (S. 85). Eine Sehnsucht, die ihn mit seinen Lehrern und dem von ihm verehrten Pastor verbindet.[7] Extremen Wechseln von Ich-Vernichtung und Ich-Erhöhung bleibt er unterworfen – ohne die geringste Möglichkeit einer Erkenntnis dessen, was er selbst zu ihrer Inszenierung beiträgt: genau das darf er nicht wahrnehmen. Und hier grenzt dieser erste Versuch einer Selbstanalyse ans Tragische, denn Moritz hat – neben der Anklage der elenden, sozialen Verhältnisse seiner Zeit – gerade *Erkenntnis* zum Motiv seines Schreibens erklärt.

Im Mittelpunkt einer solchen Erkenntnis würde ein Selbst stehen, das seinerseits nicht anders kann, als die Vernichtung derer zu wünschen, die ihn vernichtet haben: denn im Erleben äußerster Ohnmacht gegenüber der destruktiven Macht der Eltern muss sich das Ich Antons mit ihrer Macht identifizieren. Nur in der Identifikation mit den Aggressoren nimmt das Ich teil an ihrer Macht und schützt sich damit vor gänzlicher seelischer Vernichtung. Das Opfer wird, da nun sein Selbst einen aggressiven Kern bildet, zum potentiellen Täter. Eine Vorstellung von dieser Vernichtungswut Antons geben auch die Zerstörungsorgien mit den Spielsoldaten und den papierenen Häuschen – Szenen, die Moritz' Bruder auch von dem längst in Berlin zum Professor und Hofrat Gewordenen berichtet: »[...] wie er Papierhäuschen anzündete und niederkartätschte.«(zit. nach von Brück, 1979, S. 436). In gewissermaßen aus dem Leben ausgestanzten Spielhandlungen leistet sich Anton den Ausdruck seines »wahren Selbst«: »Ein Fleck voll hochgewachsener Nesseln oder Disteln waren ihm so viele feindliche Köpfe, unter denen er manchmal grausam wütete, und sie mit einem Stabe einen nach dem anderen herunterhieb. [...] So liefen alle seine Spiele [...] auf Verderben und Zerstörung hinaus« (S. 29).[8]

---

7   B. Helbing-Tietze versucht, die »Funktion und Bedeutung von Idealbildung für das Selbst in der Adoleszenz« am Beispiel Anton Reiser zu illustrieren (Helbing-Tietze, 1992, S. 57–61). Leider übersieht die Arbeit, dass sich Anton Reiser gerade nicht zur Darstellung entwicklungsbedingter Idealisierungen eignet, da seine Idealisierungen primär aus einer Entwicklungsblockierung resultieren.

8   Auf die nur durchbruchsartig mögliche Verwirklichung des »wahren Selbst« macht Dettmering (1985, S. 76) am Beispiel des gemeinsamen Kirschraubes Antons mit seinen Mitschülern aufmerksam: »Übersetzen wir diesen Hunger in chronische Entbehrung, Unterversorgung des Selbstgefühls, so kommt

Abgesehen von dem Schock einer mit dem bewußten Selbstbild des unschuldigen Opfers nicht kompatiblen Erkenntnis, wäre sie auch deshalb nicht erreichbar, weil auf Grund des Identifiziertseins Antons mit seinen traumatisierenden Eltern er nicht nur sie, sondern in ihnen auch sich selbst zerstören würde. In diesem unlösbaren Dilemma einer Gleichzeitigkeit von Täter-Selbst und Opfer-Selbst kann Anton nur die Entwicklung eines sich *behauptenden, aggressivexistierenden* Selbst opfern. Passives Bemitleidet-Werden und Sichselbst-Bemitleiden (»Allein auch jene schwermutsvolle tränenreiche Freude behielt immer etwas Anziehendes für ihn«, S. 22) nehmen in der Folge den Raum ein, den aktive Selbstbehauptung nicht mehr besetzen darf: »The joy of grief« ist hier mehr als nur ›empfindsame‹ Mode; es ist zugleich ein Versuch, dem geopferten Selbst auf diese Weise zu einer gewissen, *fühlbaren* Existenz zu verhelfen.

Eltern- und Selbstbild können erhalten werden. Doch für Anton immer um den Preis, den wirklichen Kontakt zu sich selbst verloren zu haben und in der Welt jemanden darstellen zu müssen, der er nicht wirklich ist, z.B. der bis zur Scheinheiligkeit fromme, überernste, fleißige, sich gefällig machende, gehorsame Jugendliche. Beispielhaft ist die Szene, in der er als Konfirmand das beim Abendmahl verlangte »freudige Zittern« nicht spürt: »Er suchte sich auf alle Weise in eine solche Art von freudigem Zittern zu versetzen: es wollte ihm aber nicht gelingen, und er machte sich die bittersten Vorwürfe darüber, daß sein Herz so verhärtet war. Endlich fing er vor Kälte an zu zittern, und dies beruhigte ihn einigermaßen« (S. 148). Die ungeheure Anstrengung, Vorstellungen entsprechen zu müssen, und das Bewusstsein davon, es dennoch nicht zu können, macht einen wesentlichen Teil seiner Verzweiflung am Leben aus. Eine mittlere, weniger zehrende Gefühlslage wird nirgends erreichbar. Immer geht es um diese intensiven, aus der Abspaltung des nicht Fühlbaren resultierenden Leiden.

Dieser Dynamik kann sich auch der Leser nicht entziehen, er wird im Gegenteil aus Gründen der spezifischen Spaltungsdynamik in sie hineingesogen. Es entsteht eine Art Kraftfeld, dem man vielleicht nur

---

dem Kirschenraub zugleich die Bedeutung einer gewaltsamen, nur als ›Raub‹ vorstellbaren Selbstverwirklichung zu.«

entkommen kann, wenn man, wie ich als Leserin, öfter dem Impuls nachgibt, das Buch längere Zeit wegzulegen oder überhaupt die Lektüre abzubrechen. Möglicherweise resultiert ein solches Angesogenwerden daraus, dass der Leser sich unversehens mit Anton Hand in Hand im eigenen Elend befindet. Die emotionale Unterscheidung eigenen Erlebens von dem Antons wird unsicher. Als Leser weiß man auf einer unbewusst-gefühlshaften Ebene nicht mehr deutlich, ob es die eigene Verlassenheit ist, die man spürt, oder die Antons. Ein Verwischen der Ichgrenzen in der Interaktion von Textfigur und Leser deutet auf lebensgeschichtlich sehr frühe Erfahrungen und ist ein Indiz dafür, daß es bei Anton zentral um *narzisstische*, nicht aber *oedipale* Themen geht – also um den Überlebenskampf eines *brüchigen Selbst,* das alle ihm zur Verfügung stehenden Kräfte und Kompensationsmöglichkeiten (Sprachbegabung, Theaterleidenschaft, Lernfähigkeit) investieren muss, um sich selbst zu stabilisieren.[9]

3. »Strategische« Adoleszenz

Bestätigt wird meine These durch die spezifische Art seines Scheiterns an den Entwicklungsaufgaben der Adoleszenz. Würde es sich um ödipale Themen[10] handeln, stünde im Mittelpunkt seelischer Kämpfe die Ablösung eines eventuell von Konflikten geschüttelten, aber in sich kohärenten Selbst von den Elternfiguren. Trauer um ihren Verlust, der durchaus an realen Objektverlust er-

---

9 Alle Interpretationsansätze, die von der Voraussetzung ausgehen, dass es sich um ein ödipales Niveau der psychosexuellen Entwicklung handelt, d.h. um ein integriertes Selbst, das zur Welt der Objekte in Beziehung tritt, verkennen den *Frühstörungscharakter* der Grundproblematik. Insofern ist der hier vorgetragene Interpretationsansatz in der Moritz-Forschung neu. Natürlich existiert auch konflikthaftes Erleben, das aber in diesem Fall nicht triebdynamisch gedeutet werden kann. In diesem Sinne ist z.B. gegen Bisanz (1970) einzuwenden, dass seine ödipale Deutung von Moritz' »Seelenkrankheit« allein von dessen Vaterkonflikt her zwar Wichtiges erfasst, aber den Kern der Problematik nicht erkennt.
10 So – mit Ausnahme von Dettmering (Dettmering, 1985, S. 65–77) – mehr oder weniger explizit alle psychoanalytisch orientierten Interpretationen seit Bisanz (1970).

innern kann, erfüllt den Heranwachsenden ebenso wie Enthusiasmus über seine zunehmende Freiheit von ihnen. Mit dem Erleben der Diskrepanz (vgl. Rohse, 1989, S. 241–250) zwischen den realen Eltern und den inneren, idealisierten Bildern von ihnen, sind heftige Gemütsschwankungen von Enttäuschung, Wut und Trauer verbunden. Idealisierungen selbstgesuchter Vorbilder nehmen jetzt einen überbrückenden Stellenwert ein. Die Entidealisierung der Eltern führt in der Regel zu realerer Einschätzung elterlicher Stärken und Schwächen und schließlich zur Versöhnung mit ihnen. Das Gute, das die Eltern mitgegeben haben, wird seelisch wieder zugänglich. Die Libido des Jugendlichen verschiebt sich allmählich auf nichtinzestuöse Liebesobjekte. Im Zuge dieses Prozesses festigt sich die eigene Geschlechtsidentität und kann in das Selbstgefühl aufgenommen werden. Gelingt diese Entwicklung, werden in der Spätadoleszenz selbstbestimmte Interessen, Gestaltung des Kontaktes zu Gleichaltrigen, Berufs- und Partnerwahl sowie die eigene Stellung in der sozialen Welt bedeutsam. Ein integriertes, in sich stimmiges Selbst, das überwiegend von der Gewissheit bestimmt wird, »in Ordnung« und »auf dem besten Wege zu sein« (vgl. Erikson, 1994, S. 29), das zu werden, was in der sozialen Gemeinschaft Anerkennung findet, ist das Erbe der Adoleszenz.

Wie anders dagegen stellt sich Antons Adoleszenz dar! Es ist verführerisch zu glauben (da oben genannte äußere Merkmale einer adoleszenten Thematik bei Anton auszumachen sind, wenn auch charakteristischerweise ohne Ausformung der Geschlechtsidentität), es handele auch um die *Entwicklung* Antons zum Adoleszenten. In Wirklichkeit aber – und das ist meine These – geht es um *strategische Adoleszenz* (vgl. Rohde-Dachser, 1987, S. 773–779).[11] Das heißt,

---

11 Rohde-Dachser verwendet den Begriff »strategisch« für eine pseudo-ödipale Situation, die – verkürzt gesagt – durch den Verlust der Triade Vater-Mutter-Kind gekennzeichnet ist. An ihre Stelle treten miteinander konkurrierende Dyaden, die jeweils den Dritten ausschließen. Diese Struktur trifft auch für Anton zu. Die Streitbeziehung der Eltern bringt ihn in Loyalitätskonflikte, weil er immer nur eine dyadische Beziehung zu einem der beiden aufnehmen kann. Der andere ist jeweils davon ausgeschlossen eben wegen des Zerstrittenseins: »Ob er gleich Vater und Mutter hatte, so war er doch in seiner frühesten Jugend schon von Vater und Mutter verlassen, denn er

alle Entwicklungskräfte gruppieren sich um die Reparation seines *brüchigen Selbst,* mit dem er die Bühne zur Adoleszenzentwicklung betritt. Eltern, Lehrer, Freunde, Mitschüler, aber auch Antons Lern- und Sprachbegabung, später exzessiv seine Theaterleidenschaft: *alles* bekommt eine strategische Rolle und Bedeutung im Kampf um das prekäre narzisstische Gleichgewicht des bedrohten Selbst. Nicht nur ersehntes Lob, erreichte Anerkennung und Achtung dienen diesem Überlebensziel; paradoxerweise werden selbst Tadel, Demütigung und Verleumdung zu strategischen Werkzeugen. Wenigstens als verächtlichster und niedrigster Mensch, der sich »als einen recht großen Bösewicht schildern« will (S. 242), muss er der Größte sein. Indem er sich als der Niedrigste phantasiert, gewinnt das erdrückte Selbst wieder Luft durch seine negative Grandiosität. »Mit einer Art von Wohlbehagen, sahe er seinen Körper ebenso gleichgültig wie seine Kleider, von Tage zu Tage abfallen« (S. 228).

Statt dass Antons Selbstwertgefühl im Aufwind der vitalen Entwicklungskräfte der Adoleszenz sich durch die auch reichlich erfahrene Bestätigung und Unterstützung, zuletzt in Erfurt (insbesondere durch Dr. Froriep und seinen Freund Neries) festigt, erscheint im Gegenteil sein brüchiges Selbst immer drängender nach Spiegelung zu verlangen. Ich betrachte die Theaterleidenschaft als suchtartiges Streben nach Widerhall. Indem er mit der Bewunderung *»Tausender«* verschmilzt, gewinnt sein jugendliches Selbst jene grandiose Kompensation für erlittene Demütigungen, die nötig ist, um einen trügerischen Augenblick sein Dasein als bedeutend zu empfinden. Wird allerdings solche Kompensation verhindert, führt seine maßlose Enttäuschungswut ihn an den Rand der Dekompensation. Als er die ersehnte Rolle als Klavigo nicht erhält, richtet er die ihn überflutende Aggression gegen sich selbst[12] – ein letzter Versuch, den regressiven Zusammenbruch seines Selbst zu arretieren: »seine Raserei ging so weit, daß er sich das Gesicht mit Glasscherben, die am Boden lagen, zerschnitt und sich die Haare raufte« (S. 359).

---

wußte nicht, an wen er sich anschließen, an wen er sich halten sollte, da sich beide haßten, und ihm doch einer so nahe wie der andere war« (S. 12).
12 Selbstverletzung ist schon eine Bewältigungsmöglichkeit unerträglicher Gefühle des Kindes.

Hat das Theaterspielen die Funktion, neben der narzisstischen Reparation, den abgespaltenen Gefühlen wieder zum Leben zu verhelfen, so verschafft ihm darüber hinaus die dramatische Darstellung des Existenzgefühls anderer imaginären Ersatz für seinen Selbstverlust. »In dem Schauspiel schien er sich gleichsam wiederzufinden, nachdem er sich in seiner wirklichen Welt beinahe verloren hatte« (S. 182). Auch die Möglichkeit, endlich einmal der sein zu können, der seinen Ich-Idealen[13] entspricht, übt eine unwiderstehliche Anziehung auf Antons narzisstische Bedürftigkeit aus: »Und dann konnte er auf dem Theater alles sein, wozu er in der wirklichen Welt nie Gelegenheit hatte – und was er doch zu sein wünschte – großmütig, wohltätig, edel, standhaft, über alles Demütigende und Erniedrigende erhaben –« (S. 197).

Die Aussicht auf eine berufliche Laufbahn als Schauspieler, die ihn schließlich so in ihren Bann zieht, daß er eine realisierbare und seinen Fähigkeiten entsprechende Karriere an der Universität Erfurt hinwirft, hat gerade nicht den Charakter einer am Ende der Adoleszenz gewonnen Gewissheit über die persönliche Berufung in einer sozialen Welt. Sondern sie ist Folge seiner unglücklichen Austreibung aus der Realität schon von Kindheit an. Für den Adoleszenten ist sie *das* entwicklungsverhindernde Erbe: »[...] er fühlte noch immer Kraft genug in sich, in gewissen Stunden, sich ganz aus seiner wirklichen Welt zu versetzen. – Das war es, was ihn aufrecht erhielt« (S. 195). Rettung und Zerstörung kommen aus *einer* Wurzel. Dieselbe *Derealisation* und *Depersonalisation*,[14] die den Bezug zur wirklichen Welt zerstört und ihn damit an den Entwicklungsaufgaben der Adoleszenz scheitern lässt, rettet auch sein seelisches Überleben.

Es ließe sich gewissermaßen eine in alle Entwicklungsrichtungen strahlenförmig wirksame Strategie aufzeigen, von deren Mittelpunkt

---

13 Natürlich spielen in der Adoleszenz Ich-Ideale eine große Rolle als Leitbilder. Bei Anton fallen sie gewissermaßen aus dieser Funktion heraus und werden zu Soll-Bildern, ohne deren Verwirklichung er sich als »nichts wert« fühlt.

14 *Derealisation* und *Depersonalisation* sind wie die *Abspaltung* von Gefühlen spezifische Abwehrformen bei realtraumatisierten Menschen. Das »Entwirklichen« der Wirklichkeit entwirklicht auch das Schreckliche, hebt es aus dem *wirklich* Geschehenen heraus. Der Preis dafür ist allerdings der Verlust des Kontaktes zur Wirklichkeit und damit zum Leben überhaupt.

aus Anton die Welt nach narzisstischer Zufuhr abtastet. Seine unterschiedlichen Beziehungen zu Vater und Mutter, Lehrern, Mitschülern und Freunden, zu literarischen Gestalten, idealisierten Vorbildern, philosophischen Ideen und seine Berufspläne sehen nur so aus, als ob sie seine Entwicklung in der Adoleszenz kennzeichnen: in Wirklichkeit werden alle Beziehungen strategisch umfunktioniert zur Reparation des verwundeten Selbst. Statt Entwicklung bestimmen Stagnation und Wiederholung Antons Adoleszenz. Die Objekte wechseln, nicht aber deren strategische Funktion für sein prekäres narzisstisches Gleichgewicht. Letztlich sind sie nur darauf bezogen, ob er durch sie sein Selbst nähren, erhalten, fördern, stabilisieren kann oder aber ob er durch sie sein Selbst verachtet, gedemütigt und vernichtet erfährt. Konstant ist der *Wechsel* seiner daraus folgenden seelischen Zustände von Hoffnung und Enttäuschung der Hoffnung – ebenso die *Abwehrstruktur,* die zur Rettung des brüchigen Selbst paradoxerweise gleichzeitig lebensrettend und lebensverhindernd wirkt. Dabei ist in keiner der verzweifelten Szenen sicher, dass die Überlebensstrategien ausreichen, um das Selbst vor dem Zusammenbruch zu retten: »[...] ganz aus allen Verhältnissen mit der wirklichen Welt herausgedrängt, drohte die Scheidewand zwischen Traum und Wahrheit bei ihm den Einsturz« (S. 433). Der Entwicklungsschub der Adoleszenz erschöpft sich im erschöpfenden Kampf Antons um sein seelisches Überleben.

4. Die Perspektive des leidenden Kindes und der Erzähler

Aber auch der Leser bleibt emotional erschöpft zurück. Ihm wird angst und bange, weil er spürt, dass es dabei um Alles oder Nichts geht und weil ihm das mögliche Scheitern der Selbstreparation ängstigt, wohingegen der Erzähler Moritz, seinem scheinbaren Erkenntnisinteresse folgend, in objektivierender, intellektualisierender und urteilender *Beobachtung* die inneren und äußeren Umstände Antons – die doch seine eigenen sind – beschreibt.[15]

---

15 Zu »*Beobachtung*« als Grundpostulat psychologischer Erkenntnis und Selbsterkenntnis bei Moritz (»den kalten Beobachter spielen«) vgl. dessen Aufsatz

Werden so die traumatischen Gefühle Antons auf den Leser verschoben, so dass er nicht seine, sondern die Gefühle Antons fühlt, so wird dieser Sachverhalt noch einmal gespiegelt und bestätigt durch die genannte, während des gesamten Romans beibehaltene Erzählhaltung des Autors Moritz (vgl. Schrimpf, 1980, S. 50).

Gewiss ist Moritz nicht einfach Anton.[16] Überspitzt könnte man sogar sagen: Moritz ist gerade nicht Anton. Denn wäre er es, wäre *Anton Reiser* nie geschrieben. Die Möglichkeit zur Ich-Spaltung, in der er, Moritz, sich selbst sowohl als das erlebende Ich als auch das dieses Erleben beobachtende Ich begreifen kann, zeigt den entscheidenden Unterschied zwischen Moritz und Reiser. Moritz gelingt, was Reiser nicht gelingen kann: eine scheinbare emotionale Distanz zu sich selbst. Ich spreche von »scheinbarer« Distanz, weil eine durch emotionale Spaltung erreichte Entfremdung von sich selbst zwar die Ebene überbesetzter Beobachtung innerer Vorgänge ermöglicht (was selbst wieder einen Riegel vor das gefährliche Fühlen schiebt), aber weit entfernt ist von einer Ebene der Selbstwahrnehmung, auf der etwa Einfühlung und Humor unmittelbares Erleben transzendieren.

Dennoch handelt es sich nach Moritz' erklärter Absicht um einen *autobiographischen* Roman. Moritz ist also doch auch Reiser, will es auch sein (vgl. Raguse, 1994, S. 37–54). In dieser für den Roman konstitutiven Spaltung, in der Moritz zugleich Reiser ist und nicht ist, liegen seine Möglichkeiten und Grenzen. Im auktorialen, ana-

---

»Aussichten zu einer Experimentalseelenlehre« (Moritz, 1782/1981, S. 85–99), der programmatisch die Konzeption des »Magazin[s] zur Erfahrungsseelenkunde«, der von ihm begründeten und herausgegebenen psychologischen Zeitschrift, umreißt (S. 91): »Möchten sich doch viele finden, deren Geist ihr ganzes Leben hindurch die beständige Richtung behielt, nur den Menschen zu beobachten! [...] Wer sich zum eigentlichen Beobachter des Menschen bilden wollte, der müßte von sich selber ausgehen: erstens die Geschichte seines eignen Herzens von seiner frühesten Kindheit an sich so getreu wie möglich zu entwerfen; [...] er müßte [...] die Kunst verstehn, in manchen Augenblicken seines Lebens sich plötzlich aus dem Wirbel seiner Begierden herauszuziehen, um eine Zeitlang den kalten Beobachter zu spielen, ohne sich im mindesten für sich selber zu interessieren.«
16 Zum Thema der Unterscheidung von Textfigur Anton, Erzähler, implizitem Autor und der historischen Person Moritz ausführlich Raguse (Raguse, 1992, S. 146 ff.).

lysierenden Erzählen gewinnt Moritz nicht nur den Abstand, der es überhaupt erst erlaubt, sich selbst zum Gegenstand einer solcherart minutiösen Beobachtung zu machen. Auch wenn man die pietistische Tradition der Anleitung zur Selbsterforschung aus Gewissensgründen, die Anton schon früh vertraut war, miteinbezieht, kann der mit Introspektion vertraute Leser nur staunend vor solcher Leistung stehen.

Moritz gewinnt die reichlich genutzte Möglichkeit, aus der überlegenen Position des Erwachsenen wertend Antons Schicksal zu kommentieren. Paradoxerweise ist dieser Hauptvorteil aus der Ich-Spaltung auch der Hauptnachteil. Gerade die Beobachterrolle zerstört das Beobachtete. Die Einheit der gespaltenen Person ist durch Distanz nicht erreichbar. Da, wo Moritz das Kind und den Jugendlichen Anton mit Anteilnahme und Wärme wahrnehmen müsste, »beobachtet« er mit distanziertem Forscherblick. Im Gefolge einer aufklärerischen Zielsetzung von Seelenbeobachtung kann Moritz seine Erzählhaltung begründen, ideologisieren und rationalisieren. Damit hat er sich vor der Gefahr geschützt, im Erzählprozess wieder der Jugendliche – wieder das Kind – Anton zu werden. Obwohl die Abwehr der lebendigen Gefühle durch ihre Abspaltung vom bewussten Selbst zur Bewältigung des Kindheitstraumas sich als notwendig erwies, obwohl dadurch das höhere Gut des seelischen Überlebens erreicht wurde – obwohl es deshalb nicht möglich scheint, eine solche zum Ich gehörige Struktur willentlich aufzulösen, bleibt Moritz doch verantwortlich für die Wahl seiner Erzählperspektive und den sich daraus ergebenden objektivierenden Umgang mit Antons Leidensgeschichte.

Da die äußere Erzählhaltung so die innere Spaltung nicht nur spiegelt (Dettmering, 1985, S. 66),[17] sondern vertieft, ist auch aus

---

17 Dazu Dettmering (1985) weiterhin: »Stärker als andere Autoren hat sich sein Autor in ein buchführendes und ein erlebendes Ich gesondert, ohne dass man als Leser den Eindruck hat, diese Aufteilung rühre von einer formalen Erwägung her: eher muß sie der psychologischen Eigenart des Autors Moritz entsprochen haben. Die Spaltung der einen Person in ›Autor‹ und ›fiktive Figur‹ wiederholt literarisch, was biographisch die Spaltung in einen selbstbeobachtenden und einen beobachteten, unter ständiger Aufsicht lebenden Teil war« (S. 66).

diesem Grunde mit seinem Schreiben keine Heilung verbunden. Im Gegenteil bedeutet das Schreiben einen weiteren Schritt auf dem Wege von sich selber weg. Es steht im Dienst der Spaltung und nicht im Dienst des Sich-Herantastens an die emotionale Verwundung. Eigentlich gibt Moritz die Seele des Kindes Anton mit seiner Erzählhaltung noch einmal preis. Moritz selbst scheint das später geahnt zu haben, wenn er von dem Denkenden, der sich selbst »*unmittelbar*« erforschen will, sagt: »das Denkende« (»immer in Gefahr sich zu täuschen«) könne das nicht, »weil es sich in keinem einzigen Augenblick von sich selbst absondern [...] kann« (Moritz, 1791/1979, Bd. 8 (1), S. 5; vgl. auch Bezold, 1980).

Um das *Kind* Anton (gegenwärtig noch immer im Schüler, Studenten, Theaterbesessenen späterer Jahre) zu retten, müsste man es dem *Beobachter* Moritz entreißen. Da er selbst aber dieses Kind ist, ist gerade das nicht möglich. Beide sind in der Spaltung unauflöslich verbunden, ohne sich jedoch erreichen zu können. Erreichbar wären sie sich nur in einer Beziehung, die dem »ertöteten« Körper, der »ausgerotteten Eigenliebe« und den »verleugneten« Gefühle des einsamen Kindes zum Leben verhilft. Schließlich fehlt Anton nichts Geringeres als das Recht zu leben. Sich dieses Recht auf Grund seiner Lernleistungen unter unsäglich elenden Bedingungen zu erwerben, erfüllt sein ganzes Streben. Umfassende Bildung, selbst die ersehnte Aufmerksamkeit auf seine Leistung erreicht er damit; das Recht zu leben, das Recht auf eine »eigene Existenz« kann auf diese Weise nicht errungen werden. Hier verfängt er sich – wie könnte es anders sein – in seinem eigenen »Widerstand«.[18] In dem abwertenden Blick des Autors Moritz auf die verzweifelte Bemühung Antons, seine Existenz durch Aufmerksamkeit anderer auf sich zu spüren, liegt die Wiederholung des Gleichen.

---

18 Zum »Widerstand« als unbewusstem Hindernis psychologischer Selbsterfahrung und -erkenntnis vgl. A. Muderlaks medizinisch-psychologische Dissertaion zum »Magazin zur Erfahrungsseelenkunde« (1990) mit dem Resultat: »Die Wirkung des Widerstandes konnte im Magazin nachgewiesen werden, ein Erkennen oder gar Analysieren ist jedoch nicht möglich« (S. 192).

Man möchte Anton, das Kind wie den Adoleszenten, vor solcher wertenden Verurteilung des Erzählers in Sicherheit bringen. Anton ist unglaublich spürsinnig darin, wie er sich vor den Eltern, später den Lehrern und Mitschülern gegenüber »angenehm« machen kann: »[…] daß er seinen Zweck, Aufmerksamkeit auf sich zu erregen, im höchsten Grade erreichte« (S. 117). Er *muß* gefallen, dafür erbringt er beinahe übermenschliche Anstrengungen an moralischem und religiösem Wohlverhalten. Ein »von aller Welt« (S. 21) verlassenes Kind, das sich seiner selbst schämt, oft »ganze Nächte hindurch« (S. 18) vor Schmerzen wimmert, die »heftigsten Gewissensbisse« (S. 20) empfindet, wenn es sich einmal vergisst und herumspringt, das die Eltern von sich »mit einer Art von Geringschätzung und Verachtung« reden hört (S. 14), das aus der wirklichen Welt auswandert, dessen einziger Freund meist nur ein Buch ist – ein derart Heranwachsender sucht, emotional verhungernd, nach einer Möglichkeit, im Spiegel eines Anderen seiner Existenz überhaupt inne zu werden. Antons Bedürfnis, im Mittelpunkt zu stehen, hat diese Bedeutung. Das aber verurteilt der Autor Moritz als Selbstgefälligkeit. Genau diese Einschätzung ist der zentrale Widerstand gegen die Akzeptanz des »wahren« Selbst.[19] Wieder verfängt Moritz sich in der pädagogisch-pietistischen Ideologie seiner Zeit, aber, was schlimmer ist, er wiederholt nichts anderes als die unempathische Verurteilung der Eltern dem Kind gegenüber. Das heißt, er bleibt mit seinen Eltern identifiziert, ist Komplize ihrer Missachtung. Auch dies ist ein Grund, weshalb ihm das Schreiben nicht helfen kann. Es leitet keinen Prozess von Selbstannahme ein. Nahe daran, die existentiell notwendige Selbstvergewisserung Antons im Erlangen*müssen* eines Echos zu verstehen, gleitet Moritz immer wieder ab in die Verurteilung des Kindes und Jugendlichen mit seinem leidenschaftlichen Verlangen, wenigstens auf Kanzel oder Bühne Mittelpunkt der Bewunderung zu sein. Darin wird er zum Täter. Nur seine pädagogischen Gründe sind andere als

---

19 Dazu nochmals Muderlak: »Statt jedoch nach den Ursachen dieses Verhaltens zu fragen, verurteilt er dieses analysierte Verhalten als unmoralisch«; und: »Auch in der Selbstbeobachtung verhindert auch so der Widerstand das Erkennen der unangenehmen Wahrheit aus dem Unbewußten« (Muderlak, 1990, S. 181 u. 191).

die seiner Eltern. Gefühlshafte Annahme des mit allen Mitteln nach Anerkennung hungernden, bedürftigen jungen Anton wäre die einzige, aber unerreichte Alternative gewesen.

Vielleicht möchten manche Leser das Buch auch deshalb weglegen, weil sie einerseits ärgerlich auf den Umgang des Erzählers mit dem Kind werden, andererseits aber nicht eingreifen können. Ganz zu schweigen von den quälenden Wiederholungen traumatischer Erlebnisse, aus denen es kein Entrinnen gibt. Immer wieder ist die Bilanz: »Durch tausend unverdiente Demütigungen kann jemand am Ende soweit gebracht werden, daß er sich selbst als einen Gegenstand der allgemeinen Verachtung ansieht, und es nicht mehr wagt, die Augen vor jemandem aufzuschlagen [...]« (S. 168). Sich von dem Quälenden, das solche Wiederholungen haben, zu befreien – also Entrinnen – ist nur möglich, indem ich als Leser ein Ende setze und mich weigere, weiter zu lesen. Ich verstehe meine Erfahrung von zweifachem Ohnmächtig-Sein als ein weiteres Indiz dafür, dass es sich wirklich um die Darstellung der überwältigend traumatischen Ohnmachtserfahrung des Kindes (wie noch des Adoleszenten) Anton, zu »nichts« zu werden, handelt, die der Autor, gerade indem er sie distanziert erzählt, in Macht verkehrt. Sein Verlangen nach Überlegenheit im Erzählprozess dokumentiert noch einmal die tiefe Berührungsangst mit dem ohnmächtigen Kind. Deshalb fehlt im Roman die dem Autor emotional nicht erschwingliche Kostbarkeit: die Perspektive des leidenden Kindes und Jugendlichen.

Literaturverzeichnis

Arnold, H. L. (Hrsg.) (1993). Karl Philipp Moritz. Text + Kritik. Zeitschrift für Literatur. Heft 118/119. München: edition text + kritik.

Bezold, R. (1984). Popularphilosophie und Erfahrungsseelenkunde im Werk von Karl Philipp Moritz. Epistemata: Würzburger wissenschaftliche Schriften/Reihe Literaturwissenschaft, 14. Würzburg: Königshausen & Neumann.

Bisanz, A. J. (1970). Die Ursprünge der »Seelenkrankheit« bei Karl Philipp Moritz. Beiträge zur neueren deutschen Literaturgeschichte, 3 (12). Heidelberg: Carl Winter Universitätsverlag.

Brück, M. von der (1979). Nachwort. in: Moritz, K. Ph. (1785–1790/1979). Anton Reiser. Ein psychologischer Roman. Hrsg. von H. Günther. insel taschenbuch 433 (S. 528–532). Frankfurt a. M.: Insel Verlag.

Buhofer, A. H. (Hrsg.) (1994). Karl Philipp Moritz. Literaturwissenschaftliche, linguistische und psychologische Lektüren. Basler Studien zur deutschen Sprache und Literatur, 67. Tübingen u. Basel: Francke Verlag.

Cremerius, J., Mauser, W., Pietzcker, C., Wyatt, F. (Hrsg.) (1980). Freiburger literaturpsychologische Gespräche, 1. Literatur & Psychologie, 6. Frankfurt a. M. Bern: Peter Lang.

Cremerius J., Mauser, W., Pietzcker, C., Wyatt, F. (Hrsg.) (1992). Über sich selber reden. Zur Psychoanalyse autobiographischen Schreibens. Freiburger literaturpsychologische Gespräche, 11. Würzburg: Königshausen & Neumann.

Dettmering, P. (1985). Eine Selbstanalyse um 1800. Zu Karl Philipp Moritz' »Anton Reiser«. In J. Hörisch/G. Chr. Tholen (Hrsg.), Eingebildete Texte. Affairen zwischen Psychoanalyse und Literaturwissenschaft (S. 65–77). München: Wilhelm Fink Verlag.

Erikson. E. H. (1994). Kindheit und Gesellschaft. Stuttgart: Klett.

Helbing-Tietze, B. (1992). Die Funktion und Bedeutung von Idealbildung für das Selbst in der Adoleszenz – illustriert an Anton Reiser (S. 57–61). Praxis der Kinderpsychologie und Kinderpsychiatrie, 41, 2.

Hörisch, J./Tholen, G. Chr. (Hrsg.) (1985). Eingebildete Texte. Affairen zwischen Psychoanalyse und Literaturwissenschaft. München: Wilhelm Fink Verlag.

Minder, R, (1974). Glaube, Skepsis, Rationalismus. Dargestellt aufgrund der autobiographischen Schriften von Karl Philipp Moritz. suhrkamp taschenbuch wissenschaft, 43. Frankfurt a. M.: Suhrkamp.

Moritz, K. Ph. (1782/1981). Aussichten zu einer Experimentalseelenlehre. In K. Ph. Moritz (1981). Werke. Dritter Bd. Erfahrung, Sprache, Denken (S. 85–99). Hrsg. von H. Günther. Berlin: August Mylius/Frankfurt a. M.: Insel.

Moritz, K. Ph. (Hrsg.) (1783–1793/1979). ΓΝΩΘΙ ΣΑΥΤΟΝ oder Magazin zur Erfahrungsseelenkunde als ein Lehrbuch für Gelehrte und Ungelehrte (10 Bde). Neu hrsg. u. mit einem Nachwort versehen von A. Bennholdt-Thomsen u. A. Guzzoni. Berlin/Lindau i. B.: Mylius/Antiqua.

Moritz, K. Ph. (1785–1790/1979). Anton Reiser. Ein psychologischer Roman. Hrsg. von H. Günther. insel taschenbuch 433. Frankfurt a. M.: Insel Verlag.

Moritz, K. Ph. (1785–1790/1986). Anton Reiser. Ein psychologischer Roman. Mit Textvarianten, Erläuterungen und einem Nachwort hrsg. von W. Martens. Durchgesehene u. bibliographisch ergänzte Aufl. (1. Aufl. 1972). Universalbibliothek 4823. Stuttgart: Reclam.

Moritz, K. Ph. (1785–1790/2002). Anton Reiser. Hrsg. von C. Wingertszahn. In K. Ph. Moritz, Sämtliche Werke. Kritische und kommentierte Ausgabe Hrsg. von A. Klingenberg, A. Meier, C. Wiedemann, C. Wingertszahn (Bd. 1, Teil I: Text, Teil II: Kommentar). Tübingen: Niemeyer. (Rezension der Neuausgabe des Romans: Rohse, E. (2009). Germanisch Romanische Montasschrift. Neue Folge 59 (4), 571–574).

Moritz, K. Ph. (1791/1979). Über den Endzweck des Magazins zur Erfahrungsseelenkunde. In K. Ph. Moritz (Hrsg.) (1783–1793/1979). ΓΝΩΘΙ ΣΑΥΤΟΝ oder Magazin zur Erfahrungsseelenkunde als ein Lehrbuch für Gelehrte

und Ungelehrte (8. Bd., 1. Stück, S. 1-5). Neu hrsg. u. mit einem Nachwort versehen von A. Bennholdt-Thomsen u. A. Guzzoni. Berlin: August Mylius/ Freiburg i. Br.: Antiqua Verlag.
Moritz, K. Ph. (1981). Werke. Hrsg. von H. Günther (3 Bde.). Frankfurt a. M.: Insel.
Muderlak, A. (1990). Das Magazin zur Erfahrungsseelenkunde und die Technik der Psychoanalyse. Diss. med. der Technischen Universität München (Typoskript). Unveröffentlicht.
Raguse, H. (1992). Autobiographie als Prozeß der Selbstanalyse. Karl Philipp Moritz' »Anton Reiser« und die Erfahrungsseelenkunde. In Cremerius J., Mauser, W., Pietzcker, C., Wyatt, F. (Hrsg.) (1992). Über sich selber reden. Zur Psychoanalyse autobiographischen Schreibens. Freiburger literaturpsychologische Gespräche, 11 (S. 145-157). Würzburg: Königshausen & Neumann.
Raguse, H. (1994). Karl Philipp Moritz' Reflexionen über früheste Kindheitserinnerungen. In Buhofer, A. H. (Hrsg.) (1994). Karl Philipp Moritz. Literaturwissenschaftliche, linguistische und psychologische Lektüren. Basler Studien zur deutschen Sprache und Literatur, 67 (S. 37-54). Tübingen u. Basel: Francke Verlag.
Rohde-Dachser, C. (1987). Ausformungen der oedipalen Dreieckskonstellation bei narzisstischen und bei Borderlinestörungen. Psyche, 41 (9), 773-779.
Rohse, H. (1989). Zwangsneurose und Adoleszenz. Praxis der Kinderpsychologie und Kinderpsychiatrie, 38 (7), S. 241-250 (Wiederabdruck im vorliegenden Sammelband S. 67-91).
Sachsse, U. (1995). Die Psychodynamik der Borderlinepersönlichkeitsstörung als Traumafolge. Forum der Psychoanalyse, 11, 50-61.
Schrimpf, H. J. (1980). Karl Philipp Moritz. Sammlung Metzler, 195. Stuttgart: J. B. Metzlersche Verlagsbuchhhandlung.
Vietinghoff-Scheel, A. von (1990). Es gibt für Schnee keine Bleibe. Trauma-analoge Literaturdeutungstheorie als Beziehungsanalyse von Text und Leser am Beispiel von Franz Kafkas »Schloß«. suhrkamp taschenbuch wissenschaft 744. Frankfurt a. M.: Suhrkamp.
Wieckenberg, E.-P. (1993). Die Schwindsucht, der Körper und die Aufklärung bei Karl Philipp Moritz. In Arnold, H. L. (Hrsg.) (1993). Karl Philipp Moritz. Text + Kritik. Zeitschrift für Literatur, 118/119 (S. 15-13). München: edition text + kritik.
Wucherpfennig, W. (1981). Versuch über einen aufgeklärten Melancholiker. Zum »Anton Reiser« von Karl Philipp Moritz. In Cremerius, J., Mauser, W., Pietzcker, C., Wyatt, F. (Hrsg.) (1980). Freiburger literaturpsychologische Gespräche, 1 (S. 167-193). Literatur & Psychologie, 6. Frankfurt a. M. Bern: Peter Lang.

»Sieh, ich bin mal so«

Die Schriftstellerin Lou Andreas-Salomé zwischen
Literatur und Psychoanalyse

1. Lou Andreas-Salomé – eine ungewöhnliche Frau

Von den 50 Jahren, die unser Göttinger Psychoanalytisches Institut besteht, trägt es 10 Jahre den Namen der Schriftstellerin und Psychoanalytikerin Lou Andreas-Salomé. Was verbindet uns mit ihr außer der eher lokalen Verknüpfung mit dem Göttinger Haus am Hainberg (Herzberger Landstraße 101), in dem sie 34 Jahre lebte und in dem sie später, als erste Psychoanalytikerin Göttingens, ihre Praxis hatte?

Immerhin ist der Göttinger Privatgelehrte Ernst Pfeiffer eine zentrale Gestalt für die erste Phase der Herausgabe und Erforschung ihres Werkes.[1] Pionierarbeit bei der im engeren Sinn psychoanalytischen Edition und Kommentierung haben die Göttinger Kolleginnen Inge Weber und Brigitte Rempp geleistet.[2] In der Bibliothek unseres Institutes allerdings fand ich außer der von ihnen herausgegebenen Textsammlung »Das zweideutige Lächeln der Erotik« (Andreas-Salomé[3], 1990) kein weiteres Werk – und das bei ca. 170 Titeln. Ist dieser erstaunliche Befund damit zu begründen, dass die meisten ihrer Werke

---

1 Er ediert, meist ausführlich kommentiert, aus Lous Nachlass, den sie ihm übergab, das Tagebuch »In der Schule bei Freud« (1965), »Eintragungen. Letzte Jahre« (1982), »Lebensrückblick« (1986), ihren Briefwechsel mit Rilke (1952, ²1989) und Freud (1966), Dokumente ihrer Begegnung mit Nietzsche und Paul Rée (1970), die Erzählungen »Fenitschka« (1983), »Eine Ausschweifung« (1983), »Ródinka« (1985) und die szenische Dichtung »Die Tarnkappe« (1982), weiterhin »Friedrich Nietzsche in seinen Werken« (1983) und, unter dem Gesamttitel »Die Erotik«, die Aufsätze »Der Mensch als Weib«, »Gedanken über das Liebesproblem«, »Die Erotik« und »Psychosexualität« (1979).
2 So die kommentierte Edition: »Das zweideutige Lächeln der Erotik. Texte zur Psychoanalyse«, hrsg. von Weber/Rempp (1990); vgl. weiterhin: »Briefwechsel Lou Andreas-Salomé – Anna Freud 1919–1937«, hrsg. von Rothe/Weber (2001) und I.Webers Aufsatz »Narzißmus: Ursprung und Ziel des Ichs« (Psyche 1989).
3 Nachfolgende Titelverweise abgekürzt: AS (statt: Andreas-Salomé).

nicht mehr im Buchhandel erhältlich sind? Und dass das, was herausgegeben wurde, sie auf das Bild der geistig-erotischen Anregerin berühmter Männer – wie Nietzsche, Rilke, Freud – festlegt? Die Frage ist erlaubt, die Brigitte Kronauer in der F.A.Z im Jahr 2000 stellt: »Was versäumen wir, wenn wir sie, gönnerhaft und bestenfalls, hauptberuflich als intellektuell erotische Begleiterin berühmter Männer zu Kenntnis nehmen?« (Kronauer, 2000, S. II). Viele scheinen der Meinung, dass sie nichts versäumen. Kaum jemand verbindet mit Lou Andreas-Salomé mehr als eben jenes genannte Klischee der Muse. Selbst ihre stärksten Arbeiten wie ihr Nietzschebuch »Nietzsche in seinen Werken« (AS, 1894/2000), das sie 33-jährig schreibt und von dem der Philosoph und ausgewiesene Nietzsche-Forscher Karl Löwith urteilt: »Es ist in den darauffolgenden 50 Jahren keine zentraler ansetzende Darstellung erschienen, aber auch keine, die jetzt so wenig beachtet wird« (AS, 1894/2000, S. 19). Ähnliches gilt für ihren besonderen, sich von Freud unterscheidenden Beitrag zur psychoanalytischen Narzissmustheorie: »Narzissmus als Doppelrichtung« (AS, 1921/1990). Auch ihr literarisch-schriftstellerisches Werk – zu ihrer Zeit durchaus bekannt – ist heute weitgehend in Vergessenheit geraten. Dieses Echo – psychoanalytisch gesprochen: diese Gegenübertragung – führt vielleicht zu ersten Vermutungen über ihre Person: Sie kommt nicht wirklich an. Ihre Botschaft bleibt fremd, zumindest heute. Sie, die Freud »die Versteherin par exellence« (Brief 25.5.1916; Freud/AS, 1966, S. 50) genannt hat, wird selbst nicht verstanden. Zu ihrer Zeit löste sie ein engagierteres Echo aus. Aber galt die Anziehung und Begeisterung, die sie bei Wissenschaftlern und Künstlern fand – sie kannte beinahe alle bedeutenden Personen ihrer Zeit und war mit ihnen befreundet (z. B. Bölsche, Ebbinghaus, Tönnies, Hauptmann, Wedekind, Hamsun, Dehmel, Hofmannsthal, Schnitzler, Salten, Altenberg, Beer-Hoffmann, Reinhardt etc.): galt diese Gegenübertragung nicht mehr ihrer persönlichen Ausstrahlung als ihrem Werk? Sie war »von kindlicher Reinheit und Lauterkeit des Sinns und zugleich wieder von unkindlicher, fast unweiblicher Richtung des Geistes und Selbständigkeit des Willens«, urteilt der Religionswissenschaftler Alois Biedermann über seine Studentin in Zürich (Koepke 1986, S. 50); oder wenig später findet Nietzsche sie »scharfsichtig wie ein Adler und mutig wie ein Löwe und doch ein mädchenhaftes Kind« (Ross, 1992, S. 35). Beinahe 20 Jahre später, Lou ist Anfang 40, schreibt Rilke: »[...] ein Freund warst Du wie Männer sind, / einWeib so warst Du anzuschauen, / und öfter noch warst Du ein Kind« (Rilke/AS, 1989, S. 53).

Gegensätze, wie sie hier aufscheinen – männliche Geistigkeit, selbstständiges Denken und mutiges Wollen einerseits, kindhafte Arglosigkeit, ja kindliche Unbedarftheit andererseits bei durchaus weiblicher Identität – sind intrapsychisch nicht leicht zu vereinen. Aber wollte sie das überhaupt? Vielleicht hat ihre Fähigkeit, Kind – Mädchen – Frau – Mann, also *alles* in einer Person zu sein, an ihr ebenso angezogen wie irritiert, ebenso begeistert wie abgestoßen und natürlich Rätsel aufgegeben. »Ich möchte in der Haut aller Menschen gesteckt haben«, bekennt sie selbst (Hülsemann, 2001, S. 378). Sie ließ nicht gleichgültig, war nicht einzuordnen.

Ich wage hier die Vermutung: Aus der von Gegensätzen bestimmten Struktur ihrer Person entwickelt sich ihr Denken und Schreiben. Dabei hat aufklärerischer Rationalismus neben kindlicher Frömmigkeit, ja religiöser Hingabe Platz. Auch ihre fiktionalen, literarischen Figuren sind gezeichnet von extremen Gefühlsmöglichkeiten. Kühle Ungebundenheit vereint sich mit erotischem Entflammtsein. Intellektuelle Kühnheit steht unverbunden neben narzisstischer Verschmelzung. Ihr eigener Lebensprozess schwingt im Rhythmus wechselnder Widersprüche. Bis ins Extrem behauptete Autonomie treibt sie aus menschlichen Beziehungen in Einsamkeit und Rückzug, gleichzeitig steht sie in liebevoller Verbundenheit mit allem, was lebt. Isolierende Selbstüberhöhung verträgt sich mit demütiger Hingabe »ans All«. So fragt Brigitte Kronauer: »Die geniale Leistung der Lou Andreas-Salomé – besteht sie nicht in einer widersprüchlichen Gleichzeitigkeit?« (Kronauer, 2000).

Eine der in ihrer Widersprüchlichkeit rätselhaften Frauengestalten – in der Novelle »Zurück ans All« – sagt von sich: »Sieh, ich bin mal so« (AS, 1902a, S. 349). Dieses Zitat habe ich als Titel meines Vortrags gewählt, weil sich in ihm der existentielle Kern ihres Werkes spiegelt, aus dem heraus sie alle Aspekte, Figuren, Handlungen und später auch ihre psychoanalytischen Theorien als *Selbstthematisierungen* entwickelt. Für schriftstellerische Tätigkeit ist das zwar nicht so überraschend, weil eher die Regel, aber der Grad ihres unbekümmerten Verzichts auf dichterisches Umarbeiten ihrer persönlichsten Erfahrung erstaunt doch. Obwohl sie künstlerische Stilmittel (z. B. Novellenform, Figurenperspektive, personales Erzählen in Dialogführung, inneren Monologen, erlebter Rede, Symbolik etc.)[4] virtuos einzusetzen weiß und dabei mit beeindruckender Sprachmächtigkeit begabt ist, wird sie dennoch keine große Schriftstellerin. Ich vermute, die Selbstthematisierung erreicht nicht die Ebene allgemeingültiger Gestaltung von Konfliktverarbeitung, wie sie z. b. etwa zu gleicher Zeit Fontane in dem Frauenschicksal Effi Briest gelingt (vgl. Rohse, 2000). Auch bei Lou geht es um Frauenschicksale ihrer Zeit, Ende des 19. Jahrhunderts. So in ihren Erzählungen und Romanen »Ruth« (1895), »Fenitschka« (1898), »Eine Ausschweifung« (1898), »Ma« (1901), »Das Haus« (1919), »Ródinka« (1923) wie auch in den Novellenzyklen »Menschenkinder« (1899), »Im Zwischenland« (1902b), »Die Stunde ohne Gott« (1921). Nirgends geht es aber um Widersprüche der Frau zur Gesellschaft. Das, was allgemein gesellschaftlich Thema war, beschäftigt sie nicht. Deshalb entwickelt sie auch kein Verständnis für die damalige Bewegung der Frauenrechtlerinnen, die sie gern auf ihre Seite gezogen hätten, und deshalb kann sie heute nicht für feministische Themen vereinnahmt werden. Was die Gesellschaft damals der Frau nicht zugesteht: ein eigenes Studium, selbstbestimmter gesellschaftlicher Umgang, ein autonomes, vom Mann unabhängiges Leben, das nimmt sie sich *mit dem Löwenmut.* Und sie bekommt, was sie will. In diesem Sinn schreibt sie aus Rom (1892) an ihren Freund Gillot, die gesellschaftlichen Tabus herausfordernd: »Wir wollen doch sehen, ob nicht die allermeisten sogenannten unüberschreitlichen Schranken, die die Welt zieht, sich als harmlose Kreidestriche herausstellen!« (AS, 1974, S. 74). Ihre Figuren reflektieren also ihre privaten *genialen Widersprüche.* Der Leser wird mit ihrem Apart-Sein beschäftigt, aber nicht durch das Medium der Figurenschicksale mit Konflikten der Zeit in Berührung gebracht, in denen sich der Leser bzw. die Leserin hätten selbst wiederfinden können. Diese narzisstische Struktur der Leserlenkung auf sie selbst hin findet sich z. B. im Novellenzyklus

---

4   Zu Grundbegriffen, Bauformen etc. des Erzählens vgl. z. B. Kayser (1956), Lämmert (1968), Stanzel (1969).

»Menschenkinder« in beinahe jedem Text (insbes. in »Vor dem Erwachen«, »Zwei Schwestern«, »Ein Todesfall«, »Zurück ans All«). Ihre der Kindheit und Jugend geltenden Erzählungen »Im Zwischenland. Fünf Geschichten aus dem Seelenleben halbwüchsiger Mädchen« sind dennoch wegen ihrer außerordentlichen Hellsichtigkeit für psychodynamische Zusammenhänge für jeden, der diese Lebenszeit erforschen will, auch heute eine Fundgrube. Ihr scheint bewusst, was poetologisch nötig wäre, damit Dichtung entstehen kann, wenn sie schreibt: »Und ebenso muß fürs Gelingen nicht nur das Stoffliche des Anlasses in Vergessenheit gesunken sein, sondern verbraucht« (vgl. Kronauer, 2000). Sowohl der Anlass ihres Schreibens als auch das Stoffliche sind ständig präsent; So urteilt auch Irmgard Roebling: »[…] es ist nicht leicht, über ihre Texte zu reden, ohne immer wieder auf sie selbst zu sprechen zu kommen« (Roebling, 1997, S. 151). Aber wer sagt denn, dass sie den Ehrgeiz hatte, Kunstwerke zu schaffen? Schreibend versucht sie von Jugend an, ihrer lebhaften Phantasie ein Ventil zu öffnen, wie schon in ihren Geschichten, die sie als Kind Gott erzählt. Weiter versucht sie durch Schreiben, sich einer eigenen, von der Umgebung unabhängigen Welt zu versichern, und natürlich eine Orientierung auf der Landkarte ihres widersprüchlichen Selbst zu gewinnen. Wenn ihr Anliegen geklärt ist, hört sie auf zu schreiben. Dazu passt, dass sie manche ihrer Erzähltexte zur Zeit ihrer Entstehung nicht veröffentlicht. Erst wenn sie Geld braucht, lässt sie sie drucken. Es geht ihr nicht in erster Linie um Dichtung, um Kunst, sondern darum, sich selbst mittels Sprache aufzufinden, vielleicht sich festzuhalten im Auspendeln der Gegensätze. Die Devise »Sieh, Ich bin mal so« bleibt programmatisch als Anlass und Inhalt ihres Schreibens. Mit Beginn ihrer psychoanalytischen Tätigkeit hört sie weitgehend auf, sich literarisch-schriftstellerisch zu äußern. Der Anlass dafür hat sich offenbar verbraucht. Vielleicht hat sie nicht nur, aber auch deshalb der Psychoanalyse ihr ganzes Leben »entgegengewartet«, wie sie zum 70. Geburtstag Freuds – in »Zum 6. Mai 1926« – schreibt: »Im Rückerinnern will es mir scheinen, als ob mein Leben der Psychoanalyse entgegengewartet hätte, seitdem ich aus den Kinderschuhen heraus war« (AS, 1990, S. 231).

In diesem Aufgeben ihrer schriftstellerischen zu Gunsten ihrer psychoanalytischen Tätigkeit zeichnet sich die für sie lebenslänglich bestimmende Struktur ihrer Verlustbewältigung ab. Verlusterfahrung ist so zentral für Lou, dass sogar der erste Satz ihres »Lebensrückblicks« damit einsetzt: »Unser erstes Erlebnis ist, bemerkenswerter Weise, ein Entschwund« (AS 1974, S. 9). Fast immer bei einem Verlust gelingt es ihr, das Verlorene in ein anderes Medium zu transformieren und dort wiederzufinden. Sie gibt also nichts auf, muss deshalb auch nicht trauern. Ich versuche, an diesem roten Faden entlang, mich den Stationen ihres Denkens und Erlebens zu nähern.

2. Kindheit als »phantastische Einsamkeit«

Lou wird nach fünf Söhnen als sechstes Kind und einziges Mädchen 1861 in St. Petersburg geboren. Ihre hugenottisch-deutschstämmigen Eltern sind fest eingebunden in die reformierte Gemeinde, die der Vater mitbegründet hat und die neben der religiösen Ausrichtung der Eltern auch ihre nationale Identität aufrecht erhält sowie einen gesellschaftlichen Mittelpunkt darstellt. Lous Vater ermöglicht als General des Zaren der Familie ein glanzvolles Leben. Sie wohnt gegenüber dem Winterpalais; Lous späterer Lehrer Hendrik Gillot ist auch der Erzieher der Zarenkinder. »Eine märchenhafte Kindheit inmitten der glänzendsten Gesellschaft der damaligen Welt«, urteilt ihr Biograph Peters (vgl. Hülsemann, 2001, S. 40), so erscheint die Außenansicht. Sie selbst schreibt im »Lebensrückblick« von »phantastischer Einsamkeit«, in der sie ihre Kindheit verbracht habe (AS, 1974, S. 43). Fast alle der »Fünf Geschichten aus dem Seelenleben halbwüchsiger Mädchen« in ihrem Erzählband »Im Zwischenland« (1902b) handeln von Einsamkeit und Angst als kindlicher Grunderfahrung. Wie ist das möglich? Tatsächlich ist die Mutter bei ihrer Geburt enttäuscht, sie hätte lieber einen sechsten Jungen gehabt, während der Vater sich besonders über die Geburt eines Mädchens freut. Zu ihm, den sie aber als meist außerhalb der Familie lebend, also als unzuverlässig präsent, erfährt, entwickelt sie ein inniges Verhältnis, allerdings nicht ohne Kontrolle der Mutter, die Zärtlichkeiten zwischen Vater und Tochter nicht schätzt. Von der Mutter fühlt sich die kleine Lou als Mädchen abgelehnt und früh an Pflegepersonen abgeben. Sie ist das einzige unter den Kindern, das einer Amme anvertraut wird. Innige, zärtliche Verbundenheit zwischen Mutter und Tochter gab es nicht, stattdessen strenge Erziehungsregeln und einschränkende Rollenerwartungen für sie als Mädchen in den begrenzten gesellschaftlichen Vorgaben. Ein früher Verlust der Einheitserfahrung mit der Mutter macht das kleine Mädchen narzisstisch verwundbar; zunehmend isoliert sie sich emotional von der Familie, die ihr durch den Altersunterschied zu den Brüdern gewissermaßen in der Zeit zu weit von sich selbst entfernt erscheint. So fühlt sie sich inmitten einer großen Gemeinschaft, die beinahe nur aus Erwachsenen besteht, als Kind fremd. Andersartig, eigenwillig, isoliert, außenstehend – diese Grundstimmung ist das Gefühlsergebnis aus dem Verlust der Mutternähe. Ihre kindliche und sehr produktive Verarbeitung dieses Dilemmas geschieht durch eine ganz eigene Gotterfindung. Sie schafft sich einen intermediären Raum, in dem sie die vermisste, symbiotische Nähe zur Mutter mit Gott illusionär, für ihr Erleben aber wirklich, herstellt. Im Medium der Phantasie rettet sie sich vor Isolierung und Einsamkeit und gewinnt Verbundenheit mit einem allgegenwärtigen nahen Objekt, indem sie ihm ihre Geschichten erzählt. Im »Lebensrückblick« berichtet Lou davon: »Dem lieben Gott berichtete ich übrigens, nachts im Dunklen, nicht nur von mir: ihm erzählte ich – freigebig und unaufgefordert – ganze Geschichten. [...] Sie schienen mir herausgeboren aus der Notwendigkeit, zum Gott auch noch die ganze Welt hinzuzufügen [...]. Nicht zufällig also entnahm ich den Stoff der Geschichten wirklichen Begebenheiten oder Begegnungen mit Menschen, Tieren oder Gegenständen [...]. Freilich konnte nichts erzählt werden, was der ebenso allwissende wie allmächtige Gott nicht bereits gewußt hätte [...], weshalb ich auch, nicht ohne Genugtuung, jedem Beginn das Wörtchen hinzufügte: ›wie Du weißt‹« (AS, 1974, S. 14).

Kränkungen wie klein, ohnmächtig, anderen ausgeliefert sein, die für das Kind bedrohlich sind, können in der Teilhabe an Allmacht, Allwissenheit und Güte Gottes in Überlegenheit verwandelt werden. Das Kind, gütig wie Gott selbst, bittet Gott sogar, die Verfehlungen der Eltern ihr gegenüber nicht gar so übel zu nehmen. Dieser phantastisch vertraute Umgang mit Gott ersetzt ihr den vermissten, vertrauten Umgang vor allem mit der Mutter. Sie lebt in ihrer Phantasiewelt wie in der Wirklichkeit, die auch in ihrem späteren Leben nie letzte Autorität bekommt. »Dauernd bewahrt sich das Menschentum etwas von diesem Unglauben an die Allgemeingültigkeit der Außenwelt [...]« (AS, 1974, S. 9). Dieses innige Vertrauensverhältnis zu Gott, Erbe des Näheverlustes zur Mutter, ist unter den Forderungen der Realitätsprüfung dazu verdammt zu entschwinden.

Wieder ist ein Verlust, der heftige Erschütterung auslöst, zu verarbeiten. Lou selbst hat diesen Verlust als so bedeutsam empfunden, das sie ihm noch einmal in einer ihrer letzten, glänzend geschrieben Erzählungen »Die Stunde ohne Gott« (entstanden 1919) nachgeht. Darin sieht sich das Kind *Ursula* plötzlich vor eine unlösbare Frage gestellt, auf die sie unbedingt und sofort eine Gottesantwort braucht. Ein Knecht hatte erzählt, im Garten stünde vor ihrem Kinderhaus ein Paar, das Einlass begehre, aber abgewiesen worden sei, im Frühjahr dann sei es immer dünner und dünner geworden und schließlich ganz in sich zusammengesunken, nur noch die schwarzen Knöpfe vom Mantel habe man gefunden. Das Kind ist aufs höchste beunruhigt über den Verbleib des seltsamen Paares und wendet sich um Aufklärung an Gott. Aber Gott schweigt. Sie erinnert ihn daran, dass sie ihm von so vielem erzählt, unermüdlich, sich nie drängen lassen habe, so dass er diesmal doch ihr den Gefallen tun könne, ihre Frage zu beantworten. Zuerst argwöhnt sie, Gott bleibe stumm, weil er sie bestrafen wolle, bis sie begreift, dass sie die Strafe ja schon erleidet – »daß es eben das ist, was sie leidet: Gott ging von ihr« (AS, 1922, S. 57). Später zweifelt sie, ob Gott überhaupt je »mit eigenem Mund« (S. 71) zu ihr geredet hat. Wirklich, das hat er nicht, muss sie zugeben, aber das schadete auch nichts, weil sie doch seine Antworten kannte und er ihre Wünsche nur zu bejahen hatte. Die unabweisbare Erkenntnis, dass Gott abwesend und sie allein in der Welt sei, führt dazu, dass sie ernsthaft behauptet, Waise geworden zu sein, obwohl ihre Eltern leben. In der Schule erlebt Ursula sich plötzlich als so vereinzelt, dass sie schrecklich zu weinen anfängt, weil sie vor den Tisch treten und einen Vers aufsagen soll – »*nur dies weiß sie, daß sie nicht so allein dastehen kann [...]*« (S. 74). Im »Lebensrückblick« bewertet Lou die Konsequenzen des frühen Gottesverlustes: er tat auch mit bei der Schwierigkeit, im Realen – im »Gottlosen« heimisch zu werden (AS, 1974, S. 17). Tatsächlich hat sie nicht vor, im Realen, das ihr das Gottlose ist, heimisch zu werden. Sie verarbeitet auch diesen Verlust, die verlorene Nähe Gottes, in einem anderen

Medium. Dennoch ist das personal gedachte Gottesobjekt, wie es die christliche Tradition vermittelt, ein für allemal verloren. »Denn was zuunterst davon blieb, [...] war ja der unabänderliche Tatbestand der Gottverlassenheit des Universums selber. [...] Was für mich vor allem daraus bewirkt wurde, ist das Positivste, davon mein Leben weiß: eine damals dunkel erwachende, nie mehr ablassende durchschlagende *Grundempfindung unermeßlicher Schicksalsgenossenschaft mit allem, was ist*« (S. 23 f.).

In seiner Tragweite ist dieses Bekenntnis nur zu verstehen im Rückgriff auf die dem Gottesverlust folgende Entwicklung. Erzählt sie auch weiterhin abends, nun sich selbst, ihre Geschichten, deren Figuren und Begebenheiten sie dem täglichen Leben entnimmt, so verändert sich doch durch das Fehlen des allwissenden Zuhörers Gott die entscheidende Gewissheit ihrer Existenz. »Auch sie [d. h. die Figuren ihrer Geschichten] gerieten unter den Schatten. Man sah ihnen an, dass sie beim Erzähltwerden nicht vorerst einen Augenblick lang in Gottes sanften Händen geruht, nicht aus diesen mir überlassen wurden.[...] Sie wurden eine uneingestanden sorgenvolle Angelegenheit, wie wenn ich sie hineinwürfe, unbehütet, in des Lebens Unberechenbarkeiten [...]« (AS, 1974, S. 18). Während einer Masernerkrankung wird sie von Albträumen befallen, in denen die vielen Leute aus ihren Erzählungen obdach- und brotlos, von ihr preisgegeben, umherirren: »Konnte doch nichts sie von irgendwoher aus ihrem ratlosen Unterwegs heimbringen in jene Obhut, in der ich sie alle ruhend gedacht [...]« (S. 18). So wie sie selbst unvermittelt gottverlassen ungeborgen geworden war, so sind es auch ihre Figuren, für die sie sich nun allein verantwortlich weiß. Zunächst bemüht sich Lou, an den personalen christlichen Gott, wie ihn die Eltern glauben, mitzuglauben: »Freilich gab es eine Zeitlang Versuche, [...] es den glaubenden Eltern nachzutun. [...] wie eine kleine Fremde hinüberruft vom äußersten Rande einer großen Einsamkeit ins unglaubhaft Entfernte. Doch es misslang [...]« (S. 17).

Mit 17 Jahren besucht sie den reformierten Konfirmationsunterricht. Wie sehr wird die erste Frage ihres reformierten Katechismus: »Was ist dein einiger Trost im Leben und im Sterben? mitsamt der Antwort: Daß ich mit Leib und Seele, beides, im Leben und im Sterben, nicht mein, sondern meines getreuen Heilandes

Jesu Christi eigen bin [...]« (»Heidelberger Katechismus«, 1563/1963, S. 1) ihr als Bemächtigung, ja Machtergreifung vorgekommen und der dogmatische Lernstoff ihrem nach Freiheit und Autonomie strebenden Wesen zutiefst zuwider gewesen sein! Bemächtigungen in Beziehungen hat sie sich zeitlebens vehement widersetzt. Und nun sollte die vertraute Nähe der Gottesbeziehung davon bestimmt sein! Ihre erste öffentlich ihre Familie brüskierende Rebellion gilt denn auch der Kirchenzugehörigkeit: Sie weigert sich, sich konfirmieren zu lassen. Hinter ihre Erfahrung des Gottesverlustes kann und will sie nicht zurück. Mit dem dualistisch der Welt und dem Menschen als Schöpfer gegenüberstehenden Gott, als Person gedacht, lässt sich Nähe nicht aufbauen. »Was da entschied, war auch nicht etwa ein Wahrheitsfanatismus, es war ein triebartiges, nicht zu überredendes Muß« (AS, 1974, S. 22). Eine kühne Entscheidung, mit der sie aus Rücksicht auf ihren Vater bis zu dessen Tod wartet. Immerhin kündigt sie nicht nur den Glauben der frommen Eltern, sondern trennt sich auch von der gesellschaftlichen Teilhabe an der elterlichen Identitätsgruppe im fremden Land. »Deshalb enthielt mein Austritt aus der Kirche zugleich gewissermaßen eine gesellschaftliche Ächtung [...]« (S. 46). *Löwenmut* sagen die einen, beispiellos rücksichtsloser Egoismus, die anderen; zu Letzteren gehört ihre Mutter. Mit solch gegensätzlichen Bewertungen ihrer Entscheidungen wird sie ein Leben lang konfrontiert sein.

In ihrem Lehrer Hendrik Gillot, einem aufgeklärten liberalen Theologen, der als Prediger und Lehrer die holländische Kolonie betreut, findet das junge Mädchen Lou den Menschen, mit dem sie jene allumfassende Nähe und Vertrautheit wiederherstellt, die die erste Gottesbeziehung erfüllt hatte. Sie selbst erkennt diesen Zusammenhang: »Denn so urvertraut, weil des Erstaunlichen voll, war nur der liebe Gott dem Kinde gewesen« (AS, 1974, S. 28). Und wie der liebe Gott entschwindet auch er, Gillot, plötzlich, als er sich aus dem Gottmenschen in einen gewöhnlichen Mann, der sich verliebt und sie heiraten will, verwandelt. Dass der »königliche Mensch« (S. 33) sich als bedürftig outet, bläst den Zauber ihrer Liebe aus. »Etwas, das eigene Forderungen stellte, etwas, das nicht mehr nur den meinigen Erfüllung brachte [...] – hob blitzähnlich den Anderen selber für mich auf« (S. 29). In ihrem Erleben steht sie plötzlich völlig allein in einer leeren Welt, wie damals beim Gottverlust. Um diesen Schmerz und die beinahe kosmische Einsamkeit seelisch nicht zu spüren, verwandelt sie sie in Allverbundenheit und Teilhabe am Ganzen des Universums. Zwei können nur so lange im Spiel der Liebe in *einem* Rhythmus tanzen, wie die Illusion von Einssein sich erhält. Wird Zweiheit unvermeidlich, »entschwindet« der andere als Person. Verschmelzung und Beziehungsabbruch im Liebeserleben mit dem idealisierten Lehrer versucht Lou in ihrer Erzählung »Ruth« (AS, 1897) zu verarbeiten

Immer wieder im Leben provoziert diese narzisstische Struktur ihrer Objektbeziehung, in der *der Andere* immer schon als Bedrohung des eigenen Selbst erlebt wird, viele schmerzhafte Trennungen. Ungebundensein wird zur Liebesbedingung. In ihrer Beziehung zu ihrem Mann Friedrich Carl Andreas gelingt ihr die Quadratur des Kreises: Unter der Voraussetzung, sexuell nicht seine Frau sein zu müssen, wird sie seine Frau. Und mit der Gewissheit, seine Frau zu sein, kann sie sexuelle Beziehungen zu anderen Männern eingehen. Gebunden an die Ehe mit ihm, stellt sie eine vorgegebene Konstellation her, die es ihr ermöglicht, ihrer Näheangst auszuweichen und gemäß ihrer Liebesbedingung leidenschaftlich den jeweils Geliebten so zu idealisieren, dass sie sich dem Idealisierten hingeben kann. Dennoch bleiben ihre Beziehungen zu Männern ein steter Kampf darum, nicht unter das Gesetz *des Anderen* zu gelangen, sondern dem eigenen Selbst treu zu bleiben. Nach dem Tod ihres Mannes 1930 schreibt sie an Anna Freud über ihre Ehe mit ihm: »Wir waren ja ein Ehepaar nach ganz selbst-eigenem Muster [...] das Tiefste unserer Zusammengehörigkeit bestand im zarten Schutz womit wir gegenseitig – und auch voreinander! – unsere Einsamkeit behüteten« (AS/Freud, 2001, Bd. 2, S. 588).

Zurück noch einmal zu Lous Lehrer Gillot, der alle anderen Beziehungen präfiguriert: Ihm gegenüber fühlt sie, wie sie im »Lebensrückblick« bemerkt, die geheime Identität von Gottverhältnis und Liebesverhältnis. »Entschwand doch der geliebte Mensch genauso jählings der Anbetung, wie der liebe Gott mir spurlos entschwunden war« (AS, 1974, S. 31). Durch Gillot aber, »diesen ersten Menschen der vollen Wirklichkeit« (S. 31), lernt sie die Schriften jenes Philosophen kennen, in dessen Denken ihr Schmerz von Isolierung und

Einsamkeit in objektlose Allverbundenheit verwandelt werden kann. Dieser Philosoph ist Baruch de Spinoza (1632–1677).

3. Spinoza – »der Philosoph der Psychoanalyse«

Um gleich das Wichtigste zu nennen: Die Philosophie Spinozas hebt das christlich-jüdische dualistische Welt- und Gottesbild auf, das für Lou verloren war. Gott ist keine Person, er steht nicht als Anderer der Welt gegenüber, er ist dementsprechend weder Schöpfer, noch Herrscher, nicht männlicher Bemächtiger. Alle anthropomorphisierende Rede von Gott, wie z. B.: er liebt den Menschen, zürnt ihm, ist ihm gnädig, bestraft, vergibt u.s.w., erübrigt sich. Insofern der *Gott-Entschwund* (AS, 1974, S. 23) Gott als Person gemeint hatte, entspricht Spinozas Grundannahme Lous Erfahrung. Es gibt bei Spinoza nur *eine* Wirklichkeit, er nennt sie »Substanz« (Spinoza, 1888/1972, S. 23–31, 37–45 u.ö.). Wir würden sagen: *ein* Sein, *eine* Existenz, *eine* Energie. Seine Formel lautet: »*deus sive natura* – Gott oder die Natur« (Spinoza, 1888/1974, S. 255 u. 264). Die Einheit der Existenz bestimmt das Sein alles Einzelnen als dessen »Modi«, sie sind unterschiedliche Aspekte des *Einen* (Bartuschat, 1996, S. 73 ff.). Geist und Körper, Jahrhunderte dualistisch als isolierte Gegensätze erfasst, sind eins, wenn auch nicht gleich. Mensch, Natur und Geist sind substantiell eins. Der Mensch findet seine Stellung im Universum in Allverbundenheit mit der *einen* Energie, mit der er immer schon als Teil von ihr verbunden ist. Im Sinne der spinozistischen Seinslehre lässt sich der Satz Lous im »Lebensrückblick« verstehen: »Daß etwas ›ist‹, trägt jedes Mal die Wucht aller Existenz in sich, als sei es alles« (AS, 1974, S. 24). Was die göttliche Energie hervorbringt, ist ewig, weil sie selbst ewig ist, »so daß, wenn sie sich als immanente Kausalität in den Dingen erfüllt, auch den Dingen etwas Ewiges zukommen muß [...]« (Bartuschat, 1996, S. 137 f.). Spinoza hat geistes- und literaturgeschichtlich eine immense Wirkung gehabt. Goethes pantheistisch geprägte Naturauffassung ist ohne ihn nicht zu denken. Herder hat in seiner Schrift »Gott. Einige Gespräche« (1787/1978) spinozistische Ideen vertreten. Sein Gedicht (Herder, 1796/1817, S. 227) über »Zeit« und »Ewigkeit« drückt die wesenhafte Immanenz Gottes im Endlichen aus:

»Ein Traum, ein Traum ist unser Leben auf Erden hier
Wie Schatten auf den Wogen schweben und schwinden wir
Und messen unsere trägen Tritte nach Raum und Zeit
Und sind (und wissen's nicht) in Mitte der Ewigkeit.«

Für Lou ist die Philosophie Spinozas die grundlegende Überzeugung, die ihrem Gefühlsbedürfnis des Verbundenseins mit allem Leben genau entspricht. Darin liegt für sie, wie sie in ihrem Tagebuch »In der Schule bei Freud« betont, auch Spinozas Bedeutung für die Psychoanalyse: »Mir aber ist es schön, daß der einzige Denker, zu dem ich schon eine ahnende und fast anbetende innere Beziehung fast als Kind besaß, mir hier wiederbegegnet und daß er der Philosoph der Psychoanalyse ist. Wo man in irgendeinem Punkt lange genug richtig weiterdenkt, stößt man auf ihn; man begegnet ihm, wie er wartend und bereit immer am Wege steht« (AS, 1965, S. 45). Sie ist fasziniert davon, dass vieles in der Psychoanalyse Grundlegende »allem Spinozismus äußerst stark entgegenkommt« und gerade darin auch »philosophisches Weiterschreiten über Freud hinaus« ermöglicht, wie sie am Beispiel des Begriffs der »*Überdetermination*« verdeutlicht: »Die Wechselwirkung von allem mit allem muß nur in ihren letzten Konsequenzen aufgenommen sein, um das zu haben, wodurch man bei Spinoza aus der empirischen Bewegung in die Ewigkeitsruhe seiner Philosophie kommt, in diese erhabene Ruhe, welche zugleich die leidenschaftlichste Hingerissenheit bedeutet, wie sie vielleicht nie ein Denker in solchem Maße besaß wie dieser, als er ›Natur‹ und ›Gott‹ im gleichen Sinne stammelte und doch weder das Natürliche dadurch verwidernatürlichte, noch auch den Namen seines Gottes zu den Dingen herabzog« (AS, 1965, S. 44 u. 45).

Bestens vertraut war sie aber auch mit verschiedenen Spielarten der Lebensphilosophie ihrer Zeit, die sich spinozistische Ansichten zu Nutze machte.[5] Lous literarische Arbeiten sind eine Art poeti-

---

5 Eine ganz eigene Ausprägung erfährt der Spinozismus in *Lebensphilosophie* und *naturwissenschaftlichem Monismus* des 19. Jahrhundert. Zu deren bekanntesten Vertretern zählen, in vielfach unterschiedlicher Ausrichtung, Nietzsche, Dilthey, Haeckel, Bölsche. Lou kannte die meisten. Gegenüber Spinoza, dem die *eine* Substanz göttlich ist, bleibt in der im Spektrum le-

sches Bekenntnis dazu. Teilhabe am Kosmos ist ihr spirituelle Heimat in der *einen* Wirklichkeit des Seins. Sie begegnet ihr in den Pflanzen ihres Gartens, den Bäumen vor ihrem Fenster, ihren geliebten Hunden, in der Erde unter ihren Füßen, den Wolken, der weiten Landschaft Russlands. Diese Allverbundenheit trägt sie in erotisch-sexuellen Ekstasen und schmerzhaften Liebes-Trennungen. Ihr Frommsein zeigt sich als Feier des Lebens. Ihre tiefste Haltung dem Leben gegenüber nennt sie Ehrfurcht. »Denn wirklich ist mir lebenslang kein Verlangen unwillkürlicher gewesen als das, Ehrfurcht zu erweisen« (AS, 1974, S. 24). Alle Dimensionen ihres Erlebens, Schreibens und Denkens werden von der philosophischen Grundlegung durch Spinoza geprägt:
- Die persönliche Lebenserfahrung als Allverbundenheit;
- Sexualität als ekstatische Allteilhabe am Sein – mit theoretischen Ausführungen dazu z. B. in »Gedanken über das Liebesproblem« und »Die Erotik« (AS, 1979);
- das literarische Schaffen – in den Motiven des Paradieses, des Gartens, der Natur überhaupt, der Kindheit, des Traums, der Märchen, als Zeichen des Wurzelgrundes im All, etwa in Erzählungen wie »Das Paradies« (in »Menschenkinder« oder »Die Stunde ohne Gott«);

---

bensphilosophisch-monistischer, vitalistischer Anschauungen die Erklärung der Welt aus *einer* Substanz zwar erhalten, ihre göttliche Qualität aber fällt weg. In den Naturwissenschaften wandelt sich die eine göttliche Substanz in die *eine* Materie, die als einzige Wirklichkeit gilt. Die materielle Wirklichkeit wird so Welterklärungsparadigma – sei es erlebnisphilosophisch, vitalistisch, evolutionstheoretisch, deterministisch. Zwingende Autorität ist die säkularisierte *Natur* – das Triebhaft-Irrationale Schopenhauerscher Willensmetaphysik über Haeckel/Bölsches evolutionären Biologismus bis hin zu Freuds Psychologie des Unbewußten. War bei Spinoza die Vernunft die bestimmende Erkenntnismethode mit der Hoffnung auf Verstehen und Einsicht in die Dynamik des Weltzusammenhanges, so wird die Rolle der Vernunft in Lebensphilosophie und Monismus – und auch bei Freud – zunehmend zwiespältig. Sie verliert ihre Macht unter dem Diktat trieb- und affektbestimmter Lebensprozesse. Auch Nietzsches *Gott ist tot*-Philosophie setzt den kosmisch-einsamen Menschen in heroischer Selbstüberhöhung im »Willen zur Macht« (Utopie des »Übermenschen«) als vitalistisches Selbsterklärungsmodell. Lebens-Frömmigkeit zielt hier auf mystisch-religiöse Feier des Selbst.

- Reisen als Überall-Sein;
- die Wolgalandschaft ist in der Erzählung »Die Wolga« (in »Im Zwischenland«) die exemplarische All-Landschaft: »– es ist, als bewohnte, wer hier wohnen mag, nicht seine Scholle nur, sondern mit ihr zugleich das All« (AS, 1902b, S. 339);
- Theorie des Narzissmus – Narzissmus als Ursprung und Vollendung des Lebens: »[...] im narzisstischen Doppelphänomen wäre sowohl die Bezugnahme der Libido auf uns selbst ausgedrückt als auch unsere eigene Verwurzelung mit dem Urzustand, dem wir, entsteigend, dennoch einverleibt blieben, wie die Pflanze dem Erdreich, trotz ihres eingegrenzt gerichteten Wachstums ans Licht« (AS, 1921/1990, S. 192).

4. Heilung durch Allverbundenheit

War der Erbe des frühen Gottverlustes ihr Freund Gillot gewesen, mit dem sie die innige Gottesverbundenheit, die ihrerseits schon das Erbe des Mutterverlustes war, wiederherstellt, so erscheint die mystische Allverbundenheit das Erbe des Verlustes dieses »ersten Menschen der vollen Wirklichkeit« (AS, 1974, S. 31) zu sein. Innige Verbundenheit, symbiotische Einheitserfahrung mit dem Kosmos bleibt im Gefühl zentral. Wie schon vermutet, steht dieses Allverbundenheitsgefühl im Dienste der Heilung narzisstischer Wunden aus frühen Verlusterfahrungen. Lou hat im Laufe ihres Lebens wie unter Wiederholungszwang Verluste durch Trennungen von geliebten Menschen (Rée, Rilke) selbst herbeigeführt. Nur solange die idealisierte Selbstobjektbeziehung aufrecht erhalten werden konnte, war es ihr möglich, die Beziehung zu halten. Einer Entwicklung zur Objektbeziehung musste sie aus inneren Gründen ausweichen. Ihre Verarbeitung hat sie literarisch stereotyp mit Regression auf narzisstische Verschmelzung mit dem All dargestellt, nie durch Trauer. Die Handlungsmuster und Figurenkonstellationen, d. h. die narrativen Fabeln ihrer Romane und Erzählungen sind aus immer ähnlichen Versatzstücken zusammengesetzt: Ein Liebespartner erscheint, wird idealisiert, ist Anlass und Gegenstand von Leidenschaft, erweckt ekstatische Liebesfeier. Plötzlich erscheint ein Stück Wirklichkeit der Person des eben noch Geliebten, z. B. er schlürft beim Teetrinken, lässt Asche auf die Weste fallen, hat einen abgelehnten Beruf, eine inkompatible Meinung, tritt mit eigenem Willen hervor – damit ist die unvermeidliche Trennung des Paares eingeleitet. Mit Spannung erwartet der Leser, dass der entstandene Konflikt innerhalb der Beziehung gelöst wird. Das geschieht nie. Stattdessen gibt es einen offenen Schluss, der damals zwar als literarische Technik modern ist, hier aber meist die Figuren ins Leere laufen lässt. Innerhalb der Beziehung geschieht keine Wandlung, etwa von der Verschmelzung zur Objektwahrnehmung, sondern nach der Trennung gibt es nur narzisstischen Rückzug oder Wiederverschmelzung: entweder mit einem neuen Partner, dem Tod oder dem All. Diese stereotypen Szenarien, so spannend sie im Einzelnen und so gekonnt sie geschrieben sind, ermüden den Leser auch, frustrieren auch. Um nicht unter das *Gesetz des Anderen* zu geraten, also um Autonomiekonflikten, Nähe/Distanz-Justierung und Trauer um Grenzen in Beziehungen auszuweichen, wendet sie sich, um es mit einem ihrer Novellentitel zu formulieren, *zurück ans All*.

In dieser Novelle »Zurück ans All« (aus »Menschenkinder«, 1899; ³1902) lässt sie die Hauptfigur Irene – sie, die bereits erklärt hat: »Sieh, ich bin mal so« – sagen: »Ich glaube nicht daran, dass die Liebe uns aus unserer Vereinzelung erlöst« (AS, 1902a, S. 356). Aber Irene glaubt daran, dass sie jenseits menschlicher Beziehungen mit der Natur verschmelzen und sich so aus ihrer Vereinzelung erlösen kann: »Ich verschmelze mit dem, was um mich ist« […] (S. 380). Nach einem endgültigen Abschied, der sie von Familienmitgliedern, ihrem Gut, ihren Pflanzen und Tieren trennt und sie mutterseelenallein, von allem menschlich Vertrauten isoliert zurückläßt, sagt Irene: »Pflanzen, Tiere, Steine und ähnliches gibt's eben überall, die sind doch nicht an das Gut des Onkels […] gebunden […]. Ich werde in jedem Grashälmchen und jeder Wolke finden, was ich nötig habe. Mein ist nicht das Gut des Alten, denn mein ist das ganze All« (S. 389). Im Gestus grandioser Überlegenheit werden erfahrener Schmerz, Einsamkeit und Isolierung verleugnet. »Jene große, stille, sich selbst unfassbare Kindertraurigkeit« (S. 348) Irenes ist im regressiven oder auch progressivem Allbezug, je nach Perspektive, übersprungen. An der Gelenkstelle zur Objektwahrnehmung wendet sie sich ab und biegt sich gewissermaßen ins All zurück, Beziehung vermeidend.

»Alle Nähe macht mir Übelkeit« (S. 366). Zu ihrer Cousine, die im Begriff steht zu heiraten und Irenes Gut zu bewirtschaften, sagt sie: »du wirst allerlei Glück empfinden [...] – aber eines – meines – werdet ihr doch nie empfinden. Wenn ihr auch gern hier auf dem Gute lebt und jedes Stück lieb gewinnt [...] – so wie ich macht ihr es euch doch nicht zu eigen. So gleichwertig, Größtes wie Geringstes, als sei alles eins! Und als sei es nicht etwa nur für uns Menschen da, sondern in eigener Schönheit waltend von Ewigkeit zu Ewigkeit, – und wir selbst nur ein Teilchen, ein winziges davon, das demütig mit überfließt ins gewaltige Ganze« (S. 392). Mystisch-emphatische Teilhabe am *gewaltigen Ganzen,* in religiösem Sprachstil verkündet, kann dennoch nicht darüber hinwegtäuschen, dass Lou in dieser Novelle in ihrer Hauptfigur Irene eine junge Frau vorstellt, die ihre *splendid isolation* nicht anders überwinden kann als durch Rückkehr in eine nichtmenschliche, narzisstisch-kosmische Einheit, die letztlich ihren Tod bedeutet. Beziehungsklärung und Trauerarbeit, als deren Ergebnis der Andere in der Beziehung gegenüber bleiben oder als verloren betrauert werden kann, wird in keiner ihrer Erzählungen geleistet. Thematisiert wird dagegen in vielen Variationen, wie Nähe und Verbundenheit, ja Verschmelzung mit dem All zutiefst erlöst von allen menschlichen Verstrickungen. Sind menschliche Beziehungen durch zu enge, atemraubende Ansprüche, unfrei machende Bindungsverpflichtungen und Konflikte gezeichnet, so erscheint das All als jene Weite, in der allein Freiheit und Nähe, Verschmelzung und Autonomie gleichzeitig möglich sind. Allverbundenheit mit allem Leben hebt die Selbstisolierung auf. Spinozistische Philosophie bekommt in diesem Zusammenhang Abwehrfunktion. Das Zurückweichen vor Beziehung, Abhängigkeit und Bindung wird rationalisiert, gelegentlich auch religiös überhöht und idealisiert. Diese Art der Abwehr thematisiert z. B. die Erzählung »Mädchenreigen« in »Menschenkinder«. Dort scheitert eine Liebesbeziehung an Idealisierung: Der idealisierte Partner begreift, dass er als Person, die er ist, nicht geliebt wird. »Meint sie auch eigentlich mich mit dieser großen Liebe?« (AS, 1899, S. 105) fragt sich der hier Angeschwärmte und erkennt, dass er nur der Anlass für ihren Liebesrausch ist, in dem sie ihn fast vergisst. Daraufhin beendet er die Beziehung. Ein weiteres Beispiel für Idealisierung, die, nach dem Tode der Hauptfigur, anstelle von

Trauer tritt, ist die »Menschenkinder«-Erzählung »Ein Todesfall«.
Der Vater, ein Bildhauer, der seinen Sohn, der gleichfalls Künstler ist,
zu Lebzeiten nicht anerkennt, fertigt nach dessen Tod eine den Sohn
idealisierende Marmorbüste, die ihn letztlich in seiner wirklichen
Menschlichkeit noch einmal tötet. Die Pointe des Ganzen ist, dass
Lou als Erzählerin diesen Zusammenhang zwar klar durchschaut,
aber ihn gleichzeitig in der Perspektive der weiblichen Bezugsperson
des Verstorbenen verklärt. Seiner Büste begegnend, heißt es: »Esther
stieß einen Schrei aus, als sie ihrer ansichtig wurde. [...] etwas von
Schmerz und jubelnder Freude, als erblicke sie ihn wieder, einen Totgeglaubten, als begegne sie ihm wieder, einem Auferstandenen, [...]
aber als einem, in dem alle irdischen Klagen verstummt, [...] einem
zum Sieg Erlösten« (AS, 1899, S. 310). Ein anderes wiederkehrendes
Motiv in diesem Idealisierungsthema ist auch in dieser Erzählung
die Unwichtigkeit des Liebesobjekts. Esther erkennt rückblickend:
»Er hatte einen Augenblick lang bei ihr Halt gemacht, sie vielleicht
einen Augenblick lang zu einem Siegeszeichen und Symbol für seine
Seele gemacht – doch an ihr lag nichts« (S. 311). Die vielen Geschichten, die Lou geschrieben hat, variieren die *eine Geschichte*, die sie, um
mit Max Frisch zu reden, »für [ihr] Leben hält« (Frisch 1964, S. 74).
Und wir dürfen erwarten, dass auch ihr Beitrag zur Psychoanalyse,
der sie nicht erzählend, sondern theoretisierend zeigt, eben diese
Geschichte weiterschreibt.

5. Narzissmus als Ursprung und Vollendung

Zwei Jahrzehnte später wird Lou ihre erzählerisch gestalteten Grundthemen in ihrem Aufsatz »Narzißmus als Doppelrichtung« (AS,
1921/1990) theoretisch ausformulieren. Sie sagt dort: »[...] daß es
diesem Objekt schließlich an den Kragen geht. Denn von vornherein
nur zu einer Art von Stellvertreterschaft zugelassen, verflüchtigt es
sich in seiner realen Beschaffenheit nur um so mehr und mehr, je
gefeierter es auftritt« (S. 203).

Ihr psychoanalytischer Beitrag zur Narzissmustheorie ist grundiert von Spinozas Philosophie der *einen* Substanz, der *einen* Energie. Dass Spinoza für sie »der Philosoph der Psychoanalyse« ist, hatte
sie schon in »In der Schule bei Freud«, dem »Tagebuch« des Jahres

1912/1913, vermerkt (AS, 1965, S. 45). Anders als ihr, geht es Freud in seiner Narzissmustheorie jedoch um die nähere Bestimmung der Entwicklung des Ich zur Außenwelt. Vorausgesetzt wird, dass sich das Ich aus einer primären Matrix, die er primären Narzissmus nennt, differenzieren muss. In diesem Prozess sondern sich Ichtriebe von Sexualtrieben. Mit Libido wird sowohl das Ich im sekundären Narzissmus besetzt wie auch Objekte der Außenwelt. Dabei scheint die Libido in entgegengesetzte Richtungen zu streben. Bezieht sie sich auf das Ich, besteht sie auf betonter Abgrenzung und Selbsterhaltung, bezieht sie sich auf Objekte, treibt sie dagegen zu Verschmelzung und Aufgabe der Ichgrenzen. Eine zwischen den entgegengerichteten Strebungen glücklich vermittelnde Gewichtung entscheidet schließlich über Harmonie bzw. Disharmonie von Beziehungen.

Während Freud in »Zur Einführung des Narzißmus« (Freud, 1914/1975) grundlegende psychoanalytische Erkenntnisse ausformuliert, vertieft Lou sich in ihrem Beitrag »Narzißmus als Doppelrichtung« in die ihr am Herzen liegende Beziehung des in die Vereinzelung preisgegebenen Ich zu dem vor jeder Vereinzelung gegebenen Urzustand. Ihr ist die primäre Einheit nicht nur Wurzelgrund, der mit zunehmender Entwicklung des Ich verlassen und überwunden wird, sondern auch »positives Grundziel der Libido« (AS, 1921/1990, S. 193). Sie formuliert: »[...] im narzißtischen Doppelphänomen wäre sowohl die Bezugnahme der Libido auf uns selbst ausgedrückt als auch unsere eigene Verwurzelung mit dem Urzustand, dem wir, entsteigend, dennoch einverleibt blieben, wie die Pflanze dem Erdreich, trotz ihres entgegengesetzt gerichteten Wachstums ans Licht« (S. 192). Die Wiederverschmelzung mit dem Urgrund auf höherer Ebene, nicht erst im Tod, ist Ziel auch aller Objektbeziehungen, deshalb können Liebesobjekte nur Symbole sein für jene *»Allwesenheit«* (S. 203). »Je weiter Liebesekstase sich versteigt, [...] desto dünner, unterernährter bleibt das Objekt hinter seiner Symbolität zurück« (S. 203). In letzter Konsequenz sind hier Selbstliebe und Objektliebe eins. Im Mythos vom Narziss, darauf weist Lou hin, sieht sich der schöne Jüngling nicht in einem künstlichen Spiegel, sondern im Spiegel der Natur: »[...] vielleicht nicht nur *sich* im Wasser erblickend, sondern auch sich *als alles* noch [...]« (S. 198). Indem er sich im

Wasser gespiegelt sieht, sieht er sein umgrenztes Bild enthalten im All, verschmolzen mit der Natur, wiedervereinigt noch im Augenblick bewusster Wahrnehmung des Selbst. Die Suche nach dieser Erfahrung prägt Lous Verständnis der Objektliebe. Letztlich sind Objekte menschliche Spiegel, die Wiederverschmelzung mit dem Urgrund ermöglichen, die die Vereinzelung in der Teilhabe an der sexuellen Ekstase des natürlichen Lebens aufheben. »Letzten Endes steht jedes Objekt so stellvertretend, als [...] Symbol für sonst eben unausdrückbare Fülle [...]« (S. 199). Im Sinne von Lous Narzissmustheorie »haftet« der Einzelne als »scheinbar doch erkorene[s], auserwählte[s] Sonderwesen dafür, dass es im Grunde Allwesenheit sei« (S. 203). Es ist ihr besonderer Beitrag, den Narzissmus nicht nur in pathologischer Regression als Unreife des Ich beschrieben, sondern seine Bedeutung als lebentragendes Verbundenheitsgefühl, als Geborgensein in der Teilhabe an allem Lebendigen, betont zu haben. Neben dem Abwehraspekt zeigen auch ihre Erzählungen *diese* Bedeutung, besonders die Kindergeschichte »Stunde ohne Gott« (1921). Darin gründet auch ihre positive Einschätzung von Narzissmus als Ursprung und Kraftpotenzial religiöser und künstlerischer Kreativität.

Dieser Aspekt zeigt sich in ihrem persönlichen Leben eindrucksvoll in ihrer Beziehung zu Alter und Tod. Ihr war der Tod ein letztes, endgültiges Wiederverschmelzen, sie fürchtete sich nicht davor. So wie das Schneemannpaar in »Stunde ohne Gott« im Frühjahr durch sein Dahinschmelzen Blumen und Gräser gewässert und sich so in neues Leben verwandelt hat, so geht sie den Verwandlungen ihres Alters entgegen und ist neugierig auf alle Verwandlungserfahrungen. An Freud schreibt sie 1927: »Glücklicherweise erwischte ich noch was davon: und wirklich war es Beglückendes, – ja, wenn ich jetzt inzwischen den beiden Lebensaltern wählen sollte, bin ich wahrhaftig nicht sicher, wie die Wahl ausfiele. Denn man verläßt mit dem engeren erotischen Erleben zugleich eine – zwar wunderherrliche – Sackgasse, wo gerade nur Zwei nebeneinander Raum haben, und betritt eine unbeschreibliche Welt – die Weite, der ja auch die Kindheit gehörte und die wir nur für eine Weile vergessen [...]. Man darf sich diesem erneuten Erleben unabhängiger hingeben, sich selbst personell hinter sich lassend anstatt der schauerlichen kindlichen Abhängigkeit von Menschen und deren Gutdünken [...]« (Freud/AS, 1966, S. 182). Dass die meisten von uns froh sind, im Alter kindlicher Fremdbestimmung ledig zu sein, scheint nicht verwunderlich, dass aber in einer Zeit wie der unseren jemand den Bedeutungsschwund von Sexualität nicht nur als Verlust, sondern als Weite, als neue Freiheit erfährt, ist schon ungewöhnlich. Dass sie aber Alter auch als Lebenszeit mit ihm eigener Freude an der Weite des Blickes, am Zurücktreten der eigenen Person, beschreibt, hat selbst Freuds Neid erweckt; an Freud schreibt sie weiter: »Man findet überall Nester, legt überall Eier ab und fliegt schließlich davon. Wobei der Körper freilich, der in der Jugend Liebesbrücken bauen half, beständig hinderlicher ist und es bis zuletzt bleibt, als unser Außenstück, – hol ihn der Teufel« (S. 182).

Humor, die Zuversicht im Allzusammenhang geborgen zu sein, aber auch die bis zuletzt genossene Freude an Begegnungen mit Menschen lassen sie nie alt erscheinen. Während der letzten Jahre der Zurückgezogenheit in ihrem Haus in Göttingen gewinnt sie in Ernst Pfeiffer noch einen Freund, der ihr waches Interesse am geistigen Leben teilt. An Anna Freud schreibt sie: »Ich hab seit Jahr und Tag in den mir am Herzen liegenden inneren Entwicklungen, Studien und Erfahrungen einen Freund (Vierziger) der mir ganz unersetzlich ist« (AS/Freud, 2001, Bd. 2, S. 642). Besonders nach dem Tod ihres Mannes (1930) erfährt sie den Göttinger Lebenskreis als beglückend. Sie verarbeitet Andreas' Tod auf die ihr eigene Weise – Trauer in Freude, Verlust in Reichtum verwandelnd: »[…] Und jetzt, hinterher, kommt deshalb manches, was ich von ihm erfahre, mir wie eine Gabe zu Händen […] wie eine Vorhandenheit, welche nicht nur vorwiegend Trauer um Verlust, nein, Freude, Beseelendes, Besitzglück ganz leiser Art aufwachen läßt« (AS/Freud, 2001, Bd. 2, S. 588). Ihr Haus *Loufried* in der Herzberger Landstraße 101, in dem Rilke und Anna Freud zu Gast waren, das ihre psychoanalytische Praxis beherbergte, in dem ihr Mann seine Vorlesungen gehalten hatte, verdichtet symbolisch noch einmal ihren Lebenswiderspruch. Es ist zugleich Ausbruchs- und Rückzugsort in der Zeit ihres unruhigen Reisens und wird erst im Alter ihr ein wirkliches Zuhause. An Anna Freud schreibt sie zwei Jahre vor ihrem Tod: »Im Hause bestehen wir aus einer immer glücklicheren Familie nebst allem Anhang. […] Und bei mir oben habe ich […] einen so nahen Menschen, mit dem ich auch noch das Letzte teilen kann und durchleben […]« (AS/Freud, 2001, Bd. 2, S. 642).

Vielleicht erwächst ihr im Alter erst die eigentliche Frucht aus der Philosophie Spinozas. Sie muss sie nun nicht mehr als Rationalisierung für ihr Zurückweichen vor Beziehungskonflikten, auch nicht als Vermeidung von Trauer und Schmerz bei Trennung und Verlust funktionalisieren, sondern kann ihr Bestes, nämlich das Verstehen der Welt, als *eine* Wirklichkeit, *ein* Sein, das *alles* ist und *alles* enthält, so auf sich beziehen, dass sie sich in allen Wandlungen darin aufgehoben fühlen kann.

6. »Sieh, ich bin mal so« – Selbstthematisierung als Chance und Grenze

Die eingangs gestellte Frage: Versäumen wir etwas, wenn wir Lou Andreas-Salomé nur als Muse berühmter Männer betrachten, ist nicht einfach zu beantworten. Wenn wir in ihr eine große Theoretikerin der Psychoanalyse oder eine bedeutende Schriftstellerin sehen wollen, versäumen wir vielleicht nicht so viel, wenn wir sie nicht kennen. Immerhin versäumen wir dann eine überaus interessante, oft spannende, amüsante, auch manchmal mühsame Lektüre. Aber wir versäumen viel, wenn wir einer leidenschaftlich lebenden, kompromisslos um sich selbst in ihren Widersprüchen kämpfenden, in ihrer Zeit gewiss unvergleichlich mutigen Frau begegnen wollen. Lous Selbstthematisierung im Sinne ihres Lebens-Pathos »Sieh, ich bin mal so« erscheint sowohl als *Ermutigung* zu vorbehaltloser Selbstakzeptanz wie auch als *Zumutung*, ihre Person und deren literarisch-psychologische Vervielfältigung auszuhalten. Darüber hinaus bereichert sie die Psychoanalyse um ein lange vermiedenes Thema: das Religiöse und Künstlerisch-Schöpferische, das sie zu ihrem Lebensthema macht. Und ganz gewiss versäumen wir ihre Botschaft von der Schicksalsgenossenschaft mit allem, was lebt. Sie könnte heute für unser ökologisches Bewusstsein einen neuen Sinn bekommen. Eine bekannte Theologin unserer Zeit, Dorothee Sölle, formuliert diesen Zusammenhang (in ihrem Buch »Mystik des Todes«) einmal so: »Die Annahme der Endlichkeit des Lebens und der Vergänglichkeit des Ich verbindet uns mit allen anderen Lebewesen, macht aus Besitzern und Benutzerinnen endlich Geschwister« (Sölle, 2003, S. 76).

Literaturverzeichnis

Andreas-Salomé, L. (1894/2000). Friedrich Nietzsche in seinen Werken. Mit Anmerkungen von Th. Pfeiffer. Hrsg. von E. Pfeiffer. Frankfurt a. M.: Insel.
Andreas-Salomé, L. (1897). Ruth. Erzählung (2. Aufl.). Stuttgart: Verlag der Cotta'schen Buchhandlung Nachf.
Andreas-Salomé, L. (1898/1993). Fenitschka. Eine Ausschweifung. Zwei Erzählungen. Neu hrsg. und mit einem Nachwort versehen von E. Pfeiffer. Frankfurt a. M. u. Berlin: Ullstein.
Andreas-Salomé, L. (1902a). Menschenkinder. Novellensammlung (3. Aufl.). Stuttgart/Berlin: J. G. Cotta'sche Buchhandlung.
Andreas-Salomé, L. (1899/1902a). Zurück ans All. In L. Andreas-Salomé: Menschenkinder. Novellensammlung (3. Aufl., S. 339–395). Stuttgart/Berlin: J. G. Cotta'sche Buchhandlung.
Andreas-Salomé, L. (1902b). Im Zwischenland. Fünf Geschichten aus dem Seelenleben halbwüchsiger Mädchen. Stuttgart/Berlin: J. G. Cotta'sche Buchhandlung.
Andreas-Salomé, L. (1904/1996). Ma. Roman. Mit einem Nachwort von H. Gidion. Frankfurt a. M./Berlin: Ullstein.
Andreas-Salomé, L. (1921/1987). Das Haus. Familiengeschichte vom Ende des vorigen Jahrhunderts. Mit einem Nachwort von S. Streiter. Frankfurt a. M./Berlin: Ullstein.
Andreas-Salomé, L. (1921/1990). Narzißmus als Doppelrichtung. In L. Andreas-Salomé (1990), Das »zweideutige« Lächeln der Erotik. Texte zur Psychoanalyse, S. 191–222). Hrsg. von I. Weber, B. Rempp. Freiburg i. Br.: Kore Verlag Traute Hentsch.
Andreas-Salomé, L. (1922). Die Stunde ohne Gott und andere Kindergeschichten. Jena: Eugen Diederichs.
Andreas-Salomé, L. (1923/1985). Ródinka. Russische Erzählung. Neu hrsg. von E. Pfeiffer. Nachwort von J. Prasse. Frankfurt a. M./Berlin: Ullstein.
Andreas-Salomé, L. (1965). In der Schule bei Freud. Tagebuch eines Jahres 1912/1913. Aus dem Nachlaß hrsg. von E. Pfeiffer. München: Kindler.
Andreas-Salomé, L. (1974). Lebensrückblick. Grundriß einiger Lebenserinnerungen. Aus dem Nachlaß hrsg. von E. Pfeiffer. Neu durchgesehene Ausgabe mit einem Nachwort des Herausgebers. Frankfurt a. M.: Insel.
Andreas-Salomé, L. (1979). Die Erotik. Vier Aufsätze. Neu hrsg. mit einem Nachwort von E. Pfeiffer. insel taschenbuch 54. München: Matthes & Seitz.
Andreas-Salomé, L. (1990). Das »zweideutige« Lächeln der Erotik. Texte zur Psychoanalyse. Hrsg. von I. Weber u. B. Rempp. Freiburg i. Br.: Kore, Verlag Traute Hensch.
Andreas-Salomé, L., Freud, A. (2001). »… als käm ich heim zu Vater und Schwester«. Briefwechsel 1919–1937 (2 Bde.). Hrsg. von D. A. Rothe u. I. Weber. Göttingen: Wallstein.
Bartuschat, W. (1996). Baruch de Spinoza. München: C. H. Beck.

Freud, A. (1936/1980). Das Ich und die Abwehrmechanismen (1936). In: Die Schriften der Anna Freud (Bd. 1, S. 193–255). Redaktion H. Watson. München: Kindler.

Freud, S. (1914/1975). Zur Einführung in den Narzißmus. In A. Mitscherlich, A. Richards, J. Strachey (Hrsg.), Freud-Studienausgabe. Bd. 3: Psychologie des Unbewussten (S. 37–68). Frankfurt a. M.: S. Fischer.

Freud, S., Andreas-Salomé, L (1966), Briefwechsel. Hrsg. von E. Pfeiffer. Frankfurt a. M.: S. Fischer.

Frisch, M. (1964). Mein Name sei Gantenbein. Roman. Frankfurt a. M.: Suhrkamp.

Gahlinger, Ch. (2001). Der Weg zur weiblichen Autonomie. Zur Psychologie der Selbstwerdung im literarischen Werk von Lou Andreas-Salomé. Europäische Hochschulschriften (Reihe I, Bd. 1800). Bern, Berlin, Bruxelles, Frankfurt a. M., New York, Oxford, Wien: Peter Lang.

Gropp, R.-M. (1988). Lou Andreas-Salomé mit Sigmund Freud. Grenzgänge zwischen Literatur und Psychoanalyse. Weinheim u. Basel: Beltz.

Gutjahr, O. (1997). Jugend als Epochenthema um 1900. In: Cremerius, J., Fischer, G; Gutjahr, O; Mauser, W., Pietzcker, C. (Hrsg.), Adoleszenz. Freiburger literaturpsychologische Gespräche; Jahrbuch für Literatur und Psychoanalyse 16 (S. 117–143). Würzburg: Königshausen & Neumann.

Der Heidelberger Katechismus (1563/1963). Jubiläumsausgabe. 1563. 1963. Hrsg. von der Lippischen Landeskirche und der Evangelisch-reformierten Kirche in Nordwestdeutschland. Essen: Essener Druckerei Gemeinwohl.

Herder, J. G. (1796/1817). Johann Gottfrieds von Herder Gedichte. Zur schönen Literatur und Kunst (Erster Theil). Hrsg. durch Johann Georg Müller. Stuttgart/Tübingen: J. G. Cotta'sche Buchhandlung.

Herder, J. G. (1787/1978). Gott. Einige Gespräche. In Herders Werke in fünf Bänden (Bd. 5, S, 5–41). Ausgewählt und eingeleitet von R. Otto. Berlin und Weimar: Aufbau-Verlag. .

Hülsemann, I. (2001). »Mit dem Mut einer Löwin«. Lou Andreas Salomé. 2. Aufl. München: List.

Kayser, W. (1956). Das sprachliche Kunstwerk Eine Einführung in die Literaturwissenschaft (4. Aufl.). Bern: Francke.

Koepke, C. (1986). Lou Andreas-Salomé. Leben – Persönlichkeit – Werk. Eine Biographie. Frankfurt a. M.: Insel.

Kronauer, B. (2000). Der frisch-fromm-fröhliche Krieg. Kindlichkeit und Skeptizismus. Zu Leben und Werk der Lou Andreas-Salomé. Frankfurter Allgemeine Zeitung (19. August 2000, Nr. 192, S, 2).

Lämmert, E. (1968). Bauformen des Erzählens (3. Aufl.). Stuttgart: J. B. Metzlersche Verlagsbuchhandlung.

Rilke, R. M., Andreas-Salomé, L. (1989). Briefwechsel. Hrsg. von E. Pfeiffer. Frankfurt a. M.

Roebling, I. (1997). Die Darstellung weiblicher Jugend in Lou Andreas-Salomés Erzählzyklus »Im Zwischenland«. In J. Cremerius, G. Fischer, O. Gutjahr,

W. Mauser, C. Pietzcker (Hrsg.), Adoleszenz. Freiburger literaturpsychologische Gespräche. Jahrbuch für Literatur und Psychoanalyse 16 (S. 149–169) Würzburg: Königshausen Neumann.

Rohse, H. (2000). »Arme Effi«. Widersprüche geschlechtlicher Identität in Fontanes *Effi Briest*. In: Rohse, H: Unsichtbare Tränen. Effi Briest – Oblomow – Anton Reiser – Passion Christi. Psychoanalytische Literaturinterpretationen zu Theodor Fontane, Iwan A. Gontscharow, Karl Philipp Moritz und Neuem Testament (S. 17–31). Würzburg: Königshausen & Neumann (im vorliegenden Sammelband S. 115–135).

Ross, W. (1992). Lou Andreas-Salomé, Weggefährtin von Nietzsche, Rilke, Freud. Berlin: Verlag Siedler.

Salber, L. (1990). Lou Andreas-Salomé mit Selbstzeugnissen und Bilddokumenten. rowohlts monographien 463. Reinbek bei Hamburg: Rowohlt.

Sölle, D. (2003). Mystik des Todes. Ein Fragment. Stuttgart: Kreuz Verlag.

Spinoza, B. de (1888/1972). Ethik. Aus dem Lateinischen von J. Stern (1888). Hrsg. von H. Seidel. Leipzig: Verlag Philipp Reclam jun.

Stanzel, F. F. (1969). Typische Formen des Romans. Kleine Vandenhoeck-Reihe 187 (4. Aufl.). Göttingen: Vandenhoeck & Ruprecht.

Wiesner-Bangard, M., Welsch, U. (2002). Lou Andreas-Salomé. »… wie ich dich liebe, Rätselleben«. Eine Biographie. Leipzig: Reclam.

Weber, I. (1989). Narzißmus: Ursprung und Ziel des »Ich«. Gedankengänge von Lou Andreas-Salomé. In: Psyche. Zeitschrift für Psychoanalyse und ihre Anwendungen 43 (3), S. 256–285.

Young-Bruehl, E. (1995). Anna Freud. Eine Biographie. 2 Bde. Übersetzt von Maria Clay-Jorde. Reihe Frauenforschung 30/31. Wien: Milena Verlag.

Dritter Teil

Im Dialog mit biblisch-theologischer Tradition

Erinnern – Erzählen – Trauern
Marie Luise Kaschnitz' Geschichte »Adam und Eva« und die biblische Erzählung von Paradies und Vertreibung

1. Adams Trauer und die Gaben der Engel

Marie Luise Kaschnitz' Erzählung »Adam und Eva« (Kaschnitz, 1952/1972, S. 19–26)[1] ist keine traurige Geschichte. Im Vergleich zu anderen Kurzgeschichten der Autorin wie z. B. »Silberne Mandeln«, »Lupinen«, »Popp und Mingel« oder »Ja, mein Engel« in den Sammlungen »Eisbären« (Kaschnitz, 1972) und »Ferngespräche« (Kaschnitz, 1969), die traurige Begebenheiten erzählen, ist »Adam und Eva« eine vom Grundton her heitere Geschichte. Dagmar von Gersdorff, die Biografin von Marie Luise Kaschnitz, meint sogar, es sei ihre einzige Geschichte von gelöster Stimmung (Gersdorff, 1992, S. 215 f.).[2] Zur Heiterkeit tragen besonders der oft flapsige, distanzierende Erzähl-

---

1 Nach diesem Text aus der Sammlung »Eisbären. Ausgewählte Erzählungen« (1972) wird nachfolgend zitiert (Seitenhinweise jeweils in Klammern nach dem Zitat). – Erstdruck im Sammelband »Das dicke Kind und andere Erzählungen« (Kaschnitz, 1952); darin die Erzählungen: »Das dicke Kind«, »Adam und Eva«, »Genug, vorbei«, »Ich liebe Herrn X«, »Du, mein Held«, »Pax«, »Märzwind«, »Die Schlafwandlerin«, »Nesemann«, »Der Bergrutsch«.
2 Ihre sehr treffende (leider allzu kurze) Charakteristik dieser Erzählung sei hier im Wortlaut zitiert: »Unter den Erzählungen ist auch eine wenig beachtete, sehr anmutige Geschichte, die in der Grundstimmung heiter und gelöst ist und der Frau eine im Existentiellen ruhende, überlegene Position zuweist: ›Adam und Eva‹« (Gersdorff, 1992, S. 215 f.). – In der Tat blieb die Erzählung »Adam und Eva« in bisheriger Interpretationsliteratur zu Kaschnitz-Texten (Hirschenauer u. Weber, 1969) wie auch werkbiographisch (Schweikert, 1984; Pulver, 1984) gänzlich unbeachtet bzw. ausgespart. Auch im als literarhistorisch umfassende »Personal- und Einzelwerkbibliographie« angelegten »Quellenlexikon der Interpretationen und Textanalysen« (Schmidt, Bd. 4, 1984; Bd. 10, 1987) sucht man vergeblich nach Interpretations- bzw. Forschungsliteratur zu diesem frühen Erzähltext der Autorin. – Somit nachfolgend hier erstmals ein Interpretationsversuch der Kaschnitz-Erzählung »Adam und Eva«.

ton,³ die humorvolle Gelassenheit Evas und schließlich das überraschend tröstliche Ende bei. Dennoch stellt sich im Erleben des Lesers eine zeitweise quälende, manchmal aussichtslos bedrückende Gefühlsbeziehung zur zweiten Textfigur Adam her, dessen Hineingleiten in eine Lebensbilanz-Krise den Leser zunehmend verstört und ohnmächtig teilnehmen lässt an seiner entscheidenden, wie ein Paukenschlag wirkenden Erkenntnis: »Wir müssen sterben« (S. 25). Dieses plötzliche Gewahrwerden eigener Vergänglichkeit löst eine weitgehende Entwertung seiner bisherigen Lebensleistungen aus. Haus, Hof, Kinder, Beruf, Ehe, alles ist nichts. Er »machte [...] immer öfter die Runde durch sein Anwesen, betrachtete alles, was er gemacht hatte und fand es schlecht genug. Er beobachtete auch seine Kinder und fand sie faul und leichtsinnig, unfähig das Werk fortzuführen, das er begonnen hatte, und das zu vollenden ihm nicht Zeit genug blieb« (S. 22). Selbst seine Beziehung zu Eva wird in diese zunehmend nörglerische Unzufriedenheit einbezogen: »In der folgenden Zeit fand er immer mehr Ursache, mit seiner Frau unzufrieden zu sein« (S. 22). Angesichts wachsender Hoffnungslosigkeit, hier nichts Vollkommenes aufgebaut zu haben und abschließen zu können, gerät Adam immer tiefer in eine depressiv getönte, misstrauisch unzufriedene Resignation, die ihn im Fortgang der Geschichte von den wichtigen Beziehungspartnern seines Lebens, von Eva und den Kindern, isoliert. Dabei bedrängt ihn eine untergründige Trauer-Wut. Ist die Aggression für den Leser deutlich spürbar in seinen Entwertungen, seiner Gekränktheit und schließlich seiner Verachtung und seinem Neid Evas Lebenszugewandtheit gegenüber, so tritt seine Trauer in verwandelter Form als depressive Hoffnungslosigkeit in Erscheinung. In der abwehrenden Verschiebung »aufs Kleinste« versucht er in hilflosem Sprachverlust aufmerksam zu machen auf sein ihm selbst unbegreifliches Leid: »Er beklagte sich über die Sonne und den Regen, über das

---

3 So gleich zu Beginn der Erzählung: »Als Adam und Eva gezwungen wurden, das Paradies zu verlassen, ging es ihnen gewiß lange Zeit ziemlich schlecht. Wie man hört, waren die Tiere draußen unfreundlich [...]. Adam und Eva hatten nichts gelernt als faulenzen [...]. Kaum daß sie, wie man zu sagen pflegt, auf einen grünen Zweig gekommen waren [...]. Eva ging nicht mehr in Schürzchen aus Palmblättern umher« (S. 19).

Unkraut und die Schädlinge und die Kinder [...]« (S. 22). Aber gerade dieses generalisierte Nörgeln treibt ihn immer weiter in Rückzug und Einsamkeit. Sein Gefühl, das er vor der alles verändernden Erkenntnis hatte, sich nämlich manchmal ein bisschen so zu fühlen, »als sei er der liebe Gott« (S. 19), hat sich umgekehrt in die Gewissheit, »daß er [...] nicht mehr und nichts Besseres sei als ein Tier« (S. 20). Er hat das Vertrauen in seine narzisstische Grandiosität verloren. Im Sterbenmüssen sind alle Lebewesen gleich. Diese bestürzende Erkenntnis nimmt ihm seine Lebensnaivität, die er bei Eva weiterhin als vorhanden voraussetzt: »[...] sie weiß nichts, sie weiß *es* nicht [...]« (S. 24). Solche einschneidende narzisstische Degradierung des Selbst beraubt ihn der Wärme, Lebensfreude und selbstverständlichen Geborgenheit in seiner sozialen Umwelt. Freuds Charakteristik der Depression »Bei der Trauer ist die Welt arm und leer geworden [...]« (Freud, 1917/1975, Bd. 3, S. 200) trifft auf Adam zu. Er erscheint durch das Erkennen der Vergänglichkeit seines Lebens wie gelähmt, so dass ein eigentlicher Trauerprozess nicht angestoßen wird. Statt Abschied zu nehmen von den grandiosen Besetzungen des Selbst, also im Sinne Freuds den »Respekt vor der Realität« (Freud, 1917/1975, Bd. 3, S. 199) psychisch umzusetzen, zerbricht das verlorene Unsterblichkeitsbewusstsein seine narzisstische Naivität. Die Libido, die mit ihr verknüpft ist, kann nicht abgelöst werden, obwohl die Realitätsprüfung eben das fordert. Er trauert also nicht, sondern wird depressiv. Das bedeutet, die seelische Annahme seiner Erkenntnis bleibt stecken in der Abwehr des narzisstischen Schmerzes, nicht unsterblich zu sein. In der Folge muss er entwerten, neidisch sein, verachten, sich empören, sich rächen, vereinsamen. Eine gewisse Genugtuung vermittelt ihm dabei das Empfinden, der *einzige* Mensch zu sein, der die erschütternde Realität, sterben zu müssen, erkannt hat. Durch die Bedeutungslast und den Ernst seiner Erkenntnis gewinnt er eine kompensatorische Überlegenheit über seine ihm oberflächlich erscheinende Umgebung. Evas unverstörte Lebensgewissheit, ihr »Lebensentzücken« (S. 25) erscheint ihm dumm und oberflächlich. Durch solche Verurteilungen entfremdet und entzieht *er* sich, während er umgekehrt glaubt, Eva entzöge sich ihm. »Er glaubte zu bemerken, wie bei seinen Worten eine leichte Ungeduld über Evas Züge glitt« (S. 24). Im Gegensatz dazu bleibt Eva trotz desselben Ausgangs ihrer Realitätsprüfung lebendig und zugewandt. Bei ihr scheint das Bewusstsein, sterben zu müssen, keinen narzisstischen Einbruch bewirkt zu haben.

Was diese Erkenntnis für Adam so niederschmetternd macht, scheint also nicht die Erkenntnis selbst zu sein. Ihn unterscheidet von Eva nicht das Bewusstsein, sterblich zu sein, sondern das Vergessen des Gartens Eden, den er einst, zusammen mit Eva, zu verlassen gezwungen war. Im Laufe seiner vielfältigen Lebensaufgaben verstrickt Adam sich immer tiefer, so dass er sich in ihnen als der *einzigen* Wirklichkeit ohne Erinnerung als Rückbezug zum Garten Eden wiederfindet. Das Paradies, aus dem er und Eva einst kamen und das sie in der ersten Zeit ihres Fußfassens im eigenen Leben wiederherzustellen suchten (»[...] ahmten sie doch nach, was sie dort gesehen hatten, indem sie einen Brunnen gruben, der dem Wasser des Lebens glich, einen Garten pflanzten und einige Tiere zähmten [...]«, S. 19) – das Paradies hat er im Laufe der Zeit vollständig vergessen. Dieses *Vergessen* ist es, was seine Erkenntnis so erschreckend ausweglos und damit die Depression unvermeidlich macht. Das zeitweise quälende Gefühl des Lesers Adam gegenüber bezieht sich auf dessen Eingeschlossensein in die Eindimensionalität der Wirklichkeit, die angesichts des Sterbenmüssens zum Gefängnis wird. Freiheit ist nur möglich jenseits seiner Gitterstäbe, die als solche nicht mehr erkennbar sind. Psychoanalytisch betrachtet, ist die symbolische Repräsentanz des »guten symbiotischen Objektes« verlorengegangen und die Qualen der Einsamkeit und Entfremdung sind Folgen der Trennung aus der Symbiose, die im Paradies symbolisiert ist. Da diese Trennung auch bei gelungenem Individuationsprozess keine vollständige ist, sondern nur bei fortschreitender Integration der an das »gute Objekt« gebundenen Erfahrungen gewonnen wird, kommt der Verlust der Erinnerung einem Verlust der guten Objektrepräsentanzen gleich: gute Objektrepräsentanzen beinhalten Erfahrungen, die im seelischen Leben überwiegend Vertrauen und Gewissheit etablieren; sind Lebenserfahrungen zu verarbeiten, die dieses Vertrauen zerstören, dominieren Angst und Misstrauen.[4] Es geht also im psychoanalytischen Sinne um die *Bewährung* von Objektkonstanz

---

4 Zu Begriff und Problematik »gutes Objekt«/»Objektrepräsentanz« vgl. am Beispiel biblischer Passions- und Auferstehungtexte, Rohse, 2000, S. 91 ff. u. 107 ff. (im vorliegenden Sammelband S. 267–289).

unter den Bedingungen des Getrenntseins vom »guten Objekt«. Dieses Urvertrauen, das die innere Präsenz des guten Objektes abbildet und vor Hoffnungslosigkeit und Sinnzerstörung bewahrt, ist brüchig geworden. Angesichts von Alter, Krankheit und Tod wird das Vertrauen auf die härteste Probe gestellt. Adam ist ihr nicht gewachsen. Folgerichtig eröffnet sich ihm keine andere Möglichkeit, als depressiv zu werden. Seine Erlösung kann im Fortgang der Geschichte nur von der anderen Textfigur Eva kommen, die im Unterschied zu ihm die Erinnerung ans Paradies auch im Zustand des Getrenntseins bewahrt hat. Objektkonstanz, die in den Gaben der Engel, symbolisiert ist, bedeutet für Eva, dass sie in heiterem Lebensvertrauen die Unvollkommenheiten ihres Lebens ertragen und im Rhythmus natürlicher Lebensvorgänge, im Gedeihen der Kinder und von Blumen, im Kommen und Gehen der Jahreszeiten mitschwingen kann. Es gelingt ihr, die Erinnerung ans Paradies gegenwärtig zu behalten, weil sie in den Gaben, die ihr die Engel über die Mauer des Gartens werfen, der »Feuerlilie«, den »Reben« und dem »schönen, funkelnden Stein« (S. 26), also in der Liebe, der Lebenslust und dem Reichtum der Natur, Reminiszenzen wahrnimmt, die aus dem Paradies kommen und es gegenwärtig erfahrbar machen. Diese Gaben sind für Eva im Sinne D. W. Winnicotts »Übergangsobjekte« (Winnicott, 1979, S. 10 ff. u. 59),[5] die die lebenswichtige Verbindung zwischen dem Paradies und dem Zustand des Getrenntseins von ihm in der Realität herstellen. Sie helfen Eva im »intermediären Raum« (Winnicott, 1979, S. 10 ff.),[6] symbolische Repräsentanzen ebenso für ihr Gewahrsein der Getrenntheit wie auch für den Rückbezug zu finden. Die Gaben erfüllen beide Voraussetzungen, sie kommen aus dem Garten, sind aber in getrennter Realität, jenseits der Mauer empfangen. Adam kann dagegen Übergangsobjekte, die

---

[5] Ich verwende Winnicotts Begriff des »Übergangsobjektes« nicht nur im Sinne einer Station in der Entwicklung des Kindes, also als etwas, das das Kind hinter sich lässt, wenn es den nächsten Entwicklungsschritt macht, sondern – wie er zunehmend in der Psychoanalyse verwendet wird – im Sinne eines erweiterten Verständnisses, das Übergangsobjekte und -phänomene als immer wieder entstehende soziale und kulturelle Leistungen interpretiert.
[6] Vgl. zur Problematik des »intermediären Raums« auch Rohse, 2000, S. 106; ebenso, am Beispiel von Fontanes »Effi Briest«, Rohse, 1998, S. 203 (im vorliegenden Sammelband S. 115).

seine Objektkonstanz unterstützen könnten, nicht identifizieren und sich deshalb auch nicht erinnern. Wunderbar und zugleich befreiend ist, dass Eva, weil sie ihn liebt, ihm die Übergangsobjekte, die doch auch er genossen hat – »Woher meinst Du, fragte Eva, daß ich die Reben hatte, die ich Dir gebracht habe, und woher meinst Du, daß ich die Zwiebel der Feuerlilie hatte, und woher meinst Du, hatte ich den schönen, funkelnden Stein?« (S. 26) – wieder ins Gedächtnis ruft, so dass ihm ein Licht aufgeht. Sein entlastetes, endlich befreites Lachen gewinnt ihm so jene Ebene des Erinnerns zurück, die die Schrecken des Sterbenmüssens und die Enttäuschung über die Unvollkommenheit seines Werkes vertreibt. *Erinnern* befreit ihn aus dem Gefängnis der Eindimensionalität. Schließlich werden die Engel Eva, wenn beide zurück in den Garten kommen, das Tor öffnen.

2. »Die Gärten untergepflügt …« – Gefährdung der Paradiesesphantasie im realen Verlust

Sterben als Rückkehr zum Paradies, das auf Grund der »Gaben«, die jeder Mensch empfängt, im Leben als gegenwärtig erfahren werden kann, ist eine verlockende Aussicht. Ist sie nicht beinah zu schön, um wahr zu sein? Und ist sie nicht doch eher naiv? Hält sie angesichts von Alter, Krankheit und Sterben stand? Auffallend ist, dass die Gaben der Engel sich auf Liebe, Schönheit, Lebensgenuss und Reichtum beziehen. Was ist, wenn gerade diese Gaben im Leben auch wegzufallen drohen? Hier stellt sich die Frage, aus welcher Lebenserfahrung heraus Marie Luise Kaschnitz diese Geschichte geschrieben hat. Sie hatte, noch vor Abfassung der Erzählung, Zerstörung und Schrecken des Krieges erlebt, auch jenen Tag, den sie als den »schlimmsten Tag« ihres Lebens empfindet, als sie während eines Bombenangriffs 1944 auf Frankfurt um das Leben ihrer Tochter fürchtet: »[…] und viel später und immer und auch nach der entsetzlichen Krankheit und dem Tod meines Mannes werde ich denken, sagen, nicht sagen, aber wissen, dieses war mein schlimmster Tag« (Kaschnitz, 1968/1988, S. 42 ff.).[7] Dennoch scheint die Botschaft der Geschichte vorauszusetzen, dass

---

7 Näher dazu Gersdorff, 1992, S. 68 f.

jene Erfahrungen, die die Gaben der Engel vermitteln, vor allem also Liebe und Naturbegeisterung, weiter präsent sind. »Und nur die Empfindung der irdischen Schönheit bezeugt uns unsere Kindheit im Garten Eden, der niemals vergessen worden ist«, schreibt Marie Luise Kaschnitz schon 1946 in dem Essay »Von der Natur« (Kaschnitz, 1946/1985, S. 21). Das »gute Objekt« *Paradies* kann als Gewissheit unverstört so lange konstant sein, wie die zentrale Objektbeziehung – die Beziehung zu ihrem Mann Guido Kaschnitz von Weinberg – von ihr als tragend erlebt wird. An diese Beziehung scheint das Vermögen, den *Erinnerungswert* der Gaben zu erkennen, gebunden. Denn nach der Erfahrung seines Sterbens (1958) zeigt sich eine gravierende Veränderung ihrer Lebenseinstellung. Durch diesen Verlust entzieht sich die heitere Gewissheit, immer wieder Gaben von Engeln über die Mauer geworfen und schließlich von ihnen das Tor zum Garten geöffnet zu bekommen. Das Motiv des Gartens, das sie wieder aufgreift, steht nun für Zerstörung. Im Gedicht »Die Gärten« (1972) hat sich keine Spur der tröstlichen Botschaft aus der Geschichte »Adam und Eva« erhalten. Es beginnt mit der Zeile: »Die Gärten untergepflügt […]« (Kaschnitz, 1972/1975, S. 102). Der Garten Eden existiert nicht mehr. Ein umwälzendes Ereignis hat ihn unter die Erde gebracht. Mit ihm sind seine ihn schützende Mauer, die Engel und ihre Gaben vergessen. So endet das Gedicht folgerichtig:

»Ans Drehkreuz gespannt
Da geh ich rundum
Schöpfe mein brackiges Lebenswasser
Schreie den Eselsschrei
Hinauf zu den Sternen.«

Kein Übergangsobjekt unterstützt das Lebensvertrauen, der Rückbezug scheint abgerissen, die Engel kommen nicht ans Tor, sind nicht mehr »sehr schön, mit ihren Wolkenflügeln in schimmerndem Grau« (hier S. 21), sind eher gar nicht mehr da? Ins Gegenteil verkehrt hat sich der Anblick der Engel in dem Gedicht »Jenseits« (Kaschnitz, 1965/1975, S. 88):

»Wie sie aussehen werden die Engel
Vielleicht wie Krähen?
Wie sie uns drüben empfangen
Wenn
Sie uns empfangen?«

Alles ist fragwürdig geworden: »[...] ob wir es fertigbringen mit einer Hoffnung zu sterben, steht noch dahin, steht alles noch dahin« (Kaschnitz, 1970/1980, S. 165).

3. »An den Wassern Babels saßen wir und weinten« – Erzählendes Erinnern in der biblischen Paradieses- und Vertreibungsgeschichte

Die Erzählung »Adam und Eva« von Marie Luise Kaschnitz setzt als Bezugstext die biblische Geschichte von Paradies und Vertreibung (Gen 2,4–3,24) voraus. Als Hintergrund ist sie dem Leser präsent, so dass er die Kaschnitz-Geschichte als literarische Umgestaltung erlebt. Selbst über die betont laxe Alltagssprache stolpert der Leser nur, weil er die sakrale Sprache und Symbolwelt des Bibeltextes unbewußt präsent hat. Deshalb halte ich es für notwendig, den allgegenwärtigen biblischen Ursprungstext mit der in dieser »Adam und Eva«-Erzählung gewagten weltlichen Kontrafaktur in Beziehung zu setzen.

Eine Art *tertium comparationis* scheint mir in der Funktion und Bedeutung des *Erinnerns* gegeben, weil es für beide Geschichten konstitutiv ist. Im Bewusstwerden des Getrenntseins vom Paradies vermittelt die Erinnerung jenen Schutz, der das immer gefährdete Leben in der Realität mit einer Phantasie von Geborgenheit, Frieden, Nähe und Unzerstörbarkeit ausstattet. Ohne solche Phantasietätigkeit ist Objektkonstanz kaum möglich. Andererseits ist das Gefühl des Getrenntseins die Voraussetzung dafür, klare intrapsychische Repräsentanzen des Selbst im Unterschied zu den Repräsentanzen der Objektwelt (vgl. Mahler, Pine, Bergmann, 1978, S. 19) aufzubauen. *Erinnern* als Niederschlag von Objektkonstanz und *Bewusstsein* als Niederschlag der Trennung – beides ist Bedingung und Voraussetzung für die »psychische Geburt des Menschen« (Mahler, Pine,

Bergmann, 1978, S. 13).[8] Die Trennung ist der Preis für Bewusstwerdung und Individuation. Beide Errungenschaften – angefangen von dem Gefühl, *dass* ich bin, bis zum Bewusstsein dessen, *wer* ich bin – sind sowohl die lebenslänglich weiter zu differenzierenden »Kostbarkeiten« als auch »Lasten,« die die Symbiosesehnsucht unterhalten. Dennoch ist die Erinnerung ans Paradies nicht gleichbedeutend mit regressiver Sehnsucht im Sinne eines Wunsches nach Auflösung und Verschmelzung, die »vermutlich mehr Angst als Vergnügen« (Dornes, 1993, S. 78) bereiten würden, sondern sie ist eher eine Vergewisserung jener mit dem Paradiesessymbol assoziierten Erfahrungen von Liebe, Frieden, Nähe und Geborgenheit, deren innere Repräsentanzen nie ein für allemal sicher, sondern immer wieder gefährdet und deshalb jeweils wieder neu zu erwerben sind. Im Zusammenhang mit den biblischen Texten von Paradies und Vertreibung möchte ich die Bedeutung des *Erinnerns* in einer historischen Lebenssituation des Volkes Israel, in der die Trennung vom Land Juda und dem religiösen Zentrum, dem Tempel in Jerusalem, durch die Deportation von Teilen des Volkes nach Babylon verarbeitet werden muss, betrachten.

Nach neueren Forschungen zum Alten Testament ist die historisch wahrscheinliche Situation, in der das Jahwistische Erzählwerk, zu dem die Erzählungen von Paradies und Vertreibung gehören, in der Zeit des babylonischen Exils entstanden, also zwischen 597 und 587 v. Chr. (Lewin, 1993, S. 434).

Wenngleich der Jahwist[9] als Sammler, Redaktor, Theologe und Erzähler frühe, vorexilische Traditionen verwendet hat, so ist für die Bedeutung seines erzählenden Erinnerns doch die gegenwärtige Lebenssituation von großem Interesse, in der die Texte in ihrer vorliegenden Gestalt konzipiert wurden. Ihre Botschaft bezieht sich

---

8 Vgl. ebd. auch (S. 13): »Wir bezeichnen die psychische Geburt des Individuums als den Lösungs- und Individuationsprozeß: die Entstehung eines Gefühls des Getrenntseins von einer realen Welt und einer Verbundenheit mit ihr […]. Wie jeder intrapsychische Prozeß durchdringt auch dieser den gesamten Lebenszyklus. Er hört niemals auf […].«
9 Der Name *Jahwist* für den Erzähler (bzw. ein Autorenkollektiv) des nach ihm benannten Geschichtswerks ist entstanden auf Grund des in seinen Texten verwendeten Gottesnamens *Jahwe*.

auf die einmalige historische Situation des Lebens im Exil und auf die Orientierungslosigkeit der Volksgenossen, die im Land zurückgeblieben sind; darin gründet die Brisanz und spezifische Bedeutung dieser Botschaft: »An den Wassern zu Babel saßen wir und weinten, wenn wir an Zion gedachten« – so beginnt der 137. Psalm, der die traurige, sehnsuchtsvolle Lebensperspektive im Exil beschreibt. Trauer erscheint hier als Voraussetzung zu erzählender Texte, als deren Gestaltungsanlass.

Außerhalb Judas, entfernt von religiös und kulturell identitätsstiftenden Alltagswelten und Ritualen, ohne das politische und religiöse Zentrum des Tempels in Jerusalem, gewinnt *erinnerndes Erzählen* von der Geschichte des Volkes Israel mit Jahwe selbst die Funktion des Übergangsobjektes. Denn im Erzählprozess vergewissern sich der Erzähler und mit ihm seine Volksgenossen ihrer nationalen und religiösen Identität, die an Jahwes Wirken gebunden und von seinem Segen abhängig ist. Jahwe verspricht nach der Sintflut (Gen 8,22): »Solange die Erde steht, soll nicht aufhören Saat und Ernte, Frost und Hitze, Sommer und Winter, Tag und Nacht.« Und er segnet die Nachkommen Noahs (Gen. 9,1): »Und Gott segnete Noah und seine Söhne und sprach zu ihnen: Seid fruchtbar und mehret euch und füllet die Erde.« Zusage und Segen gewinnen im Exil die Bedeutung einer Zukunftshoffnung, die im Erzählen solcher Geschichten lebendig gehalten wird. Levin meint: »Der Jahwist konnte den Anspruch erheben, die für das Selbstverständnis des Volkes Jahwes maßgebende Überlieferung zu vertreten«; und: »Wahrscheinlich ist das jahwistische Geschichtswerk das älteste theologische Zeugnis der babylonischen Judenheit« (Lewin, 1993, S. 434 f.) Auf meine Frage bezogen, besteht die überragende Bedeutung des Jahwisten nicht nur in der theologischen Gesamtkonzeption seines Erzählwerkes, sondern in der *Erinnerungsarbeit,* die er für sein Volk leistet. Sie ist vergleichbar der Erinnerungsarbeit, die nach traumatisierenden Ereignissen, wie sie Deportation und Migration darstellen, von Menschen, die solche Erlebnisse verarbeiten müssen, psychisch gefordert ist. Im Erzählen entwickelt sich ein Symbolisierungsprozess, der die leidvollen Erfahrungen des Exils umwandelt in sprachfähige und kommunizierbare Geschichten. In diesem Sinne ist das Geschichtswerk des Jahwisten, das die nationale Vorgeschichte Israels darstellt, in seiner Gesamtheit der Versuch, eine Art *narrativer Kohärenz der Lebensgeschichte des Volkes Israel* herzustellen. Dabei stellt die Erzählung von Paradies und Vertreibung, die der Frühgeschichte Israels vorgeordnet ist, eine besondere, die nationale Vergewisserung überschreitende Ausweitung in eine *allen* Menschen geltende Botschaft dar. Sie lautet: Gott hat *alle* Menschen geschaffen und auch *allen* die Freiheit und Notwendigkeit, zum Bewusstsein ihrer selbst zu gelangen, mitgegeben. Dieser Prozess ist mythisch in der Vertreibung (den Paulus später theologisch als Sündenfall versteht) dargestellt, ein Prozess, der ebenso unausweichlich wie schmerzlich und ebenso lustvoll wie angstvoll ist. In der Geschichte von Adam und Eva, der Versuchung durch die Schlange, dem Essen vom Baum der Erkenntnis und schließlich der Vertreibung aus dem Garten Eden in die harte, von Mühe, Schmerzen und Vergeblichkeit bestimmte nachparadiesische Realität, gibt der Jahwist ein durchaus düsteres Bild vom Menschen. Gerade weil er die ethnozentrische Perspektive verlassen hat und in eine universelle Grundaussage über die *conditio humana* vorstößt, bekommen diese Erzählungen eine herausragende Bedeutung im Kontext der Erfahrung des Exils. Möglicherweise konnte nur außerhalb Judas und Israels ein so universelles Gottes- und Menschenbild entstehen. Die Abstraktion vom Gott des Volkes zum Gott der Schöpfung und vom Stammesgenossen zum mythischen Menschenpaar Adam und Eva erscheint als einzigartige geistige Leistung. Sie treibt die Vergewisserung Jahwes im Erzählen der Ur-Geschichte über die Nationalgeschichte Israels hinaus bis in die Universalgeschichte der Menschheit. Diese Verklammerung erscheint mir psychodynamisch als ein grandioser Wurf, Selbstvergewisserung und geschichtliche Kohärenz nicht nur in volksgeschichtlicher Erzählperspektive als Volksepos zu bewahren, sondern an der universellen Schöpfung Jahwes festzumachen.

Sich auf diese Weise im Erzählen zu erinnern, heißt ein *absolutes gutes Objekt* als Grund von Welt und Geschichte zu vergegenwärtigen. Dies ist die den »Weinenden an den Wassern zu Babel« (Ps 137,1) und den in Juda zerstreuten Israeliten vermittelte Botschaft. Sie ist, unabhängig vom desillusionierten Menschenbild des Jahwisten, eine an Trost und Hoffnung kaum zu übertreffende Predigt.

Zurück zur Inhaltsebene des Genesistextes: Adam und Eva scheinen, nachdem die Rückkehr ins Paradies ihnen ein für allemal verwehrt ist, in der »Dornen und Disteln«-Welt (Gen 3,18) wenig Freude erwarten zu können. Sie haben sich durch ihr Begehren schuldig gemacht. Ihr Bewusstwerden trennt sie unerbittlich und für immer vom Garten Eden. Scham, Angst und Schuld sind Begleiter ihrer Individuation, Sterbenmüssen am Ende ihrer lebenslänglichen Mühsal das ihnen gesetzte Ziel: »Im Schweiße deines Angesichtes sollst du dein Brot essen, bis du wieder zu Erde kehrst, von der du genommen bist; denn Erde bist du und zur Erde mußt du zurück« (Gen 3,19).

4. In »eigener Handschrift« – Kaschnitz' »Adam und Eva« als weltliche Kontrafaktur zur biblischen Überlieferung

Trennt man die Inhaltsebene des biblischen Textes von seiner Erzählfunktion, kann sich dieses Menschenbild, das an Realismus nichts zu wünschen übrig lässt, leicht verselbständigen, so dass Trost und Zukunftshoffnung nicht mehr spürbar werden. So sind die Texte weithin bis heute rezipiert worden und haben zur negativen Bestimmung auch des christlichen Menschenbildes beigetragen. Marie Luise Kaschnitz' »Adam und Eva«-Erzählung lässt sich geradezu als *weltliche* Kontrafaktur zur Erzählung der Genesis und ihrer christlichen Wirkungsgeschichte verstehen. In Kaschnitz' kontrapunktischer Umerzählung ist der Bezug zum Garten Eden nicht abgebrochen: Adam und Eva können sich erinnern, die Gaben helfen ihnen dabei. Auch wenn Adam den Garten vergisst, wäre es doch potentiell möglich, Gaben als Übergangsobjekte zu identifizieren, die den erinnernden Rückbezug wieder ermöglichen. Ihrer beider Leben ist bereichert durch Arbeit, die sie zufrieden macht und ihnen Freude bereitet. Erst das Bewusstsein des Sterbenmüssens löst Adams Krise aus. Seine Befreiung liegt im *Erinnern* daran, dass der Garten noch da ist, immer da war, auch wenn er ihn vergessen hatte, und dass er zusammen mit Eva zurückkehren wird. Das nachparadiesische Leben kann grundsätzlich eigentlich ganz erfreulich sein, wenn man nicht, wie Adam, in depressiver Hoffnungslosigkeit versinkt – was zwar zeitweise möglich, aber nicht unausweichlich erscheint. Dieses Leben ist nicht belastet mit den Folgen einer Begehrensschuld. Adam und Eva wurden zwar gezwungen, das Paradies zu verlassen, aber weshalb das geschah, ist hier nicht Gegenstand der Überlegung. Während im biblischen Text eben jener Grund – das Begehren: zu sein wie der Vatergott und zu erkennen, was gut und böse ist – den Menschen in ein von anderen schmerzlich getrenntes und mit sich selbst durch Scham, Schuld und Angst zerfallenes Leben stürzt. Im Identifikationswunsch, wie Gott zu sein, ist seine Herkunft aus dem ödipalen Konflikt noch sichtbar. Der weibliche Part erscheint aufgeteilt in Eva, »die Mutter aller Lebenden« (Gen 3,20), den Garten Eden selbst, die Frucht als begehrtes weibliches Objekt und nicht zuletzt in die Schlange. Auch die Erde, von der der Mensch genommen und zu der er zurückkehren muss, ist ein weibliches Äquivalent. Nach dem Sündenfall wird sie als Ort der Arbeit verflucht, anstatt Ort der Lust zu sein. Überhaupt wird sie Herrschaftsgebiet des patriarchalen Vaters. Ist auch der vollständige Ödipuskomplex in den Texten manifest nicht mehr dargestellt, so ist er doch symbolisch latent vorhanden im Vater-Sohn-Konflikt zwischen Adam und Gott. Der Konflikt erhält seine Brisanz, gerade weil Adam so sein will wie Gott, sich mit ihm identifizieren will. In der Folge kreisen die Konflikte auf ödipalem Niveau und nach ödipalem Vorbild, wenn auch in Bezug auf Gott menschliche Konfliktkonstellationen notwendigerweise nie ganz aufgehen können und immer zu kurz greifen müssen. Immerhin redet der Jahwist selbst in anthropomorphisierender Sprache von Jahwe. Im jahwistischen Erzählwerk geht es um Freiheit und Schuld, um Aufbegehren und Strafe (Adam und Eva), um Eifersucht und Mord (Kain und Abel), um Strafe und Rettung (Sintflut und Bund), um Selbstüberschätzung und Zerstörung (Turmbau zu Babel) etc. Die Konflikte kreisen nicht wie bei Marie Luise Kaschnitz um narzisstische Degradierung und Reparation. Hier liegt auf der Inhaltsebene der entscheidende Unterschied, der auch erklärt, weshalb das symbolische Repertoire sich im Kaschnitz-Text auf Adam und Eva, den Garten, die Mauer, die Engel und die Gaben beschränkt und Gott, der Baum der Erkenntnis, die Schlange, das Drama des Begehrens und Ausgestoßenwerdens, wie sie im biblischen Bezugstext konstituierend sind, fehlen. Entsprechend erscheint das Angstniveau und die damit zusammenhängende Bewältigungsform unterschiedlich.

Ist es hier die narzisstische Angst vor Verlust der eigenen Bedeutung, die durch das Sterbenmüssen radikal in Frage steht, sind es in der biblischen Geschichte Schuld- und Gewissensangst. Die Sehnsucht zurück zur verlorengegangenen Gottesnähe erscheint entsprechend als Sehnsucht nach Erlösung von Schuld und Versöhnung und nicht als Sehnsucht nach einem symbiotischen Seinszustand im Garten Eden wie im Kaschnitz-Text. In biblischer Perspektive entwickelt sich die christliche Version eines Erlösungsmythos, der die latente ödipale Konfliktkonfiguration durchscheinen lässt. Jesus sühnt die Begehrens- und Identifikationsschuld des exemplarisch ersten Menschen Adam am Kreuz, dessen Holz – in späterer Legendenentwicklung – sogar aus jenem Baum des Paradieses besteht, der die Früchte des Begehrens trug.[10] Die Sühne dieses einen unschuldigen Gottessohnes tilgt die Schuld aller Menschen und öffnet damit wieder das Tor zum einst verschlossenen Paradies – wie es in einem bekannten Weihnachtslied heißt: »Heut schleußt er wieder auf die Tür /zum schönen Paradeis; / der Cherub steht nicht mehr dafür. / Gott sei Lob Ehr und Preis« (Nikolaus Hermann, 1560; Ev. Kirchengesangbuch, o. J., S, 58, Nr. 21). Dies ist, in christlich-heilsgeschichtlicher Perspektive, gültig sowohl in der »Mitte der Zeit« (Lukas-Evangelium) als auch am Ende der Zeiten (Conzelmann, 1964). Die durch Adam verlorene

---

10 Vgl. In der »Legenda Aurea« des Jacobus de Voragine [Mitte 13. Jh.] das Kapitel »Von des heiligen Kreuzes Findung« (Benz, Hrsg./Übers., 1979, S. 349–351). Diese Paradiesesbaum/Kreuzesholz-Legende nimmt Marie Luise Kaschnitz selber bereits 1943 in den Blick in *Griechische Mythen* (Kaschnitz, 1943/1993, S. 14 f.): »Fern von dem Garten Eden seiner Jugend, so berichtet die Legenda Aurea, lag der alte Adam im Sterben, und sein letzter Wunsch war eine Frucht aus dem Garten des Paradieses. Nach dieser schickte er seinen Sohn, und der brachte wirklich einen Zweig vom Paradiesesbaum zurück. Als er aber an das Lager des Vaters trat, fand er Adam tot. Er pflanzte das Reis auf das Grab des Vaters, und dort wuchs es, wurde ein Baum, ein hoher mächtiger Stamm, der die Jahrhunderte und Jahrtausende überdauerte. […] aus seinem Holze, so weissagte die Sibylle dem König [d. i. König Salomo], werde dereinst das Kreuz gezimmert werden, das den Versöhner und Erlöser tragen werde […].« Als weiteren Zugriff auf diesen Legendenstoff – fast gleichzeitig mit *Adam und Eva* – vgl. außerdem auch das Hörspiel »Das Spiel vom Kreuz« (Erstsendung RIAS Berlin 3.4.1953) in der späteren Werkausgabe (Kaschnitz, 1987, Bd. 6, S. 357–383).

Gottesnähe ist in Christus wieder erworben, durch das Selbstopfer des Sohnes. Paulus, der die Typologie Adam-Christus theologisch ausbaut, schreibt: »Wie nun durch *eines* Sünde die Verdammnis über alle Menschen gekommen ist, also ist auch durch *eines* Gerechtigkeit die Rechtfertigung des Lebens über alle Menschen gekommen« (Röm 5, 18).[11] Da Schuld gewissermaßen im psychischen Code des Menschen als anthropologische Konstante einprogrammiert ist – leben ohne schuldig zu werden, ist nicht möglich –, erfährt sich der Mensch als heils- und erlösungsbedürftig. Der christliche Erlösungsmythos ist auf dieser psychischen Ebene als Rettungs- und Erlösungsdrama eine universelle Antwort auf die mit Schuld und Angst gegebenen menschlichen Konflikte.

Aus dieser Sicht wird verständlich, weshalb in der biblischen Geschichte auf der Inhaltsebene nicht Trauer, sondern Schuld thematisiert wird. Trauer ist dennoch als Voraussetzung zur Textkonzeption zentral. Auch im Neuen Testament setzt der Erzählprozess, der schließlich in der Konzeption der Evangelien mündet, aus Trauer um das verlorene Objekt Jesus ein. Seine Gegenwart wird im Erzählen erneuert und bestätigt.[12] Im Alten Testament wird der Erzähl-

---

11 Dass diese Adam-Christus-Typologie in ihrer heilgeschichtlichen Antithetik von »Sünde« und »Rechtfertigung« immer zugleich die Antithetik von »Tod« (im Zeichen Adams) und »Leben« (im Zeichen Christi) bedeutet, zeigt der Gesamtkontext von Röm 5; vgl.: »Derhalben, wie durch *einen* Menschen die Sünde ist gekommen in die Welt und der Tod durch die Sünde, und ist also der Tod zu allen Menschen durchgedrungen, dieweil sie alle gesündigt haben [...]. Denn so um des *einen* Sünde willen der Tod geherrscht hat durch den *einen*, vielmehr werden die, so empfangen die Fülle der Gnade und der Gabe zur Gerechtigkeit, herrschen im Leben durch *einen*, Jesum Christum« (Röm 5,1 u. 17). Vgl. als theologische Quintessenz dieser Argumentation somit auch: »Denn der Tod ist der Sünde Sold« (Röm 6,23).
12 Vgl. Rohse, Die Kreuzigung – ein Trauma? (im vorliegenden Sammelband), hier S. 286–289, insbes. S. 188: »Kann der Akt des Sammelns, Redigierens und Theologisierens, wie er von den Evangelisten geleistet wurde und eine lange mündliche Tradition zusammenfasst, in der das Erzählen den, von dem erzählt wird, auch als verlorenes Liebesobjekt ersetzen soll, als eine Art kreativer Durcharbeitung des Traumas verstanden werden, so stellen die *Evangelien* die endgültige Vergewisserung darüber dar, dass das gute Objekt mit dem Tod Jesu nicht untergegangen ist.« – Der Jahwist leistet in seinem Erzählwerk eine vergleichbare kreative Durcharbeitung des Migrationstrau-

prozess durch die Trauer um das verlorene Land Juda initiiert und im Erzählen seine vergangene – wie vor allem zukünftig erwartete – Gegenwart beschworen. In beidem geht es darum, dass Trauer ein verlorenes, geliebtes und Identität stiftendes Objekt in erinnerndem Erzählen lebendig und gegenwärtig hält und so einen in der Realität erlittenen Verlust bewältigt. Objektverlust und Selbstverlust können auf diese Weise begrenzt werden. Beide Male ist die geleistete Erinnerungsarbeit *Trauerarbeit mittels Erzählen*. Es geht dabei nicht um den allmählichen Abschied vom verlorenen Objekt, sondern um seine Verwandlung in symbolische Repräsentanz.

Ganz anders bei Marie Luise Kaschnitz. In ihrer »Adam und Eva«-Geschichte ist kein vorheriger Objektverlust der Autorin zu verarbeiten. Später, nach dem Tod ihres Mannes, als dies der Fall ist, zeigt ihr Gedicht »Die Gärten«, in welchem Ausmaß für sie damit Selbstverlust verbunden war.[13] Auch hier geht es nicht primär um Abschiednehmen im Trauerprozess, obwohl sie, gerade in diesem Zusammenhang, schreibend immer wieder darauf zurückkommt. Die meisten ihrer Bücher – Gedichtbände: »Dein Schweigen – meine Stimme« (1962), »Ein Wort weiter« (1965), »Überallnie« (1965), »Kein Zauberspuch« (1972), Erzählungen: »Lange Schatten« (1960), »Ferngespräche« (1966), »Vogel Rock« (1969), Aufzeichnungen: »Wohin denn ich« (1963), »Tage, Tage, Jahre« (1964), »Steht noch dahin« (1970), »Orte« (1973) – werden erst nach dem Tod ihres Mannes geschrieben. Mir scheint, dieses Dichten und Erzählen steht auch eher im Dienste eines Versuches, das verlorene, geliebte Objekt gegenwärtig zu erhalten. Noch zehn Jahre nach dem Tod ihres Mannes ist ihr die schmerzlichste Erfahrung, dass sich der Tote langsam entfernt, sein Bild immer undeutlicher wird: »In Frankfurt, in Rom, im Breisgau und auf Reisen, was mich da immer wieder quält, alle Tage und Jahre, nun schon mehr als ein Jahr-

---

    mas, mit dem Ziel, sich der Präsenz des »guten Objektes« (hier: Jahwe, Land, Glaube) zu vergewissern.

13 Vgl. als Selbstverlust-Phantasie in diesem Zusammenhang auch: »[...] ich bestand aus lauter krüppelhaften, unfertigen Stümpfen: Hände ohne Finger, Füße ohne Zehen, Gesicht ohne Augen, alles eingezogen, wie etwas, wofür man keine Verwendung mehr hat« (Kaschnitz, 1963/1984, S. 8).

zehnt nach deinem Tod: der Gedanke, daß du dich, zuerst langsam, dann mit wachsender, schließlich rasender, Geschwindigkeit von mir entfernst [...]« (Kaschnitz, 1973/1991, S. 88). Aber anders als in den biblischen Geschichten erscheint das Ringen um die Symbolisierung der Verlusterfahrung im dichterischen Schaffen lange nicht die Qualität von Trost und Gewißheit zu erreichen, die doch in ihrer »Adam und Eva«-Geschichte so greifbar und wohltuend nahe waren. Vielleicht weil die stimulierende Erzählsituation für diese Geschichte keine Trauerarbeit nötig machte? Intratextuell steht die Trauer Adams im Zusammenhang mit der Beziehung zu Eva. Sie ist erzählerisch kontrastiv, beinahe kontrapunktisch zum »Lebensentzücken« Evas (S. 25) aufgebaut, so dass die Geschichte als Beziehungsgeschichte von Mann und Frau gelesen werden müsste. Eine Geschichte, in der die Frau Eva dem Mann Adam in jeder Hinsicht an emotionaler Lebensintelligenz überlegen ist, obwohl er gerade das Gegenteil irrtümlich unterstellt. Sie erlöst ihn aus seiner Selbst- und Paradiesesvergessenheit und rettet beiden die wärmende Phantasie gemeinsamen Altwerdens und Zurückfindens in umfassende Geborgenheit. Als erzählstimulierende Situation der Autorin sind Klärung und Verarbeitung von Beziehungskonflikten zu vermuten, wie sie die Unterschiede von Mann und Frau hervorbringen – nicht aber traumatische Verlusterfahrung, wie sie dem jahwistischen Erzähltext zugrunde liegt. Trauer als *Voraussetzung* des Erzählens, um im Erinnern das verlorene Objekt lebendig zu halten, oder Trauer als Element *innerhalb* des Textes selbst – darin erweist sich die unterschiedliche Funktion der Trauer für die erzählerische Konzeption beider Texte. Die auf eine vorgeordnete Lebenssituation dialogisch bezogenen Texte könnten unterschiedlicher nicht sein. Sie entsprechen sich weder auf der Inhaltsebene noch auf der Ebene textexterner Voraussetzungen, weder auf der Ebene der Objektbeziehungsstruktur noch auf derjenigen verwendeter Symbole. Zwar nimmt Marie Luise Kaschnitz ihre Symbole aus dem biblischen Symbolrepertoire, aber die Bedeutungsschichten stimmen nicht überein, schließlich ist das Paradies der Schöpfungsgeschichte nicht das Paradies ihrer »Adam und Eva«-Kontrafaktur; auch die Textfiguren ähneln sich nur dem Namen nach. Einzig die

Funktion des *Erinnerns* im Trauerprozess scheint mir, wie oben erwähnt, vergleichbar.

Marie Luise Kaschnitz ist mit den biblischen Texten so verfahren, wie sie auch mit anderen mythischen Erzählungen, z. B. in »Griechische Mythen« bereits 1943, umgegangen ist und wie sie es in ihren Aufzeichnungen »Wohin denn ich« programmatisch beschrieben hat (Kaschnitz, 1963/1984, S. 134):

> »Die großen, bereits unzählige Male zu Gehör oder zu Gesicht gebrachten Stoffe waren am Ende die verlockendsten, Archetypen der Dichtung, die man immer noch in seiner eigenen Handschrift schreiben und denen man immer noch besondere, das heißt, persönliche und heutige Züge verleihen kann.«

Diese »eigene Handschrift« ist, wie mir scheint, besonders im Widerspruch zum biblischen Text deutlich hervorgetreten, allerdings – wie ich hoffe – ebenso die »Handschrift« des Jahwisten, der genauso eine vorgegebene Symbol- und Erzähltradition verwendend, seine eigene Handschrift im Widerspruch zu ihr deutlich macht. Er versucht, eine historisch spezifische Trauersituation durch erzählende Erinnerungsarbeit zu bewältigen. Dazu muss er einen Kosmos von vorgegebenen Symbolwelten redaktionell, theologisch und erzählerisch zusammenstellen und strukturieren. Darüber hinaus gibt er dem Erzählten eine Erinnerungsqualität, die in der Lebenssituation des Exils Hoffnung und Identität bewahrt und so Trauer verwandelt.

Was der Jahwist als Erzähler für das trauernde Israel leistet, leistet Kaschnitz' Eva-Figur für den depressiv trauernden Adam. Indem sie ihn an das verlorene Paradies erinnert, gelingt ihm im Wiedererkennen der »Gaben«, in denen das Paradies gegenwärtig geblieben ist, seine Befreiung von Trauer und Depression. Diese heitere und tröstliche Umdeutung der biblischen Vorlage rechtfertigt die literarische Kontrafaktur (Kaschnitz, 1963/1984, S. 139): »Die Wiederholung des hundertmal und vielleicht hundertmal schon besser Gesagten, erscheint uns gerechtfertigt, vorausgesetzt, daß das alte neu gesehen wird und daß die eigenen Worte wirklich die eigenen Worte sind.«

Literaturverzeichnis

Benz, R. (Übers./Hrsg.) (1979). Von des heiligen Kreuzes Findung. In Legenda Aurea des Jacobus de Voragine. Aus dem Lateinischen übers. von R. Benz (9. Aufl., S. 349–351). Heidelberg: Lambert Schneider.

Conzelmann, H. (1964). Die Mitte der Zeit. Studien zur Theologie des Lukas. Beiträge zur historischen Theologie 17 (5. Aufl.). Tübingen: J. C. B. Mohr (Paul Siebeck).

Die Bibel oder die ganze Heilige Schrift des Alten und Neuen Testaments (o. J.) nach der deutschen Übers. D. M. Luthers. Neu durchgesehen nach dem vom Deutschen Evangelischen Kirchenausschuß genehmigten Text. Stuttgart: Württembergische Bibelanstalt.

Dornes, M. (1993). Der kompetente Säugling. Die präverbale Entwicklung des Menschen. Fischer Taschenbuch 11263. Frankfurt a. M.: Fischer Taschenbuch Verlag

Gersdorff, D. von (1992). Marie Luise Kaschnitz. Eine Biographie. Frankfurt a. M.: Insel.

Evangelisches Kirchengesangbuch (o. J.). Ausgabe für die evangelisch-lutherischen Kirchen Niedersachsens. Hannover: Schlütersche Buchdruckerei, Verlagsanstalt Hannover/Göttingen: Vandenhoeck & Ruprecht.

Hermann, N. (1560/o. J.). Lobt Gott, ihr Christen alle gleich ... von Nikolaus Hermann. In Evangelisches Kirchengesangbuch. Ausgabe für die evangelisch-lutherischen Kirchen Niedersachsens (S. 58, Nr. 21). Hannover: Schlütersche Buchdruckerei, Verlagsanstalt Hannover/Göttingen: Vandenhoeck & Ruprecht.

Hirschenauer, R., Weber, A. (Hrsg.) (1969). Interpretationen zu Marie Luise Kaschnitz, verfasst von einem Arbeitskreis. Interpretationen zum Deutschunterricht. München: R. Oldenbourg Verlag.

Freud, S. (1916/1975). Trauer und Melancholie, In S. Freud, Studienausgabe. Hrsg. von A. Mitscherlich, A. Richards und J. Strachey. Bd. 3: Psychologie des Unbewußten (S. 193–212). Frankfurt a. M.: S. Fischer.

Jacobus de Voragine (1263–73/1973). Die Legenda Aurea. Aus dem Lateinischen übers. von R. Benz (9. Aufl.). Heidelberg: Lambert Schneider.

Kaschnitz, M. L. (1943/1993). Griechische Mythen. dtv 11758. München: Deutscher Taschenbuch Verlag.

Kaschnitz, M. L. (1946/1985). Von der Natur. In: Marie Luise Kaschnitz: Menschen und Dinge 1945. Zwölf Essays. Mit einem Nachwort von K. Krolow. Bibliothek Suhrkamp 909 (S. 16–23). Frankfurt a. M.: Suhrkamp; zuerst in Sternberger, D. (Hrsg.) (1946), Schriften der Wandlung. unter Mitwirkung von K. Jaspers, W. Krauss u. A. Weber hrsg. von D. Sternberger. Bd. 2. Heidelberg: Lambert Schneider.

Kaschnitz, M. L. (1952). Adam und Eva. In M. L. Kaschnitz (1952). Das dicke Kind und andere Erzählungen. Krefeld: Scherpe.

Kaschnitz, M. L. (1953/1987). Das Spiel vom Kreuz. Hörspiel [Erstsendung RIAS Berlin 3.4.1953]. In M. L. Kaschnitz: Gesammelte Werke in acht Bänden (Bd. 6, S. 357–383). Hrsg. von C. Büttrich und N. Miller. Frankfurt a. M.

Kaschnitz, M. L. (1963/1984). Wohin denn ich. Aufzeichnungen. Fischer Taschenbuch 5814. Hamburg/Frankfurt a.M: Fischer Taschenbuch Verlag.

Kaschnitz. M. L. (1965). Ein Wort weiter. Hamburg: Claassen.

Kaschnitz, M. L. (1968, 1984). Tage, Tage, Jahre. Aufzeichnungen. suhrkamp taschenbuch 1141 (S. 42–45). Frankfurt a.M.: Suhrkamp.

Kaschnitz, M. L. (1969). Ferngespräche. Erzählungen. (Fischer Bücherei 997). Frankfurt a.M.: Fischer Taschenbuch Verlag.

Kaschnitz, M. L. (1970). Steht noch dahin. Neue Prosa. Frankfurt a.M.: Insel.

Kaschnitz M. L. (1972). Kein Zauberspruch. Gedichte. Frankfurt a.M.: Insel.

Kaschnitz, M. L. (1972). Adam und Eva. In: M. L. Kaschnitz: Eisbären. Ausgewählte Erzählungen. insel taschenbuch 4 (S. 19–26). Frankfurt a.M.: Insel.

Kaschnitz, M. L. (1973/1991). Orte. Aufzeichnungen. insel taschenbuch 1321. Leipzig/Frankfurt a.M.: Insel.

Kaschnitz, M. L. (1975). Gedichte. Ausgewählt von P. Huchel. Bibliothek Suhrkamp 436. Frankfurt a.M.: Suhrkamp.

Kaschnitz, M. L. (1980). Ein Lesebuch. 1964–1974. Hrsg. und mit einem Nachwort versehen von H. Vormweg. suhrkamp taschenbuch 647. Frankfurt a.M.: Suhrkamp.

Kaschnitz, M. L. (1970). Steht noch dahin. Neue Prosa. Frankfurt a.M.: Insel.

Kaschnitz, M. L. (1987). Gesammelte Werke in acht Bänden. Hrsg. von C. Büttrich und N. Miller. Frankfurt a.M.: Insel.

Levin, C. (1993). Der Jahwist. Forschungen zur Religion und Literatur des Alten und Neuen Testaments 157. Göttingen: Vandenhoeck & Ruprecht.

Mahler, M. S., Pine, F., Bergmann, A. (1978). Die psychische Geburt des Menschen. Symbiose und Individuation. Fischer Taschenbuch. Frankfurt a.M.: Fischer Taschenbuch Verlag.

Pulver, E. (1984). Marie Luise Kaschnitz. Autorenbuch. Beck's Autorenbücher 40. München: C. H. Beck.

Rohse, H. (2000). Die Kreuzigung – ein Trauma? Psychoanalytische Überlegungen zu Passions- und Auferstehungstexten. In H. Rohse (2000), Unsichtbare Tränen. Effi Briest – Oblomow – Anton Reiser – Passion Christi. Psychoanalytische Literaturinterpretationen zu Theodor Fontane, Iwan A. Gontscharow, Karl Philipp Moritz und Neuem Testament (S. 91–109). Würzburg: Königshausen & Neumann (im vorliegenden Sammelband S. 267–289).

Rohse, H. (1998). »Arme Effi«. Widersprüche geschlechtlicher Identität in Fontanes *Effi Briest*. In J. Cremerius, G. Fischer, O. Gutjahr, W. Mauser, C. Pietzcker (Hrsg.), Widersprüche geschlechtlicher Identität. Freiburger literaturpsychologische Gespräche. Jahrbuch für Literatur und Psychoanalyse (Bd. 17, S. 203–216). Würzburg: Königshausen & Neumann. (Wiederabdruck in Rohse, H. (2000). Unsichtbare Tränen. Efii Briest – Oblomow – Anton Reiser – Passion Christi. Psychoanalytische Literaturinterpretationen zu Theodor Fontane, Iwan A. Gontscharow, Karl Philipp Moritz und neuem Testament (S. 203–216). Würzburg: Königshausen & Neumann (im vorliegenden Sammelband S. 115–135).

Schmidt, H. (1984/1987). Quellenlexikon der Interpretationen und Textanalysen. Personal- und Einzelwerkbibliographie zur deutschen Literatur von ihren Anfängen bis zur Gegenwart (Bd. 4, S. 254–265). Nachträge 1983 bis 1986 (Bd. 10, S. 383–386). Duisburg: Verlag für pädagogische Dokumentation.

Schweikert, U. (Hrsg.) (1984). Marie Luise Kaschnitz. suhrkamp taschenbuch materialien 2047. Frankfurt a. M.: Suhrkamp.

Winnicott, D. W. (1979). Vom Spiel zur Kreativität. Aus dem Englischen übers. von M. Erman. Konzepte der Humanwisssenschaften (2. Aufl.). Stuttgart: Klett-Cotta.

Zur Bedeutung religiöser Themen in der Psychotherapie [Fragment, ca. 2000]

>»Ein Traum, ein Traum ist unser Leben
>auf Erden hier.
>Wie Schatten auf den Wogen schweben
>und schwinden wir
>Und messen unsere trägen Tritte
>nach Raum und Zeit;
>Und sind (und wissen's) nicht in Mitte
>der Ewigkeit.«
>
>*J. G. Herder (1796/1817, S. 227)*

Obwohl ich schon lange Interesse an diesem Thema hatte, auch immer wieder, wenn es in Therapien um religiöse Fragen ging, den Impuls spürte, mich näher damit zu befassen, und damit dem Wunsch nachzugeben, nach einer Pause von zwanzig Jahren an mein Studium der Religionspädagogik und Theologie und mein späteres Unterrichtsfach an Schule und Hochschule, wieder anzuknüpfen, schob ich doch die Verwirklichung immer wieder auf. Die Kalamität begann schon damit, dass ich bei genauerem Hinsehen und durch den in der psychotherapeutischen Arbeit veränderten Blickwinkel nicht mehr recht wusste, was denn nun religiöse Themen sind. Sind das Fragen nach dem Sinn des Lebens? Dann ist jede Therapie auf irgendeine Weise damit beschäftigt. Oder sind bestimmte konkrete religiöse Vorstellungen von Gott gemeint, also letztlich aus der christlichen Sozialisation hervorgegangene Inhalte, oder ist etwas eher Allgemeines wie »ozeanische« Gefühle,[14] Paradiesessehnsüchte, oder ist, noch allgemeiner, ein religiöses Bewusstsein gemeint? Was gehört dazu, was nicht? Mir wurde immer ungewisser, worauf ich

---

14 [Anm. d. Herausgebers:] Zu »ozeanisches Gefühl« als (psychologischer) Begriff für das Gefühl spiritueller Verbundenheit mit Universum und Unendlichkeit vgl. Freuds religionskritische Diskussion darüber mit Romain Rolland als Schöpfer dieses Begriffs (S. Freud, 1930/1953, S. 65 f.).

mich bei diesem Thema beziehen sollte. Letztlich ist diese Frage gar nicht zu beantworten, dachte ich, ohne sich klarzumachen, was Religion ist. An dieser Stelle fühlte ich mich zwar auf etwas sicherem Boden, schließlich haben sich alle Theologien mit dieser Frage beschäftigt, und nicht nur sie, auch die Religionswissenschaften kümmern sich darum. Hier spürte ich eine gewisse Lustlosigkeit. Sollte ich zuerst einen so weitläufigen Umweg machen, um mich meinem vergleichsweise bescheidenen Thema der Bedeutung religiöser Themen in Therapien zu widmen? Weil ich diesen Konflikt nicht lösen konnte, schob ich also das Thema immer wieder beiseite. Zur gleichen Zeit besuchte ich eine kollegiale Arbeitsgruppe zu einem ähnlichen Thema und stellte verwundert fest, dass sich hier – trotz allseitigen Engagements – die gleiche Ungewissheit herstellte. Jeder verstand etwas anderes unter Religion, deshalb redeten wir gewissermaßen auf verschiedenen Wellenlängen aneinander vorbei. Zum Schluss wusste niemand mehr, was denn eigentlich gemeint ist mit Religion. Vielleicht ist das einer der Gründe, weshalb dieses Thema in der psychotherapeutischen Diskussion – außer als Religionskritik, Religion als illusionäre Wunscherfüllung[15] – nie so recht thematisiert werden konnte. So dass es beinah so aussieht, als spiele sie kaum eine Rolle. Davon kann jedoch keine Rede sein.

Ein weiterer Grund wurde mir bewusst, als ich mir selbst die »Gretchenfrage« stellte: »wie hältst du's mit der Religion?«. Mehr als in anderen therapeutischen Bereichen fühlte ich mich aufgefordert, mein eigenes Verständnis vom Leben als Ganzem einzubeziehen. Und das ist doch eine ziemliche Zumutung, wenn ich bedenke, dass es auch um tiefe emotionale Überzeugungen geht, die sichtbar werden und die ich nicht gern zur allgemeinen Diskussion stelle. Auch die Befürchtung, vielleicht als ratlos oder naiv dazustehen, spielte eine Rolle.

Alle diese Vor- du Rückwärtsbewegungen, Ungewissheiten und Befürchtungen, aber auch die Anziehung und Bereitschaft, die das Thema bei mir auslöste, spiegeln vielleicht schon einen Teil dessen, was religiöse Themen in der Therapie bedeuten können: ein heißes Eisen anfassen.

---

15 [Anm. d. Herausgebers:] Im Sinne wohl noch immer der Hauptschrift Freudscher Religionskritik »Die Zukunft einer Illusion« (S. Freud 1927/1967).

Wie kommt es, dass überhaupt eine solche Verwirrung entstehen kann? Die meisten Analytiker und ihre Patienten gehören einer verfassten Religionsgemeinschaft an, sind katholisch oder evangelisch, haben viele Jahre Religionsunterricht gehabt und doch keine klare Vorstellung von Religion entwickeln können. Ich möchte eine Hypothese wagen:

Die mit Religion assoziierten Inhalte sind auf Grund ihres Symbolcharakters einer ähnlichen Entfremdung ausgesetzt, wie es der Traum ist, wenn man ihn auf eine faktische Ebene zerren würde, auf der dann Träume Schäume sind. Religiöse Symbole leben wie andere Symbole auch von der Bedeutung, die sie in einem lebendigen geschichtlichen Kontext haben, in dem sie verstanden und auf den sie bezogen werden.

Die zentralen christlichen Symbole wie *Kreuz* und *Auferstehung, Paradies, Sünde, Erlösung, Rechtfertigung,* um nur einige zu nennen, werden in den Kirchen und im Religionsunterricht überwiegend als zu einer religiösen Sonderwelt gehörig betrachtet, die, vom wirklichen Leben abgekoppelt, ihres Symbolcharakters beraubt, keine Übersetzung in eine auf die Lebenserfahrung der Menschen, ihre Geschichte bezogene Sprache finden können. Diesen Symbolen geht es nicht anders, als es dem Traum ergeht: Er ist erst dann verstanden, wenn er in den Lebenshorizont des Träumers, aus dem er kommt, integriert werden und die bisherige Sicht seiner selbst erweitern kann. Als nur intellektuelle Aneignung seines manifesten Inhaltes bleibt er unverständlich und deshalb entfremdet, d. h., niemand kann erkennen, was er mit seinem tatsächlichen Leben zu tun hat und ihm mitteilen kann. Da ist es nicht verwunderlich, wenn bei den meisten Analytikern keine wirkliche Vorstellung von Religion vorhanden ist.

Unter Psychoanalytikern würde es niemandem einfallen, so mit einem Traum umzugehen. Mit religiösen Symbolen tun wir das aber sehr wohl. Das ist nun nichts desto weniger ein Vorwurf, da die Symbolsprache – wie wir wissen – tatsächlich nicht leicht zugänglich ist, und da die von Amts wegen bestellten Übersetzer und Ausleger, die Pastoren, nicht nur meist keine Hilfe sind, sondern durch ihr eigenes Unverständnis die Symbole wie geschlossene Konserven weitergeben, so dass man bei vollen Töpfen verhungert. So kochen sich dann notgedrungen viele Menschen ein eigenes Gericht, das sie eher befriedigt. Nur einige Gutwillige setzen sich der offiziellen Magerkost aus. Gedeihen kann dabei niemand, was sich an der lebensfeindlichen, den Menschen grundsätzlich verdächtigenden Einstellung »kirchlicher« Religion ablesen lässt. Wir kennen alle den jammervoll-aussichtslos sich selbst Bekämpfenden, dem alle natürlichen Wünsche Egoismen sind. Er darf seines Lebens nie froh werden, weil er paradoxerweise die Lebensgrundlagen von Sexualität, Lust und Liebe sowie die auf aggressiven Triebrepräsentanzen beruhenden Durchsetzungs- und Geltungsabsichten verleugnen muss, also auch wirklich keinen Grund zur Lebensfreude hat. Bleibt ihm nur, sich zum Opfer der »bösen Welt« zu machen, auf die nun »Schlechtigkeit«, Egoismus und Aggressivität verschoben sind. Dort lassen sie sich dann in Akten der *Nächstenliebe* »bekämpfen«. Die Identifikation mit Jesus als dem altruistischen Vorbild schließt den Kreis und macht Religion vollends zur Ideologie.

Das hier gezeichnete Bild einer »ekklesiogenen« Neurose ist keine Karikatur, sondern für die Menschen, die in der einen oder anderen Form an ihr leiden, eine lebenszerstörende Krankheit. Gerade diese fatale Wirkungsgeschichte christlicher Religion, der wir in Therapien oft begegnen, bezeichnet dennoch das Gegenteil dessen, was eigentlich in den christlichen Symbolen gemeint ist, die doch allesamt von Befreiung, Freude und Bejahung des Lebens handeln.

Eine offene Frage bleibt allerdings, wie sie das können, wenn die zentralen Symbole des Kreuzes, Opfers und Leidens nicht als *Interpretamente,* sondern als *Identifikationsangebote* verstanden werden, und sie damit lebensverneinend wirken müssen. Es bleibt ein Widerspruch in sich, eine Religion der Liebe und Freude zu verkünden, gleichzeitig dem Menschen aber seine mitgegebenen Voraussetzungen, Liebe und Freude zu erleben, entwertet werden. Oder von einer anderen Perspektive aus gesagt, wenn die realen Erfahrungen, in denen Menschen in ihrem Leben verwickelt sind, in denen sie Liebe, Freude, Hass, Enttäuschung und Verzweiflung erleben, abgekoppelt sind von dem, was in der Religion unter *Liebe* und *Freude* oder *Hölle* vermittelt wird. Mir ist in diesem Aufsatz daran gelegen, diesen Widerspruch ad absurdum zu führen, denn aufzulösen ist er unter den beschriebenen Bedingungen nicht. Bevor ich mich aber mit der Absicht dieses Aufsatzes beschäftige, nämlich einige christliche Symbole in ihrem lebendigen Kontext – wie wir ihn in der Therapie vorfinden und wie er in der Erfahrung der Menschen vorliegt – widme, möchte ich noch kurz auf die hier bis jetzt wie Synonyme gebrauchten Begriffe »religiös« und »christlich« eingehen. Es liegt nahe zu sagen, das Christliche sei eine spezielle Form von Religion, wie es etwa auch der Islam oder der Buddhismus ist. Aus der Perspektive einer vergleichenden Religionswissenschaft verhält es sich so. Genauso gut lässt sich auch sagen, Religion sei ein angemessenes, in allen Kulturen aller Zeiten bekanntes Phänomen. In ihr drücke sich der Rückbezug des Menschen auf ein unsichtbares, hinter den Erscheinungen geahntes Göttliches aus. Dieses Göttliche wird verehrt als Grund und Ziel allen Lebens. Durch die Verknüpfung religiöser Erfahrung mit der historisch bedingten Zeit- und Ideengeschichte vermittelt sich dieses Allgemeine notwendigerweise in sehr unterschiedlichen Mythologien.

In ihrer äußeren Form, die in den Hochreligionen in überlieferten heiligen Texten und Riten tradiert wird, sind die einzelnen Religionen also in Sprache, Vorstellungswelt und historischem Hintergrund voneinander zu unterscheiden, besonders wenn man auch noch die aus ihnen entwickelten Theologien, Ethiken sowie ihre spezifischen Wirkungsgeschichten mit in Betracht zieht. Es geht dann mehr um Traditionen, um »rechte« Auslegung der heiligen Texte und den Streit darüber als um lebendiges religiöses Erleben. Die lebensgeschichtliche Erfahrung, nicht eine religiöse Sondererfahrung, sondern die alltägliche Erfahrung der Menschen mit sich selbst und anderen, ist nicht die Quelle, aus der der Rückbezug sich speist, sie steht eher im Wege, wichtig sind dann nur die aus den heiligen Schriften destillierten Glaubensinhalte. Damit ist der Bezug zum wirklichen Leben verloren, besonders, wenn zusätzlich die Symbolhaftigkeit nicht verstanden wird, die eben diesen Bezug wiederherstellen könnte.

Ich möchte mich auf den kleinsten gemeinsamen Nenner aller Religionen beziehen, wie ihn der Rückbezug des Menschen auf ein nicht einfach in der Welt der Erscheinungen sichtbares Göttliches darstellt, das die Lebensrätsel *warum bin ich hier, was ist der Sinn, weshalb muss ich sterben?* beantworten soll. Es wäre daher möglich zu sagen, das Bedürfnis des Menschen, diese Fragen aus einer anderen als einer »weltlichen« Perspektive zu beantworten, hebt sie damit auf eine neue Ebene, nämlich die *symbolische*. Und dies zu tun, sei ein religiöses Bedürfnis.

[Notizen, Einfälle, Zitate zur Religions- bzw. auch Gottesfrage]
- Jugend und Religion: Wenn ihr euch anstrengt und lernt, werdet ihr nicht erkennen, wenn ihr euch nicht anstrengt, werdet ihr auch nicht erkennen.
- Einmal schwamm ein Fisch im Wasser und suchte andere Fische, um sie zu fragen: sag mal, wo geht es denn hier zum Meer? Ich bin schon so lange auf meiner Reise durch viele Wasser geschwommen und bin vielen Fischen begegnet, aber niemand konnte meine Frage beantworten.[16]
- »Jenseits von Afrika« (Tanja Blixen): Nach Jahren der Arbeit auf der Kaffeeplantage hat sie eine reiche Ernte, die erste. Ihr Hausdiener, ein Kikuju, weckt sie mitten in der Nacht. Alle Speicher brennen. Er sagt: »Msabu, Gott kommt.«[17]
- Altes Testament: Ich bin, der ich sein werde.[18]

---

16 [Anm. d. Herausgebers:] Vgl. Wolfgang Rike: Der kleine Fisch, der das Wasser suchte (vermutlich nach K. Bucher [1980]. Wegmarken. Kurze Geschichten als Predigthilfen. Luzern: rex verlag; genauere Quellenangabe noch klärungsbedürftig).

17 [Anm. d. Herausgebers:] In der Romanverfilmung »Jenseits von Afrika« (T. Blixen/S. Pollock, 1937/1985), so ist zu berichten, wird die Botschaft »Gott kommt« angesichts des Plantagenbrandes nicht von einem Kikuju, sondern Farah, einem Somali, angekündigt. Im Roman »Afrika, dunkel lockende Welt« hingegen (T. Blixen, 1937/1985, S. 56) ist es der Kikuju Kamantes, der wegen eines mitternächtlichen Steppenbrandes seine Herrin aufweckt: »›Msabu‹, sagte er, ›ich glaube, du solltest aufstehen.‹ Ich setzte mich verdutzt im Bett auf [...]; aber als ich Kamante sagte, er solle wieder gehen, regte er sich nicht von der Stelle. ›Msabu‹, sagte er wieder: ›ich glaube, du solltest aufstehen. Ich glaube, Gott kommt‹. [...] Im Gebirge loderte ein mächtiges Steppenfeuer. Das Gras brannte vom Gipfel des Berges bis zur Ebene herab [...].«

18 [Anm. d. Herausgebers:] Zitat aus 2. Mos 3,14; vgl. Übersetzung der *Luther-Bibel*: »Gott sprach zu Mose: *Ich werde sein, der ich sein werde.* Und sprach: Also sollst du zu den Kindern Israel sagen: *Ich werde sein* hat mich zu euch gesandt«; anders die *Zürcher Bibel*: »Gott sprach zu Mose. Ich bin, der ich bin. Und er fuhr fort: So sollst du zu den Israeliten sagen: Der ›ich bin‹ hat mich zu Euch gesandt« (mit Erläuterung zur Stelle: »3, 14. Der biblische Erzähler hörte in dem Gottesnamen Jahwe einen Anklang an das hebräische Zeitwort ›sein‹.«). – Zur Interpretationsproblematik von 2. Mos 3,14 in alttestamentlicher Forschungsperspektive und -diskussion vgl. Gerhard von Rad, »Theologie des Alten Testaments« (»Offenbarung des Jahwenamens«): »Der ganze

- Quelle von Missverständnissen: z. B. die Rede von Gott Vater. Da wird gestritten, ob Gott ein guter Vater sein kann, wenn er seinen Kindern Leid zufügt. Solche Probleme resultieren aus dem Nicht-Verstehen der symbolischen Rede. Natürlich ist Gott kein Vater, sondern dieses Reden reflektiert auf symbolischer Ebene eine Facette der Erfahrung mit Leben, nämlich die, dass wir uns behütet fühlen, entsprechend müssen für Erfahrungen des Unbehütetseins andere symbolische Worte gefunden werden. Jedes Streiten über die Eigenschaften eines Gottessymbols muss auf Abwege führen, weil es nur eine Entsprechung von Erfahrung darstellt, selbst aber keine materielle Substanz besitzt.
- Die Ebene von Wirklichkeit, die angesprochen wird, wenn man von Religion spricht, kann nicht an sichtbarem Verhalten gemessen werden, sondern sichtbares Verhalten bezieht sich auf unsichtbare Wirklichkeit. Von dieser spricht Religion.

Literaturverzeichnis

Blixen, T. (1937/1986). Afrika, dunkel lockende Welt. Aus dem Englischen übertragen von R. von Scholz. 7. Aufl. Zürich: Manesse Verlag. Originaltitel: Out of Africa. New York.

Erzählzusammenhang läßt ja von vornherein erwarten, daß Jahwe mitteilen will, – nicht wie er ist, sondern wie er sich Israel erweisen wird« (von Rad, 1957, S. 182); z. B. auch Claus Westermann, unter dem Aspekt »Unsere Zeit im Alten Testament« (Westermann, 1963, S. 77): »›Ich bin, der ich bin.‹ Der Sinn dieses Satzes ist nicht sicher, er ist vielfältig gedeutet worden. Er könnte auch übersetzt werden: ›Ich werde sein, der ich sein werde.‹ Offenbar soll der Satz sagen, was dieser Gott für den bedeutet, der ihn anruft. Am nächsten liegt der Sinn: ich bin der, auf den man sich verlassen kann. Es kann der andere Sinn dabei mitklingen: Ich bin der, der im Geheimnis seines Seins bleibt und den niemand von außen fassen und begreifen kann. Vielleicht ist gerade dies die Absicht, daß der Sinn des Satzes, in dem sich Gott hier dem Mose offenbart, nicht eindeutig festzulegen ist. [...] Der Name selbst, ›Jahwe‹ (Vers 15), ist ungedeutet bis auf den heutigen Tag.« Weiterführend dazu (im vorliegenden Sammelband S. 283) die Verfasserin selbst: »Gott als der Rettende und der Zerstörende [...]. Als der, der er jeweils im Entgegen-Kommen sein wird, was dies auch immer sei. Sein Name im AT ist ›Ich bin, der ich bin« (2. Mos 3,14).«

Blixen, T./Pollock, S. (1937/1985). Jenseits von Afrika. Film. Originaltitel: Out of Africa. Regie: Sydney Pollock, Drehbuch: Kurt Luedke. USA: Universal Pictures/Mirage Entertainment, 1985.

Die Bibel oder die ganze Heilige Schrift des Alten und Neuen Testaments nach der deutschen Übers. D. M. Luthers (o. J.). Neu durchgesehen nach dem vom Deutschen Evangelischen Kirchenausschuß genehmigten Text. Stuttgart: Württembergische Bibelanstalt

Die Heilige Schrift des Alten und Neuen Testaments. Zürcher Bibel. (1955/o. J.). Zürich/Stuttgart: Verlag der Zwingli-Bibel/Privilegierte Württembergische Bibelanstalt.

Freud, S. (1927/1967). Massenpsychologie und Ich-Analyse: Die Zukunft einer Illusion (Fischer Bücherei 851). Frankfurt a. M. und Hamburg: S. Fischer.

Freud, S. (1930/1953). Das Unbehagen in der Kultur. In Sigmund Freud (1953). Abriß der Psychoanalyse. Das Unbehagen in der Kultur. Mit einer Rede von Thomas Mann als Nachwort (Fischer Bücherei 47, S. 63–129). Frankfurt a. M. und Hamburg: S. Fischer.

Herder, J. G./Müller, J. G (Hrsg.) (1796/1817). Johann Gottfrieds von Herder Gedichte. Herausgegeben durch Johann Georg Müller. Zur schönen Literatur und Kunst. Erster Theil. Stuttgart und Tübingen: J. G. Cotta'sche Buchhandlung.

Rad, G. von (1958). Theologie des Alten Testaments. Bd. 1: Die Theologie der geschichtlichen Überlieferungen. München: Chr. Kaiser Verlag.

Rike, W: (o. J.). Der kleine Fisch, der das Wasser suchte (vermutl. nach K. Bucher [1980]. Wegmarken. Kurze Geschichten als Predigthilfen. Luzern: rex verlag).

Westermann, C. (1963). Tausend Jahre und ein Tag. Unsere Zeit im Alten Testament. Stuttgart: Kreuz Verlag.

Die Kreuzigung – ein Trauma?

Psychoanalytische Überlegungen zu Passions- und Auferstehungstexten

1. »Wenn mir am allerbängsten wird um das Herze sein ...« – Traumatisierung als biblisch-historisches und psychisches Problem

Dass es sich bei der Kreuzigung Jesu um ein wirklich erlebtes, also um ein Realtrauma handelt, ist offensichtlich. Dennoch ist die Bedeutung, die diese Tatsache haben könnte, in theologischer sowie psychoanalytischer Reflexion meines Wissens noch nirgends bedacht worden. Weil Jesus das Trauma nicht überlebt hat, wissen wir nicht, wie er es verarbeitet hätte. Diejenigen, die bei seinem gewaltsamen Tod dabei waren, seine Anhänger, müssen ihre Erfahrung dagegen verarbeiten. Sind auch sie traumatisiert? Handelt es sich also um ein zweifaches Trauma?

Nach allem, was wir wissen, sind auch Menschen einem Trauma ausgesetzt, die traumatische Szenen miterleben, wenngleich es sich dabei in der Regel auch um eine weniger vernichtende Erfahrung handelt. In diesem Fall geht es durchaus um ohnmächtiges Zusehen-Müssen bei aggressiver Gewalt und darüber hinaus darum, dass die Jesusanhänger annehmen mussten, dass Jesu Tod ihre Hoffnung auf das Reich Gottes zunichtemachte. Mit Jesus stirbt nicht nur ein Mensch eines grausamen Todes, sondern mit ihm droht seine Botschaft vom nahen Reich Gottes zu sterben. Analytisch müsste man sagen: Gott als das umfassende »gute Objekt«[1] erscheint bedroht.

---

1 Der Begriff *Objekt* bezeichnet im psychoanalytischen Sprachgebrauch nicht Gegenständliches im Unterschied zu Personhaftem, sondern Bedeutungen und Funktionen, die etwas oder jemand in einer Beziehung haben können. So können z. B. ein Mensch, ein Tier, aber auch ein Auto Liebes*objekte* sein. Bewahrende, rettende Funktion kann sowohl ein Haus, aber auch ein Mensch oder Gott haben. Auch meinen die Bezeichnungen »gute« oder »böse« Objekte keine moralischen Qualitäten, sondern verweisen auf Erfahrungen und Phantasien, die in einer Beziehung initiiert werden. Eine Mutter ist also dann

Diese Bedeutung des Traumas unterscheidet sich von individuellen Traumatisierungen, obwohl es dabei auch um die »temporäre Zerstörung des guten Objekts [...] geht und um die Angst davor, alles Gute könnte [...] untergehen« (Sachsse, 1995, S. 54). Mit »gutem Objekt« sind jene inneren Repräsentanzen gemeint, die mit dem Erwerb vertrauender, haltender, bewahrender Gewissheit verbunden sind. Solche Gewissheit wird in der Beziehung zu menschlichen Objekten, vorzugsweise an den frühen Erfahrungen mit den Eltern, erworben. Diese Gewissheit trägt das seelische Leben, ohne sie wäre das Ich in einem dauernden existentiellen Angstzustand, in dem kein Mensch auf Dauer leben kann.

Die Frage ist, ob es sich um eine vergleichbare Bedrohung handelt, wenn es mit Jesu Tod um die Bedrohung des haltenden, lebensspendenden Objektes, also um Gott geht, von dessen Gegenwart Menschen sich als existentiell abhängig erfahren. Psychoanalytisch erforscht sind die Folgen einer Vernichtung des guten *menschlichen* Objekts. Was geschieht, wenn das Ich mit Angst überflutet wird (z. B. wenn Eltern sich in Gewalttäter verwandeln, denen zu entrinnen unmöglich ist) und die Ich-Funktionen eine Verarbeitung des Erlittenen nicht leisten können? Kann die Kenntnis traumaspezifischer Abwehrstrukturen auch angewandt werden, wenn es um die Frage geht, *wie* die Jesusanhänger die Zerstörung ihrer Hoffnung auf das Reich Gottes, letztlich auf die Macht des guten, rettenden Gottes-Objekts, verarbeitet haben?

Ich glaube, dass es eine durchaus vergleichbare Ausgangssituation gibt. Sie stellt sich für mich dadurch her, dass zwar die Erfahrung von Gewissheit an menschlichen Objekten gemacht wird, dass aber letztlich jede Bedrohung dieser Erfahrung im traumatischen Erleben gleichbedeutend ist mit der Angst, das Gute könnte in der Welt überhaupt untergehen. Das aber entspricht genau der Angst der Jesusanhänger. Ist Gott als das umfassende gute Objekt durch den gewaltsamen Tod Jesu »mitgestorben«? Und sind seine Anhänger damit eine von Gott verlassene, in alle Winde verstreute Gruppe? Oder bleibt das gute Objekt auch angesichts des Todes erhalten? Schließ-

---

ein *gutes* Objekt, wenn sie in ihrem Kind überwiegend Vertrauen und Gewissheit initiiert, eine *böses* Objekt, wenn Misstrauen und Angst überwiegen.

lich ist das die entscheidende Ungewissheit. Seelisches, manchmal auch reales Weiterlebenkönnen entscheidet sich daran, ob sich ein ausreichendes Maß an Gewissheit halten oder wiedererwerben lässt.

Die Brisanz dieser Frage entfaltet sich zugespitzt in traumatischen Erfahrungen, ist aber für jeden Menschen grundlegend angesichts der immer möglichen Gefährdung seines Lebens, zuletzt durch den Tod. Auf einer seelisch tragfähigen Antwort ruhen Lebenshoffnung und Gewissheit.

Allerdings unterscheidet sich die Beziehung zu einem menschlichen im Vergleich zu einem göttlichen Objekt. Bei traumaspezifischen Abwehrprozessen versuchen wir, die vernichtende Realität eines bösen, quälenden Objekts im Dienste des seelischen Überlebens auszublenden, stellen also objektiv eine Illusion her. Der Unterschied besteht darin, dass bei gleichartigen Abwehrprozessen nicht entschieden werden kann, ob es sich hier um Illusion oder Wirklichkeit handelt. Die quälenden Eltern sind wirklich böse, auch wenn sie von den gequälten Kindern idealisiert werden. Durch die Illusion einer Idealisierung retten Kinder die für sie lebenswichtige Schutzfunktion der Eltern und bannen ein Überwiegen des Schreckens von Schmerz und Hilflosigkeit.

Wir alle wollen glauben, dass Gott wirklich ein *gutes* Objekt und nicht ein aus Schutzbedürfnis illusionär idealisiertes, tatsächlich aber quälendes ist. Denn wir brauchen die Gewissheit, dass mit dem Ende unseres Lebens unser Leben nicht sinnlos abbricht und wir nicht überflutet werden von Vernichtungsangst. Wir wollen glauben, dass Gott als das gute Objekt gegenwärtig bleibt und nicht angesichts des Todes Ohnmacht und Niederlage unser Erleben bestimmen. »Wenn mir am allerbängsten / wird um das Herze sein, / so reiß mich aus den Ängsten, / kraft deiner Angst und Pein« dichtet Paul Gerhardt 1656 in dem bekannten Passionslied »O Haupt voll Blut und Wunden«.

Christliche Botschaft von Auferstehung bezieht sich auf das ubiquitäre Trauma jedes Menschen, weil niemand die Trennung von sich selbst im Tod als vorstellbar erlebt und insofern nicht in sein bisheriges Erleben integrieren kann. In den Symbolen von Kreuz und Auferstehung findet eine kollektive Verarbeitung des individuellen Traumas des Todes statt. Der Einzelne kann sich in seiner Traumaverarbeitung darauf beziehen und sie für sich als gültige übernehmen.

Stimmt es, dass die Geschichte christlichen Glaubens mit einem Trauma, der Kreuzigung Jesu beginnt: »Und sie führten ihn hinaus, um ihn zu kreuzigen« (Mk 15,20), so sollte es möglich sein, die Bedeutung zu untersuchen, die dieses historische Geschehen für die grundlegende Sicht vom Menschen hat, wie sie in der christlichen Botschaft erscheint.

2. »Es dient zu meinen Freuden und tut mir herzlich wohl ...« – Affektverkehrung als Verarbeitung

Beim Hören der *Passionsgeschichte*, die der erzählerische Höhe- und Mittelpunkt der *Evangelien* ist und doch immerhin einen starken Eindruck von der Verlassenheit Jesu, seiner Verhöhnung und Verspottung und seinem qualvollen Tod am Kreuz vermittelt, empfinden wir eigenartigerweise keine traumaspezifische Gegenübertragung: Sprachloses Entsetzen, Erschütterung, Scham und Schmerz erfassen niemanden, der die Passionsgeschichten hört – vielleicht mit Ausnahme von Kindern.

Im Gegenteil soll der Anblick des Kreuzes Freude auslösen. Ein Gefühl der Befreiung und Rettung sollte von den Geschichten über diesen grausamen Tod ausgehen. »Es dient zu meinen Freuden / und tut mir herzlich wohl, / wenn ich in deinem Leiden, / mein Heil, mich finden soll« dichtet Paul Gerhardt in dem genannten Passionslied.

Wie kommt es zu dieser Affektverkehrung ins Gegenteil? Statt Entsetzen, Abscheu und Schmerz nun Freude, Erlösung und Befreiung? In der emotionalen Kommunikation zwischen Text und Leser wird der Leser – obwohl in gewisser Weise zum Zeugen des Traumas gemacht – doch von der traumatischen Erfahrung ausgeschlossen. Denn wir wissen ja schon, dass der Gekreuzigte aufersteht, dass dieses Leiden ein heilsnotwendiges Durchgangsstadium ist. So als ob die Gewissheit der Auferstehung, von der her die Texte geschrieben wurden, die Passion weniger schrecklich machte. Das ist zwar real nicht so, aber die *Leserlenkung* der Evangelisten zielt eben nicht auf den Tod Jesu, sondern auf sein Leben.

Dennoch müssen die damals unmittelbar Betroffenen zuerst einige Zeit nach Jesu Tod sehr wohl traumatisiert, also verwirrt, erschüttert, entsetzt gewesen sein, denn sie flohen und verkrochen sich.

Ihre Hoffnung auf das Kommen des Reiches Gottes schien zerstört. Was geschah zwischen diesem Zustand und seinem Gegenteil, dem Erlebnis der Frauen, die statt des Leichnams, den sie salben wollen, einen Jüngling im Grab sitzend finden, der behauptet: »er [Jesus] ist auferweckt worden; er ist nicht hier« (Mk 16,6)? Obwohl dieses Ereignis der Grund für die oben genannte Affektverkehrung ist, bleibt offen, wie es zu solch einer *Verarbeitung* des ursprünglichen Traumas kommen konnte, an dessen Ende die Gewissheit steht: der Tote lebt.

Das provoziert den scheinbaren Widerspruch, dass Passion und Tod Jesu nicht *wirklich* wirklich seien. *Wirklich* ist zuletzt sein in den Auferstehungsgeschichten bezeugtes Leben: »Ihr sucht Jesus von Nazareth, den Gekreuzigten; er ist auferweckt worden; er ist nicht hier« (Mk 16,6). Was also ist *wirklich?* – eine, wenn nicht *die* entscheidende Frage in der Verarbeitung von Traumen. Denn das, was geschehen ist, soll einerseits *nicht wirklich* sein, weil dann das Schreckliche, der Tod, real wäre. Bisher tragende seelische Strukturen könnten diese Tatsache nicht einbeziehen, ohne in ihrem zentralen Selbstverständnis zerstört zu werden, das sich in dem Glauben äußert, dass mit Jesus das Reich Gottes nahe ist.

Andererseits hängt alles davon ab, dass das, was geschehen ist, die Kreuzigung, um deren Bewältigung sich das zentrale innere Leben dreht, *wirklich* bleibt. Gelingt dies nicht, gerät die gesamte Realitätswahrnehmung und Orientierung ins Wanken. Das unlösbare Dilemma, dass das Trauma des Todes Jesu nicht wirklich sein darf und zugleich wirklich bleiben muss, erzwingt traumaspezifische Abwehr- und Bewältigungsprozesse.

Ich betrachte hier zunächst drei strukturbildende *Abwehr-* und *Überlebensstrategien,* die in der späteren Geschichte des sich entwickelnden Glaubens wirksam wurden. Zunächst beschreibe ich die eher sich *desintegrierend* und *destruktiv* auswirkenden Formen des Bewältigungsprozesses, um dann zu den *integrierenden* Formen der Traumabewältigung zu kommen, wie sie sich in den Gemeinden im beginnenden Erzählprozess als gelingende *Symbolisierung* zeigt. Vereinfacht könnte man sagen, dass jede *Spaltung* in *gute* und *böse,* innere und äußere Objekte, also in eine gute und böse innere und äußere Welt, in gute und böse Menschen, Überzeugungen und Taten etc. zwar zunächst auf das psychische Gesamtsystem stabilisierend wirkt, auf die Länge der Zeit aber ihre desintegrierende Dynamik entwickelt. Zur *Spaltung als Abwehr* gehört die *Personifizierung* als Sonderform insofern, als hier archetypische Extreme wie Engel und Teufel, Hexe und Heilige etc. personifiziert auftreten. Außerdem spielt die *Verkehrung ins Gegenteil* sowie die *Derealisation* als »Entwirklichung«, neben der Spaltung, eine strukturbildende Rolle für den sich entwickelnden Glauben. Anders als die genannten *spaltenden* Abwehren vermag die im Erzählen gewonnene *Symbolisierung* zu integrieren und in eine neue heilende Dimension zu führen.

Als Abwehr- und Überlebensstrategie schützt *Derealisation (Entwirklichung)* die Kohärenz der bestehenden Ich-Strukturen und bewahrt die seelische Fassungskraft vor Dekompensation. Vielleicht habe ich mir alles nur eingebildet, vielleicht war alles nur ein böser Traum – kann ein Betroffener phantasieren. Oder auch: er, der Vater, Gott, kann es nicht getan haben, denn er hat angekündigt, dass sein Reich kommt. Das Trauma wird auf die Ebene der Phantasie verschoben. Dort lässt es sich in Distanz zum Erleben halten und bleibt doch gleichzeitig seelisch präsent. Realität und Phantasie können unterschieden werden. Die Frage ist, ob beim Miterleben der Kreuzigung Jesu und ihrer Verarbeitung durch die Jesusanhänger von einer solchen traumaspezifischen Abwehr gesprochen werden kann. Im Unterschied zu der bekannten Derealisation wird hier nicht das Trauma, also die Kreuzigung, als Phantasie erlebt (ihr wird die historische Wirklichkeit nicht genommen), sondern ihr, der Kreuzigung, wird die *Bedeutung des Todes als endgültiger Trennung vom Leben* entzogen. Nicht *dass* der Tod eintrat, wird derealisiert, wohl aber dass der Tote im Tod *bleibt* – er lebt: »Als er aber früh am ersten Tage der Woche auferstanden war, erschien er zuerst der Maria aus Magdala [...]. Diese ging hin und verkündete es denen, die um ihn gewesen waren, welche trauerten und weinten. Und als diese hörten, daß er lebe und von ihr gesehen worden sei, glaubten sie es nicht. Danach aber offenbarte er sich in anderer Gestalt zweien von ihnen unterwegs, als sie aufs Land gingen« (Mk 16,9–12). Möglicherweise zeigt diese Szene einen Übergang von Schmerz und Enttäuschung der Frauen über seinen Tod und das leere Grab zu der später eher vorherrschenden Abwehr solcher Gefühle. Hier drücken sie Trauer und Ratlosigkeit noch aus: er ist uns genommen und nun können wir ihn nicht einmal salben, um ihn für die

Auferstehung vorzubereiten. Von dieser Perspektive aus gewinnt die Salbung in Bethanien durch die Schwester Marthas, Maria, die ihn mit Nardenöl salbte und seine Füße mit ihren Haaren trocknete, noch vor seinem Einzug in Jerusalem, besondere Bedeutung: Jesus sagt: »Laß sie gewähren, für den Tag meines Begräbnisses hat sie es aufbewahrt« (Joh 12,7). Diese Geschichte versichert den Zurückgebliebenen: ihm kann trotz des leeren Grabes nichts geschehen, er ist nicht verloren, denn er ist schon für sein Begräbnis und die Auferstehung am Ende der Zeiten vorbereitet. Vermutlich endete die Passionsgeschichte mit der Geschichte vom leeren Grab, und die eigentlichen Erscheinungsgeschichten sind später angefügt, denn im Zuge der *Derealisation* zeigen sie einen deutlich fortgeschrittenen Grad an Legendenbildung.

Die *Auferstehungsgeschichten* als *Traumaverarbeitung* der Passion und des Todes Jesu zu interpretieren, ist vielleicht befremdlich. Es werden Kategorien verwandt, die auch in der Psychoanalyse erst zunehmend im Zusammenhang mit der *Traumaforschung* bekannt werden. Eigenartigerweise sind traumaspezifische Abwehrstrukturen nicht zuletzt an Holocaust-Überlebenden, ihren Kindern und Enkeln erforscht, die dem Trauma des Holocaust entkommen sind (Gubrich-Simitis, 1979 u. 1984).

Diese Erkenntnisse könnten dazu beitragen, Essentials christlichen Glaubens aus ungewöhnlicher Perspektive deutlicher zu sehen. Um sich bei traumatisierten Menschen an das heranzutasten, worum es geht, verwenden wir in der psychoanalytischen Therapie die emotionale Reaktion des Analytikers zur Erkenntnis. Dass die antwortenden Emotionen eines Gegenübers so zentral sind, liegt daran, dass die seelische Bedeutung von Traumatisierungen sich nicht über verbale Mitteilung erschließt, auch dann nicht, wenn das Trauma verbal mitgeteilt wird. Gerade durch seine *Unsagbarkeit* sprengt es die seelische Integrationsfähigkeit.[2] Sie ist aber spezifisch im Unterschied zu anderem, belastendem seelischen Erleben. Bei der Erforschung traumatisierter Menschen fiel auf, dass jeweils der Therapeut Entsetzen, Angst, Verwirrung spürt, während der von seinem Trauma erzählende Mensch diese ihm zugehörigen Gefühle gerade nicht er-

---

2 [Anm. d. Herausgebers:] Vgl. im vorliegenden Sammelband auch die Beiträge S. 93–103 (»Zerbrochener Spiegel«) u. S. 185–207 (»Abgespaltene Trauer«).

lebt. Das heißt, ein anderer fühlt seine ihm nicht erlebbaren Gefühle. Findet eine solche Verschiebung statt, nennen wir sie eine *traumatisierte Gegenübertragung*. Sie zeigt uns verlässlich, ob es sich um ein Trauma handelt, nicht aber zeigen dies – wie man meinen könnte – die erzählten schrecklichen Inhalte. Als ein Beispiel dafür, dass die Einfühlung in das Trauma vollständig fehlen kann, möchte ich die bekannte Stelle des *Philipperbriefes* anführen, die das Geschehene stark abstrahiert und im Sinne eines Heilsgeschehens funktionalisiert: »Diese Gesinnung heget in euch, die auch in Christus Jesus war, der, als er in Gottes Gestalt war, es nicht für einen Raub hielt, wie Gott zu sein, sondern sich selbst entäußerte, indem er Knechtsgestalt annahm und den Menschen ähnlich wurde; und der Erscheinung nach wie ein Mensch erfunden, erniedrigte er sich selbst und wurde gehorsam bis zum Tode, ja, bis zum Tode am Kreuz« (Phil 2,5–8). Hier wird Jesus schon sehr weit weg von menschlichem Leiden gedacht, seine Menschlichkeit erscheint eher wie etwas Uneigentliches, während die präexistierende Gottesgestalt das Eigentliche bleibt.[3]

3. »Er ist nicht hier ...« – Derealisation als Verarbeitung

Dass auch bei den *Passionsgeschichten*, anders als beim Hören der Bach-Passionen, beim Leser keine eigentlich traumatisierte Gegenübertragung entsteht, obwohl das traumatische Ereignis über zwei Jahrtausende im Christentum – durch die Texte selbst und die Symbolik des Kreuzes – präsent *und* erträglich gehalten wurde, heißt dennoch nicht, dass kein Trauma da ist. Kollektive Einfühlungsverweigerung, wie sie bei traumatischen Ereignissen häufig ist, kommt als Erklärung hier gleichfalls nicht in Frage. Vielmehr – und dies ist meine These – sind es die *Evangelientexte* selbst, die uns der Einfühlung und

---

3 Historisch wird für diese vom realen Leiden emotional absehende Textstelle eine Rolle gespielt haben, dass schon im 2. Jh. etwa von dem Christenfeind Celsus behauptet wurde, Jesus könne nicht Gottes Sohn sein, weil er diesen schändlichen Tod gestorben sei und weil ein Gott als Gott gerade nicht leiden könne. Offensichtlich fanden Christen hier auch einen Widerspruch und halfen sich, indem sie mit der Lehre von der Präexistenz aus dem Leiden eine Art Scheinleiden machten.

deshalb einer affektiv traumatisierten Antwort entheben, weil sie ausschließlich die *Verarbeitung des Todes Jesu* sowohl der Augenzeugen als auch der nachfolgenden Generation der ersten Christen darstellen.

Derealisation als Abwehr des Schocks seines endgültigen Todes und ihrer eigenen Verlassenheit heißt hier: sein Tod ist zwar wirklich geschehen, *diese Wirklichkeit hat aber keine Bedeutung.*[4] In diese Botschaft des Textes wird der Leser einbezogen, zu ihr wird er hingeführt, sie soll er glauben. Der Text Mk 16,1ff. erzählt, dass die beiden Frauen »Maria aus Magdala und Maria des Jakobus« zum Grab gehen, um Jesus zu salben, damit er zur Auferstehung bereitet ist. Sie müssen also enttäuscht gewesen sein über die Leere des Grabes: »er ist nicht hier, siehe da den Ort, wo sie ihn hingelegt haben« (Mk 16,6). Das Vorhaben der Frauen, ihn zu salben, und ihr Schmerz, ihn nicht zu finden, zeigt deutlich, dass sie seinen Tod begriffen haben. Er ist eine historische Tatsache.

Die Evangelisten lenken aber die Wahrnehmung des Lesers gerade nicht auf das ursprüngliche traumatische Geschehen, das Jesus selbst erfahren hat und die Jünger im Dabeisein erlebt haben, sondern zeigen dem Leser das *Ergebnis* ihrer Derealisationsabwehr: Jesus lebt, sein Tod ist – obwohl als Tatsache nicht verleugnet – nicht wirklich, weil er für seine Lebendigkeit keine Bedeutung hat. Damit wird vor allem eines sichergestellt: dass Gott, dessen Nahesein mit Jesus verknüpft war, als *gutes Objekt* erhalten bleiben kann. Dieser Aspekt ist der eigentliche Dreh- und Angelpunkt, um den es geht. Gerade *diese* Gewißheit ist bedroht, denn in jedem Traumaerleben entsteht die zentrale Angst, dass das Gute, hier Gott, ja das Leben überhaupt in der Welt zerstört werden und untergehen könnte. Weltuntergangsangst, wie z.B. die biblische *Apokalypse* sie darstellt, ist der Prototyp einer Angst vor Verlust des guten Objektes. Mir scheint, dass damit die größte traumatische Bedrohung der Jesusanhänger in der Vernichtung ihrer Hoffnung auf Gottes Macht lag, die durch Jesu Tod in Frage gestellt war.

---

4 Ich gehe hier von den Evangelientexten aus. Die älteste neutestamentliche Aussage über den Tod Jesu 1. Kor 15,3, dass Jesus »gestorben ist für unsere Sünden nach der Schrift« (nach Jes 53), bleibt dabei außer Betracht, da *diese* Bedeutung des Todes Jesu eine andere Kategorie – die der *Sünde* – voraussetzt.

4. »Dieser Mensch war in Wahrheit Gottes Sohn« – Verkehrung ins Gegenteil als Verarbeitung von Erniedrigung

Die ursprüngliche *Ohnmachtserfahrung* angesichts der Macht der Römer und des Willens einer kleinen Gruppe Jerusalemer Juden, Jesus zu töten, Jesu äußerste Ohnmacht im qualvollen Sterben am Kreuz und die Ohnmacht der ihm Nahestehenden bedürfen einer besonderen psychischen Verarbeitung. Hier stellt die *Verkehrung ins Gegenteil* als Abwehr von Erniedrigung eine Möglichkeit von Verarbeitung dar. Die christologischen Hoheitstitel »König«, »Herr«, »Gesalbter« bezeichnen die genaue Umkehr sichtbarer Ohnmacht, Erniedrigung und Entrechtung. Jesus, der Verlassene, Verhöhnte wird zum Gesalbten, zum Christus, zum Herrn und König, sogar zu Gott selbst: »Ich und der Vater sind eins« (Joh 10,30). Natürlich sind diese Zuschreibungen theologisch motiviert, stellen Bezüge zu Verheißungen des AT her, gestalten die Christologie. Das ist aber kaum ein Grund, weshalb auf einer unbewussten Ebene, auf der es um traumatische Überwältigung durch Erniedrigung und Ohnmacht geht, nicht eine Abwehr greift, die in der Verkehrung ins Gegenteil, im Opfer also, Christus sieht, im Ohnmächtigen Gottes Sohn erkennt: »Dieser Mensch war in Wahrheit Gottes Sohn« (Mk 15,39). Das unterlegene »gute« Objekt ist durch Identifikation mit dem siegreichen traumatisierenden Objekt paradox verbunden. Luthers *theologia crucis* hat diesen Aspekt umfassend gedeutet. Nicht gesehen wurde, dass in der Verkehrung ins Gegenteil als Traumaverarbeitung das Opfer von Aggression, um seelisch überleben zu können, sich mit der Macht, also auch der aggressiven Gewalt des Täters identifizieren muss. Nur in der phantasierten Partizipation an dessen Macht ist ein seelisches Überleben in äußerster Ohnmacht möglich. Da durch diese Identifikationsnotwendigkeit das Opfer einen *aggressiven* und *allmächtigen* Kern im Selbst bildet, wird es zum potentiellen Täter bzw. muss durch dauernde Reaktionsbildungen den Täter in sich devitalisieren.[5]

---

5 Hier liegt sicher ein Motiv dafür, weshalb es Christen nie so recht gelingt, ein unverkrampftes Verhältnis zur aggressiven und sexuellen Triebstruktur

An Jesus selbst können wir diese Entwicklung nicht sehen. Aber für die Identitätsbildung der ersten Christen wird dieser Zusammenhang eine Rolle gespielt haben. Dem Auferstandenen wird Allmacht zugesprochen. »Mir ist alle Gewalt gegeben im Himmel und auf Erden« (Mt 28,18). Christen partizipieren an dieser Macht. Sie entwickeln andererseits Ideale wie Aggressionslosigkeit, Friedfertigkeit, Feindesliebe, Märtyrertum – also wieder Opfersein. Diese Idealbildungen zeugen von solchen Gegenbesetzungen zur eigenen potentiell gewalttätigen Innenwelt. Schon der Übergang zur Staatsreligion, also einer auch politischen Machtposition, wäre mit den bewussten Glaubensinhalten nicht kompatibel gewesen, ist es jedoch mit der *aggressiven Kernidentität* der Christen sehr wohl.[6] Im späteren Verlauf der Kirchengeschichte setzt sich als Folge eines nicht überwundenen Wiederholungszwanges der aggressive Kern vielfach durch. Dazu ist nur eine Rechtfertigung nötig, mittels derer das Aggressionspotential in Erscheinung treten kann. Der inzwischen in Heilstatsachen *objektivierte* christliche Glaube selbst liefert sie. Vom Zeitpunkt der Objektivierung des Glaubens an, also schon seit Ende des 2. Jahrhunderts (reichhaltig dokumentiert in der Dogmengeschichte), bricht der Bezug zur lebendigen Glaubens*erfahrung* ab, damit auch der innere Kontakt zu einem Glauben als gefühltem Vertrauen, als erlebter Freude, als entspanntem Leben. Glaube wird stattdessen zu einem Vorstellungs- und Gedächtnisinhalt, um dessen Richtigkeit erbittert gestritten werden muss. In seinem Namen müssen Andersgläubige, Heiden und Juden unterdrückt, getötet, ausgerottet und in Ghettos gesperrt werden. Die einstigen Opfer sind nun die Täter. Der unbewusste Zirkel der Psychodynamik des Traumas, in dem Opfer und Täter miteinander identifiziert sind, gehört zum Verhängnisvollsten der Kirchengeschichte. Sie ist so randvoll mit diesem Täter/Opfer-Drama, dass sich einzelne Beispiele beinahe erübrigen. Von der Christenverfolgung der beiden ersten Jahrhunderte, also der

---

des Menschen zu entwickeln, und weshalb Lebensfreude, überhaupt gelingendes Leben, keine bedeutenden Kategorien sind.
6 In metaphorischer Rede könnte man sagen, dass man sich unter »Kernidentität« innerhalb der Gesamtidentität eine abgekapselte, zur Gesamtidentität nicht durchlässige Einheit vorstellen muss.

Opfer*erfahrung,* zu den Kreuzzügen des Mittelalters, von Hexenverbrennungen zum Holocaust zieht sich eine einzige Traumageschichte durch die Jahrhunderte, in der Christen Täter wurden. An dieser Wirkungsgeschichte des Christentums ist ablesbar, dass die Traumaverarbeitung durch Verkehrung ins Gegenteil mit der Etablierung einer unbewussten aggressiven Täteridentität, die in diametralem Gegensatz zur bewussten friedfertig-aggressionslosen Opferidentität steht, nicht gelungen ist. Vielleicht muss man gerechterweise einräumen, dass eine solche Aufgabe nicht gelingen konnte, weil das *Trauma* des *gewaltsamen Todes* Jesu die initiale Erfahrung bildete. Sie ließ eine andere Möglichkeit der Verarbeitung des Opferseins nicht zu. Der christliche Glaube, obwohl als Liebesreligion konzipiert, konnte deshalb keine Befreiung von der mörderischen Macht des Menschen über den Menschen bringen. Fast möchte man sagen: im Gegenteil; denn er hat mit der bewusst »guten Absicht«, anderen die Botschaft von der Liebe Gottes zu verkünden, erst die ideologische Berechtigung geschaffen, sie zum Opfer zu machen und, darüber hinaus, sich dieser Paradoxie nicht bewusst werden zu müssen. Isolierung und Abspaltung eigener Aggression unterhalten in *zwanghaften* Ritualen den subjektiv als berechtigt erlebten Streit um den »richtigen Glauben« bis in unsere Tage. Vom gegenwärtigen Streit um die Rechtfertigungslehre bis zu den mühsamen Vereinigungsversuchen evangelischer und katholischer Kirchen.

5. »Die Engel werden ausgehen und die Bösen mitten aus den Gerechten aussondern« - Spaltungsabwehr als Versuch, Gutes von Bösem zu trennen

Zuerst sind es Jerusalemer Juden, die, nachdem sie Täter waren, zu Opfern werden. Generalisiert sind es »die Juden«, die im Laufe ihrer weiteren Geschichte die Zuschreibung des bösen Objekts, des Gottesmörders, nicht mehr los werden. »Sein Blut komme über uns und unsere Kinder« erscheint als Selbstverfluchung der Juden schon im Matthäusevangelium (Mt 27,25). Obwohl es Römer waren, die Jesus zum Tode verurteilt haben, bleibt an »den Juden« die ungeheure Zuschreibung, Gottesmörder gewesen zu sein, hängen. Christen gebrauchen in ihrer Geschichte die *unbewussten* Mechanismen von

Projektion und Verschiebung im Umgang mit »bösen« Objekten in großem Umfang. Eigene mörderische Absichten werden in andere projiziert, die dann zu Feinden der »Gerechten« werden – eben derer, die den »richtigen Glauben« haben. Menschen müssen in Gerechte und Ungerechte, in Gläubige und Ungläubige, Reine und Unreine, letztlich immer in Gute und Böse getrennt werden. Die Anfügungen zu den *Seligpreisungen* im *Lukasevangelium* sind ein Beispiel für die frühe Entwicklung solcher Verschiebungszirkel: »Selig seid ihr, wenn euch die Menschen hassen und wenn sie euch ausschließen und schmähen und euren Namen als einen bösen ächten um des Sohnes des Menschen willen. […] Doch wehe euch Reichen; denn ihr habt euren Trost dahin. Wehe euch, die ihr jetzt satt seid; denn ihr werdet hungern. Wehe euch, die ihr jetzt lacht; denn ihr werdet trauern und weinen« (Luk 6,22 u. 24). Hochaggressives Spaltungspotential sorgt dafür, dass es immer genügend Gründe für Weherufe, für Mord, Folter, Erpressung und Menschenverachtung gibt. Indem Christen unbewusst der dauernden Spaltungsnotwendigkeit von guten und bösen Selbst- und Objektanteilen unterliegen, wird davon auch das Gottes- und Menschenbild insgesamt betroffen.[7] Damit das Gute, also auch Gott, als Inbegriff des Guten gut bleiben kann, muss es vom Bösen getrennt gehalten werden. »Die Engel werden ausgehen und die Bösen mitten aus den Gerechten aussondern […]« (Mt 13,9). Damit ist allerdings auch gegeben, dass das Böse, Bedrohende immer böse bleiben muss. Die Kirche bekommt Definitionsmacht darüber, was gut und was böse ist, darüber, was anzustreben und was gemieden werden soll. Gott wird oft zu einer Kraft innerhalb einer psychisch notwendigen Spaltungsabwehr. Ihr entspricht auf der anderen Seite die Kraft des Bösen, der Sünde, des Teufels. Christen waren sich sicher darin, dass zu spalten war. Sie wussten, wo die Ungläubigen zu finden und wie sie zu bestrafen sind. In diesem Zusammenhang blühen im individuellen Bereich *ekklesiogene Neurosen* und entfalten

---

[7] Das gilt natürlich nur, falls das Gottes- und Menschenbild durch *Spaltung* geprägt ist. Der Gott, der es über Gute und Böse regnen lässt (»[…] lässt seine Sonne aufgehen über Böse und Gute und lässt regnen über Gerechte und Ungerechte«, Mt 4,45), spiegelt im Gegensatz dazu ein Gottesbild, das auf *integrativen* psychischen Leistungen beruht.

eine ungeheuer destruktive Kraft in Menschen. Im kollektiven Bereich wurde und wird das Böse bei »Weltmenschen«, den Reichen, den Mächtigen, den Herrschenden, den Ungläubigen und Juden gesucht. Ihnen allen gilt das Urteil, verworfen zu sein, durchaus auch in einem moralischen Sinn. Die Juden konnten darüber hinaus verfolgt, aus der Gemeinschaft ausgestoßen, in Ghettos isoliert und zu Sündenböcken gemacht werden. Alles, um das Gute und natürlich religiös auch Überlegene, Christliche zu erhalten! Die Ursprungssituation für diese Dynamik ist mit der Spaltungsnotwendigkeit von gutem und bösem Objekt gegeben.

6. »Mein Gott, mein Gott, warum hast du mich verlassen?« – Erhaltung des guten Objekts, um sich seines Schutzes zu vergewissern

Wie bereits erwähnt, wissen wir aus der Traumaforschung, dass extreme Bedrohung nicht mit den erworbenen Ichfunktionen, vor allem der Integration des Erlebten ins Ich, bewältigt werden kann. Nicht-Integrierbarkeit ist spezifisch für Traumatisierung. Etwas, das nicht ins Ich aufgenommen werden und in Zusammenhang mit anderen Erfahrungen gebracht werden kann, zerstört eine der wichtigsten Ichfunktionen, die sichere *Trennung von innerer und äußerer Realität*. Gelingt es nicht, diesen Prozess durch spezifische Möglichkeiten des Ich, z. B. der *Derealisation,* zu unterbrechen, droht das Ich in psychotischer Desintegration zu zerfallen. Handelt es sich bei der Darstellung der Kreuzigung Jesu in den Passionsgeschichten um eine *kollektive* Verarbeitung des Todestraumas, so ist die Frage, welche heute bekannten Modalitäten der Traumaverarbeitung – außer der oben näher betrachteten *Derealisation* und *Spaltung* – in den Evangelientexten erkennbar sind.

Innerhalb einer Phase der Geistesgeschichte, wie sie das mythische Denken in der Zeit der Antike darstellt, muss man davon ausgehen, dass ein Trauma andere Erlebnisqualität hat als heute. Insofern nämlich, als im Rahmen mythologischer Weltinterpretation, auch gerade im alttestamentlichen jüdischen Denken, von dem her Jesus bzw. die Jesusbewegung kommt, ein haltender, integrierender Gesamtrahmen für das Leben vorgegeben war. Obwohl schon

Interpretament des Evangelisten, kann als Beispiel der Anruf Jesu verstanden werden: »Mein Gott, mein Gott, warum hast du mich verlassen?« (Mk 15,34, zugleich nach Ps 22,2). Das heißt: selbst in äußerster Qual und Verlassenheit gibt es das angerufene gute Objekt. Es geht in der traumatischen Situation nicht unter. Für Jesus selbst scheint es sich deshalb nicht um ein eigentlich als traumatisch zu bezeichnendes Erleben gehandelt zu haben – wenn eben mit »traumatisch« der Verlust des guten Objekts und die Überflutung der Ich-Grenzen mit Ohnmacht und Angst verstanden werden soll. Andererseits schützt der mythische Rahmen, in dem die Existenz des guten Objektes immer schon vorausgesetzt ist, nicht vor individueller Erfahrung von Traumatisierung im Sinne einer *Bedrohung* des Existierens des guten Objekts. Müsste seine Existenz verneint werden, würde mit ihm das Selbst mitvernichtet. Zerstörung des guten Objekts bedeutet gleichzeitig Zerstörung des Selbst. An seine Existenz sind die Ichfunktionen gebunden. Deshalb muss alles daran gelegen sein, Gott als das gute Objekt zu erhalten, auch wenn sich die paradoxe Situation herstellt, daß er quält und tötet. Ähnlich werden gewalttätige Eltern von ihren misshandelten Kindern als gute Eltern idealisiert. Müssten sie sie als die Quälenden wahrnehmen, die sie sind, würden die Kinder jeden Schutz durch die phantasierten guten Eltern verlieren und müssten psychisch sterben. Hätten nicht auch die Jesusanhänger jeden Schutz in der Welt verloren, wenn sie Gott als den Tötenden erfahren würden? Um dieses Schutzes willen muss hier der böse, tötende Teil Gottes abgespalten und auf andere Objekte projiziert werden.

Dies ist eine der für die Geschichte des Christentums sowie für seine Denkstrukturen unausweichliche Folge dessen, dass eine Traumaverarbeitung die initiale Notwendigkeit ihrer Geschichte war. Diese Spaltung betrifft darüber hinaus nicht nur die äußere, sondern auch die innere Welt. Menschen werden in sich selbst gespalten. Besonderer Inhalt des Bösen wird fatalerweise die Triebstruktur des Menschen, einschließlich des Körpers (siehe Paulus und Origenes) – also narzisstische, orale und sexuelle Energien, die seelisches Leben repräsentieren. Das Gute, Reine, Gottwohlgefällige stellt eine Freiheit von solchen Trieben dar, die paradoxerweise nicht menschenmöglich ist. Nicht Sublimierung oder Integration stellen ein Ziel dar, sondern

Feindschaft gegenüber den Grundbedingungen des Menschseins. So ist seelisches Leben der Kampfplatz, auf dem sich gute und böse Kräfte bekriegen und unlösbare Konflikte erzeugt werden. Diese tiefe Spaltung ist es, die das Menschenbild des Christentums so unmenschlich gemacht hat. Um sich selbst seelisch zu retten, muss das Böse außerhalb bleiben, nur so kann es bekämpft werden, sowohl in sich selbst als auch in selbstgerechter Entrüstung über die Welt: »Schaffet den Bösen aus eurer Mitte hinweg!« (1 Kor 5,13). Obwohl so die innere und äußere Welt zu Schauplätzen eines verzweifelten Kampfes um das Gute und gegen das Böse werden, kann es keinen Sieg geben. Unter der Prämisse von Spaltung muss getrennt werden, was doch zusammengehört: die *eine* Wirklichkeit von gutem *und* bösem Objekt. Nicht Spaltung, nur *Integration* entspricht ihr. Gerade sie ist, wenn es um Traumaverarbeitung geht, die schwer zu erringende Kostbarkeit.

7. »Und wenn die Welt voll Teufel wär ...« – Personifizierung als Möglichkeit, Böses zu kontrollieren

Eine weitere Möglichkeit der Traumaverarbeitung durch Spaltung ist es, das Böse zu *personifizieren*. Gestalten wie der Teufel, die Hure Babylon, der Antichrist, der Versucher gehören hierher. Noch Luther hatte nach dem personifizierten bösen Objekt, dem Teufel, der Legende nach, ein Tintenfass geworfen, um ihn zu verscheuchen. Engel, Heilige, Reine sind ihre Gegenstücke. Insgesamt verdichten Personifizierungen das Gute oder Böse in überhöhten oder dämonisierten Gestalten, die keine Repräsentanten der Realität, wohl aber Figuren einer inneren Möglichkeit darstellen, extreme Erfahrungen von »Himmel oder Hölle« mit Objekten zu bewältigen, deren Beistand man suchen oder die man fliehen kann, um Bedrohung abzuwehren.

So verbürgt die Spaltung zwar die so überlebenswichtige Erhaltung des guten Objekts, als persistierende Wiederholung ist sie jedoch eines der rigidesten Muster, das schwere Verzerrungen in der Realitätswahrnehmung und Bewältigung provoziert. Die *Einheit* der inneren und äußeren Welt, in der sich Gutes und Böses mischt, wird mit ihr zerstört. Die Welt bleibt gespalten, wird Träger negativer Zuschreibungen, wird zur »Fremde«, zum »Elend«. Was Wunder, dass Menschen von der gigantischen Inszenierung des Bösen in der Welt, von Macht, Sex, Betrug, Unterdrückung, Gier, Mord- und Totschlag, den sieben Todsünden geängstigt sind und sich von ihnen in paranoider Projektion verfolgt fühlen. Solche Spaltung, die bis heute kollektive Zustimmung im Christentum erhält, schädigte die Fähigkeit zur Integration durch die Jahrhunderte. Als Konsequenz mühen wir uns, nicht nur draußen, sondern auch in uns selbst das Böse, also das Sexuelle, Aggressive, Egoistische, das Habenwollen zu bekämpfen, es in Reaktionsbildungen wie Enthaltsamkeits-, Friedfertigkeits- und Selbstlosigkeitsideologien in sein Gegenteil zu verkehren oder, was beinahe noch destruktiver wirkt, unsere »bösen« Seiten zu verleugnen und uns mit den nur guten, selbstlosen Anteilen zu identifizieren. Gottespräsenz wird so ausschließlich im sogenannten Guten als möglich gedacht.

Aber nicht nur das Menschenbild, auch das Gottesbild – als *nur* gutes Objekt – ist tief gespalten. Die *Theodizeefrage* könnte so gar nicht gestellt werden, wie sie gestellt wird, nämlich: wie kann ein guter Gott als gut *und* allmächtig gedacht werden, wenn es doch so viel Böses, Zerstörerisches gibt? Demgegenüber würde ein integriertes Gottesbild Gott als die *eine* integrierte und integrierende Wirklichkeit verstehen. Ansätze eines solchen Bildes sind eher im AT zu finden, wo Gott als der Rettende *und* der Zerstörende erscheint, als Leben gebend *und* nehmend. Als der, der er jeweils im Entgegen-Kommenden sein wird, was dies auch immer sei. Sein Name im AT ist: »Ich bin, der ich bin« (2. Mos 3,14).

Neben den eher sich im christlichen Glauben als belastende Hypothek auswirkenden Spaltungsprozessen, möchte ich nun auf den die christliche Überlieferung der *Evangelien* eigentlich konstituierenden *Symbolisierungsprozess* als Traumaverarbeitung eingehen.

8. »Ist aber Christus nicht auferweckt worden, so ist euer Glaube nichtig« – Doubting als Versuch, Geschehenes als real zu begreifen

Für die nach Jesu Tod entstehende Jesusbewegung, zu der auch Zeugen seiner Kreuzigung gehören, kann man davon ausgehen, dass sein

Tod, zumindest temporär, verbunden war mit dem Untergang aller Hoffnung, die sich auf ihn bezog. Mit seiner Botschaft verknüpfte sich das Kommen des Reiches Gottes. Gerechtigkeit, Frieden, Liebe, selbst der Feinde, sind Zeichen dieses Reiches und verbürgen die Präsenz Gottes. Durch den Tod Jesu verlieren sie gleichzeitig die Zukunftsbotschaft vom Kommen des Reiches, das Jesus verkündigt hat, so dass sie sich Sinnzerstörung, Hoffnungslosigkeit und Verzweiflung ausgeliefert fühlen. Als ihr eigentliches Trauma könnte man die Erfahrung bezeichnen, daß mit Jesu Tod Gott selbst tot ist und damit alle Sinnbezüge nichtig werden. Und zwar auch *innerhalb* ihres mythischen Weltbildes. Ein eigentlicher Trauerprozess, in dem schließlich Abschied vom vermissten Objekt möglich und in dem die emotionale Besetzung zurückgenommen wird, kommt hier nicht in Frage, weil es sich nicht um ein menschliches Objekt, sondern um das Urbild des guten Objektes, um Gott handelt. Auch dies ist ein Hinweis darauf, dass der Tod Jesu ein traumatisches Ereignis war, in dem Objektverlust nicht Trauer, sondern den verzweifelten Versuch auslöst, mittels Spaltung das gute Objekt zu erhalten. Allerdings unter den *Bedingungen der Realität:* Jesus stirbt wirklich. Verleugnet wird nicht sein Tod. In den Auferstehungsgeschichten ist er identisch mit dem Gekreuzigten. Allerdings zweifeln die Jünger daran. Thomas wird deshalb aufgefordert, seine Hände in Jesu Wundmale zu legen (Joh 20,27). Das *doubting* ist eine charakteristische Reaktion bei der Annäherung an die traumatische Wirklichkeit. Ist *es* wirklich geschehen oder nicht doch Einbildung? Bezieht das *doubting* sich hier auf die Identität von Gekreuzigtem und Auferstandenem, so wird es sich in unendlichen Variationen bei den Christen über die Jahrhunderte auf die Wirklichkeit der Auferstehung selbst beziehen. Ist sie wirklich geschehen oder ist sie nicht doch nur Phantasie? Schon Paulus argumentiert, wenn die Auferstehung nicht geschehen sei, so wäre unser Glaube umsonst: »Ist aber Christus nicht auferweckt worden, so ist euer Glaube nichtig ...« (1. Kor 15,17). Er muss das betonen, weil offenbar schon früh daran gezweifelt wurde.

Erst in unserem Jahrhundert haben Entmythologisierung und die Erforschung der »Formgeschichte« der *Evangelien* (Dibelius, 1959, Bultmann, 1964) klar unterschieden zwischen der historischen Realität der Kreuzigung Jesu, also dem Trauma, und den literarisch als

Legenden zu charakterisierenden *Ostergeschichten*. Offenbar ist die für die Traumaverarbeitung so wichtige Frage: *was geschah wirklich?* auf einer anderen Ebene von Wirklichkeit als der der Realität zu beantworten. Im intermediären Raum, zwischen faktischem Ereignis und symbolischer Repräsentation, kann ein Niveau psychischer Verarbeitung gelingen, das durch Derealisation, Personifikation und Spaltung als Abwehr der traumatischen Ohnmachtsangst nicht erreicht worden ist. Wären dies die *ausschließlichen* Bewältigungsmöglichkeiten geblieben, gäbe es vermutlich kein NT und keinen christlichen Glauben als Sinn und Bedeutung stiftendes Interpretamentengefüge, das bis heute gilt.

Seine integrative Kraft speist sich daraus, dass in der Traumaverarbeitung jener Prozess bestimmend wurde, der den intermediären Raum öffnet. In ihm wird der Übergang von nichtmetaphorischer zu metaphorischer Rede vollzogen bzw. beide Modalitäten werden in ein Verhältnis zueinander gebracht, das ein Ineinandergleiten von innerer und äußerer Realität verhindert. Als Voraussetzung dafür erscheint, dass Jesu Tod auf einer realen, nichtmetaphorischen Ebene akzeptiert wurde. Die unmittelbaren emotionalen Reaktionen der Frauen am leeren Grab, ihre Enttäuschung, den Toten nicht salben zu können, ihr Schmerz, aber auch die Angst der Jünger vor Verfolgung, bestätigen seinen Tod.

Mit der zunächst mündlichen Erzählung der Jesusgeschichte konnte auf dieser Basis ein *Symbolisierungsprozess* einsetzen, der die Integration des Traumas ermöglichte.[8] Konstitutiv dafür bleibt der Rahmen von Ort und Zeit, in den die biografische Anordnung der Texte eingebettet ist. Erst diese auf dem Boden der Realitätswahrnehmung sich entwickelnde symbolische Dimension kann als Traumaverarbeitung heilend, d. h. integrativ wirken. Gelingt wie im Fall der *Evangelien* ein kollektiv bedeutsames Symbolsystem, entsteht ein neues Integrationsmuster für die Verarbeitung des Menschheitstraumas von Tod und Sterben. Folgendes Beispiel mag dies konkretisieren:

---

8 Welche Bedeutung dem *Prozess der Symbolisierung* für die Heilung traumatischer Verwundung zukommt, habe ich an anderer Stelle beschrieben (Rohse, 1998, S. 115–122; im vorliegenden Sammelband S. 93–103).

Das eigentliche Trauma der Neuzeit, in der das mythische Denken zunehmend aufklärerisch-rationalem, also nichtmetaphorischem Denken weicht, ist in Nietzsches Ausruf »Gott ist tot« (Nietzsche 1882/1976, S. 127) wiederzuerkennen. Hier gelingt keine Traumaverarbeitung mehr, in der das gute Objekt mittels Symbolisierung in einer anderen Dimension von Wirklichkeit erhalten bleibt. Gott bleibt tot, die traumatische Wunde offen. Konkretistisches Haften an eindimensional verstandener Realität verschließt den symbolischen Raum. Die Ebene symbolischer Realität scheint nicht mehr auffindbar. Deshalb kann es keine sprachliche, künstlerische oder religiöse Verarbeitung geben. An ihre Stelle tritt die sekundäre Besetzung menschlicher Heldenhaftigkeit, angesichts der niederschmetternden Wahrheit vom Tode Gottes in einer nun sinnlos gewordenen, nachaufklärerischen Welt *dennoch* zu leben und standzuhalten. Das Pathos dieses Heldentums wird als das *neue gute Objekt* wahrgenommen (z. B. Camus, Sartre). Auf diese Weise sind Kränkung und Demütigung durch reale Ohnmacht und Bedeutungslosigkeit des Menschen narzisstisch repariert. Dieser Prozess einer heroischen Größenselbstkonstruktion hat allerdings den Nachteil, dass er – wie alle Größenselbstbesetzungen – nicht trägt, d. h. angesichts einer sinnentleerten Welt keine tragfähigen Symbolisierungen schafft. Deshalb können nur rigide Wiederholung der Klage und Demonstration des Todes Gottes in formzerstörenden Geschichten – z. B. bei Kafka, Bachmann, Dürrenmatt, Jelinek – aneinandergereiht werden.

9. »Weder Tod noch Leben können uns scheiden von der Liebe Gottes« – die Wirklichkeit des guten Objektes

Im Gegensatz dazu setzt in der Jesusbewegung ein für die Traumaverarbeitung entscheidend wichtiger *Erzählprozess* ein. Im mündlichen Erzählen zunächst einzelner Geschichten in den sich bildenden Gemeinden, die später in den *Evangelien* die lockere Gestalt einer Jesusbiografie bekommen, deren erzählerischer Höhepunkt die *Passionsgeschichte* ist, schaffen die Christen der ersten und zweiten Generation kreativ einen neuen religiösen intermediären Raum. Einmal vergewissern sie sich im Erzählen des Geschehenen, gestalten es aber gleichzeitig so um, dass sich dabei eine Entwicklung von nichtsymbolischer Realität, wie sie im Trauma erfahren wurde, zu *symbolischer Realität* vollzieht. Das ist der entscheidende Schritt, der das Tor in eine neue Dimension des Verstehens öffnet. Damit ist das Trauma integrierbar geworden. Hier ist die interpretative Aktivität der Evangelisten, die auch theologische, redaktionelle und literarische Entscheidungen umfasst, als lebendiger Umgang mit der Tendenz zu werten, traumatische Geschichten nicht zu isolierten Objekten zu machen, die immer in der gleichen Weise erzählt werden, sondern sie in lebendigen Anwendungskontexten der Gemeinden neu zusammenzustellen. Jedes Gleichnis, jede Wundergeschichte stellt im Kern das Passions- und Auferstehungsgeschehen dar, jeweils bezogen auf die Gemeindesituation. Rigide Geschichten schaffen dagegen kein kreatives Erzählen, in dem das Trauma bearbeitbar wird. Rigidität zeigt sich in dem Maße, als im narrativen Umgang Derealisation, Spaltung und Personifizierung unbearbeitet bleiben.

Ich habe versucht darzustellen, dass diese Mechanismen auch in christlichen Bearbeitungen wirksam waren und ihre destruktive Kraft entfaltet haben, dass andererseits aber ebenso ein historisch bedeutsamer *Symbolisierungsprozess* angestoßen worden ist, der bis heute Gültigkeit hat. Von großer Bedeutung – wie oben erwähnt – ist auch, dass im Symbolisierungsprozess die physischen, lokalen und historischen Bezüge als Realitäten erhalten geblieben sind, also die konkret sinnliche Realität nicht in der Symbolisierung verschwindet. In den *Evangelien* sind Ortsnamen, Wegbeschreibungen, Zeitangaben wichtige Elemente solcher Realitätsanbindung. Dieser Rückbezug ist deshalb so wichtig, weil er eine klare Unterscheidung von innerer und äußerer Realität signalisiert, ohne die es keine Unterscheidung von Gegenwart und Vergangenheit und deshalb auch keine Zukunft, also keine Hoffnung, gäbe – eine Unterscheidung, die den neutestamentlichen Schriftstellern allerdings nicht immer gelingt. In der *Johannes-Apokalypse* z. B. verschwimmen gerade innere und äußere Realität. Hier ist nicht mehr erkennbar, ob die Bedrohung von außen oder von innen kommt, innere und äußere Weltgrenzen brechen zusammen. »Tag und Nacht sind aufgehoben, Sonne und Mond zeigen keine Zeit mehr an, die es vielleicht gar nicht mehr gibt. [...] Gott und das Lamm wohnen unmittelbar in der Stadt. Auch die Grenzen zwischen Gott und dem Lamm verschwimmen« (Raguse, 1993, S. 202). Das Realitätsprinzip ist aufgehoben. Damit ist das Ende der Welt da. In großartigen Symbolisierungen vom himmlischen Jerusalem, der Hure Babylon, dem Tier, dem Lamm etc. wird die äußere Realität aufgegeben. Es entsteht ein poetisch-psychotischer Kosmos von Bildern mit den so charakteristischen extremen Spaltungsmechanismen.

Bleibt im Symbolisierungsprozess wie bei den Evangelisten die Realität als äußerer Bezug erhalten, kann ein religiöser und kultureller Übergangsraum *zwischen* Außen und Innen entstehen, in dem die Erfahrungen der Christen des ersten Jahrhunderts von Verfolgung und Migration, die ebenfalls Traumen sind, eine von allen geteilte Sinngebung erhalten. Macht man sich klar, dass vermutlich keines der *Evangelien* in Israel geschrieben wurde (Theißen, 1989, S. 247), dann wird verstehbar, dass die Migration der Judenchristen in eine fremde kulturelle und religiöse Umwelt ein potentes Motiv darstellte, einen eigenen symbolisch-religiösen Kosmos zu schaffen, der wieder ein von allen geteilter intermediärer Raum werden konnte, der ethnozentriertes Denken überwindet. In ihm sollen nun alle Völker Platz haben. »Darum gehet hin und machet alle Völker zu Jüngern und taufet sie im Namen der Vaters und des Sohnes und des Heiligen Geistes« (Mt 28,19).

Kann der Akt des Sammelns, Redigierens und Theologisierens, wie er von den Evangelisten geleistet wurde und eine lange mündliche Tradition zusammenfasst, in der das Erzählen den, von dem erzählt wird, auch als verlorenes Liebesobjekt ersetzen soll, als eine Art kreativer Durcharbeitung des Traumas verstanden werden, so stellen die *Evangelien* die endgültige Vergewisserung darüber dar, dass das gute Objekt mit dem Tod Jesu nicht untergegangen ist. Gott ist die *eine* Wirklichkeit, die Leben und Tod umfasst. Selbst im Trauma des Todes bedeutet Trennung vom individuellen Leben keine Trennung von ihm als dem umfassenden Leben, in dem wir immer schon sind. Paulus sagt: »weder Tod noch Leben […] können uns scheiden von der Liebe Gottes« (Röm 8,38 f.). Eben dies ist die *frohe Botschaft*, die es in den überall im Mittelmeerraum sich bildenden christlichen Gemeinden zu verkündigen galt. Die Auferstehungsgeschichten sind der eigentliche Höhepunkt der *Evangelien*: »Jesus ist auferstanden« –

er lebt. Die Restaurierung des guten Objektes ist abgeschlossen, die zentrale Frage – *was ist wirklich?* – gelöst.

Literaturverzeichnis

Bultmann, R. (1964). Die Geschichte der synoptischen Tradition (6. Aufl.). Göttingen: Vandenhoeck & Ruprecht.

Dibelius, M. (1959). Die Formgeschichte des Evangeliums (3. Aufl.). Tübingen: J. C. B. Mohr (Paul Siebeck).

Die Bibel oder die ganze Heilige Schrift des Alten und Neuen Testaments (o. J.) nach der deutschen Übers. D. M. Luthers. Neu durchgesehen nach dem vom Deutschen Evangelischen Kirchenausschuß genehmigten Text. Stuttgart: Württembergische Bibelanstalt.

Gerhard, P. (1656/o. J.). O Haupt voll Blut und Wunden. In Evangelisches Kirchengesangbuch (o. J.). Ausgabe für die evangelisch-lutherischen Kirchen Niedersachsens (S. 106 f./Nr. 63). Hannover: Schlütersche Buchdruckerei, Verlagsanstalt Hannover/Göttingen: Vandenhoeck & Ruprecht.

Grubrich-Simitis, I. (1979). Extremtraumatisierung als kumulatives Trauma. Psyche 33 (11), 991–1023.

Grubrich-Simitis, I. (1984). Nachkommen der Holocaust-Generation. Psyche 38 (1), 1–28.

Die Heilige Schrift des Alten und des Neuen Testaments. Zürcher Bibel (1955/o. J.). Zürich/Stuttgart: Verlag der Zwingli-Bibel/Privilegierte Württembergische Bibelanstalt.

Nietzsche, F. (1881/1976). Die fröhliche Wissenschaft. Aphorismus 125. In Friedrich Nietzsche. Werke II (S. 400–402). Hrsg. von Karl Schlechta. Frankfurt a. M., Berlin, Wien: Ullstein (Ullstein Buch 2908).

Raguse, H. (1993). Psychoanalyse und biblische Interpretation. Eine Auseinandersetzung mit Eugen Drewermanns Auslegung der Johannes-Apokalypse. Stuttgart, Köln, Berlin: Kohlhammer.

Rohse, H. (1998). »Zerbrochener Spiegel« – Sexueller Mißbrauch. In M. Schulte-Markworth, B. Diepold, F. Resch (Hrsg.), Psychische Störungen im Kindes- und Jugendalter. Ein psychodynamisches Fallbuch (S. 115–122). Stuttgart: Georg Thieme Verlag (im vorliegenden Sammelband S. 93–103).

Sachsse, U. (1995). Die Psychodynamik der Borderlinepersönlichkeitsstörung als Traumafolge. Ein Entwurf. Forum der Psychoanalyse, 50–61.

Schulte-Markworth, M., Diepold, B., Resch, F. (Hrsg.) (1998). Psychische Störungen im Kindes- und Jugendalter. Ein psychodynamisches Fallbuch. Stuttgart: Georg Thieme Verlag.

Theißen, G. (1989). Lokalkolorit und Zeitgeschichte in den Evangelien. Ein Beitrag zur Geschichte der synoptischen Tradition. Freiburg Schweiz/Göttingen: Universitätsverlag AG/Vandenhoeck & Ruprecht.

»Aus tiefer Not schrei ich zu dir«
Luthers Botschaft – auch für heute?

Müssen wir wirklich etwas von Luther wissen? Dass er die deutsche Sprache überhaupt erst geprägt und lebendig gemacht hat, so dass auch das einfache Volk durch seine Übersetzung die Bibel verstehen konnte – das jedenfalls müssen wir wissen.

Aber können wir seine Texte heute auch verstehen? Was soll das z. B. heißen: »Der alt böse Feind mit Ernst er's jetzt meint, groß Macht und viel List sein grausam Rüstung ist« (EG (o. J.), S. 265/ Nr. 201)? In Luthers Weltbild, das natürlich das seiner Zeit ist, erscheint der Teufel so wirklich, dass er der Legende nach ein Tintenfass nach ihm, dem »alt bösen Feind«, werfen konnte. Teufel, Engel, Dämonen, Himmel und Hölle, ja, auch Gott – das sind damals handfeste Realitäten. Wie überhaupt die *unsichtbare* Welt in einem Ausmaß real erscheint, wie wir uns das nicht mehr vorstellen können.

Heute wissen wir, dass das gesamte Repertoire von Geistern, Teufeln, Engeln, Hexen innere Ängste und auch Wünsche in Bildern zeigen, die aus der *seelischen* Welt der Menschen stammen. In dieser Welt sind auch heute Zerstörungswut, Habsucht, Rücksichtslosigkeit, Egozentrik, sexuelle und orale Gier zu verarbeiten. Die menschliche Natur ist da gleich geblieben. Ihr sozialer Ausdruck allerdings nimmt zeitabhängige Formen an, während im zeitlosen Unbewussten gleichbleibende archaische Kräfte wirken. Wie könnten wir sonst jahrtausendealte Texte verstehen und auf uns beziehen.

Die Menschen des Mittelalters misstrauen ihrer Natur. Sie erleben sie als sündhaft, in ihr wirken die bei Höllenstrafe verbotenen Triebe. Deshalb sind Handeln und Denken von dem Zwang bestimmt, alles zu vermeiden, was Körper und Seele nach dem Tod in solche Höllenqualen stürzen kann. Die Strafen für verbotene Triebbefriedigung (also von Sexualität und Aggression) sind extrem ängstigend. Luther bekennt, er habe mit seinem Eintritt ins Kloster fromm werden, guttun und das ewige Leben erwerben, also sich durch gute Taten den

Himmel verdienen wollen. Nur, was sind gute Taten? Keuschheit, Armut, Demut?

Luthers Blick ist auf das Leben nach dem Tod gerichtet, dort warten ewiges Leben oder ewige Verdammnis. Erst nach dem Tod entscheidet sich, wer ins wirkliche Leben kommt oder eben ausgestoßen wird und schlimmste Qualen leiden muss. Hier tut sich ein Abgrund von permanenter Angst vor Strafe, vor Nicht-gut-genug-Sein, vor nicht ausreichendem Guttun, vor falschen Gedanken und Taten, Angst vor Unglauben auf. »Die nicht glauben und ihre Zuflucht zu menschlicher Hilfe nehmen, die werden fallen und umkommen.« (Luther/Aland (Hrsg.), 1527–1529/1957, S. 148).[1] Die Kirche setzt damals einen riesigen (mit Fontane zu sprechen) »»Angstapparat aus Kalkül«[2] ein, sie schüchtert mit systematischen Strafandrohungen die Menschen ein, beherrscht und manipuliert sie über ihre Angst. Alle kennen den Spruch: »Sobald das Geld im Kasten klingt, die Seele aus dem Fegefeuer in den Himmel springt.« Angst, besonders Schuldangst, ist das beherrschende Gefühl.

Es ist leicht zu verstehen, dass in einem solchen religiös-kulturellen Umfeld das *Gewissen* eine entscheidende Bedeutung hat, schließlich spricht es uns schuldig oder frei. Ein gutes Gewissen versichert uns, dass wir in unserer sozialen, religiösen oder familiären Gemeinschaft dazugehören dürfen. Sie bestimmt, was in ihr gilt und was nicht. Also, was gut oder böse ist, was gelobt oder bestraft, wofür man geliebt oder gehasst, ja ausgestoßen wird. Angst also signalisiert uns, wenn wir in der Gefahr sind, Übertretungen zu begehen, die unsere Zugehörigkeit in Frage stellen würden. Dazugehören bedeutet, überleben zu können. Daher ist Gewissensangst eine Art Todesangst.

---

1   [Anm. d. Herausgebers:] Zum Stichwort »Glaube« von Aland zitiert aus Luthers Vorlesung über Jesaja (1527/29).
2   [Anm. d. Herausgebers:] In Fontanes »Effi Briest« erfährt und erkennt die Romanheldin, dass die von Innstetten, ihrem Ehemann, ihr gegenüber angewandten »Erziehungsmittel« (durch manipulativ angsterregende »Spuk«-Narrative) »eine Art Angstapparat aus Kalkül« sind. »Es fehlte jede Herzensgüte darin und grenzte fast an Grausamkeit« (Fontane 1895/1969, S. 136).

Luther hatte unerträgliche Gewissensqualen, wenn er ein »Vater unser« zu wenig gebetet oder wegen dringender Pflichten eine Messe versäumen musste. Sein Gewissen verklagte ihn »ohn Unterlaß«. So soll er z. B. als Mönch im Kloster, kaum dass er gebeichtet hatte und wieder in seiner Zelle angekommen war, gleich wieder zurück zur Beichte gelaufen sein, weil er vielleicht etwas vergessen hatte zu beichten, nicht die ganze Wahrheit gesagt hatte etc. Dieser Beichtzwang ist überliefert. Ganz offensichtlich fürchtet er, aus der Klostergemeinschaft, mehr noch aus der Gemeinschaft mit Gott ausgestoßen zu werden.

Alles Beichten, alles Sich-Kasteien bewirkt dennoch keine Gewissheit, dass er genug getan hat, um Gott gnädig zu stimmen. Im Gegenteil, er verstrickt sich immer tiefer Selbstzweifel. Allein kann er diese Fesseln nicht auflösen. Seine drängendste Grundfrage, von deren Antwort buchstäblich Leben und Tod abhängen, lautet folgerichtig: »Wie bekomme ich einen gnädigen Gott?«

Wir sehen, dass Luther das in seiner Familie erworbene, überaus strenge, strafende Bild des Vaters (und wohl auch der Mutter) auf sein Gottesbild übertragen hat. Auf der Ebene des Gewissens gibt es hier kein Entrinnen. Sein Lied: »Aus tiefer Not schrei ich zu dir,/ Herr Gott, erhör mein Rufen,/denn so du willst das sehen an,/was Sünd und Unrecht ist getan,/wer kann Herr, vor dir bleiben?« (EG (o. J.), S. 257/Nr. 195). kommt aus dieser Erfahrungswelt.

In dieser inneren Auswegslosigkeit öffnet sich für Luther mit dem Paulustext »So halten wir nun dafür, daß der Mensch gerecht werde ohne des Gesetzes Werke, allein durch den Glauben« (Röm 3,28) die Rettung in eine andere Dimension: die Dimension des Glaubens. Sie löst ihn aus der Verstrickung in sein religiös-soziales Gruppengewissen, damit tritt er hinaus in die Weite eines anderen, nicht mehr von den Eltern bestimmten Gottesbildes. »Allein durch Glauben«, »allein durch Gnade« wird ihm die Zugehörigkeit zum Leben geschenkt. Hatte Luther erfahren, dass trotz übermenschlicher Anstrengung das Leben nicht verdient werden kann, so erfährt er jetzt, dass er es auch nicht verdienen muss, ja dass er frei ist in einem existentiellen Sinn, weil Leben *vor* aller Leistung von Gott angenommen und bejaht ist. In seinem Lied heißt es dazu: »Bei dir gilt nichts, denn Gnad und Gunst, / die Sünde zu vergeben, / es ist doch unser Tun umsonst, / auch in dem besten Leben,« Auf dieser Ebene des Verstehens wird Angst vor Gott durch Vertrauen auf ihn überwunden. »Darum auf Gott will hoffen ich, / [...] auf ihn mein Herz soll lassen sich / und seiner Güte trauen.« heißt es in einem Vers des genannten Liedes (EG (o. J.), S. 257/Nr. 195).

Es soll nicht verschwiegen werden, dass Luther im Laufe seines Lebens immer wieder aus dieser Weite, der »Freiheit eines Christenmenschen« (Luther/Metzger, 1520/1964), heraustritt, in die Enge seiner alten, psychisch nicht gelösten Gewissenskonflikte zurückfällt. Sie verwickeln ihn in einen endlosen Kampf zwischen Gut und Böse. Deshalb bekommt sein Ringen um Gauben und Vertrauen eine so existentielle Bedeutung.

Das innere Drama eines Menschen wie Luther um ein Leben in innerer Freiheit, »Du bist aller Dinge frei bei Gott durch den Glauben« (Luther/Aland (Hrsg.), 1523/1957, S. 104),[3] das sich gleichzeitig als ein Drama um Verstoßen oder Angenommensein von Gott versteht, in dem es um Leben und Tod geht, wird heute so nicht thematisiert.

Heutige drängende gesellschaftliche Themen, die auch den Einzelnen betreffen, zeigen sich nicht als Gewissensängste, sondern handeln von Angst vor der Sinnlosigkeit des Lebens, vor seiner Bedrohung durch weltweite Zerstörung unserer biologischen Grundlagen, vor der Angst des Einzelnen, keinen Platz in der Gesellschaft zu finden, auch der schrecklichen Angst vor der Vernichtung des Lebens durch eine atomare Katastrophe. Von Angst sind wir umgeben wie die Menschen damals, wir müssen sie ebenso verarbeiten wie Luther zu seiner Zeit. Wir vermissen heute aber eine verbindende auf das christliche Gottesbild bezogene religiöse Dimension, die uns im Glauben frei von Angst macht. Deshalb ist es so wichtig, dass wir Luthers Botschaft übersetzen; denn sie meint eine existentielle Botschaft, die die Grundfragen des Lebens überhaupt betrifft, auch wenn wir heute andere Inhalte und eine andere Sprache dafür benutzen.

Ich würde sie so formulieren: Nicht wir sind Hersteller unseres Lebens, sondern Leben ist geschenkt. Es rechtfertigt sich nicht durch

---

3 [Anm. d. Herausgebers:] Zum Stichwort »Freiheit« von Aland zitiert aus Luthers Schrift: »Das siebente Kapitel S. Pauli zu den Korinthern« (1523).

Leistungen, sondern ist von Anfang an schon bejaht durch den, der es gibt und nimmt. Nennen wir Gott – in Anlehnung an Joh 14,6: »ich bin der Weg, die Wahrheit und das Leben« – mit seinem schönsten Namen *Leben,* dann begreifen wir den uns so fernen, für Luther aber zentralen Erfahrungshintergrund, den er mit *Sünde* meint, als Beschädigung und Missachtung des Lebens. Gott loben heißt, das Leben loben; Sündigen heißt, das Leben, wie es uns gegeben ist, verurteilen, ablehnen, zerstören. Auch wenn unser Gewissen nicht ein vor Gott uns schuldig oder unschuldig sprechendes, erlebt wird, so könnte in der Auseinandersetzung mit Luther die Einsicht wachsen, dass wir sehr wohl in ungeheurem Ausmaß vor dem Leben schuldig werden, weil wir es nicht schützen, achten und bewahren, sondern im Gegenteil vor unserer Zerstörungswut und Bemächtigungslust, die Leben vernichten, gerettet werden müssen. Da könnte schon die befreiende Botschaft von damals auch für uns befreiend sein.

Nicht wir sind Herren über Leben und Tod. Bewahrer und Gestalter, ja Liebhaber aber sollen und können wir sein. Dazu brauchen wir heute wie damals den Glauben an einen guten Ausgang des Lebens gerade angesichts unserer Ängste und Hoffnungslosigkeit. Dafür müssen wir nicht an sich wandelnde Gottesbilder glauben, sondern an Gott allein. Das genügt.[4]

Literaturhinweise [Herausgeber]

Aland, K. (Hrsg.) (1957). Lutherlexikon. Stuttgart: Ehrenfried Klotz Verlag.
Die Bibel oder die ganze Heilige Schrift des Alten und Neuen Testaments (o. J.) nach der deutschen Übers. D. M. Luthers. Neu durchgesehen nach dem vom Deutschen Evangelischen Kirchenausschuß genehmigten Text. Stuttgart: Württembergische Bibelanstalt.
Evangelisches Kirchengesangbuch (EG) (o. J.). Ausgabe für die evangelisch-lutherischen Kirchen Niedersachsens. Hannover: Schlütersche Buchdruckerei, Verlagsanstalt Hannover/Göttingen: Vandenhoeck & Ruprecht.
Fontane, Th. (1895/1969). Effi Briest. Roman. Nymphenburger Taschenbuchausgabe in 15 Bänden. Bd. 12. München. Nymphenburger Verlagsbuchhandlung.

---

4 [Anm. d. Herausgebers:] Vgl. Teresa de Ávila: »[…] Nada te turbe, nada te espante: sólo Dios basta« ([…] Nichts beunruhige dich, nichts ängstige dich: Gott allein genügt). In: Taizé. Laudate omnes gentes (o. J.), S. 8 f., Nr. 12 (Ateliers et Presses de Taizé. Taizé-Communauté France editions@taize.fr).

Luther, M. (1520/1964). Von der Freiheit eines Christenmenschen. 1520, in W. Metzger (Hrsg.): Von der Freiheit eines Christenmenschen. Fünf Schriften aus den Anfängen der Reformation. Siebenstern-Taschenbuch 24 (Calwer Luther-Ausgabe. Bd. 2, S. 161–187). München und Hamburg: Siebenstern Taschenbuch Verlag.

Taizé (o. J.). Laudate omnes gentes. Ateliers et Presses de Taizé. F-71250 Taizé-Communauté France (editions@taize.fr).

Quellenverzeichnis (chronologisch)

Ich-Stärke und Entscheidungsfähigkeit. Überlegungen zu Erziehungszielen und Erziehungsstilen aus psychoanalytischer Sicht. Aus: Theologia Practica. Zeitschrift für Praktische Theologie und Religionspädagogik. 10. Jahrg. 1975, Heft 4, S. 152–171.

Zwangsneurose und Adoleszenz. Der therapeutische Prozess bei einer jugendlichen Patientin mit Zwangsneurose. Aus: Praxis der Kinderpsychologie und Kinderpsychiatrie. 38. Jahrg. 7/89 (September). Göttingen und Zürich: Verlag für Medizinische Psychologie im Verlag Vandenhoeck & Ruprecht, 1989, S. 241–250.

Probleme der modernen Familie im Spiegel therapeutischer Praxis. Ein Erfahrungsbericht. Aus: Jahrbuch der Religionspädagolgik (JRP). Hrsg. von P. Biehl, C. Bizer, H.-G. Heimbrock u. F. Rickers. Bd. 9. Neukirchen-Vluyn: Neukirchener Verlag Erziehungsvereins GmbH 1992, S. 87–95.

Abgespaltene Trauer. Die Perspektive des leidenden Kindes und »strategische Adoleszenz« in K. Ph. Moritz' Roman »Anton Reiser«. Aus: Freiburger literaturpsychologische Gespräche. Jahrbuch für Literatur und Psychoanalyse. Bd. 16: Adoleszenz. Hrsg. von J. Cremerius, G. Fischer, O. Gutjahr, W. Mauser u. C. Pietzcker. Würzburg: Königshausen & Neumann 1997, S. 87–101 (Wiederabdruck auch in: H. Rohse: Unsichtbare Tränen. Würzburg 2000, S. 71–87).

»Arme Effi« – Widersprüche geschlechtlicher Identität in Fontanes »Effi Briest«. Aus: Freiburger literaturpsychologische Gespräche. Jahrbuch für Literatur und Psychoanalyse. Bd. 17: Widersprüche geschlechtlicher Identität. Hrsg. von J. Cremerius, G. Fischer, O. Gutjahr, W. Mauser u. C. Pietzcker. Würzburg: Königshausen & Neumann 1998, S. 203–216 (Abdruck auch in: H. Rohse: Unsichtbare Tränen. Würzburg 2000, S. 17–31).

»Zerbrochener Spiegel« – Sexueller Missbrauch. Aus: Störungen bei Kindern und Jugendlichen. Ein psychodynamisches Fallbuch. Hrsg. von M. Schulte-Markworth, B. Diepold, F. Resch. Stuttgart/New York: Georg Thieme Verlag, 1998, S. 115–122.

Literaturpsychologie – methodische Aspekte psychoanalytischer Literaturinterpretation. Aus: H. Rohse: Unsichtbare Tränen. Effi Briest – Oblomow – Anton Reiser – Passion Christi. Psychoanalytische Literaturinterpretationen zu Theodor Fontane, Iwan A. Gontscharow, Karl Philipp Moritz und Neuem Testament. Würzburg: Königshausen & Neumann, 2000, S. 9–14 (dort unter dem Titel: Einführung. Zur methodischen und inhaltlichen Konzeption).

Die unsichtbaren Tränen. Psychoanalytische Gedanken zu Iwan A. Gontscharows Roman »Oblomow«. Aus: H. Rohse: Unsichtbare Tränen. Effi Briest – Oblomow – Anton Reiser – Passion Christi. Psychoanalytische Literaturinterpretationen zu Theodor Fontane, Iwan A. Gontscharow, Karl Philipp Moritz und Neuem Testament. Würzburg: Königshausen & Neumann, 2000, S. 33–69 (erstmals, in noch nicht erweiterter erster Fassung, in: Zeitschrift für psychoanalytische Therapie, 1. Jahrg. 1997, S. 16–40).

Zur Bedeutung religiöser Themen in der Psychotherapie (Fragment ca. 2000, unpubliziert).

Die Kreuzigung – Ein Trauma? Psychoanalytische Überlegungen zu Passions- und Auferstehungstexten. Aus: H. Rohse: Unsichtbare Tränen. Effi Briest – Oblomow – Anton Reiser – Passion Christi. Psychoanalytische Literaturinterpretationen zu Theodor Fontane, Iwan A. Gontscharow, Karl Philipp Moritz und Neuem Testament. Würzburg: Königshausen & Neumann, 2000, S. 17–31.

Erinnern – Erzählen – Trauern. Marie Luise Kaschnitz' Geschichte »Adam und Eva« und die biblische Erzählung von Paradies und Vertreibung. Aus: Freiburger literaturpsychologische Gespräche. Jahrbuch für Literatur und Psychoanalyse. Bd. 22: Trauer. Hrsg. von W. Mauser u. J. Pfeiffer. Würzburg: Königshausen & Neumann 2003, S. 227–239.

»*Sieh, ich bin mal so*«. *Die Schriftstellerin Lou Andreas-Salomé zwischen Literatur und Psychoanalyse*. Aus: Innere Welt und Beziehungsgestaltung. Göttinger Beiträge zu Anwendungen der Psychoanalyse. Hrsg. von R. Kreische, G. Reich, H. Staats. Göttingen: Vandenhoeck & Ruprecht, 2004, S. 142–168.

»*Aus tiefer Not schrei ich zu dir*«. *Luthers Botschaft – auch für heute?* Aus: Kartoffelstein. Gemeindebrief der Kirchengemeinden Roringen und Herberhausen. Nr. 127, Frühjahr 2017 (März–Mai), S. 13–17.

Personenregister

A

Adam, Rudolf 10
Adorno 13, 49, 52
Aland, Kurt 292, 294, 295
Alpert, Judith 120, 133
Altenberg, Peter 210
Andreas, Friedrich Karl 219, 229, 231
Andreas-Salomé, Lou 7, 8, 10, 20, 209, 210, 211, 230, 231, 232, 233, 299
Arnold, Heinz-Ludwig 115, 133, 205, 207
Aust, Hugo 115, 133
Autorenkollektiv (Berliner Kinderläden) 34, 35, 52, 245

B

Bach, Johann Sebastian 274
Bachmann, Ingeborg 286
Balint, Michael 110, 114, 128, 133
Baratoff, Nathalie 138, 160, 182
Bartuschat, Wolfgang 220, 231
Bebel, August 121, 133
Beckett, Samuel 115, 119, 133
Beer-Hoffmann, Richard 210
Benedetti, Gaetano 69, 91, 120, 133
Bennholdt-Thomsen, Anke 206, 207
Benz, Richard 250, 255
Bergmann, Anni 244, 245, 256
Berna-Glantz, Rosmarie 69, 91
Bezold, Raimund 203, 205
Biedermann, Alois 210
Bisanz, Adam John 196, 205
Bismarck, Otto von 117
Blixen, Tanja 264, 265, 266
Blos, Peter 69, 91
Bohleber, Werner 120, 133
Bölsche, Wilhelm 210, 221
Böschenstein, Renate 138, 139, 182
Bott, Gerhard 34, 52
Brück, M. von der 194, 205
Brückner, Peter 40, 52
Bucher, Kurt 264, 266
Buhofer, Annelies Häcki 206, 207
Bultmann, Rudolf 284, 289
Büttrich, Christian 255, 256

C

Camus, Albert 286
Celsus 274
Cervantes, Miguel de 137
Classen, Johannes 52, 183
Clay-Jorde, Maria 233
Conzelmann, Hans 250, 255
Cremerius, Johannes 10, 206, 207, 232, 256, 297

D

Dehmel, Richard 210
Demetz, Peter 115, 133
Denkler, Horst 115, 133, 134
Dettmering, Peter 188, 194, 196, 202, 206
Dibelius, Martin 284, 289
Diepold, Barbara 10
Dietrich, H. 137, 182
Dilthey, Wilhelm 221
Dornes, Martin 245, 255
Dührssen, Annemarie 10, 13, 42, 52, 91
Dürrenmatt, Friedrich 286
Dyck, Joachim 128, 133

Personenregister

E

Ebbinghaus, Hermann 210
Eichmann, Adolf 12, 36
Elisabeth (Heilige) 122
Erikson, Erik H. 197, 206
Erler, Gotthard 129, 135
Erman, Michael 257

F

Fenichel, Otto 91
Fischer, Gottfried 10, 53, 183, 232, 255, 256, 266, 297
Flaake, Karin 120, 133
Fleischbein, Johannes Friedrich von 187
Fontane, Emilie (Ehefrau) 129, 131
Fontane, Emilie (Mutter) 130, 131
Fontane, Louis Henri (Vater) 130, 131
Fontane, Mete (Tochter) 130
Fontane, Theodor 7, 10, 11, 17, 109, 110, 114, 115, 116, 117, 118, 119, 120, 121, 128, 129, 130, 131, 132, 133, 134, 135, 212
Freud, Anna 69, 91
Freud, Sigmund 13, 20, 21, 37, 53, 67, 120, 121, 133, 158, 209, 210, 213, 221, 226, 227, 228, 232, 239, 255, 259, 266
Frisch, Max 226, 232
Froriep, Just Friedrich 198

G

Gahlinger, Chantal 232
Galling, Kurt 36, 53
Gerhardt, Paul 26, 269, 270, 289
Gersdorff, Dagmar von 237, 242, 255
Gidion, Heidi 231
Gilbert, Mary E. 115, 134
Gillot, Hendrik 212, 214, 218, 219, 223
Glaser, Horst Albert 115, 134
Goethe, Johann Wolfgang 117, 155, 220

Gogol, Nikolai 18, 144, 145, 182
Gontscharow, Iwan A. 7, 10, 11, 18, 110, 111, 114, 137, 138, 140, 141, 144, 145, 150, 155, 158, 160, 163, 165, 167, 168, 175, 176, 180, 181, 182, 183, 233, 256, 298
Grawe, Christian 115, 134
Greve, Gisela 118
Grimm, Gunter 108, 114
Gropp, Rose-Maria 232
Grünhagen, Colmar 115, 126
Gubrich-Simitis, Ilse 273
Günther, Horst 205, 206, 207
Günther, Vinçent 115, 134, 205
Gutjahr, Ortrud 10, 232, 256, 297
Guyon, Jeanne Marie Bouviéres de la Mothe 191
Guzzoni, Alfredo 206, 207

H

Haeckel, Ernst 221, 222
Hahn, Joseph 114, 182
Hamsun, Knut 210
Harden, Maximilian 129
Härtling, Peter 115, 134
Hauptmann, Gerhard 210
Hau, Theodor F. 91
Helbing-Tietze, Brigitte 194, 206
Herder, Johann Gottfried 24, 220, 232, 259, 266
Hermann, Nikolaus 182, 250, 255, 299
Hertz, Hans 115, 116
Hilsbecher, Walter 137, 182
Hirschenauer, Rupert 237, 255
Hofmannsthal, Hugo von 210
Hörisch, Jochen 206
Horkheimer, Max 13, 37, 53
Horn, Klaus 42, 52, 53
Huchel, Peter 256
Hülsemann, Irngard 211, 214, 232
Huwyler-Van der Haegen, Annette 139

I

Israel, Joachim 13, 34, 35, 37, 53

J

Jacobus de Voragine 250, 255
Jahwist 22, 245, 246, 247, 249, 251, 254, 256
Jaspers, Karl 255
Jelinek, Elfriede 286
Jens, Walter 139, 182
Jesus (von Nazareth) 9, 24, 25, 26, 181, 250, 251, 262, 267, 271, 273, 274, 275, 276, 277, 278, 280, 281, 284, 288
Jorswieck, Eduard 10
Jung, Carl Gustav 138, 182

K

Kafka, Franz 207, 286
Kaschnitz, Marie Luise 7, 11, 21, 22, 237, 242, 243, 244, 248, 249, 250, 252, 253, 254, 255, 256, 257, 298
Kaschnitz von Weinberg, Guido 243, 252
Kayser, Wolfgang 110, 114, 141, 182, 212, 232
Key, Ellen 12, 33, 53
Kielland, Alexander 118
Kierkegaard, Søren 138
King, Vera 120, 133
Klingenberg, Anneliese 186, 206
Koepke, Cordula 210, 232
Koopmann, Helmut 128, 134
Krauss, Werner 255
Kreische, Reinhard 10
Krolow, Karl 255
Kronauer, Brigitte 210, 211, 213, 232

L

Lämmert, Eberhard 212, 232
Lauer, Reinhard 137, 138, 182
Lewin, Christoph 245, 246
Lobenstein, Johann Simon 187

Lorenzer, Alfred 13, 49, 50, 52, 53
Louria, Yvette 139
Löwith, Karl 210
Lukács, Georg 125, 134, 137, 182
Luther, Martin 7, 8, 11, 26, 27, 28, 114, 255, 264, 266, 276, 282, 289, 291, 292, 293, 294, 295, 296, 299

M

Mahler, Margret S. 244, 256
Mann, Thomas 266
Maria (Jungfrau/Mutter Jesu) 116, 117, 122, 175, 176
Martens, Wolfgang 114, 206
Mauser, Wolfram 10, 206, 207, 232, 233, 256, 297, 298
Meier, Albert 186, 206
Mentzos, Stavros 155, 183
Metzger, Wolfgang 294, 296
Meves, Christa 42, 45, 53
Miller, Norbert 255, 256
Minder, Robert 191, 206
Mitscherlich, Alexander 13, 41, 48, 53, 232, 255
Mittelmann, Hanni 115, 134
Moritz, Dorothea Henriette (Mutter) 187, 194, 197, 204, 205
Moritz, Johann Christian (Bruder) 194
Moritz, Johann Gottlieb (Vater) 187, 191, 194, 197, 204, 205
Moritz, Karl Philipp 7, 10, 11, 19, 108, 111, 114, 185, 186, 187, 188, 190, 192, 194, 196, 200, 201, 202, 203, 204, 205, 206, 207, 233, 256, 297, 298
Muderlak, Astrid 203, 204, 207
Müller, Johann Georg 232, 266
Müller-Küppers, Manfred 10
Müller-Seidel, Walter 115, 134

N

Neill, Alexander Sutherland 34, 53
Neries, Georg Heinrich Sigismund 198

Nietzsche, Friedrich 20, 209, 210,
    221, 222, 231, 233, 286, 289, 289
Nürnberger, Helmut 115, 134

O

Ohl, Hubert 128, 134
Origenes 281

P

Paulmann, Johann Ludwig 193, 194
Paulsen, Wolfgang 128, 134
Paulus 247, 251, 281, 284, 288
Peters, Heinz F. 214
Pfeiffer, Ernst 209, 229, 231, 232, 298
Pietzcker, Carl 10, 206, 207, 232, 233, 256, 297
Pine, Fred 244, 256
Pollock, Sydney 264, 266
Poppenberg, Felix 115
Prasse, Jutta 231
Preisendanz, Wolfgang 115, 134
Pulver, Elsbeth 237, 256

Q

Quint, Hans 67, 91

R

Rad, Gerhard von 264, 265, 266
Raguse, Hartmut 185, 187, 201, 207, 288, 289
Rainer, Ulrike 125, 134
Rattner, Josef 137, 138, 183
Rée, Paul 209, 223
Rehm, Walther 138, 143, 144, 183
Reich, Günter 10
Reinhardt, Max 183, 210
Rempp, Brigitte 209, 231
Resch, Franz 10
Reuter, Hans-Heinrich 115, 134
Richards, Angela 232, 255
Riemann, Fritz 138, 183
Rike, Wolfgang 264

Rilke, Rainer Maria 20, 209, 210, 211, 223, 229, 232, 233
Roebling, Irmgard 213, 232
Rohde-Dachser, Christa 120, 135, 197, 207
Rohse, Eberhard 7, 186, 197, 206, 212, 240, 241, 251, 285
Rohse, Heide 7, 11, 12, 29, 30, 197, 207, 212, 233, 240, 241, 251, 256, 285, 289, 297, 298
Rolland, Romain 259
Ross, Werner 211, 233
Rothe, Daria 209, 231

S

Sachsse, Ulrich 188, 207, 268, 289
Salber, Linde 233
Salomé, Gustav von 214, 218
Salomé, Luise von 214, 215, 218
Salomo (König) 250
Salten, Felix 210
Sartre, Jean-Paul 286
Schafarschik, Walter 115, 116, 119, 120, 121, 126, 133, 134, 135
Schiller, Friedrich 68, 91, 117, 118, 155, 183
Schlechta, Karl 289
Schleiermacher, Friedrich Daniel Ernst 36, 53
Schlenther, Paul 116
Schmidt, Heiner 237, 257
Schnitzler, Arthur 210
Schönau, Walter 107, 114, 141, 183
Schöne, Albrecht 182
Schopenhauer, Arthur 222
Schrimpf, Hans Joachim 189, 201, 207
Schulte-Markworth, Michael 10
Schultz-Hencke, Harald 13, 38, 42, 53, 137, 138, 183
Schumann, Friedrich Karl 36, 53
Schuster, Peter Klaus 117, 120, 121, 123, 135
Schweikert, Uwe 237, 257

Schwidder, Werner 67, 91
See, Klaus von 182
Seidel, Helmut 233
Seiden, Morton I. 139, 182
Sölle, Dorothee 13, 36, 53, 230, 233
Specht, Friedrich 10
Spinoza, Baruch de 20, 21, 220, 221, 222, 226, 230, 231, 233
Stanzel, Franz K. 212, 233
Sternberger, Dolf 255
Stern, Jakob 135, 233
Strachey, James 232, 255
Streiter, Sabina 231

T

Teresa de Ávila 295
Theißen, Gerd 288, 289
Theweleit, Klaus 119, 135
Thiergen, Peter 140, 144, 150, 155, 165, 177, 182, 183
Tholen, Georg Christoph 206
Tönnies, Ferdinand 210

V

Vietinghoff-Scheel, Alfrun von 186, 207
Vormweg, Heinrich 256

W

Weber, Albrecht 209, 237, 255
Weber, Ingrid 209, 231, 233, 237
Wedekind, Frank 210
Welsch, Ursula 233
Westermann, Claus 265, 266
Wieckenberg, Ernst 190, 191, 207
Wiedemann, Conrad 186, 206
Wiesmann, Louis 120, 133
Wiesner-Bangard, Michaela 233
Willi, Jörg 147, 183
Wingertszahn, Christof 186, 206
Winnicott, Donald W. 22, 241, 257
Witte, Anna 120
Wucherpfennig, Wolf 190, 207
Wurth, Bernhard 128, 133
Wyatt, Frederick 206, 207

Y

Young-Bruehl, Elisabeth 233

Z

Zauner, Johann 91
Ziegler, Edda 129, 135